Schriften zur Denkmalpflege
in der Deutschen Demokratischen Republik

Herausgegeben vom
Institut für Denkmalpflege
Zentraler Bereich
Dokumentation und Publikation

Hermann Böhlaus Nachfolger
1624
Weimar

Hermann Ludwig Heinrich Fürst von Pückler-Muskau

Gartenkunst und Denkmalpflege

1989

Hermann Böhlaus Nachfolger · Weimar

Mit 196 z. T. farbigen Abbildungen, Plänen und Karten

Redaktion: Dr. Joachim Fait und Dr. Detlef Karg

Frontispiz: Branitz, Blick von der südwestlichen Terrassenecke in den Hauptpark
Vorsatz vorn: Muskau, Tränenwiese, 1984
Vorsatz hinten: Muskau. Aus: „Andeutungen über Landschaftsgärtnerei", Blick vom Neißegarten zum Badepark.
Zeichnung: A. W. Schirmer

ISBN 3-7400-0089-9

Erschienen im Verlag Hermann Böhlaus Nachfolger,
DDR-5300 Weimar, Meyerstr. 50 a

Lizenznummer: 272-140/174/89
Printed in the German Democratic Republic
Satz und Druck: VEB Druckhaus Köthen
Bindearbeiten: VEB Druckhaus „Maxim Gorki" Altenburg
Klischeeherstellung: Interdruck Leipzig
LSV 8128
L.-Nr. 2632
Bestell-Nr. 795 744 0

08000

Inhalt

Zum Geleit

1985 jährte sich der Geburtstag des Gartenkünstlers Hermann von Pückler-Muskau zum 200. Mal. Pückler hat uns mit seinen Parkschöpfungen in Bad Muskau, Cottbus-Branitz und Potsdam-Babelsberg Kunstwerke von internationalem Rang hinterlassen. Sie sind als Denkmale der Landschafts- und Gartengestaltung auf der zentralen Denkmalliste der Deutschen Demokratischen Republik verzeichnet. Ihr Schutz, ihre Pflege und kulturelle Erschließung gehören zu den vordringlichen denkmalpflegerischen Aufgaben in unserem Staat.

Der Geburtstag Pücklers gab Anlaß, die Spezifik seines gartenkünstlerischen Werkes in der geschichtlichen Entwicklung der Landschafts- und Gartengestaltung darzustellen und die Öffentlichkeit damit bekannt zu machen. Historiker, Literaturwissenschaftler, Theoretiker und Praktiker der Gartendenkmalpflege haben mit ihren Beiträgen zur Pückler-Ehrung, die 1985 im Bezirk Cottbus stattfand, das Wissen um die Geschichte der Gartenkunst des 19. Jahrhunderts, aber auch um das Leben dieses eigenwilligen und vielseitig begabten Mannes bereichert. Ihre Beiträge sind die willkommene Gelegenheit, den vorliegenden Band herauszugeben, der dem Thema der Landschaftsgärten mit besonderer Berücksichtigung der Pücklerschen Gartenkunstwerke gewidmet ist.

Zwar sind Gärten und Parks als „Denkmale der Landschafts- und Gartengestaltung“ im heutigen umfassenden Verständnis unseres nationalen Kulturerbes eine verhältnismäßig junge Art von Denkmalen. Als Bestandteil unserer sozialistischen Nationalkultur ist jedoch gerade das gartenkünstlerische Erbe auf vielfache und intensive Art mit dem gesellschaftlichen Leben verbunden. Es ist nicht nur ein Gegenstand der Bildung und Forschung, sondern auch der Erholung.

Gartenkunstwerke, die trotz der Veränderlichkeit ihrer Substanz über lange Zeitläufe hinweg erhalten worden sind, weisen auf die Schöpferkraft vergangener Generationen hin. Sie verpflichten uns dazu, daß wir sie sorgfältig bewahren und weitergeben. Bei aller Kompliziertheit der denkmalpflegerischen Aufgabe, die auf der Eigenart ihres Hauptgestaltungsmaterials, der Pflanze, beruht, gibt es erfreulich viele beispielhafte Restaurierungen, Rekonstruktionen und Regenerationen von Parkanlagen. Ich denke an die Arbeiten, die in den Parks durchgeführt wurden und werden, die zu den Nationalen Forschungs- und Gedenkstätten der klassischen deutschen Literatur in Weimar gehören, denke an die Arbeiten in den Garten- und Parkanlagen in Potsdam und Wörlitz, an die Aktivitäten in Pillnitz und Moritzburg, in Schwerin, in Güstrow, in Rheinsberg und in vielen anderen Anlagen.

Einige Beiträge in diesem Buch stammen von Mitarbeitern des Instituts für Denkmalpflege. Weitere Autoren aus den Gartenverwaltungen und Museen hatten sich bereit erklärt, ihre Forschungsergebnisse zur Geschichte der Gartenkunst und ihre Erfahrungen bei der Betreuung unseres gartenkünstlerischen Erbes aufzubereiten. So entstand dieses Buch als ein Beitrag zur Kulturgeschichte des 19. Jahrhunderts, zugleich auch als ein Beitrag zur Methodik der Denkmalpflege auf dem Gebiet der historischen Garten- und Parkanlagen.

Allen Autoren möchte ich an dieser Stelle meinen Dank sagen für ihre Beiträge, aus denen nicht zuletzt ihr persönliches Engagement zur Erforschung, Pflege und Erschließung unseres Gartenerbes zu erkennen ist. Dank gebührt auch den Mitarbeitern des Instituts für Denkmalpflege, die als Redakteure dieses Buches tätig waren. Besonders ist dem Verlag dafür zu danken, daß er die Herausgabe übernommen und in einer Ausstattung durchgeführt hat, die dazu angetan ist, neue Freunde für die Pflege der Gartenkunst zu gewinnen.

Prof. Dr.-Ing. Ludwig Deiters

1
Hermann Ludwig Heinrich Fürst von Pückler-Muskau, um 1825

Gartenkunst Denkmalpflege

Landschaftsgärten: „...das ganze hat die reinste Lieblichkeit“

Harri Günther

Quellen und Literatur S. 309

Mit Beginn des 18. Jahrhunderts wurde in England anfänglich nur schwach, dann immer lauter tönend, eine Kritik am regelmäßigen Barockgarten spürbar. Während Versailles vor dem Tod Ludwigs XIV. eine letzte Blüte erlebte, klangen von der Insel hämische Urteile über regelmäßige Gärten herüber. Diese Urteile wurden von einem Kreis meist junger Intellektueller verbreitet, die es, teils als Journalisten, verstanden, ihre Gedanken mit spitzer, stechend wirksamer Feder in Wochenschriften zu veröffentlichen.

Dieser bis zu den tiefsten Wurzeln reichende Wandel in der Ausdeutung der Landschaft zum Garten hatte zahlreiche Ursachen, die durchaus nicht gründlich erforscht sind. Eine völlige Umwandlung der südenglischen Landschaft mit hart einschneidenden ökonomischen Veränderungen der Landwirtschaft vom Ackerbau zur Weidewirtschaft mag die wichtigste Ursache gewesen sein. Diese Schafweidewirtschaft, deren Erträge an Wolle in der sich gleichzeitig herausbildenden englischen Tuchindustrie verarbeitet wurden, vertrieb zwangsläufig unzählige Kleinbauern und Pächter, ja ganze Dörfer verschwanden unter der Einhegungswelle, und schuf eine Weidelandschaft: kurz gehaltene Wiesen, deren Bodenbewegung nun ablesbarer wurde, dazu zahlreiche locker verteilte Hecken und Einzelbäume, die dem Vieh leichten Schatten gewährten. Eine aus wirtschaftlichen Gründen derartig geformte Landschaft ließ den Landschaftsgarten, der in gesteigerter Form die gleichen Motive verwandte, so schnell heimisch werden.

Dazu kam ein auch durch die Dichtkunst vorbereiteter langsam sich vollziehender Wandel des Naturgefühls, das sich einschmiegsam der angeblich vollkommenen Natur in Wiese, Wald und Wasser anpaßte und jegliche gerade Linie, sei es im Weg oder in der Hecke, ablehnte. Die Gartenkritiker und Theoretiker gingen in dieser Haltung so weit, daß sie in der Geraden, ohne die der Barockgarten doch nicht denkbar war, das Zeichen politischer Willkür und sozialer Unterdrückung sahen. So wurden die Ideen des neuen Landschaftsgartens, der zunächst längere Zeit nur in Kritik und Theorie bestand, von wohlhabenden Bürgern, oft Industriellen oder Bankiers, auch von fortschrittlichen, spottlustigen Landadligen verbreitet, von Freunden und Sympathisanten der Poeten, Journalisten und Philosophen weitergetragen. Die Namen von John Locke (1632–1704), des Earl of Shaftesbury (1671–1713), Joseph Addison (1672–1719) und Alexander Pope (1688–1744) sollen für diese Bewegung genannt werden.

Addison unterzog als weitgereister Beobachter die Barockgärten beißendster Kritik, indem er forderte, die Natur im Garten zu hegen und sie nicht zu unterdrükken: „Unsere Bäume erheben sich als Kegel, Kugel und Pyramiden. Wir sehen die Spuren der Schere an jeder Pflanze, jedem Busch.“ Nachdem er auch noch die chinesischen Gärten, von denen man Genaueres noch nicht wußte, heranzog, fuhr er im Spectator-Artikel 1712 fort: „Ich weiß nicht, ob ich mit meiner Meinung allein stehe, aber was mich betrifft, so schaue ich lieber einen Baum in aller seiner Fülle und seinem Überfluß von Ästen und Zweigen, als ihn gestutzt und verschnitten in mathematischen Figuren zu sehen, und ich kann mir nur vorstellen, daß ein Obstgarten in Blüte unendlich köstlicher ausschaut als die kleinen Labyrinthe und fein ausgeführten Parterres.“

Auf China hatte schon 1685 Sir William Temple in seinem Essay „Über die Gärten Epikurs“ hingewiesen. Temple war immerhin in China gewesen, wo er das Unregelmäßige der chinesischen Gärten staunend erkannte und als Sharawagdi in die Literatur einführte. Er bezeichnete damit das Unregelmäßige, das für Europa Neue der chinesischen Gärten, das philosophische und symbolische Ursachen habe.

Pope ging 1712 wieder auf den fast dreißig Jahre alten Gedanken Temples und des Sharawagdi ein. Zur chinesischen Gartenkunst, die nun als Zeuge für seine Phantasien herbeigerufen wurde, schrieb er: „Sie haben in ihrer Sprache einen Begriff, um die besondere Schönheit einer Pflanzung zu benennen, die beim ersten Anblick die Einbildungskraft berührt, ohne daß man entdeckt, was da eigentlich so angenehme Wirkung hervorbringt.“ Diese Lobeshymnen lockerten jedoch allenfalls nur das feste Gefüge der neuen Gärten dieser Zeit, wie es aus den Gartenplänen von Stephen Switzer (1682–1745) und Batty Langley (1696–1715) ablesbar wird. Der Gartenarchitekt Charles Bridgeman (1680?–1738) ließ in den Parkanlagen von Blenheim (1709), Eastbury, Stowe und Claremont einen deutlichen Wandel sichtbar werden, indem er Garten und umgebende Landschaft durch „Aha's“ zu verbinden suchte, Broderieparterres durch Bowlinggreens, meist leicht versenkte Rasenflächen, ersetzte, den Schnitt an Bäumen und Sträuchern verpönte, vor allem aber auf Symmetrie in seinen Anlagen verzichtete und somit ganz langsam Unregelmäßigkeiten einfließen ließ.

Wie vielschichtig diese Entwicklung verlief, ging schon daraus hervor, daß beispielsweise d'Argenvilles „Théorie et Pratique du Jardinage“, das Musterbuch des spätbarocken Gartens, in England bis 1743 aufgelegt wurde, in Deutschland übrigens bis 1764, während gleichzeitig Pope den Gehölzschnitt, vor allem den Schnitt an Taxus und Buchsbaum in Form einer Verkaufsanzeige der peinlichsten Lächerlichkeit preisgab: „Adam und Eva in Taxus, Adam, ein wenig beschädigt durch den Fall des Baumes der Erkenntnis im letzten großen Sturm; Eva und die Schlange kraftvoll wachsend, St. Georg in Buchs, sein Arm noch kaum lang genug, doch wird er im nächsten April in der Verfassung sein, den Drachen zu töten; ein grüner Drache aus gleichem Material, einstweilen mit einem Schwanz aus kriechendem Efeu (NB. diese beiden können nur zusammen verkauft werden); verschiedene hervorragende Dichter in Lorbeer, etwas ausgeblichen, können für einen Heller losgeschlagen werden. Eine Sau von frischem Grün, die aber zu einem Stachelschwein aufgeschossen ist, da sie letzte Woche in regnerischem Wetter vergessen war u. a. m.“.

Einer der berühmtesten Gärten in der ersten Hälfte des 18. Jahrhunderts war der von Alexander Pope, der mit Bridgeman befreundet war, in Twickenham, südwestlich von London unmittelbar an der Themse gelegen. Pope, ein oppositioneller, aufgeklärter Humanist, Homer-Übersetzer und Shakespeare-Wiederentdecker, schuf vor und hinter seinem Haus einen kleinen Garten, der das Ideal seiner Zeit war und Anregung gab, ähnliche Gärten anzulegen. Liest man die Beschreibungen, müßte es sich um einen Landschaftsgarten im heutigen Sinne handeln. Wirft man jedoch einen Blick auf den erst 1745 von Popes Gärtner M. Serle veröffentlichten Plan, so erkennt man einen sehr aufgelockerten Rokokogarten, der mit der Uferwiese vor dem Haus durch einen Grottengang verbunden war, der nicht nur in England Vorbild und Anregung für vielerlei Grottenbau gab. Die Auflösung des barocken Grundrisses war zunächst eine Tat der Intellektuellen.

Fast gleichzeitig wurde an den Chiswick-Gärten des Lord Burlington und an Stowe gearbeitet, das in den 30er Jahren des 18. Jahrhunderts eine zweite Blüte erlebte. Um 1720 hatte Charles Bridgeman einen Garten geschaffen, der das starre Barocksystem auflockerte. William Kent (1685–1748), den Lord Burlington 1719 aus Italien mit zurückgebracht hatte, arbeitete an neuen Gartenteilen, überarbeitete bereits bestehende, so daß Stowe, ebenso wie Twickenham, Chiswick, Stourhead und Claremont und The Leasows für neue Anlagen vorbildlich wurden.

The Leasows waren ein 1735 vom Vater ererbter Besitz des Dichters William Shenstone (1714–1763) bei Halesowen in Shropshire. Seit 1745 verwendete er sein Jahreseinkommen von 300 Pfund, um seinen Park, heute eine Golfwiese, und die Gutsfluren in eine „ornamented farm“, in eine verschönerte Gutsflur zu verwandeln. Während seine Dichtungen wenig erfolgreich waren, schuf Shenstone malerische Szenen in seiner Gutsflur, die Stimmungen hervorrufen und die Einbildungskraft anregen sollten. Park und landwirtschaftliche Nutzflächen verschmolzen, der Unterschied bestand nur in der Dichte der Gestaltungsmotive. Shenstone kreierte auch den Begriff „Landschaftsgärtnerei“; seine Gedanken zur Parkgestaltung legte er in den „Unconnected Thoughts of Gardening“ dar. Auf seinem Besitz ermög-

2
Muskau. Bildkollektion des Parks und der Umgebung aus der Mitte des 19. Jahrhunderts

a Schloß von Osten

b Schloß von Süden

c das am Reitweg zum Jagdschloß südlich Weißwasser gelegene Eisenhüttenwerk in Keula

d Englisches Haus im Muskauer Park

e Moorbad und Trinkbrunnen im Muskauer Park

f Badesalon im Muskauer Park

3
Muskau

lichte ein „belt walk", ein das Ganze umschließender und auch zusammenhaltender Weg, Park und Landschaft auch vom Rande her zu erleben, so daß die Steigerung der Kunstform zwischen Landschaft und Park ablesbar wurde. In Wörlitz sollte ein solcher belt walk über ein Menschenalter später von größter Bedeutung werden.

Von diesen aufregenden englischen Gartenabenteuern war durch die Literatur einiges in die deutschen Fürstentümer gelangt, deren Rokokogärten um die Mitte des 18. Jahrhunderts müde und schlaff wurden. Anstelle der Broderieparterres schlichen sich Bowlinggreens ein, Schlängelwege lockerten Randpartien auf, vielfach wurde der Schnitt der Bäume und Hecken unterlassen. Häufig waren die Ursache dieses fehlenden Schnittes weniger künstlerische Absicht, als vielmehr die bitteren Zwänge der von Friedrich II. aus Preußen geführten Kriege. Erst nach 1763 keimten neue sichtbare Ideen auf dem Festland, wenngleich englische Lords wegen ihrer Absichten in Nordamerika gegenüber Brandenburg-Preußen, auch während des Krieges, nicht unfreundlich waren.

Einer der ersten, der in England 1763/64 das Erlebnis einer neuen Gartenkunst wie eine Offenbarung aufnahm, war der dem friderizianischen Kriegsdienst entwichene Fürst Leopold Friedrich Franz von Anhalt-Dessau (1740–1817). Auf mehreren Reisen (1765/67, 1775, 1785) nach England – Italien und Frankreich waren nicht vernachlässigt worden – hatte der bei seiner ersten Reise noch nicht 30jährige Fürst sich jedoch nicht nur an Gärten und Kunst begeistert, sondern mit seiner Begleitung auch der Architektur, der Landwirtschaft, den landwirtschaftlichen Bauten und der aufkommenden Industrie ernsthafte Studien gewidmet. Bei späteren Reisen vertiefte und erweiterte er diese Erkennnisse und Erfahrungen.

Unmittelbar nach der Rückkehr von der ersten Reise ließ er durch den ihm in lebenslanger Freundschaft verbundenen Architekten Friedrich Wilhelm von Erdmannsdorff (1736–1800) den Englischen Sitz in Wörlitz, noch am alten Jagdschloß, bauen, das 1769/73 durch den nun beispielgebenden klassizistischen Schloßneubau ersetzt wurde. Das Ergebnis der Englandreisen förderte jedoch nicht nur den Wörlitzer Park. Dieser blieb vielmehr nur ein Teil der weitreichenden Landesverschönerung, des Aufbaus des Gartenreiches, an dem der Fürst mit einem Kreis hochgebildeter Mitarbeiter und Freunde bis zu seinem Tode 1817 arbeitete. Auf die Vielschichtigkeit von Bild und Form, Gedankenwelt und pädagogischen Intensionen in Wörlitz ist hier nicht Raum einzugehen.

4
Muskau. Blick von der Gloriette über die Tränenwiese zum Schloß. 1930

Der geniale Gedanke war, vor allem den nördlichen, der Elbe zu gelegenen Teil des kleinen Fürstentums in einer Ost-Westlänge von etwa 25 km landeskulturell auf das großzügigste zu bearbeiten. Land- und Forstwirtschaft wurden stark gefördert, die zerstörenden Hochwasser durch wirksameren Deichbau abgehalten und diese von uralten, vertrackten Eichen charakterisierte Landschaft durch die Anlage von mehreren Parks so potenziert, daß ein reisender Engländer, der Diplomat Charles W. Stewart, am Fliederwall in den Ruf „Goddam, hier ist England!" ausbrach.

Die ersten Arbeiten an den Parks setzten in Wörlitz (112 ha, davon 22 ha Wasserflächen und 12,5 ha Felder) ein, wo sich der Park optisch im Osten bis Rehsen (5 km), im Norden über die kleinen Anlagen am Wilderberg bis Coswig (4,5 km) und im Westen über den Fliederwall bis Vockerode (5 km) ausdehnte. Der Dianentempel am Elbwall (2,5 km) wurde mit der Solitude am Sieglitzerberg (ca. 23 ha) verbunden, von der ein Wall (6 km) bzw. eine Landstraße am Schwedenhaus, nahe Dessau-Waldersee, vorbei zum Landschaftspark Luisium (14 ha) führte. Weite, alleeartige Sichten ziehen sich noch heute vom Luisium nach Norden bis zur 2,8 km entfernten Elbe, nach Süden zum Obelisken auf der Kirche in Dessau-Waldersee (1,3 km) und nach Westen zur Pyramide (1,6 km) bei Dessau. Diese Pyramide war die unmittelbar verbindende Architektur zum (1,3 km entfernten) damals 2,73 km^2 ausgedehnten Park Georgium, den der Bruder des Fürsten, vielfach in gemeinsamer Arbeit mit ihm, schuf. Nur der in der Entstehungszeit sehr gefeierte Chinesische Garten, der Ende der 90er Jahre des 18. Jahrhunderts den nördlichen Teil des Oranienbaumer Barockgartens verwandelte und sich in nordwestlicher Richtung erweiterte, war für das Auge nicht so straff in die Landschaft eingebunden. So wuchs in 50jähriger, stetiger Arbeit eine auch land- und forstwirtschaftlich intensivierte Landschaft heran, der selbst die kritischsten Besucher die enthusiastische Bezeichnung „Gartenreich" gern verliehen.

Über die einzelnen Parks des Gartenreichs liegen Pläne verschiedenen Zeichner vor, wobei die Pläne meist nur Zustandspläne, ganz selten Planungen sind. Lediglich für das Georgium sind mehrere Planungsdarstellungen vorhanden. Vergleichbar mit dem Fürsten Pückler war der Fürst Franz der maßgebende Gestalter der Anlagen, wobei ihm die Gärtner halfen, Ideen in die Wirklichkeit umzusetzen. Da die Gärten nicht nach einem vorliegenden Plan ausgeführt wurden, sondern jährlich wuchsen, entstanden auch Orangerien, Gärtnereien für Blumen- und Gemüsebau sowie Baumschulen, um den unvorstellbar großen Gehölzbedarf zu decken und aus England und Nordamerika bezogenes Saatgut zu kultivieren.

Die Geschichte der im Gartenreich tätigen Gärtner ist erst sehr unvollkommen bearbeitet, es seien deshalb nur wenige Namen genannt: Johann Friedrich Eyserbeck (1734–1818), seit 1762 im Luisium bei Dessau; die Gärtnerfamilie Schoch, die von 1764 bis 1890 in Wörlitz arbeitete; weiterhin die Neumarks, Oberheide, Klewitz, Richter und andere Gärtner; in allem aber behielt der Fürst die Oberhand in der Gestaltung.

Als Kern des Wörlitzer Parkes beleben der See, das Große und Kleine Walloch fünf Gartenteile, die zeitlich teils gleichlaufend, teils nacheinander ausgebaut wurden. Auffallend, und zunächst nur dem Kenner bemerkbar, ist der Kunstgriff, daß diese Gartenteile sich vielfach um Felder oder Nutzflächen, Baumschulen und Gartenland legen, so daß häufig galerieartige, lange, schmale Pflanzungen entstehen. Nutzflächen und Gärten bilden hier eine Einheit, wie in der offenen Landschaft Wald und Wiese: so im Park nur in höchstgesteigerter Form mit geistvoll belebtem Inhalt zusammengehalten durch einen belt-walk, einen Umgehungsweg, wie in The Leasows. Dieser führt vom Schloß und dem Schloßgarten zum Neumarksgarten, von der Roseninsel zum Floragarten und von dort zur romantischen Anlage am Venustempel, auf dem Wall weiter bis zum Pantheon und Roten Wachhaus, am Stein vorbei und zum Schloß zurück, den ganzen Park wie mit einem Gürtel zusammenhaltend.

Der älteste Teil des Wörlitzer Parkes ist der Schloßgarten, in dem die Arbeiten 1764, noch vor dem Neubau des Schlosses durch Erdmannsdorff, begannen und gegen 1776 abgeschlossen waren. Nur wenig später setzten die Ausführungsarbeiten im Schochschen Garten ein. Mit dem Nymphäum und dem Weinberg im Osten, dem Vorläuferbau des Gotischen Hauses und mehreren „Clumps" (gruppenartige Gehölzpflanzungen) im Westen wuchsen Gärten heran, die erst 1807 fertiggestellt werden sollten. Neumarksgarten, benannt nach dem dort tätigen Gärtner, bestand aus Gärtnerei und Baumschulland, das auf drei Seiten von phantasievollen Gartenpartien umgeben war. Die Erdmannsdorffschen Pavillons auf dem Eisenhart, das Labyrinth und das Elysium wollten englischen Einfluß auf dieser Insel gar nicht verbergen. Die Erweiterung des Wörlitzer Sees nach Westen und die Ausgrabungen des Kanals am Neumarksgarten ermöglichten die Rousseau-Insel mit ihren Pappeln, mit der des großen Franzosen gedacht

5
Muskau. Blick von der Goldenen Höhe über die Neiße zum Eichsee. 1930

wurde, den Fürst Franz 1775 in Paris besucht hatte. Der Garten auf dem Weidenheger bildete seit 1781 den Übergang zu den Neuen Anlagen, die 1784 mit den Grabungen für den Langen Kanal begannen und erst 1796 mit dem Pantheon abgeschlossen werden konnten. Die Partie an der Seespitze mit dem Stein, der Villa Hamilton und dem Amphitheater entstanden zwischen 1788 und 1796 (Basaltinseln am Stein).

Schon sehr früh historisierten verschiedene Bauten die umgebende Landschaft und ließen die hochstilisierte Gartenkunst nach außen abklingen: der Limesturm (1772?) und der Hochwasser-Gedenkstein (1795) im Osten, die sog. Mittelhölzer, ein großes Wachhaus (um 1775) im Westen, beides Hochwasser-Wachhäuser am Elbwall. Zu diesen Wachhäusern muß auch der Dianatempel (um 1775) gezählt werden, der den architektonischen Auftakt zur Solitude am Sieglitzer Berg (23 ha) bildet.

„Nur die Kunst hat geordnet, was die Natur ungeordneter und ungepflegter liegen ließ", sagte J. C. A. Grohmann von dieser kleinen Anlage, deren ganz in weiß gehaltener Vier-Säulen-Tempel sich im Wasser der Elbe spiegelte. Die Nachbildung des Säulenfußes eines antiken Kaisermonumentes (Küchengebäude), zahlreiche Plastiken, Renaissance-Teile vom alten Dessauer Schloß, drei Torbauten sowie Nutzbauten belebten diesen Park, der sich durch mehrere, bis zu 380 m tiefe Sichten aufhellte. Die „lieblichste Wildnis, die er kenne", so bezeichnete der kundige Gartenkritiker Fürst Ligne 1795 diese Solitude.

Von dieser in sich abgeschlossenen Gartenwelt waren es entlang des Kupenwalls nur etwa 6 km, bis zwei gotisierende Torhäuser erneut einen Park auftaten: das Luisium (14 ha). Ablesbarer als in Wörlitz ist hier noch die strenge, achsenartige Aufteilung früher Landschaftsgärten erkennbar. Schon seit 1753 im Besitz des Fürsten, begannen 1776 nach der Fertigstellung des Schlosses die von Eyserbeck ausgeführten, in einzelnen Teilen wohl auch von ihm geplanten Anlagen. Erdmannsdorff hatte auch hier die Entwürfe für das Schloß geliefert: ein hoher, schmaler Bau mit einer Aussichtslaterne bildet das Herz des Parkes.

Von hier aus gehen lange, schmale Sichten zum Obelisken auf der Gruftkirche in Dessau-Waldersee, auf die reich ausgestattete neugotische Fassade des Gestüts (1779/81) und auf den Triumphbogen mit dem verschleierten Bild zu Sais dahinter, 1785 nach Vorbildern in Palmyra aufgebaut.

Ein ganz eindringlich stimmungsvoller Park war entstanden, den der Fürst Franz 1774 seiner Gattin Luise schenkte und von der er seinen Namen hat. Nach ihrem Tode 1811 zog sich der Fürst hierher zurück, was Veränderungen im Park nach sich zog. Die strenge Wegeführung, besonders im östlichen Teil, der durch eine wohl einmalige Eiben-Allee vom westlichen getrennt ist, blieb erhalten und macht deutlich, wie lange eine Entwicklung bis zum weit geschwungenen Weg im Landschaftsgarten des 19. Jahrhunderts brauchte und welche Kräfte dafür erforderlich waren.

Fast gleichzeitig mit dem Luisium wurde am Georgium gebaut, das den westlichen, abschließenden Teil des Gartenreiches bildet. 1780 setzten hier die ersten Arbeiten ein. Unter starker Einflußnahme des Fürsten Franz, seines Bruders Johann Georg (1748–1811), nach dem der Park benannt ist, wurden die Planungen von Johann George Schoch gefertigt. Für das Landhaus, in eierschalenweiß wie das Wörlitzer Schloß, lieferte Erdmannsdorff die Entwürfe.

Ähnlich wie in Wörlitz verbinden lange, sehr schmale Sichten, im 18. Jahrhundert meist alleeartig gepflanzt, Schloß und Parkbauten mit der Landschaft. Dabei sollte der Eindruck entstehen, daß auch die Feldfluren, hier wesentlich ausgedehnter als die in Wörlitz, unmittelbar zum Park gehören. „Römische Ruinen", eine Nachbildung der Säulen vom Saturntempel in Rom, ein Ionischer Tempel, zeitlich früher als der Wörlitzer Venustempel, ein Roter Bogen, ein Weißer Bogen, wieder Nachbildungen eines antiken Bogenrestes in Rom, geben dem Park die architektonischen Bezugspunkte.

Die sich bis zur Elbe ausdehnenden Anlagen finden dort im Elbpavillon und vor allem in der neugotischen Wallwitzburg (um 1797) ihren Abschluß. Weit über die Elbe läßt dieser romantische Bau die großartige Parkanlage ausklingen. Der hohe Obelisk am westlichen Wall zum Park ist Abschluß des Gartenreiches – und gleichzeitig Übergang zum Kühnauer Park, einem kraftvollen Nachklang aus dem frühen 19. Jahrhundert.

In einem 1830 entstandenen Aufsatz über das Luisenfest schrieb Goethe: „Die Neigung der damaligen Zeit zum Leben, Verweilen und Genießen in freier Luft ist bekannt und die sich daraus entwickelnde Leidenschaft, eine Gegend zu verschönern und als eine Folge von aesthetischen Bildern darzustellen, durch den Park des Herzogs von Dessau angeregt, sich nach und nach zu verbreiten angefangen habe." Dazu kamen außerdem noch Nachrichten von Neuanlagen aus Harbke (Kreis Oschersleben), das nicht – wie so häufig zu lesen – durch seinen Lustgarten, sondern vielmehr durch seine „Lustwälder" anregend wurde.

In Harbke hatte Friedrich August von Veltheim, ein Verwaltungsjurist, von 1747/55 auch Präsident des Hofgerichtes in Wolfenbüttel, schon vor der Mitte des 18. Jahrhunderts nordwestlich der Gutsgebäude im Verlauf mehrerer Jahre einen Lustwald angelegt, der 1775 immerhin etwa 50 ha umfaßte. Die einzelnen Quartiere trugen absonderliche Namen: Pudelsruhe und Pudelshain (zur Erinnerung an die 1740 gestiftete Jagdgesellschaft „Zum goldenen Pudel", die sich um Jagdordnungen, Sicherheit im Umgang mit Schußwaffen und ähnliches bemühte), Florida, New Foundland; Libanon mit Weißtannen und Lärchen, der Cotopaxi und die Ukraine mit Fichten, Kiefern und Lärchen folgten. Diese Westhänge, von einer alten Allee, dem Non plus Ultra, begrenzt, von kleinen Bächen, Sandsteinaufbrüchen belebt, waren mit sehr vielen Exoten bepflanzt, deren Saatgut aus Amerika oder England eingeführt worden war. Von diesen berühmten Beständen künden nur noch einige wenige Exemplare, das meiste ging schon 1816 und 1833 durch gewaltige Stürme verloren.

6
Muskau. Blick vom östlichen Zipfel des Eichsees mit Georgseiche (Bank) zum Eichberg. 1983

Dieser Lustwald diente also nicht nur – wie schon der Name sagt – rein forstwirtschaftlichen Zwecken, sondern auch der Anzucht, Vermehrung und Aufpflanzung meist nordamerikanischer Gehölze und läßt gartenkünstlerische Formen anklingen. Ganz unregelmäßige Wege, mehr krumm als schön, erschlossen neben Alleen diese jungen Anpflanzungen, in die auch gartenkünstlerische Motive eingestreut waren. Eine (Erd-?) Pyramide, auch Isis genannt, beendete eine Allee, Sitzplätze, ein als „Die Klippen" bezeichneter Sandsteinkessel gehörten dazu. „Hier waltet Stille und heiliger Frieden, und die Seele, aus dem Gewirre und lautem Geräusch hierher zurückgezogen, kann sich zu höherem Gedankenflug erheben und in ernste Betrachtungen versenken . . ."

Diese Betrachtungen mögen sich hauptsächlich auf die Verbreitung der nordamerikanischen Gehölze erstreckt haben, die nicht nur Wörlitz, sondern auch die anderen im Entstehen begriffenen Landschaftsgärten aus Harbke bezogen. Die „Harbkesche wilde Baumzucht" von J. P. Du Roi, Braunschweig 1771/72, ist das dendrologisch-wissenschaftliche Ergebnis dieser Versuche.

Goethe, ebenso wie der Herzog Carl August, war vom Wörlitzer Park sehr angeregt, und doch sollte in Weimar nicht die beabsichtigte Veränderung einer Landschaft, sondern vielmehr ein Todesfall Anlaß zu ersten, frühesten Arbeiten im Park sein. Christiane von Laßberg ertrank in der Ilm, den Werther bei sich in der Tasche. Goethe war im Frühjahr 1778 von diesem Ereignis so betroffen, daß er am Rande eines alten Steinbruches ihr zum Gedenken einen Felsen aushöhlte und die Felsentreppe schuf. „Wir haben bis in die Nacht gearbeitet, zuletzt noch ich allein bis in ihre Todtes Stunde", schrieb Goethe an Frau von Stein. Sein Gartenhaus an der Ilm machte ihn seit 1776 auch zum Anlieger des künftigen Parks, dessen Terrain er täglich durchschreiten mußte, um in die Stadt zu kommen.

Das Jahr 1778 hielt noch ein zweites Ereignis zum Ausbau des Weimarer Parkes bereit: den Geburtstag der Herzogin Luise am 9. Juli. Wegen des Ilmhochwassers mußte das Fest auf den Hängen und nicht im Tal, am Stern, begangen werden. Ein alter Turmrest und eine neue, strohgedeckte Hütte verbanden sich zum „Luisenkloster", in dem die Überraschung der Geburtstagsfeier gelang.

Von 1778 an setzte sich die Anlage des Parkes langsam aber stetig, wohl ohne Plan, fort, indem weniger im Tal als auf den Ilmhängen Wege gezogen und kleine Gartenstaffagearchitekturen gebaut wurden. So entstanden nach und nach der Dessauer Stein (1782), dem Fürsten Franz von Anhalt gewidmet, die Grotte mit der Sphinx, der Wasserfall (1784/86), das zum Borkenhäuschen umgewandelte Luisenkloster (1784), eine künstliche Ruine (1784), der aus einem alten Orangenhaus des Welschen Gartens hergerichtete Salon (1786/87), 1811 abgebrochen und als Tempelherrenhaus neu aufgebaut, der Schlangenstein (1787) und die „Drei Säulen". Goethe hatte sich sehr bald vom Park zurückgezogen; um so mehr trat Carl August in den Vordergrund, der sich 1791/97 das „Römische Haus" von seinem Freunde Goethe bauen ließ: „Tue, als wenn Du für Dich bautest, unsere Bedürfnisse waren einander immer ähnlich". Dieser ockerfarbene klassizistische Bau ist der architektonische Kern des Parkes, dessen klare Formen von weiten Teilen des Parkes erlebbar sind.

Bis ins 19. Jahrhundert zogen sich die Arbeiten am Park hin, bis nach Oberweimar. Nur wenige Bäume ließen den geschlängelten Lauf der Ilm verfolgen, Blickbeziehungen gingen nicht nur quer über das Tal, sondern auch vielschichtig längs der Höhen: ein Flußtal war Gartenkunst geworden.

Goethe hatte sich auffallend ablehnend verhalten, aber in seinen Werken, in den „Wahlverwandschaften", dem „Luisenfest" und zahlreichen Gedichten war der Aufbruch der Gartenleidenschaft sichtbar geworden. Diese war nicht zuletzt auf die vielen Dessau-Wörlitz-Besuche zurückzuführen, von denen er 1778 an Charlotte von Stein aus Wörlitz geschrieben hatte: „Hier ist es jetzt unendlich schön. Mich hats gestern Abend wie wir durch die Seen und Canäle und Wäldgen schlichen sehr gerührt wie die Götter dem Fürsten erlaubt haben einen Traum um sich herum zu schaffen. Es ist wenn man so durchzieht wie ein Mährgen das einem vorgetragen wird und hat ganz den Charakter der Elisischen Felder in der sachtesten Mannigfaltigkeit fliest eins in das andre, keine Höhe zieht das Aug und das Verlangen auf einen einzigen Punckt, man streicht herum ohne zu fragen wo man ausgegangen ist und hinkommt. Das Buschwerck ist in seiner schönsten Jugend, und das ganze hat die reinste Lieblichkeit."

Neben Weimar flackerte auch in Tiefurt neues Gartenleben auf. 1776 hatte der Bruder Carl Augusts, Prinz Constantin, hier eine eigene Hofhaltung bekommen; seit

7
Muskau. Hermannsneiße und Eichwiese nach Süden. 1983

1781 „rustizierte“ dann die Herzogin Anna Amalia in Tiefurt, die bis 1775 die Regierung des Fürstentums Sachsen-Weimar-Eisenach geleitet hatte. Bis 1806, als französische Soldaten plündernd einfielen, herrschte im Tiefurter Ilmbogen ein bescheidenes, jedoch sehr reges Gartenleben. 1776 hatte Carl Ludwig von Knebel für den Prinzen Constantin recht einfache Plätze, Wege, eine Chinesische Hütte, auch eine Einsiedelei angelegt, die jedoch bald verfielen, aber zunächst von Anna Amalia übernommen wurden, die von 1782 bis 1786 den Park zu seiner heutigen Größe ausbaute.

Während der Weimarer Park sowohl durch seine Architekturen als auch durch seine Gartenbilder Großheit und Ernsthaftigkeit ausstrahlt, ist in Tiefurt alles empfindsamer, stimmungsvoller, fraulicher. Eine Vielzahl von kleinen Monumenten läßt diesen Ton nicht verhallen: das Constantin-Denkmal, „Amor als Nachtigallenfütterer“, die Büsten von Goethe, Herder und Wieland (von denen nur die letztere übrigblieb), das Denkmal für den 1785 in der Oder ertrunkenen Bruder der Amalie, den Prinzen Leopold, und auch das erste Denkmal für Mozart, „Mozart und den Musen“ geweiht. Der

◀ 8
Schloßpark Tiefurt bei Weimar.
Lärchengruppe auf der großen Parkwiese
vor verschiedenfarbiger Gehölzkulisse. Zustand 1982
Lärchengruppe vor 1840 gepflanzt,
Gehölzbepflanzung vor dem Musentempel:
zukünftiger Standort einer Silberpappel

Teesalon (1805 anstelle einer älteren Borkenhütte) und der Musentempel sind mit Vergils Felsengrotten auf der Höhe die einzigen Architekturen dieses Parkes, der ganz aus sich selbst, aus den Wiesen der Ilmschleife und dem Hang lebt.

Ebenso wie in Weimar kurz vor der Mitte des 19. Jahrhunderts eine Überarbeitung des herangewachsenen Parkes durch Petzold erfolgte, geschah es auch in Tiefurt, nur hatte Pückler hier die entscheidenden Hinweise gegeben.

In der Regierungszeit Carl Augusts (ab 1775) änderte sich auch das Gartenbild im Belvedere-Garten; aus dem barocken Werk mit Terrassen und Alleen wuchs ein Landschaftsgarten heran, der sich die Lage des tiefen Tales mit dem Possenbach zunutze machte. Jedoch weniger durch seine Gartenformen als vielmehr durch seine Pflanzensammlungen wurde der Belvedere-Garten berühmt. Kaum überschaubare Pflanzenschätze kultivierte man hier im Freiland und noch viel mehr unter Glas, deren Verzeichnisse und Saatgutkataloge in alle Welt versandt werden konnten. Daß Goethe, die Hofgärtnerfamilie der Sckells, andere Hofgärtner und Botaniker, daran reichen Anteil hatten, versteht sich hier in Weimar von selbst. Blumen- und Gemüsezucht, ja überhaupt die Gartenkultur wirkten von Weimar aus als Vorbild und regten zu neuen Gärten, zum Ausbau und zur Veränderung bestehender an.

Weniger von der örtlichen Gegebenheit, denn mehr von der geistigen Auffassung an Tiefurt anklingend, schlängeln sich im Seifersdorfer Tal seit 1781 entlang der Röder die empfindsamen Anlagen der Christiane von Brühl. 1792 waren sie soweit vollendet, daß W. G. Becker das berühmte Kupferwerk in Dresden herausgeben konnte. Mit fast 3 km Länge folgen Wege, vielfach

9
Schloßpark Belvedere bei Weimar.
Blumengarten an der Orangerie.
Im Vordergrund artenreiche Bepflanzung
in Anlehnung an den früheren Botanischen Garten
in diesem Parkteil. 1982

10
Schloßpark Belvedere bei Weimar.
Detail aus dem Russischen Garten (1815–20)
mit ornamentalen Blumenpflanzungen nach einem Plan
von 1860 unter Verwendung der hier vorgefundenen
keramischen Beeteinfassungssteine. 1982

nur Pfade, dem plätschernden Bach und den zurückweichenden Felsenhängen. Das Seifersdorfer Tal ist kein eigentlicher Park, sondern vielmehr eine durch 44 Monumente, Gedenksteine und Kleinarchitekturen belebte und aufgewertete, ganz natürliche Talwelt, die keine Gartenräume kennt, sondern um die Tempelchen und Monumente so viel Freiraum schafft, daß ein Erlebnisbereich empfindsamster Stimmungen aufkommt.

Voraussetzung dazu ist freilich genügend humanistisches Wissen, um mit Lorenzos Hütte und Grab, Petrarcas und Phytagoras' Hütte und dem Dorestan-Denkmal Vorstellungen und Wissen zu verbinden. Auch der Familie sind Gedenksteine gewidmet, ebenso Dichtern und dem „Andenken guter Menschen". So wird vieles nur durch Wissen aus dem Familienkreis und der klassischen Literatur verständlich, nicht aus der Form des Gartens selbst ablesbar.

Ebenfalls in einem Tal, vom Oberwinkler Bach durchzogen, baut sich in einer Länge von knapp 2 km der Park Grünefeld (Greenfield) bei Waldenburg auf. Nach Studienreisen hatte Otto Carl Friedrich von Schönburg (1758–1800) hier nach englischen Vorbildern, daher auch der Name, und Anregungen aus Wörlitz, wo er Studien trieb, Röhrsdorf, Machern und Schwetzingen seit 1781 zu einer Gartenwelt heranwachsen lassen, die mit der Landeskultur in enger Wechselwirkung stand: Schafzucht, Landwirtschaft und Straßenbau wurden gleichermaßen gefördert.

Südlich eines Berghanges entwickelt sich entlang des Hauptweges, meist vom Oberwinkler Bach begleitet, ein Garten, der sich durch Räumlichkeit und Architekturbeziehungen auszeichnet. Vor dem Gutshaus dehnte sich über den halbkreisförmig erweiterten Bach eine dreieckige Wiese, die mit dem Elisen-See abschoß. Ein Japanisches Häuschen und, in achsialer Beziehung zum Schloß, eine Statue, lagen fast außerhalb des Parks, der erst östlich des Gutshauses (1841/42 abgetragen) beginnt. Eine Ruine, ein alter hier 1786 aus Waldenburg eingebauter Renaissance-Torbau gibt den Stimmungswert „Der stillen Naturfreude gewidmet" des sich nun öffnenden Gartens an.

In ziemlich gedrängter Folge erlebte der Besucher eine im erweiterten Bach liegende Insel, vor einem Badehaus zwei Sphingen, eine Urne, Grotten, Denkmäler, Hütten, ein holländisches Landhaus und die „Gesundheitsquelle", zwei dorische Säulen mit einem antikisierenden Architrav, der die Inschrift „Salutari Hygienae Dono Sacrum" – Der heilbringenden Hygiene als Geschenk geweiht – trägt. Nach der Glänzelmühle folgt mit der Fischerhütte, dem Bassin und dem Dianenbad nochmals eine geballte Motivfülle.

Neben Grünfeld muß der noch etwas ältere Garten von Machern bei Leipzig genannt werden. Genauere Daten über seine Entstehungszeit sind unsicher, wenn auch 1782 als Beginn genannt wird. Die Veröffentlichungen über Machern, umfangreiche Kupferwerke, erschienen erst 1796 und 1799 von J. E. Lange bzw. K. W. Glasewald.

Die früheste, noch im Grundriß in einer zittrigen Regelmäßigkeit ausgeführte Partie war die „Eremitage" mit einem zweistöckigen, strohgedeckten Borkenhaus. Obwohl drei Teiche, der Schwemm- und der Mühlteich sowie der Lehmteich mit leicht terrassierten Ufern vorhanden waren, wurden diese Wasserflächen ebenso wenig wie der Wallteich ums Schloß Ausgangspunkt der Anlagen. Das „englische Gartendreieck" mit der „Statue der denkenden Muse" ist ähnlich in sich abgeschlossen wie die bereits genannte Eremitage und die – durch ein Feldstück getrennt – folgende „Englische Anlage" mit einem der beliebten Schneckenberge und dem Salon. Von dieser Anlage schlängelte sich ein kurzer Weg durch einen Wiesengrund zum „Monument der Hochseel. Frau Gräfin", mit dem der Schöpfer des Parkes, Carl August Heinrich von Lindenau, ähnlich wie Alexander Pope in Twickenham, seiner Mutter gedachte.

Nördlich davon, ganz leicht ansteigend, liegt die umfangreichste Partie des Gartens, aus verschiedenen kleinen Teilen zusammengesetzt, die ohne unmittelbare Verbindung leider kein Ganzes machen. „Rittergrab" und „Ritterburg" bilden die nördlichen Eckpunkte, höchst romantische Bauten, von denen die Ritterburg mit ihrem hohen Turm einen weiten Blick über die Landschaft ermöglichte. Auf einem weiteren Schneckenberg stand der „Tempel des Aeolus", ebenso verschwunden wie der „Salon von ländlicher Bauart" und vieles mehr. Erhalten blieb die 1792 errichtete Pyramide, die mit ihrem dorischen Portalvorsatz als gediegener klassizistischer Bau einen umfangreicheren Freiraum zugebilligt erhält. Hier klingt eine tiefere Gedankenwelt durch, da der Besitzer im Raum über der Gruft die Gedenktage der Familie feierte. Von der Pyramide aus mag der Blick über eine niedrige Plantage bis zum „Monument"

11
Muskau. Blick von der Liebeshöhe über die Lindenwiese nach Osten. 1983

gereicht haben, ohne daß eine optische Führung durch Bäume dies erkennen ließ.

Machern hatte auch eine überaus reiche Gehölzsammlung, von der Glasewald kenntnisreich berichtete. Bis auf wenige Exemplare hat die Verwandlung des Parkes in einen waldartigen Bestand nichts erhalten.

Die Ausstrahlungskraft des Wörlitzer Aufklärungsgedankengutes und der dazu gehörenden Gartenwelt war so lebenskräftig, daß – trotz der Unerforschtheit vieler dieser Gärten – noch Dieskau, Hohenprießnitz, Garzau und Zschepplin genannt werden müssen, ehe durch die Unruhen der napoleonischen Kriege ein Stillstand in der Gartenkunst eintreten sollte.

Dieskau, südöstlich von Halle, gehörte dem späteren Kanzler der Hallischen Universität Karl Christian von Hoffmann (1735–1801), der zu den aufgeklärten Freunden des Dessau-Wörlitzer Kulturkreises gehörte. Zwischen 1778 und 1784 entstand hier um einen größeren, nahezu ovalen Teich ein Landschaftsgarten, zu dessen Ausführung und vermutlich auch zur Planung der junge Johann George Schoch (1758–1826) aus Wörlitz verpflichtet war.

Viele Motive lassen Anklänge an Wörlitz und das Dessauer Georgium erkennen, wenngleich die Geländeausformung vorteilhafter genutzt wurde. Eine minutiöse Beschreibung im Taschenbuch für Gartenfreunde, Leipzig 1799, läßt erkennen, daß sich vom Gutshaus aus Wege oberhalb des Hanges entlangzogen, von denen aus der größte Teil des Gartens zu überblicken war. Phantasievoll waren die Gartenarchitekturen, die teils chinesischen Einfluß zeigten, wie der Pavillon im See, oder an die Verbindung mit Georg Forster anknüpften, nach der das Badehaus in der Otahiti-Mode über dem Abfluß des Sees erbaut wurde. In klassizistischer Form gedachte man des Wörlitzer Freundes: eine Gedenkvase für den Fürsten Franz von Anhalt-Dessau und am Ende des Sees ein Obelisk, ähnlich wie im Georgium den Übergang zur Landschaft vermittelnd. Die umgebende Feldflur schien jedoch im 18. Jahrhundert auch optisch kaum einbezogen gewesen zu sein, da die Randpflanzungen ziemlich abgrenzten. Nur die durch den Höhenunterschied ermöglichten Reize der Aussichten aus verschiedenen Höhen mit den phantasievollen Gartenarchitekturen wurden ausgekostet.

Hohenprießnitz, südlich von Bad Düben, sehr schön am westlichen hohen Ufer der Mulde gelegen, nutzt diese Situation auf das vorteilhafteste für einen Park aus. Die Grafen Hohenthal müssen offensichtlich eine Verbindung zu Wörlitz gepflegt haben, denn George Schoch war auch hier wirksam und ebenso der junge, in Wörlitz häufig beschäftigte Bildhauer Friedemann Hunold (1773–1840), von dem noch ein sehr edler Gedenkstein am Steilhang zum Park liegt. Genaue Daten wie auch eine Deutung des Hohenprießnitzer Parkes stehen aus. Die Form des schmalen Wasserzuges, die torartigen Architekturen erinnern jedoch an sehr empfindsame Gestaltungen, die in Verbindung mit starken, alten Bäumen die Erkenntnis ermöglichen, daß hier ein kostbarer, früher Landschaftsgarten bestand.

Ähnliches trifft auch auf das nahe Zschepplin zu, wie Hohenprießnitz am Hochufer der Mulde gelegen. Allein der alte Baumbestand, riesige Eichen und Tulpenbäume, verrät, daß hier ein früher Landschaftsgarten dahinschlummert, dessen Geschichte und Form noch zu erforschen bleibt.

Im Königreich Preußen setzten sich die neuen Ideen des Landschaftsgartens nur sehr langsam und auch dann nur schubweise durch. Dazu mochte die Zurückgezogenheit Friedrichs II. von Preußen Anlaß gegeben haben, der in seinem Garten von Sanssouci zwar englische Gänge im Rehgarten westlich der Heckenquartiere anlegen ließ, den neuen Gartenvorstellungen jedoch recht fremd gegenüberstand.

Als sein Nachfolger Friedrich Wilhelm II. 1786 damit beginnen wollte, in Potsdam am Heiligen See, wo er bereits Grundstücke angekauft hatte, einen „Neuen Garten“ anzulegen, fand er in Preußen keinen Gartenarchitekten. Er mußte sich von dem ihm befreundeten Fürsten Franz von Anhalt einen phantasievollen Gartenarchitekten empfehlen lassen, Johann August Eyserbeck (1762–1801), dessen Vater im Luisium bei Dessau tätig war.

Eyserbeck, der 1788 in Charlottenburg als Hofgärtner angestellt wurde, entwarf die Pläne für den Neuen Garten und leitete auch die Ausführung, die erst mit dem Tode des Königs 1797 abgeschlossen wurde. Wie ein großes ꞔ legt sich der Neue Garten um den Heiligen See, die Endpunkte durch die neugotische Bibliothek und den Maurischen Tempel (1869 abgetragen) betont, die Mitte vom Schloß beherrscht. Dieses wurde etwas in den See gerückt, da es als Wasserschloß auch von der Havel her, für Gäste aus Charlottenburg, gesehen und betreten werden und außerdem der Schaufreudigkeit in Garten und Landschaft dienen sollte.

Große Teile des Gartens waren bisher als Rebengärten genutzt und so blieben einige Wein- und Preßhäuser, das Rote, Grüne, Weiße und Braune Haus als Parkstaffage bestehen. Eyserbeck löste die Gartenfläche in zahlreiche stimmungsvolle Gartenpartien auf, wozu besonders der Garten vor dem Schloß mit seinen Blumenbeeten gehörte. Auch der Gartenraum mit den Hängeweiden um die Gedenkurne der Gräfin Ingenheim setzte diese Empfindsamkeit fort. In der Nähe schlug eine Pyramide aus Sandstein mit vergoldeten Planetenzeichen einen neuen Ton an, der bereits an der östlichen Orangeriefassade ausklang. Hohe Säulen tragen hier eine ägyptische Sphinx, während im Halbrund des Vorbaus ägyptische Plastiken aufgestellt wurden.

Hier, in unmittelbarer Nähe von Schloß und Orangerie, endet auch die den Garten durchschneidende Zufahrtsallee, im 18. Jahrhundert mit modischen Pyramidenpappeln bepflanzt; sie war die kürzeste Verbindung nach Sanssouci. Entlang dieser Allee liegen die „Holländischen Häuser“, die vor allem vom See her gesehen werden wollen. Dieses Motiv, das – wie H. Schönemann kürzlich feststellte – Friedrich Wilhelm II. vom russischen Puschkin mitbrachte, das auch in Buch bei Berlin einen Ton anschlug, erweiterte sich hier zu einer dorfartigen Ansammlung von Häusern, wobei das größte, das heutige Damenhaus, einen kleinen Turm mit Glocke haben sollte. Diese Vorspiegelung einer kleinen Kirche wurde nicht verwirklicht und damit die Reihung der Häuser nicht leicht verständlich.

Im 18. Jahrhundert kannte der Neue Garten keine großen Sichtbeziehungen, viel eher intime Gartenräume, zu denen leicht geschwungene Wege führten. Nur eines wurde gänzlich erschlossen und in der Uferführung abgetastet: der See. Selten nimmt eine Gartenanlage eine

12
Muskau. Tränenwiese mit Schloßruine. 1983

so enge Verbindung mit dem Wasser ein wie der Neue Garten, wo der See am Rande liegt und doch das lebenskräftigste Motiv des Gartens ist.

Ebenfalls an einem Gewässer, einem See und zwei aufgestauten großen Teichen, die durch ein Fließ verbunden waren, lag das für kaum ein Vierteljahrhundert als Garten aufleuchtende Garzau, dem Grafen Friedrich Wilhelm Carl von Schmettau (1743–1806) gehörend. Er war dem Dessau-Wörlitzer Kulturkreis und Georg Forster (1754–1794) sehr verpflichtet. Schmettau hatte das Gut 1779 gekauft und nach 1780, vor allem zwischen 1782 und 1784, mit der Verwirklichung seiner Ideen zu einem Park begonnen.

Die bewegten Ufer der drei Seen und das Fließ lockten, zahlreiche Brücken oder Seilfähren wie in Wörlitz einzubauen und so über Inseln einen Rundgang durch die ausgedehnte Anlage zu ermöglichen.

Gegenüber dem Schloß, in etwa 400 m Entfernung, lag auf einem Hügel scharf gegen die Helligkeit des Horizontes eine Pyramide (heute Ruine), deren aus Ziegelsteinen gemauerter Kern, ein Festsaal, ganz von Feldsteinen in Pyramidenform gehäuft, umgeben war. Die Anregungen zur Form und zum Material dieser Pyramide erhielt Schmettau von Georg Forster, der an Cooks Reise nach Polynesien teilgenommen hatte. Die Pyramide war jedoch nicht das einzige Bauwerk, das an die polynesische Inselwelt erinnerte. Auch das Badehaus hatte auf der Insel Huahine seinen Ursprung und verlieh dem Park ein spritziges exotisches Gewürz, nur wenige Jahre in der Gartenkunst verwendet.

Am Mühlenfließ ließ Schmettau noch eine Grotte errichten, von einer rustikalen Brücke mit dem Nachbarland verbunden. Bei dem tischartig flachen Gelände, nur zur Pyramide folgt ein plötzlicher Anstieg, lag es nahe, Aussichtspunkte zu schaffen, um den Garten zu überblicken. Dies war am Ausfluß am Kleinen Haussee möglich, der von einer chinesischen weißen Holzbrücke überspannt war. Dort lag eine Grotte, davor die Stele mit einer Minerva, leicht vom Schatten gebogen gewachsener Bäume überzogen. Diese Grotte trug einen kleinen Pavillon, von einem zweifarbigen Zeltdach gekrönt: Der Park mit seinen seltenen Gehölzen, den Brücken und Inseln war wie von einem Baldachin zu erleben.

Ganz im Gegensatz zu diesen sprudelnd neuen Anlagen lagen die Gärten am Rheinsberger Grienerick-See verhältnismäßig unbeobachtet. Prinz Heinrich von Preußen (1726–1802), ein Bruder König Friedrichs II., hatte von diesem den alten Rokokogarten 1744 als Geschenk erhalten. Aber erst als der Prinz seinen Wohnsitz 1752 dauernd nach Rheinsberg verlegte, begann er sich, seinen musischen Neigungen folgend, auch mit dem Garten zu beschäftigen, unterbrochen durch seine Abwesenheit während des Siebenjährigen Krieges.

Das alte Achsensystem, den Wald zu gliedern, mochte er übernommen haben, fügte aber vor allem nach seiner Rückkehr eine Fülle heute vielfach verschwundener Motive des noch unentwickelten Landschaftsgartens ein. Da gab es auf der Anhöhe der Obelisk-Achse ein Grabmal des Vergil, das auch in anderen Gärten zu finden war,

13
Muskau. Wasserfall an der Karpfenbrücke von Südosten. 1983

einen Parasolberg, unter dessen großem Schirm eine Moosbank zum Rundblick einlud, ein Eremitendörfchen mit bewohnbaren Einsiedeleien und einer nutzbaren Küche, dazu die heute stark veränderten Partien an der Malesherbessäule, die starken chinesischen Einfluß verrieten.

All diese Partien gehörten nicht zu einem entwickelten Landschaftsgarten, es war keine Folge von Gartenbildern. Vielmehr sollten diese zahlreichen sentimentalen Einschiebsel in regelmäßige Alleeabschnitte beim Nutzer und Besucher Stimmungen hervorrufen, die durch antikes und modernes Bildungsgut belebt wurden. Uferteile und Höhen, durch Plastiken und Denkmale aufgewertet, waren auch zu bewunderten Blickpunkten geworden, ohne je Gartenfreiraum gebildet zu haben.

Nur einzelne Teile, das Eremitendörfchen zum Beispiel oder der Freundschaftstempel, mochten zu gesellschaftlichen und damit auch räumlichen Zentren geworden sein, zumal sich hier die kleine, sehr kultivierte Hofgesellschaft zu Musik, Spiel und Speisen traf. Der Rheinsberger Park darf als ein Musterbeispiel eines Rokokogartens gelten, in den man die als prickelnd neu empfundenen sentimentalen Staffagen einfügte: wie in einen Kanevas wurden in eine herbe Landschaft hier und da Farbtupfen eingestickt. Gerade an diesem Rheinsberger Park mit dem großen See, an dem Prinz Heinrich mit seinen Intendanten und Gärtnern über 50 Jahre arbeitete, wird der Wandel zum Landschaftspark ablesbar, wenn man die beiden anderen, ebenfalls an einem See liegenden Gärten, Wörlitz und den Potsdamer Neuen Garten, betrachtet.

Ein Wandel in sozialen und wirtschaftlichen Strukturen, zuerst ganz langsam, sich bald unübersehbar durchsetzend, führte zu einem Umschwung, der dann im frühen 19. Jahrhundert, nach den napoleonischen Kriegen, den Landschaftsgarten mit seinen großartigen Gartenbildern entstehen ließ.

Nach dem Wiener Kongreß führten zwei fast gleichaltrige, in ihrer Gedankenwelt und Kunstauffassung jedoch höchst unterschiedliche Männer die Landschaftsgärten zu neuer Blüte: der 1785 in Muskau geborene Hermann Fürst Pückler und Peter Joseph Lenné, als Sohn einer Gärtnerfamilie 1789 in Bonn geboren. Beide beherrschten ihr Metier auf das glänzendste, waren teilweise zusammen sogar an einer Gartenanlage beteiligt, was nicht nur hier zu unerfreulichen, von Pückler auch wenig vornehm betriebenen Querelen führte. Der Lenné-Schüler Gustav Meyer (1816–1877) und Karl Eduard Petzold (1815–1891), der die Pücklerschen Arbeiten in Muskau fortsetzte, trugen die Vorstellungen des Landschaftsgartens in die zweite Hälfte des 19. Jahrhunderts, wobei die Lennéschen Ideen und Auffassungen des auf sozialen Forderungen aufbauenden Stadtgrüns bis in unser Jahrhundert hineinwirkten.

Lenné hatte auf Wunsch seines Vaters zahlreiche Studienreisen unternommen. Er blieb längere Zeit in Wien und Paris, wo er bei Durand Vorlesungen hörte und auffallend stark von Gabriel Thouin (1747–1829) beeinflußt wurde. Während Pückler den Auffassungen des Landschaftsgartens vor allem in England nachging und die Formen von H. Repton (1752–1818) adaptierte, war Lenné durch den Landschaftsgarten Frankreichs geprägt, wie er in der Plansammlung „Plans raisonnés de toutes les espèces de jardins“, Paris 1819/20, zum Ausdruck kam.

Lenné begann – 1816 als Gartengeselle auf Probe nach Potsdam gerufen – mit sogleich Aufsehen erregenden Planungen für den Neuen Garten und den Park Sanssouci. Während die Pläne für den Neuen Garten nach und nach durchgesetzt wurden, blieb der Entwurf, den Park Sanssouci in weiten Teilen in einen Landschaftsgarten zu verwandeln, nur Absicht. Der wenig kunstfreundliche Friedrich Wilhelm III. dürfte kaum den für seine Zeit genialen Gedanken Lennés verstanden haben; Lenné löste in seiner Planung den 2 km langen, nur 8 m breiten Hauptweg auf, um daraus eine breite Sichtachse zu formen. Zahlreiche Diagonalsichten nahmen dem Park sein handtuchartig-schmales Aussehen, wobei nun der Fall eintrat, daß die Wege nicht in den Sichten verliefen, Fuß und Auge also getrennt waren. Nur wenige Teile des alten Rokokogartens sollten bestehen bleiben: die sechs Terrassen vor dem Schloß Sanssouci, die Obstanlage vor der Bildergalerie, die kurze Allee in der Achse von Schloß Sanssouci und die Lindenpflanzung am Obelisk.

Ab 1826 konnte Lenné die höchst geistvollen, aufs feinste durchgearbeiteten Pläne für Charlottenhof vorlegen, deren Ausführung erst um 1845 abgeschlossen war. Der sog. „Siam Plan“ 1839 zeigt etwa den Abschluß dieser Gartenarbeiten, die am Scheitelpunkt eines Drives, eines Umgehungsweges, das kleine Schlößchen Charlottenhof zum Kern der Anlage machen. Die Gebäudegruppe der Römischen Bäder, an einen künstlich angelegten kleinen See angeschmiegt, erfüllte mit den Italien-Erinnerungen des Römischen Bades, dem Teepavillon, dem Gärtner- und Gehilfenhaus den östlichen Parkteil mit Leben.

Die westlich des Schlosses Charlottenhof geplanten Partien sind nicht alle ausgeführt, teilweise später auch verändert worden: sie gipfeln im gewaltigen Gartenfreiraum des Hippodroms (150 m lang, 55 m breit). Die ursprünglich ausdrucksarme Ebene einer mageren Viehweide verzauberte Lenné in eine mit Baumgruppen und Einzelbäumen durchstellte, von leichten, jedoch höchst wirkungsvollen Bodenschwingungen durchzogene Ideallandschaft, die sich von der Außenwelt durch undurchsichtige Abpflanzungen verhüllte. H. Schönemann lüftete erst jüngst diese Lennésche Phantasiewelt als höchst lebenskräftigen Nachklang humanistischer Ideen der Aufklärung.

Nahezu fünfzig Jahre arbeitete Lenné an den Sanssouci-Gärten und deren unmittelbaren Umgebung: Der Hopfengarten (1827), die Umgestaltung des Ruinenberges (nach 1841); der Nordische und der Sizilianische Garten (1857/60), die Anlagen an der Orangerie mit der Gedankenwelt einer Triumphstraße (um 1850), der Marly-Garten (1845) mit der Friedenskirche und die Anlagen um die Fasanerie (1841/42) runden den Garten ab, der nun über 300 ha groß war.

Der eine kaum erfaßbare Großheit ausstrahlende Gedanke Lennés, „Die Verschönerung der Insel Potsdam", mag das Phantasievollste und Gedankentiefste sein, was Lenné schuf. Ohne den Mittelpunkt der Sanssouci-Gärten, die wie ein Katalysator wirkten, nicht denkbar, begann Lenné eine Gestaltung der Umgebung Potsdams vorzusehen, die eine Länge von 18 km, eine Tiefe von 12 km erreichte. Aus den einzelnen Teilen der nicht immer anziehenden Landschaft schuf Lenné ein einheitliches Ganzes, wobei die Teile durch Pflanzungen, Baumgruppen, Parkanlagen, Sichtbeziehungen, Architekturen und besondere Wegeführungen zu einem organischen Ganzen verbunden wurden, ohne die Nutzflächen einzuschränken.

Die Pfaueninsel im Osten Potsdams machte den Auftakt. Schon 1816 hatte Lenné Umgestaltungen vorgenommen, 1829/31 und 1842 traten erneute Veränderungen ein. Mit den Anlagen von Nikolskoe (1836) setzten sich die Gärten weiter nach Glienicke mit seinen aufs feinste durchgestalteten Ziergärten fort. Das sich anschließende Babelsberg war seit 1833 in Arbeit, für Lenné besonders schwerwiegend, da dieser Höhenzug mit seinem ausgedehnten Park die Verschönerung der Insel im Osten abschließt. Hier in Babelsberg kam es wegen fehlender Mittel 1841/42 zur vorübergehenden Einstellung der Arbeiten, bis 1843 Pückler, der Prinzessin Augusta von Preußen, der Auftraggeberin, von Weimar her bekannt, die Weiterführung der Ausgestaltung des Parkes übernahm. Das Lennésche Wegesystem blieb erhalten. In Babelsberg kam es zu grundlegenden Verstimmungen zwischen Pückler und Lenné, die – einem Außenstehenden kaum spürbar – Lenné aufs tiefste verletzten. Allein auf Grund der Klassenunterschiede – der Fürst wider einen Gartendirektor – blieb der Ausgang von Anfang an offensichtlich.

Der Kranz der Gärten setzte sich von Babelsberg über den Tiefen See und Heiligen See nach dem Neuen Garten (Überarbeitungen durch Lenné 1816, 1825 und 1846) und dem Pfingstberg (1849) fort, mit Blickbeziehungen zum Neugotischen Belvedere auf dem Brauhausberg und den in 9 km Entfernung das Parkbild abschließenden Schäfereibergen bei Geltow am Rande des Wildparks.

Das 846 ha umfassende Gebiet des Wildparks mit dem Bayrischen Haus (1847), dessen weite Sicht über die Havel bis Werder reichte, und den drei von Persius entworfenen Torhäusern war als Jagdgebiet künstlerisch bearbeitet worden. Die Sichtbeziehungen vom Kellerberg auf die Hänge des Schwielowsees mit seinen alten Kiefern erschienen nun ebenso bewundernswert wie der Blick vom nordwestlichen Wildwärterhaus zum Tempel am Kahlen Berg und den Bornimer Höhen. Diese leichten Anhöhen wurden durch die italianisierenden Bauten des Bornimer Gutsgebäudes mit seinem Turm, durch die berühmte Heckenlandschaft Lennés und die Gutsgebäude von Bornstedt sowie durch die dortige Kirche mit Säulengang und freistehendem Campanile akzentuiert. Eine solche Kunstform verlieh der ursprünglich spröden Landschaft einen weichen, heiteren Ton, der bisher um Potsdam kaum zu spüren war.

Dazu gehören auch die Parkanlagen mit Heilandskirche bei Sacrow (1842), die Villa Alexander mit ihren kleinen Gärten am Jungfernsee, der Garten von Caputh, die Anlagen des späteren Karlsturms südlich des Wildparkes sowie der Park in Petzow. Die etwas leer wirkende Petzower Kirche gewährte ebenso wie das Schinkelsche Gutshaus, denen viel Laubholz, verbindende Alleen und Baumgruppen die Akzente verliehen, dem Auge immer wieder beruhigende Festpunkte.

Dieser umfassende Gedanke Lennés, in nahezu fünfzig Jahren andauernder Arbeit mit und ohne Verständnis zweier Könige verwirklicht, hatte, wie es nicht anders sein konnte, Vorläufer. Mochten die ersten Anregungen vom Dessau-Wörlitzer Kulturkreis kommen, die Lenné selbstverständlich kannte, so müssen dazu auch die Gestaltung der Gutsfluren in Reichenbach Kreis Pyritz (1820) und Boizenburg sowie vor allem Park und Umgebung von Basedow (nach 1835) genannt werden. Sie gehören zum Bedeutendsten unter den Lennéschen Arbeiten, ohne die die Potsdamer Insel mit ihren aufs detailreichste durchgestalteten Partien als letzter Nachklang eines humanistischen Klassizismus nicht gedacht werden kann.

Bewundernswert ist neben der ein normales Maß unvergleichlich übersteigenden Arbeitsleistung Lennés seine Begabung für Arbeitseinrichtung und -gliederung. Um dieses kaum vorstellbare Arbeitsergebnis überhaupt zu ermöglichen, hatte Lenné ganz wesentlichen Anteil an der Begründung eines Vereins zur Beförderung des Gartenbaus (1822), zur Einrichtung der Gärtnerlehranstalt, einer Fachausbildung für Gartenkunst, Zierpflanzen- und Gemüse- sowie Obstbau (1823) und der Anlage einer lieferungsstarken Landesbaumschule (1823). Diese drei bildeten die Grundlage für die Lennéschen Arbeiten und strahlten in ihrer Wirksamkeit weit über Brandenburg-Preußen aus, zumal Lenné ihnen seine ungebrochene Aufmerksamkeit bis zu seinem Tode 1866 schenkte. Damit vollzog Lenné ähnlich wie Albrecht von Thaer in der Landwirtschaft in Zeiten schwierigster ökonomischer Bedrängnis den Schritt von der allgemeinen Berufserfahrung zur Wissenschaft.

Darüber hinaus entwarf Lenné noch Pläne für zahlreiche kommunale Anlagen, womit er zum Begründer städtischer Grünanlagen, im späten 19. Jahrhundert Stadtpark genannt, wurde. Hier sind vor allem der berühmte Friedrich-Wilhelm-Garten (heute Pionierpark) in Magdeburg zu nennen, auch der dortige Herrenkrug-Park, desgleichen die kommunalen Anlagen in Frankfurt/Oder, Dresden und Leipzig.

Zur gleichen Zeit, in der Lenné in Sanssouci und dem Neuen Garten mit seinen Arbeiten begann, setzten zunächst ganz zögernd 1815 landschaftliche Parkgestaltungen eines bis dahin fast unbekannten Grafen von Pückler in Muskau ein, der erst 1822, besonders auf Betreiben seines Schwiegervaters, des Staatskanzlers von Hardenberg, gefürstet worden ist. Ein Jahr Schulzeit in Dessau blieb sicher nicht ohne Einfluß auf seine Gartenempfänglichkeit.

In England war Pückler von den Parks H. Reptons und dessen Gartengedanken so geprägt worden, daß er die von Repton adaptierten Ideen im Muskauer Sand keimen ließ.

Von 1815 bis 1845 arbeitete Pückler wie ein „Erdenbändiger" (Bettina von Arnim nannte ihn so) in Muskau, um Parkvorstellungen zu verwirklichen, die auf ein Ausmaß von 770 ha angelegt waren. Mit einer Leidenschaft ohne Beispiel zauberte Pückler aus lehmigen Aueböden im Neißebogen und sandigen Hängen und Höhen eine beglückende Gartenwelt, wie sie in den nachfolgenden Beiträgen im einzelnen dargestellt wird. Bäume und Wiesen, Wasser und Hügel wurden eingearbeitet, vorhandene Alteichen in ihrer Größe herausgestellt und Bäume wie Monumente auf gedehnte Wiesen gesetzt, so daß diese Landschaftsgärten noch einmal in Schönheitsglut aufleuchteten, der Abgesang des klassischen Landschaftsgartens.

Pückler hat sich 1834 in seinem schon damals kostbaren Werk „Andeutungen über Landschaftsgärtnerei" zum Thema seines Gartens – freilich etwas verschwommen – geäußert: „Denn die Hauptidee, welche ich der Fassung des ganzen Planes zum Grunde legte, war eben keine andere als die, ein sinniges Bild des Lebens unserer Familie, oder vaterländischer Aristokratie, wie sie sich eben hier vorzugsweise ausgebildet, auf eine solche Weise darzustellen, daß sich diese Idee im Gemüth des Beschauers, so zu sagen, von selbst entwickeln müsse."

Dieses „sinnige Bild des Lebens unserer Familie" war ziemlich teuer, man schätzt, daß über eine Million Taler in diesen Gärten verbaut wurde. Im Gegensatz zu Lenné nahm er keinerlei Rücksicht auf den Ertrag vorhandener Felder, sondern opferte alles dem Parkgedanken. Dabei hatte Pückler – im Gegensatz zu seinen anfänglichen Versprechungen – die seinen Muskauer Bürgern abspenstig gemachten Flächen gar nicht oder erst sehr spät bezahlt. Pücklers Lebenshaltung war so teuer, daß er fast zwei Millionen Schulden hatte und den von ihm ohnedies sehr schlecht bewirtschafteten

14
Muskau. Wasserfall an der Karpfenbrücke, Blick die Hermannsneiße flußaufwärts zur Kanalwiese. 1984

Besitz verkaufen mußte. Die Kosten für den Park waren noch die geringsten; der üppige Haushalt, Pferde, Livreen und Reisen verschlangen Unsummen.

Das funkelnde Gartenkunstwerk Pücklers wird auch durch die Anmerkung nicht verdunkelt, daß er für die Nutzflächen seines Besitzes fast gar nichts tat, sich um die Volksbildung seiner überdies sehr zurückgebliebenen Standesherrschaft ebensowenig kümmerte wie um die Aufhebung der Leibeigenschaft, die in Muskau mit am spätesten in den preußischen Landen erfolgte. Zwar nannte er seinen Garteninspektor Jacob H. Rehder (1790–1852), ohne den der Muskauer Park undenkbar ist, „Herr Kollege", jedoch mit dem Unterschied, daß Rehder zu Fuß ging, während Pückler auf einem Araber-Hengst antrabte.

Nach dem Verkauf Muskaus begann Pückler zunächst widerwillig und nur dem Wunsche seiner Gattin folgend mit der Anlage eines Parkes in Branitz, bis ihn auch hier die Gartenleidenschaft ergriff und erst 1871 mit seinem Tode die weitere Ausarbeitung des Parkes eingestellt wurde. In einem Vierteljahrhundert hatte Pückler wirklich aus dem Nichts einen Zaubergarten geschaffen, dem auch in seiner Gedankentiefe nur wenig an die Seite gestellt werden kann. Die neuesten Forschungen von A. Schäfer lassen jedoch erkennen, daß hier das Klassisch-Erhabene ganz und gar von hochmodernen Parkarchi-

15
Muskau. Altes und Neues Schloß. 1930

tekturen und fast kitschigem Kunsthandwerk überspielt wurde: das Finale der großen Landschaftsgärten setzte unübersehbar ein.

Auch in anderen Gärten, vor allem in Thüringen, hatte Pückler beratend eingegriffen. In Altenstein bei Bad Liebenstein sind seine Spuren zu verfolgen, über alles ragt jedoch die Behandlung des Hanges gegenüber dem Schloß Ettersberg hinaus, wo auf Anraten Pücklers etwa 10 ha Wald geschlagen wurden. Pückler arbeitete hier aus einem Rotbuchenbestand eine aufs kunstvollste behandelte, über 1000 m tiefe Hangwiese heraus, deren malerische Wirksamkeit in der Ausbildung des Baumrandes lag. Bald vorspringend, bald schräg zurückweichend gehört dieses Parkbild gleichwertig zu den Parken in Muskau und Branitz.

Seit der Mitte des Jahrhunderts nahm die Anzahl großer, neuer Parkschöpfungen ab, die kleineren dagegen, vielfach reich ausgestattet, wurden zahlreicher. Dies ist nicht zuletzt auf ökonomische und sozialpolitische Gründe zurückzuführen. Während die Gutswirtschaft, von Krisen geschüttelt, kaum noch Mittel für ausgedehnte Parke erwirtschaften konnte, traten in den Städten sozialhygienische Gesichtspunkte sehr in den Vordergrund. Als Erholungsgrün für die Städter waren vor allem in Berlin die mustergültigen Volksparke Friedrichshain und Humboldthain entstanden.

Diese beiden Anlagen hatten im Berliner Tiergarten, an dem Lenné fast fünfzig Jahre zäh und verbissen gearbeitet hatte, einen Vorläufer. An den Jahrzehnte andauernden Veränderungen wirkte, zunächst als Zeichner, auch Gustav Meyer (1816–1877) mit, der die Gärtnerlehranstalt besuchte, wo man seine auffallende Begabung bald erkannte. Er zeichnete zahlreiche Pläne für Lenné, wurde Gartenkondukteur, Lehrer an der Gärtnerlehranstalt und schließlich Hofgärtner. 1860 gab Meyer das „Lehrbuch der schönen Gartenkunst, mit besonderer Rücksicht auf die praktische Ausführung von Gärten, Parkanlagen usw." heraus. Er entwickelte in seinem Werk, das sicherlich mit Billigung Lennés erschien, nach einem historischen Rückblick „die Grundsätze der neueren Gartenkunst und Anleitung zur Ausübung derselben". Wollte Pückler in seinem Buch als gewandter Reiseschriftsteller Anregungen vermitteln, so machte Meyer die Gartenkunst lehrbar. Er hatte damit nicht nur das Erbe Lennés übernommen und weiterentwickelt, sondern in seinen Arbeiten in Berlin, dessen erster Stadtgartendirektor er 1870 wurde, Neues geschaffen.

In Friedrichhain (1846) und im Humboldthain (1869) hatte er Lennés Gedanken aus dessen kommunalen Anlagen fortgeführt, die im Treptower Park (1875) ihre Krönung erfahren sollten. Zum ersten Male werden nun Spielplätze und Liegewiesen in Grünanlagen eingefügt, von Sozialhygienikern wegen vielfacher Mangelkrankheiten gefordert. Die großen Gartenfreiräume waren nun

16
Branitz. Schilfsee mit den beiden Inseln. 1983

17
Branitz. Schloßsee mit nördlichem Teil der Schloßwiese. 1983

18
Branitz. Schloß mit Pergolahof. 1983

nicht mehr nur schönes Bild, sondern nutzbare Freifläche geworden. Schüler der Gärtnerlehranstalt – in dieser Gedankenwelt ausgebildet – wurden so zu Begründern großstädtischer Grünzüge.

Neben der „Potsdamer Richtung“ blieb aber auch die ganz in Ästethik aufgehende Gartenwelt Pücklers nicht ohne Fortsetzung. Pückler bemerkte recht resignierend, aber klar und deutlich zu seinen eigenen Plänen: „Manche Ultra-Liberale werden vielleicht über einen solchen Gedanken lächeln, aber jede Form menschlicher Ausbildung ist ehrenswerth, und eben weil die hier in Rede stehende sich vielleicht ihrem Ende naht, fängt sie wieder an ein allgemeines, poetisches und romantisches Interesse zu gewinnen, die man bis jetzt Fabriken, Maschinen und selbst Constitutionen noch schwer abgewinnen kann. Suum cuique. Euer ist jetzt das Geld und die Macht – laßt dem armen ausgedienten Adel seine Poesie, das Einzige, was ihm übrigblieb. Ehrt das schwache Alter, Spartaner!“

Nach dem Verkauf von Muskau kam die Standesherrschaft schließlich in den Besitz des Prinzen Wilhelm Friedrich Karl der Niederlande, der nach dem Tode Rehders Eduard Petzold (1815–1891) für Muskau gewinnen konnte, um den erst zu einem Drittel fertiggestellten Park zu vollenden. Petzold hatte bereits in thüringischen Gärten Beachtenswertes geleistet, wo er seit 1844 tätig war, zuerst als Gartenkondukteur in Ettersburg, dann ab 1848 in Weimar, Tiefurt und Groß-

19
Branitz. „Gothisches Fenster". 1982

kromsdorf. Petzolds Wirken war hier sehr fruchtbar, und nur auf besonderen Wunsch Pücklers übernahm er nach dem Tode Rehders den Muskauer Park, wo er nicht nur die von Pückler vorgesehenen Flächen nach eigenen Plänen anzulegen hatte, sondern als erster Pflegeeingriffe in den Pücklerschen Teilen vornehmen mußte. Allein dies blieb wahrlich keine leichte Aufgabe, die Petzold mit gediegenem Können und großem Geschick löste.

Petzold hatte sich immer sehr für Pflanzen, inbesondere um Gehölze, deren Verwendung, Bestimmung und Kultur bemüht. Bei den üppigen, in Muskau zur Verfügung stehenden Mitteln konnte er gemeinsam mit dem Arboretgärtner G. Kirchner ein Arboretum, eine geographische Abteilung und eine Baumschule anlegen, die rund 125 ha umfaßten. Die wissenschaftlichen Ergebnisse veröffentlichten beide im Aboretum Muscaviense, das 1864 in Gotha erschien.

1878 gab Petzold die Leitung des Muskauer Parkes und der Gärtnereien auf, behielt jedoch die künstlerische Oberaufsicht noch bis 1881. Von Muskau reicht Petzolds Arbeitsgebiet bis nach Bulgarien und den Niederlanden, wo er in Twickel und de Paauw Musterbeispiele seiner Kunst verwirklichte. Neben den genannten Gärten in Muskau und Weimar gehört der Park in Langenstein bei Halberstadt zu den am besten erhaltenen Parks Petzolds in der DDR.

Petzold war sehr begabt, sein Können in Fach- und Lehrbüchern darzulegen. Schon 1849 hatte er „Beiträge

20
Branitz. Blick vom Südzipfel des Schwarzen Sees zum Schloß. 1983

21 ▶
Branitz. Nordostgiebel des Schlosses mit Erlengruppe. 1986

zur Landschaftsgärtnerei" herausgegeben, die 1888 in einer weitaus verbesserten Auflage erschienen. Neben dem Meyerschen „Lehrbuch der Schönen Gartenkunst" gehören die Veröffentlichungen Petzolds und des Eisenacher Hofgärtners Hermann Jäger (1815–1890) zu den grundlegenden Literaturarbeiten des 19. Jahrhunderts. Ohne diese Werke sind sowohl eine Rekonstruktion und Pflege der Gärten des 19. Jahrhunderts als auch die Fortentwicklung der Gartenkunst überhaupt nicht denkbar. Die reizbare Animosität zwischen den Muskauern und den Potsdamern trug doch spürbar zu einer lebendigen Weiterentwicklung bei, indem aus der so weit reichenden Kunstauffassung und Gedankenwelt in Lehre und Ausübung das Lebenskräftige extrahiert wurde, das dann die Grundlagen der Gartenkunst vom 19. zum 20. Jahrhundert bilden sollte.

Pücklers Parkanlagen in Muskau, Babelsberg und Branitz

Helmut Rippl

Anmerkungen S. 299 ff.

Einleitung

Hermann Fürst von Pückler-Muskau und sein Lebenswerk sind fast völlig aus dem heutigen Bewußtsein entschwunden. Bis auf die beiden Parkanlagen in Muskau und Branitz sind Pücklers sonstige Leistungen weitgehend unbekannt.

Als Standesherr von Muskau strebte er einen Lebensstil an, zu dem neben einem prächtig ausgestatteten Schloß ein ebensolcher herrschaftlicher Park gehörte. Darüber hinaus ging sein Streben auch nach politischem Einfluß.

Für den diplomatischen Dienst hielt man ihn aber für ungeeignet – viel zu stark war ihm geistige Unabhängigkeit eingeprägt. Er hielt freie Meinungsäußerung für unerläßlich, sympatisierte mit politisch so „verdächtigen" Zeitgenossen wie Heinrich Heine und Heinrich Laube, war dem Saint-Simonismus zugeneigt, forderte aber gleichzeitig – ab 1833 auch öffentlich – die konstitutionelle Monarchie für Preußen. Dies alles entsprach einem Verhalten, das ihn politisch ins Abseits führte. So wurde Pückler durch die Umstände um so stärker in die Richtung seiner künstlerischen Veranlagung gedrängt. Diese Fähigkeiten hat er zeitlebens dann auch vehement ausgeübt, sowohl als Schöpfer der Gartenkunst als auch als Literat. Dazu kam seine große Lust am Reisen, am Reitsport und Schießen, seine umfangreiche Korrespondenz mit vielen Zeitgenossen, vor allem mit dem schönen Geschlecht. In jüngster Zeit wird wieder das in seinen literarischen Werken sehr detailliert beschriebene Zeitkolorit interessant und mit dem Neudruck seiner Bücher ein tieferer Einblick in die Geisteshaltung dieses ungewöhnlichen Mannes möglich.

Neben den vielfältigsten Äußerungen zum geistig-kulturellen Leben der Zeit sind für uns heute seine Parks vorrangig von Bedeutung, weil sich auch in ihnen seine Weltsicht widerspiegelt. Die drei großen, im wesentlichen von ihm geschaffenen Parks in Muskau, Babelsberg und Branitz sind in folgenden Abschnitten in ihrem Werdegang bis in die Gegenwart dargestellt. Die ihnen zugrunde liegenden Ideen sind trotz der Ähnlichkeit der gestalterischen Mittel aufgrund der landschaftlichen Gegebenheiten recht verschieden. In Muskau bildet das von der Neiße eingeschnittene liebliche Flußtal den bestimmenden räumlichen Rahmen mit Blickbeziehungen vorwiegend von den Berglehnen nach innen, zum Schloß als Brennpunkt. In Babelsberg ist der Berg Ausgangs- und Mittelpunkt des Ganzen mit nach außen orientierten Rundsichten in die schöne Potsdamer Seenlandschaft. Im ebenen Branitz bot die Landschaft weder Berg noch Tal; so mußte das Fehlende künstlich geschaffen werden. Da alles aus der Phantasie erwuchs, ist Branitz wohl die reinste Verwirklichung Pücklerscher Vorstellung landschaftlicher Gartenkunst. Zu nennen ist aber auch Pücklers Einfluß als beratender und tätiger Gartenkünstler an vielen Fürstenhöfen. In Neuhardenberg, heute Marxwalde/Oderbruch, im Park seines Schwiegervaters, des Fürsten Hardenberg, ließ er 1822 auf eigene Kosten den kurz zuvor in Muskau tätigen englischen Gärtner Vernal vier Wochen lang unter seiner Leitung arbeiten. Für Altenstein, Reinhardsbrunn, Belvedere und Tiefurt bei Weimar, für den Glienicker Park und sogar für Sanssouci gab er Ratschläge. Praktisch tätig war er im thüringischen Wilhelmstal, an der Wartburg, in Koblenz, in Winterhalter/Schweiz und im östlich von Torgau gelegenen Pülswerda – einem Wohnsitz seiner Mutter in zweiter Ehe – wo ein kleiner Land-

22
Ettersburg. Pücklerschlag um 1925, Blick den Berg hinan

schaftspark, an den Elbdeich angelehnt, mit prächtigen Eichen im Vorland korrespondiert. Eine der bemerkenswertesten Leistungen war der „Pücklerschlag" am Nordhang des Ettersberges bei Weimar. Dort wurde innerhalb von zwei Jahren eine 750 m lange Schneise zu einem etwa 9 ha großen Aushau verändert, der nun als eine unregelmäßig begrenzte Waldwiese einen großartigen Landschaftsprospekt bildet. Selbst in England, im Park des ihm wohlgesonnenen Besitzers von Cobham-Hall, wurde nach seinen Intentionen abgesteckt und ausgehauen.

Außer seinem Engagement auf gartenkünstlerischem Gebiet war Pückler gleichzeitig bemüht, für die breite Anwendung seiner in Muskau gesammelten Erfahrungen zu sorgen. Er war Künstler und Agitator in einer Person. Schon 1825 trug er sich mit Plänen für ein Gartenfachbuch, das aber erst nach seinem Riesenerfolg mit der Veröffentlichung der „Briefe eines Verstorbenen",

23
Ettersburg. Pücklerschlag 1888. Holzschnitt nach Fr. Preller d. J.

24
Ettersburg. Pücklerschlag aus halber Hanghöhe
in Richtung Schloß mit Kirche. Um 1975

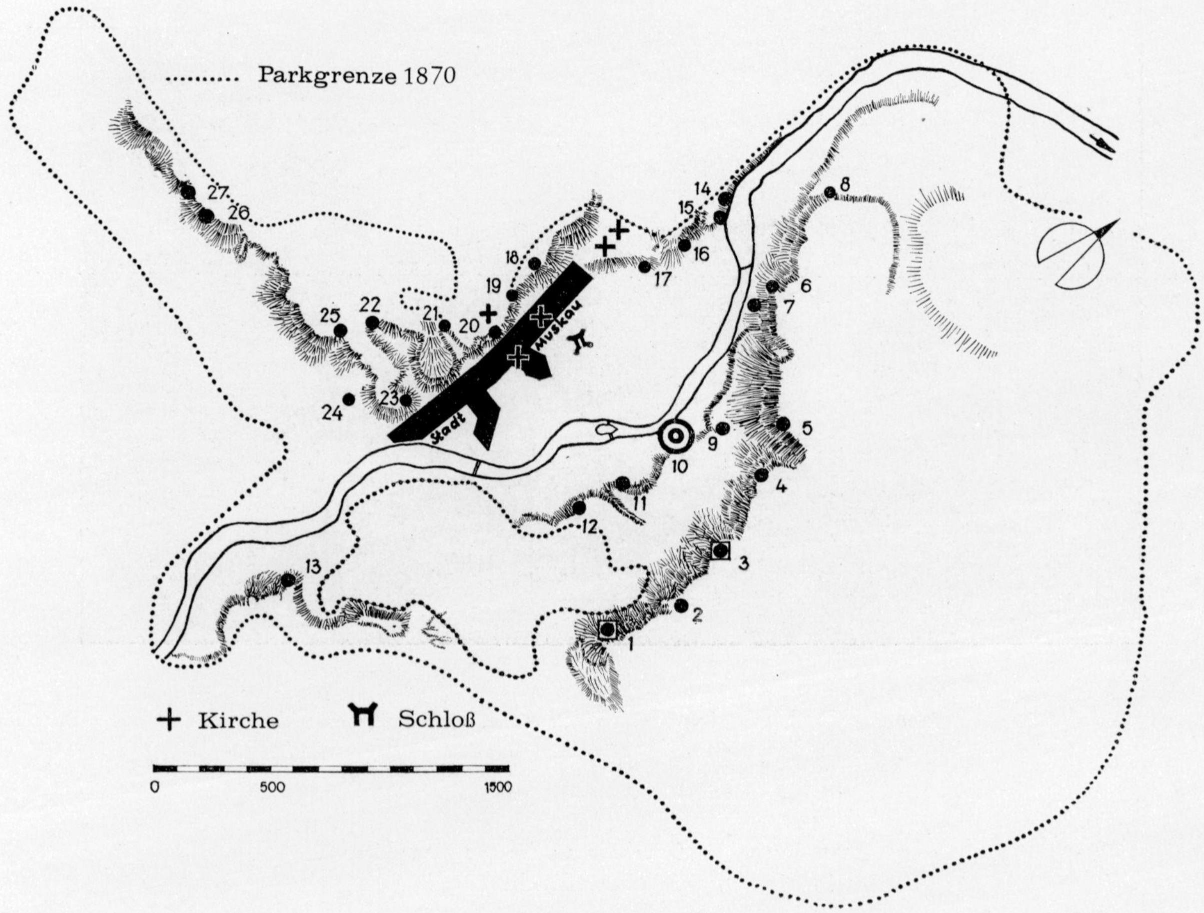

25

Muskau. Der Park mit seinen Aussichtspunkten an den Flußterrassenkanten

1 Burgberg
2 Viadukt
3 Mausoleum
4 Marienberg
5 Wehr-Eichen-Höhe
6 Goldene Höhe
7 Fredablick
8 Englisches Haus
9 Prinzenbrücke
10 Pücklerstein (Tempel der Beharrlichkeit)
11 Carolahöhe
12 Hermannsruh (Neissegarten)
13 Belvedere
14 Weltende
15 Wasserfallblick
16 Eichberg
17 Gloriette
18 Haag
19 Kleine Wiese
20 Berg'sche Kirchruine
21 Kleine Skala
22 Große Skala
23 Kapellenberg
24 Schüttaufhöhe
25 Lucknitzblick
26 Riesengebirgsbank
27 Weinbergsbank

der Reisebriefe aus England und Irland, endgültig in Angriff genommen wurde und auch einen durchschlagenden Erfolg brachte. Diesem prächtig ausgestatteten Gartenwerk „Andeutungen über Landschaftsgärtnerei" stellte er sein Credo voran, daß eigentlich das Schöne unter den nützlichen Dingen das Nützlichste sei. So konnte am Ende seines langen Lebens der greise Pückler zurückschauend feststellen, daß seine Natur wohl vor allem zu *einem* Ziel angelegt war, der Betätigung im Künstlerischen, das auch alle übrigen Lebensbereiche durchdrang. Die immer angestrebte Vollkommenheit erreichte er auf diesem Felde, und zwar in einer solchen Konsequenz, daß wir heute noch, nach 180jährigem Wachstum seiner Gartenschöpfungen und trotz Verlustes vieler Details, seine Idealvorstellungen landschaftlicher Veredlung nachempfinden können.

Der Muskauer Park

Muskau liegt in einem größeren, trichterförmig sich nach Norden verjüngenden Tal der Neiße. Die beidseitig den Landschaftsraum begleitenden Flußterrassen sind am südlichen Stadteingang stark zerklüftet und fallen schroff ab, während sie östlich des Flusses weit ausschwingen

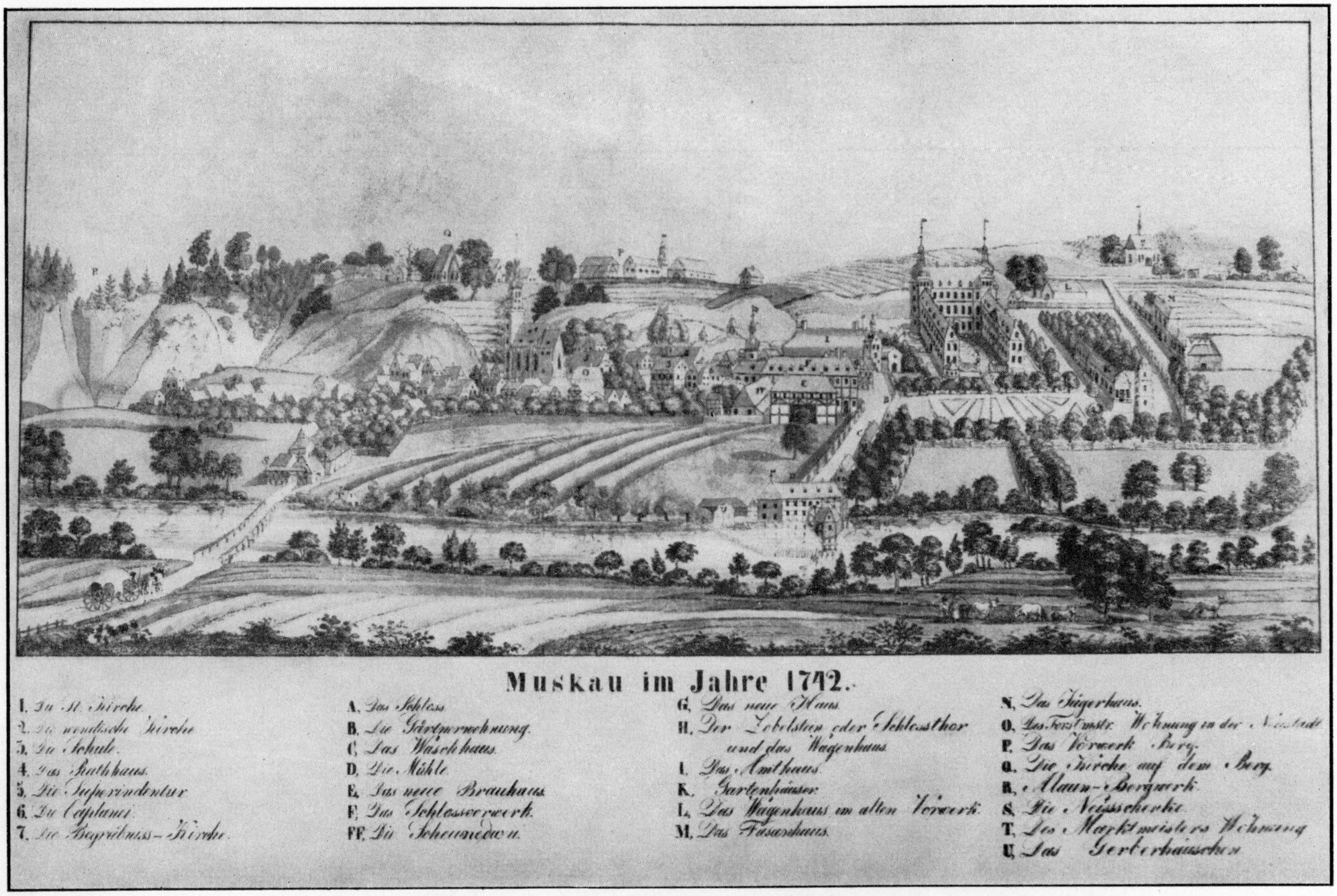

26
Muskau. Ansicht von Osten im Jahre 1742

27
Muskau. Situationsplan der Schloß- und Gartenanlage
vor der Umgestaltung durch Pückler-Muskau

28
Muskau. Englisches Haus mit Blick nach Norden. 1834. Zeichnung von A. W. Schirmer

und breite Terrassen bilden. Der an seiner südlichen Basis zwischen 800 und 1200 m breite Trichter verengt sich auf 300 m an der engsten Stelle, Weltende genannt. Oberhalb des zweiten Flußterrassenabsatzes schließen sich auf beiden Seiten große relativ ebene, nach Norden abfallende Flächen an. Die vom Schloß aus erlebbare Gesamtgröße des Talraumes, in dem der wesentlichste Teil des Parkes liegt, beträgt 220 ha. Die höchsten Erhebungen liegen zwischen 25 m im Norden und 55 m im Süden.

In der Stadtansicht von 1742[1] wie auch in zwei späteren Zeichnungen stellt sich die unmittelbare Umgebung der Stadt mit ihrem Geländerelief außerordentlich gut dar, weil sie von den Berglehnen östlich der Neiße her gesehen ist. Es fehlt logischerweise der heute alles verdeckende Baumwuchs; nur wenige malerisch verteilte Bäume zieren die Gegend. Die landwirtschaftlichen Flächen dominieren im Vordergrund. Kiefernforsten, von denen Pückler sagt, daß sie einen so unerträglich traurigen Anblick geben, nehmen die Hochflächen nördlich und vor allem südlich der Stadt ein, die sog. Muskauer Heide, die den größten Teil der Standesherrschaft bedeckt.

Etwas von der Begeisterung des Parkschöpfers über die vorgefundene Situation schwingt in seiner Beschreibung mit: „Die Gegend ... bestand ... nach allen Seiten hin aus unabsehbaren Föhren- und Fichtenwäldern, in deren Mitte, in hügeliger Gegend, die kleine Mediatstadt Muskau liegt. Sie zeichnet sich durch den ohne Ausnahme massiven Bau ihrer Häuser, durch mehrere ansehnliche Kirchen und Türme sowie eine gewisse allgemeine Nettigkeit von vielen ihresgleichen vorteilhaft

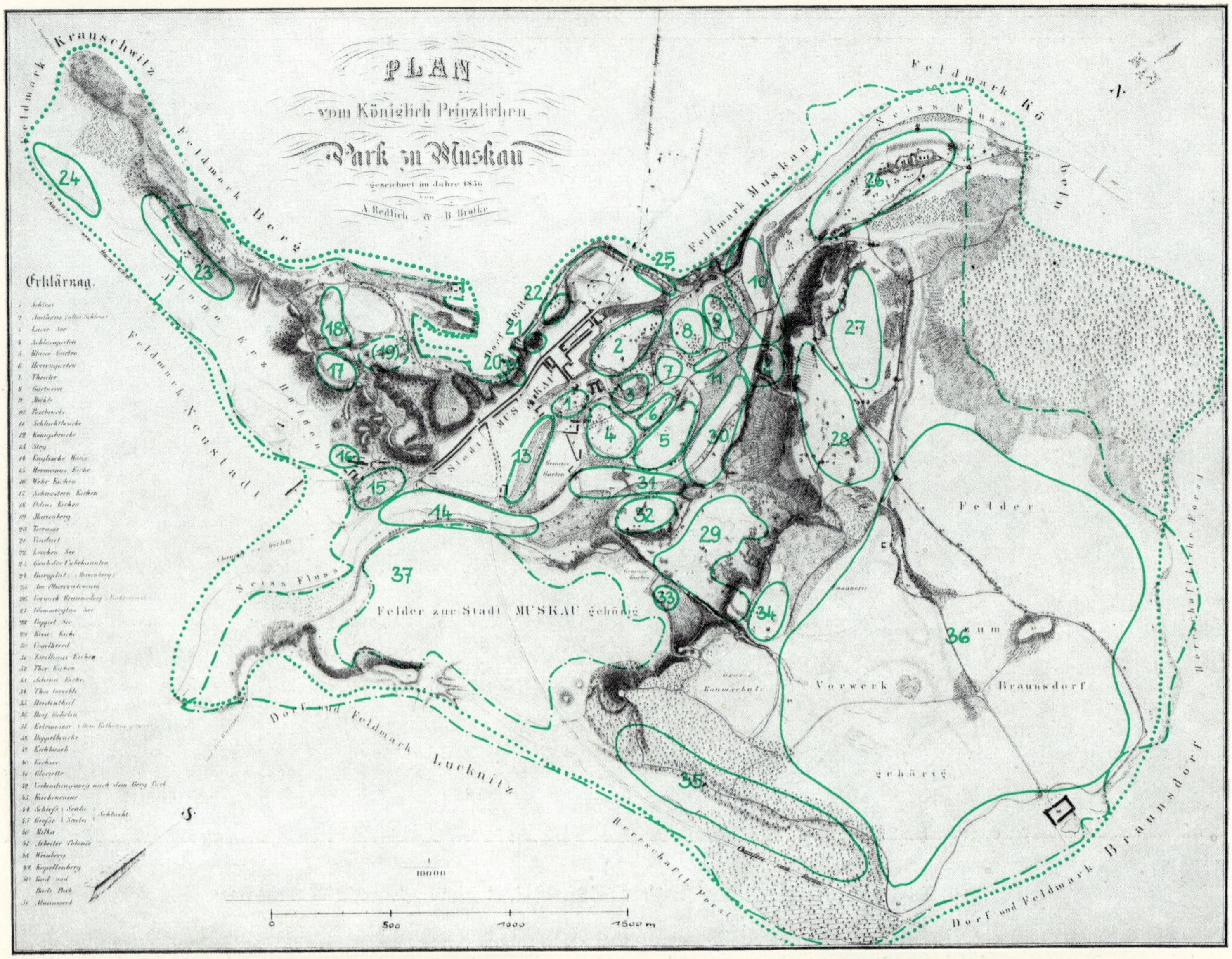

_._._._ Parkgrenze im Pücklerplan 1834 .... Parkgrenze im Petzoldplan 1870

29
Die Parkräume im Muskauer Park

1 Schloßgarten mit Schloßsee und Eingangsbereich Kirchtor
2 Tränenwiese
3 Herrengarten und Blauer Garten
4 Schloßwiese
5 Schafwiese
6 Lindenwiese
7 Eichwiese
8 Seewiese
9 Eichseebereich
10 Neißeabschnitt Gitterbrücke
11 Weidenwiese
12 Bergwiese
13 Kanalwiese
14 Neißestau mit Neißegarten
15 Badepark
16 Brunnenwiese
17 Maiwiese
18 Tschirnerwiese
19 Granitza
20 Grünes Dreieck
21 Kleine Wiese
22 Haag
23 Weinbergbereich
24 Wiesera
25 Verbindungsstück
26 Pferdegarten: Altköbelner Bereich
27 Kiebitzwiese mit alter Baumschule
28 Gornika mit Vogelherd
29 Schilfwiese und Quellwiese
30 Neißeabschnitt Aubusch
31 Neißeabschnitt Jeanetteninsel
32 Rothwiese
33 Kesselwiese
34 Kleine Rennbahn
35 Arboretum
36 Braunsdorfer Feldflur
37 Muskauer Feldflur

aus und lehnt sich malerisch an einen Bergabhang, bis an dessen Gipfel die Terrassen-Gärten der Bürger emporsteigen."[2]

Im Plan A des Pücklerischen Gartenwerkes ist der vorgefundene Zustand vor Beginn der Parkarbeiten festgehalten. Er zeigt einen geometrischen Grundriß mit einem rechteckigen gemauerten Wassergraben, in dem das Schloß und eine Insel mit dem Amtshaus und dem Marstall liegen, durch vier Brücken mit dem benachbarten Land verbunden. Nach Osten und Norden ist eine etwa 9 ha große Gartenanlage im französischen Geschmack angegliedert mit dem Theater und zwei Pavillons sowie zwei nicht bezeichneten Gebäuden, nordwestlich des Schlosses, wovon eines die erste Orangerie gewesen ist.[3] Eine Lindenallee führte von der Schloßbrücke nach Südosten und setzte sich auch jenseits der Neiße bis zur Clementinenhöhe fort. Quer zu dieser Allee führte eine zweite ältere Allee vom Schloß-Vorwerk nach Norden. Eine fast 2 ha große Orangerie mit einem Orangeriegebäude nimmt das südöstliche Feld des Alleekreuzes ein, nach Petzold ihr zweiter Standort.[4]

Vom Marstall führte eine Straße, die Mühlgasse, beidseitig mit Häusern bestanden, zur Mühle mit dem Wehr an der Neiße. Inmitten der heutigen Tränenwiese lagen die Fasanerie und die Wachsbleiche. Außer dem Eichbusch und dem Auwald an der Neiße nehmen Felder die Flußaue ein.

Sogleich nach der Übernahme des Besitzes 1811 begann Pückler erste Verschönerungsarbeiten, und es wurden von Forstbeamten die Berglehnen vom „Englischen Haus" bis zur „Prinzenbrücke" bepflanzt.[5] Im gleichen Jahr sei nach E. Petzold, dem späteren Vollender des Muskauer Parkes, bereits mit dem Eintauschen von Ländereien zur Arrondierung des Parkareals begonnen worden, und es wurde außer der Orangerie auch die Fasanerie abgerissen, weil sie die Gestaltung der Hirsch- oder Tränenwiese störten. Doch war dies nur ein Vorspiel. Erst nach den Befreiungskriegen und nach seiner Rückkehr von seiner ersten Englandreise 1814/15[7] kann Pückler seine Arbeiten am Muskauer Park wieder aufnehmen. Mit jenem denkwürdigen Brief an die Muskauer Bürgerschaft vom 1. Mai 1815 beginnt offiziell die Gestaltung des Muskauer Parkes. In diesem Schreiben äußert sich zum ersten Mal ein fester Bauwille Pücklers, der sich über den Umfang der Aufgabe schon ein klares Bild gemacht hatte.[8]

Der einerseits diplomatisch schmeichelhafte, andererseits ultimative Ton des Briefes verfehlte seine beabsichtigte Wirkung nicht.. „Nunmehr ging der Kauf und Tausch von Ländereien zur Arrondierung des Parkterrains vor sich und wurde mit der fortscheitenden Vergrößerung des Parkes viele Jahre hindurch fortgesetzt" berichtet Petzold.[9]

Das Gelände, das zur Anlage des Parkes vorgesehen war, schloß die Stadt mit ein und erstreckte sich mit „nahezu 5000 Morgen"[10] bis zu den benachbarten Dörfern Köbeln, Braunsdorf und Berg. Doch ist der Plan zur Verschönerung von Muskau zunächst durchaus nicht so groß angelegt gewesen, berichtet Petzold weiter. Zuerst ist die nähere Umgebung des Schlosses verbessert worden, indem zur Stadt Muskau eine Bepflanzung erfolgte, um die Aussicht auf deren Hintergebäude zu verdecken. Doch im April 1816 änderte der Bauherr seine Haltung und ließ kurzerhand alle Arbeiten an den Anlagen einstellen.[11] Allem Anschein nach geriet Pückler bereits gleich nach dem Landerwerb, der sehr großzügig gehandhabt wurde, in finanzielle Schwierigkeiten. Die im Herbst 1816 erfolgte Verlobung mit Lucie geb. v. Hardenberg bringt die erste Rettung: die Mitgift der Braut, ca. 150 000 Taler, läßt Pückler sogleich wieder in seine Parkleidenschaft verfallen. Der noch völlig Unerfahrene beginnt alles zugleich: den Abriß der Gebäude an der Mühlstraße und der Festungsmauern, das Ausgraben der Hermannsneiße zur Versorgung des Schloßteiches mit fließendem Wasser sowie ausgedehnte Pflanzungen in großen Teilen des Schloßparkes.

1817 wird Jacob Heinrich Rehder als Garteninspektor in Muskau eingestellt. Diesem tüchtigen, bis 1852 tätigen Gärtner hat Pückler es vor allem zu verdanken, daß er sowohl von der praktisch-gärtnerischen Seite als auch in der beharrlichen Umsetzung seiner Ideen einen einfühlsamen Partner fand. Rehder sorgte, bei dem unsteten und so oft vom Ort des Geschehens fernen Pückler, für die kontinuierliche Arbeit am Objekt. Wie turbulent es zu jener Zeit im Muskauer Parkgeschehen zuging, lassen die folgenden Fakten des Jahres 1817 erkennen. Anfang dieses Jahres wurde täglich im Park mit 120 Arbeitskräften gearbeitet, und Pückler glaubte, in einem halben Jahr alles bis zur Neiße im Schloßpark geschafft zu haben. Zwei Monate später vertröstete er sich und seine Braut auf den Sommer 1818. Doch je mehr Arbeiten er zu gleicher Zeit in Angriff nahm, um so weiter mußte dieses Ziel in die Zukunft rücken. Im Juni 1817 stellte er fest, daß im Park erst ein Zehntel der Idee verwirklicht sei. Es melden sich neue Geldnöte. Die Gläubiger – Muskau war bis zu 50% seines Wertes verschuldet – rückten dem Schloßherrn auf den Leib, da sie bei den riesigen Arbeiten im Park Geld wittern.

In welchen Dimensionen gearbeitet wurde, geht daraus hervor, daß auch in dem fünf Fußwegstunden von Muskau entfernten Jagdhaus südlich Weißwasser gleichzeitig gearbeitet wurde. Und Petzold berichtet: „Die Ausarbeitung des Parks wuchs mit dem Fortschritt, denn es stellte sich sehr bald heraus, daß man hier nicht bloß nachzuhelfen, zu verbessern, hier und da einen schönen Punkt hervorzuheben und durch gut geführte Wege zugänglich zu machen hatte, wie man dies in den von der Natur reicher ausgestatteten Gegenden, als die hiesige es ist, nur notwendig hat, um einen großen Naturpark herzustellen, sondern es mußte das *Ganze erst geschaffen werden.* Wo man aber eine Gegend neu schaffen muß, da ist die Größe der Anlage eine unabweisliche Bedingung.“[12]

Infolge seiner ins Gigantische gehenden Pläne forderte Pückler in immer kürzeren Abständen von seiner Braut Geld an, und um sie bei der Stange zu halten, zählte er am 10. Juni 1817 alle seine Baupläne auf. Ein Drittel der Bauten sei schon fertig, flunkerte er ihr vor, „zu dem übrigen brauche ich Deine Hilfe. Bedenke nur, was ich dieses Jahr alles bauen muß oder zum Teil schon gebaut habe:

1. einen großen Bauhof, mit zwei Bauschuppen und dem Hause für den Bauvogt – 2. einen hohen Ofen und Eisenhammer – 3. die Hälfte der Gebäude bei der neu angelegten Glashütte – 4. eine neue Scharfrichterei – 5. ein Gärtnerhaus im Park über die Neiße – 6. ein Malz- und Brauhaus – 7. eine neue Ziegelei – 8. eine herrschaftliche Schmiede im Park – 9. ein langer Zaun mit Pfeilern um den potager – 10. ein Flügel des Schloß-Vorwerks im Park. Dies alles ist bereits angefangen oder fertig. Noch bestimmt auf dieses und das folgende, aber nicht angefangen sind 11. die Dekorierung und Veränderung des Stalles – 12. die Reitbahn – 13. die Wagenschuppen – 14. Dekorierung und Veränderung des alten Schlosses oder Amtshauses – 15. Dekorierung und Veränderung des Gewächshauses – 16. Veränderung des alten Malzhauses zu einem Orangeriekonservationshaus – 17. Veränderung und Dekorierung der Mühle – 18. eine Brücke über die Neiße – 19. Bauten verschiedener Art im Schloß – 20. eine eiserne Brücke über den Schloßteich – 21. die Schleuse am Kanal aus der Neiße – 22. ein Badehaus – 23. eine alte Warte im Park – 24. eine alte gothische Kapelle dito – 25. drei oder vier bedeckte Ruhesitze – 26. eine Cottage für uns auf englische Art – 27. drei Gartenwächterhäuser – 28. Dekorierung und Veränderung des Konkordienhauses. Dies ist alles, was wir zu bauen haben, und wenn ich fünf Jahre rechne. Dann sind wir fertig, und Muskaus Park einzig in Deutschland. Ein mineralisches Wasser ist auch hier, und ein Bad dann leicht anzulegen.“[13]

Von dem den Muskauern in seinem Aufruf vom 1. Mai 1815 versprochenen Wiederaufbau ihres zerstörten Rathauses, des Köbelner Tores und eines Schießhauses ist nicht mehr die Rede.

Als Pückler einsehen muß, daß er sich übernommen hat, heißt es dann im Juni 1817:„. . . doch bleibt, ich sehe es jetzt mit Verdruß ein, das Ganze immer ein thörichtes Unternehmen, das ich jetzt gewiß nicht anfangen würde.“[14] Für kurze Zeit ist er moralisch zerknirscht, bedauert, die Standesherrschaft nicht verkauft zu haben. Doch Anfang Juli setzen wieder Grundstückskäufe ein.

In aller Heimlichkeit und nur bei Nacht zeigt Pückler seiner Braut Lucie das Muskauer Anwesen; die schrecklich demolierte Schloßumgebung war noch nicht für Festlichkeiten geeignet. So findet die Hochzeit in aller Stille in kleinstem Kreise statt. Dennoch ist 1817 für den Park ein sehr progressives Jahr. Die Schloßterrasse wird geschüttet, und zwar zur Stadt schwingend, und der pleasureground vor dem Schloß bepflanzt. An allen Ecken seines Verschönerungsobjektes wird gearbeitet einschließlich Jagdhaus, Tiergarten, Wussina. Im Mai 1817 sind sogar 200 Arbeiter insgesamt beschäftigt, die 100 Taler pro Tag kosten. Das finanzielle Dilemma ist am Ende des Jahres aber so groß, daß ihm der zur Sanierung der Finanzen eingesetzte Bankier Dehn jegliche Mittel für seine Arbeiten sperrt; kein Wunder, wenn allein in 2 Monaten 36 000 Taler verausgabt worden sind.

Die vom Bankier verfügten Sparmaßnahmen treffen sich günstig mit Pücklers Teilnahme am Aachener Kongreß 1818. Ab Dezember 1818 stürzt er sich wieder in die Parkleidenschaft. 1819 auch noch mit Arbeiten im Park auszusetzen, wie es im Oktober 1818 noch gehei-

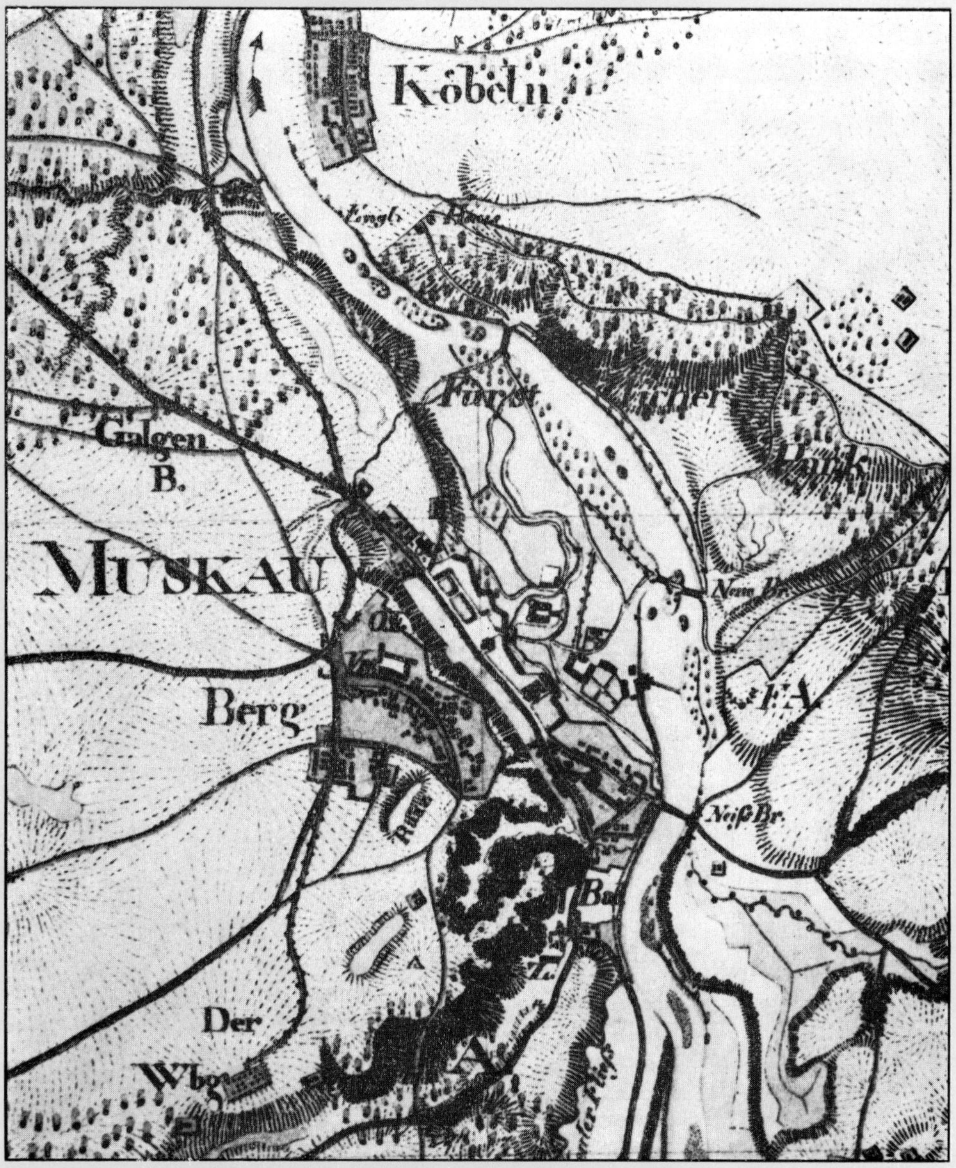

30
Muskau. Parkplan um 1822 mit der zur Stadt schwingenden Schloßrampe

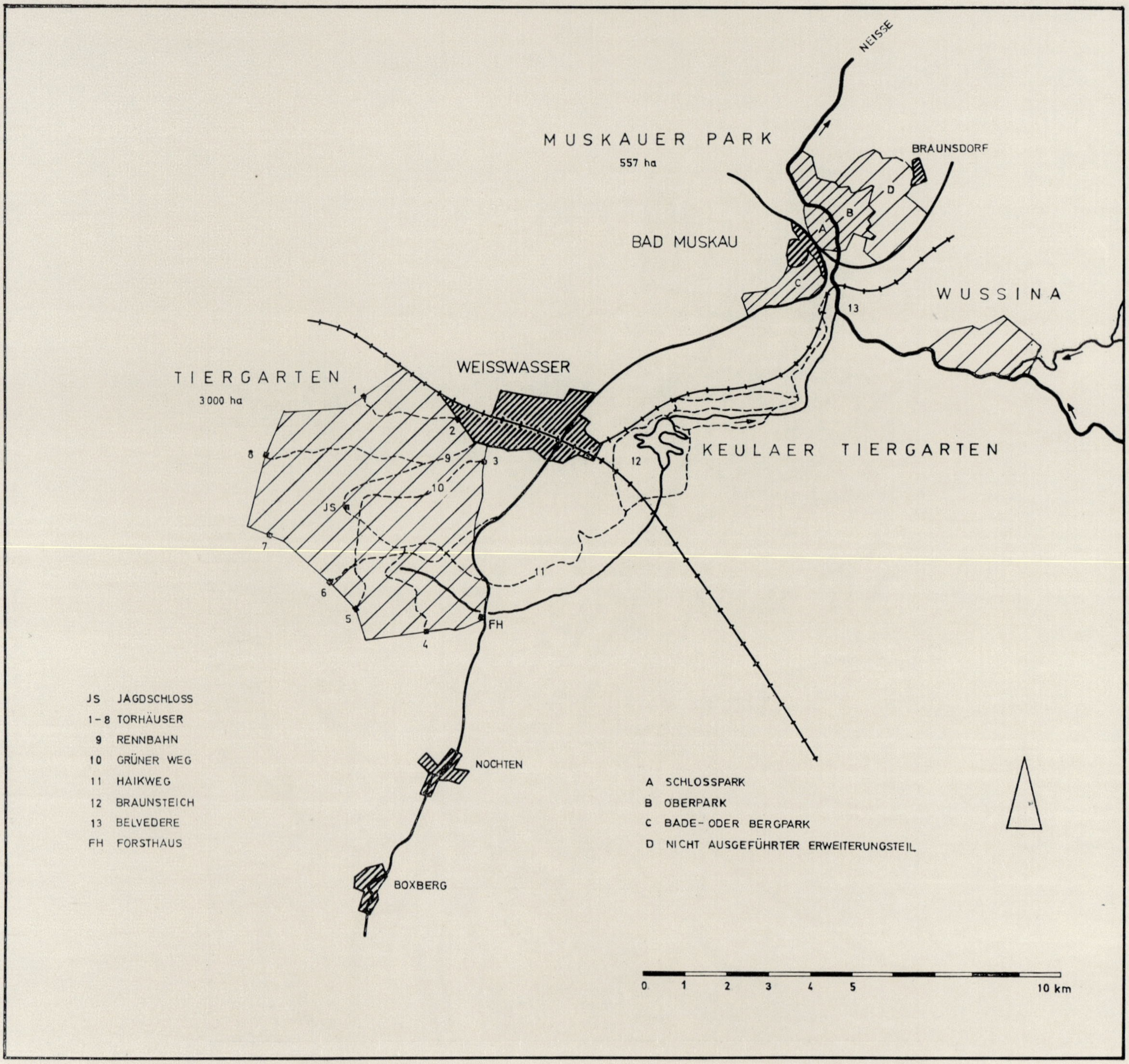

31
Gesamtumfang des künstlerischen Wirkens von Pückler-Muskau in der weiteren Umgebung des Muskauer Parkes. 1975

ßen hat, weicht dem Zwang, soviel wie möglich zu verschönern, da sich für 1820 hoher Besuch angesagt hat, der König und der Schwiegervater, „. . . und da man soviel von unseren Einrichtungen dort gefabelt hat, so wäre es recht übel, wenn man sich überall in seiner Erwartung betrogen fände“.[15]

Neben der latenten finanziellen Not kommen dem Bauherrn und Parkschöpfer ernstere Bedenken in künstlerischer Hinsicht, und als er 1818 erfährt, daß die Gräfin v. Sagan nach Ratiborschütz einen „englischen Gartenanleger“ aus London hat kommen lassen, um ihren dortigen Park zu vergrößern, schreibt er an seine Frau: „Vielleicht kann man den Mann auch bewegen, bei der Rückkehr für ein Billiges uns in Muskau zu besuchen, welches mich sehr beruhigen würde, da ich mir doch nicht verbergen kann, daß vieles in meinen Anlagen noch sehr steif und schülerhaft ist.“[16] Aber mit der für ihn charakteristischen Zähigkeit fährt er fort: „Laß uns nur bei den Anlagen fest an dem Grundsatze hängen, wenig aber Vortreffliches herzustellen und nicht zu platieren, sonst werden wir nur immer halben, nie ganzen Genuß finden“.[17]

Anfang 1819, eineinhalb Jahre später als gedacht, kann endlich Neißewasser in den neuen Schloßteich fließen. Auch zwischen 1819 und 1820 muß der erste Umbauentwurf Schinkels für das Schloß entstanden sein. Nicht weniger als 200 Schock Bäume (12 000 Stück) werden zur Verschönerung gepflanzt und Orangenbäume im Schloßhof aufgestellt. Da wegen ungenügender Mittel auf fast alles Bauen verzichtet werden muß, fließen die freien Gelder vor allem in die Parkanlagen. Ende März und Anfang April 1820 herrscht ein wahres Schaffensfieber bei ihm, als ihm Friedrich Schinkel die zweiten Schloßumbaupläne bringt.

1820 führt das Studium der Bücher des englischen Landschaftsgartenkünstlers Humphrey Repton[18] zu erneuter künstlerischer Beunruhigung. Lucie gegenüber heißt es plötzlich: „Muskau interessiert mich dieses Jahr garnicht, im Gegenteil wird es mir qualvoll sein, nicht wegen unvollendeter Anlagen, sondern wegen schlechter, die in voller Schönheit der Natur bestehen und doch weg müssen. Dieser Anblick den ganzen Sommer ist mir odios.“

Zu jener Zeit stand noch der Marstall zwischen Schloß und Amtshaus und behinderte die weiteren Erweiterungsabsichten für den Schloßsee in Richtung Süden. Trotz dieser erneuten Skrupel wird im Park unvermindert zügig weitergearbeitet.

1820 erfolgen Pflanzungen auf der Tränen- und der jenseits der Gitterbrücke ansteigenden Bergwiese mittels großer Bäume und es wird das Englische Haus, eine Schankwirtschaft, am nördlichen Ende der auslaufenden unteren östlichen Flußterrasse errichtet. Anfang 1821 entschließt sich Pückler, in einem französisch geschriebenen Brief den berühmten Humphrey Repton um Rat zu fragen. Er habe viele Fehler wohl begangen in seinen Gartenanlagen und werde ohne Konsultation eines talentierten Menschen wohl nie das Ende seiner Projekte erreichen. Er bittet, ihm einen seiner Schüler zu schikken, talentiert, um einen allgemeinen Plan zu entwerfen, um dann die Durchführung vorzubereiten. Der Brief endet: „Ich erwarte mit Ungeduld Ihre Antwort und hoffe, . . . den guten Ruf, den Sie in England haben, zu festigen., so daß er Ihnen auch in unserem Lande noch ein Denkmal Ihres Talentes bewahren wird, das nicht verfehlen wird, unter meinen Landsleuten Anhänger zu schaffen“.[19] Dennoch ist auch 1821 ein sehr intensives Schaffensjahr.

Im Frühjahr 1822 reiste der Sohn, A. Repton – der Vater war 1818 verstorben – nach Muskau und arbeitete über vier Wochen, zusammen mit dem mitgebrachten englischen Gärtner Vernal, an den Muskauer Schloßparkanlagen. Die gravierendste Veränderung, die durch Reptons Einfluß erfolgte, ist die Auflösung der Querallee etwa 100 m östlich des Schlosses. Dadurch wurde der Blick vom Schloß nach Osten auf die jenseits der Neiße liegenden Flußterrassen frei, wodurch eine ganz neue Situation entstand, auf die die bisherige Gestaltung Pücklers um das Schloß nicht eingegangen war.

Die Haltung Pücklers zu diesen Veränderungen können wir zwei Briefen an seine Frau entnehmen:

„In Muskau bin ich Deinen Befehlen gemäß kaum einen Tag geblieben, an welchem der Tod einiger zwanzig Linden beschlossen und zum Teil vollzogen wurde, wodurch das Ganze für die Zukunft allerdings sehr gewinnen wird. Herr Repton jammert sehr über das Dasein des Stalles, welcher ihn ganz an der Anlage des nur für uns bestimmten hobby-house-gardens hindert. Noch mehr beklagt er, daß die regelmäßigen Mauern um den Schloßgraben nicht mehr existieren, weil dieser seiner Ansicht nach mehr Effekt von Größe und Pracht habe als die der Natur nachgeahmten geschlängelten Ufer. Er wünscht diese in regelmäßigere parallelere Linien um das Schloß gezogen. Übrigens versichert er, daß er sehr beschämt sei, so weit herzukommen, um nichts zu tun, da, Kleinigkeiten abgerechnet, er alles über seine Erwartungen gut und zum Teil besser angegeben fände, als er es selbst machen würde. Der Pleasureground ist mit wenig Abänderungen geblieben, nur wünscht er einen stärkeren, mehr sichtbaren Zaun, um die Grenze recht deutlich anzuzeigen, damit es nicht aussehe, als ob die Schafe mit Blumen gefüttert würden."[20]

Und etwas später: „Reptons Anwesenheit hat meine Kenntniß und Ansichten nur auf die erste Stufe gebracht und ich nehme keineswegs alles von ihm blindlings an, sondern wir arbeiten gemeinschaftlich . . . Auch wird im Ganzen nicht eben viel geändert, und die größte notwendige Änderung nämlich um das Schloß soll bis zuletzt aufgehoben werden, damit erst das Neue vollendet wird, ehe man das alte zwar Fehlerhafte, aber doch Fertige, einreißt." „Muskau ist und bleibt mein Beruf und meine Lust, alles Übrige ist vorübergehend."[21]

Insgesamt wurden aber nicht nur 20, sondern 50 Linden der Querallee gefällt, also auch ihr nördlicher Teil gelichtet.[22] Bleibt nur die Frage, warum Pückler nicht von Anfang an das nach Osten orientierte Schloß zur Gestaltung der Schloßwiese nutzte und sich nicht der Neiße mit ihren beiden Terrassenabsätzen zuwandte. Sicher war er zur damaligen Zeit trotz hervorragender Leistungen noch immer ein Lernender. Ein weiterer, nicht unbedeutender Grund kann der deplacierte Standort der Orangerie im Südosten der Schloßwiese gewesen sein, der nach dem Öffnen der Querallee vom Schloß aus offen sichtbar wurde. Pückler selbst mag das schon einige Zeit vor Reptons Besuch gespürt haben, scheute aber vor einem erneuten Abriß zurück. So ist es wohl auch zu verstehen, daß nach einem Weg gesucht wurde, die Orangerie, die seit 1811/12 im südöstlichen Teil der Schloßwiese und angelehnt an die nach Osten führende ehem. Lindenallee errichtet wurde, in die neue Situation der Schloßwiese einzubinden. Die um das Schloß notwendige Änderung, von der im letztzitierten Brief die Rede ist, betraf die Insel mit dem Marstall und die beiden Schloßrampen. Da sich nun der Raum vor dem Schloßhof weit nach Osten öffnete, mußte die Bewegung der geschwungenen Schloßrampen dieser neuen, raumgreifenden Situation gerecht werden. Mit der künstlerischen Lösung dieser Aufgabe, mit der auch eine neue Bauidee für das Schloß einherging, wurde Friedrich Schinkel beauftragt.

Pückler und Schinkel

Zur Verwirklichung seiner Baupläne pflegte Pückler eine freundschaftliche Zusammenarbeit mit Karl Friedrich Schinkel. Sie begann vor 1820 und erreichte zwischen 1822 und 1826 ihren Höhepunkt.

Insgesamt sind drei Entwurfsphasen vom geplanten Umbau des fast schmucklosen Muskauer Schlosses überliefert, die Grundmann beschrieben hat.[23] Die erste Umbauidee, die vom vorhandenen Baukörper mit ungleich hohen Türmen ausgeht, sieht eine symmetrische und um ein Geschoß erhöhte Anlage vor. Ob Pückler an diesem steifen Repräsentationsbau Gefallen fand, ist nicht belegt. Die Begeisterung, die in den Briefen, worin er über seine Zusammenarbeit mit Schinkel berichtet, mitschwingt, gilt dem zweiten Entwurf. Bei Bewahrung des bisherigen Baukörpers sind die Türme auf gleiche Höhe gebracht und mit einer Aussichtsplattform versehen, und der Schloßhof ist durch eine Säulenreihe geschlossen. Eine fünfbogige, zum Park hin leicht geneigte Brücke überspannt einen Wassergraben – der danach wieder neu geschaffen werden sollte! Zwei Pferdestandbilder auf Sockeln schmücken das Brückenende. Sehr deutlich schwingt die Rampe zur Stadt hin. Diese sehr gefällige äußere Gestalt wird nach dem Aufbrechen der Lindenquerallee wieder fallengelassen. Den zugeschütteten Schloßgraben an der Ostseite des Schlosses wieder auszugraben, war technisch schwierig, zu teuer und blamabel vor den Muskauer Bürgern. Außerdem war Pücklers Gestaltungsideal nicht in Reptons Sinne, sondern suchte eine innige Verbindung zwischen Schloß und Park. „In hohem Grade wichtig ist es, daß Gebäude immer im Charakter der Landschaft erscheinen, mit der sie verwebt sind . . . Im allgemeinen wird bei Parkgebäuden eine gewisse Unregelmäßigkeit derselben, als mehr konform mit der Natur, als mehr pittoresk, vorzuziehen sein . . . Das Schloß oder ländliche Wohnhaus aber werden sowohl für Bequemlichkeit als äußeren Effekt durch größere Ungebundenheit gewinnen. . ."[24] Um diese erstrebte Verbindung von Architektur und Parklandschaft zu gewinnen, mußte die im Schloßgraben stehengebliebene Insel mit dem Amtshaus und dem Marstall aufge-

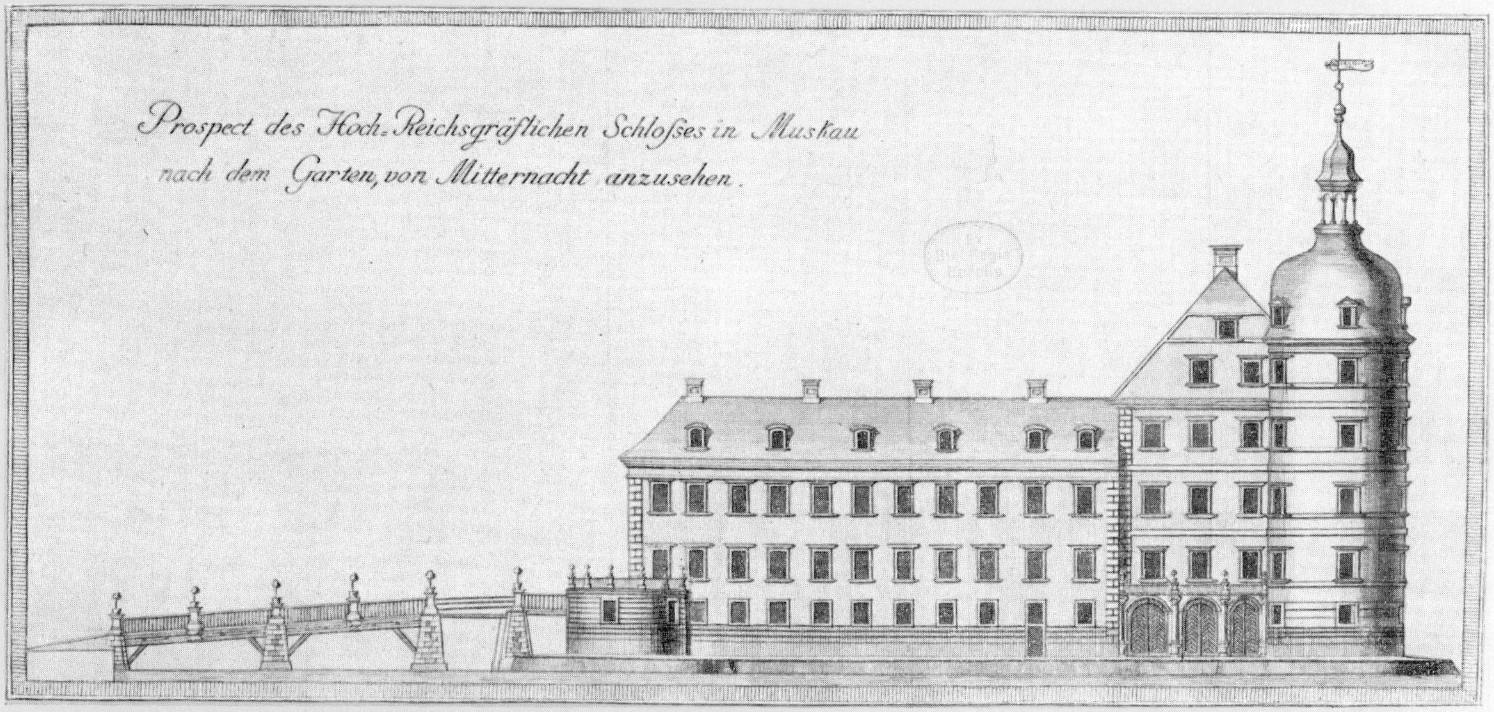

32
Muskau. Nordansicht des Schlosses. Um 1818/20

33
Muskau. Schloß. Zeichnung K. Fr. Schinkel. Um 1818/20.
Ansicht von Osten

34
Muskau. Erster Entwurf K. Fr. Schinkels für den Schloßumbau 1818/20.
Ansicht von Osten

geben werden; es entstand der direkte Geländeanschluß statt einer Brücke. Mit erheblichem Aufwand erhielt dann der Schloßteich seine jetzige Gestalt, erweitert nach Westen und Süden. Dies und die geöffnete Querallee blieben nicht ohne Auswirkung auf Pücklers weitere Schloßbauideen.

Zwischen 1822 und 1825 reiften die Vorstellungen für die Ausführung der Schloßarchitektur und der Schloßrampe, wie sie in Pücklers Gartenwerk beschrieben und von Schinkel in Zeichnungen festgehalten worden sind. Das Schloß wird durch zwei Bindeglieder mit dem Rentamt auf der einen und dem Theater (heute Moorbad) auf der anderen Seite verbunden und bildet damit ein 200 m breites Architekturensemble. Dies ist die Konsequenz zu dem um ein Vielfaches vergrößerten Parkraum in östlicher Richtung. In der endgültigen Entwurfsfassung fließen dann Pücklers und Schinkels Ideen zusammen. Während Schinkel seine ursprünglich klassisch ausgewogene Baukonzeption einer mehr malerischen Wirkung anpaßt, kommt er Pücklers Wunsch nach Unregelmäßigkeit, nach „Pittoreskem" in der Architektur entgegen. „Da die Ansicht Pücklers durchaus nicht in dieser Zeit vereinzelt stand, sondern die Stimmung umschließt, die jeden Bauherrn mehr oder minder bewegte, stellen Schinkels Entwürfe für das Schloß Muskau schlechthin ein Idealbild der Zeit dar", stellt Grundmann fest.[25] Mit dieser Bauplanung steht die heutige Form der Schloßrampe in unmittelbarem Zusammenhang, und sie ist die gestalterische Lösung zur Einbeziehung des von der Querallee befreiten großen Raumes vor dem Schloßhof. Die neue Schloßrampe mit einer breiten Mitteltreppe kam 1825/26 zur Ausführung, und es wurde eine 40jährige Blutbuche aus Großschacksdorf am Ende der südlichen Rampe gepflanzt, jener heute so prachtvoll wirkende Riesenbaum.

Das mit der Öffnung der Querallee auf der Schloßwiese sichtbar gewordene Orangeriegebäude störte in seiner Form den Bauherrn, und Schinkel unterbreitete eine Ideenskizze zur Verschönerung des Baues und der Szenerie – ein origineller Entwurf, mit einem halbkreisförmigen Festsaal als Anbau an der Nordseite.

In der Zeit zwischen 1822 und 1826 hat Schinkel weitere Zeichnungen für Parkarchitekturen geliefert. So auch für das Hermannsbad, das an hervorragend gelegener Stelle am südlichen Ausgang der Stadt angelegt und 1823 bereits eröffnet wurde. Ausschlaggebend für die Wahl des Standortes war die dort entspringende Heilquelle und ein Gradierwerk der Alaunsiederei. Drei eingeschossige Bauten, vor den Fabrikanlagen stehend, wurden für Badezwecke umgebaut, bescheiden, aber sehr anheimelnd. Dicht neben dem Bad wurden zwei einfache Bauten zu Logierhäusern umgebaut, „Villa Pückler" und die „Rosenvilla", in der die von Pückler aus Afrika mitgebrachte Äthiopierin Machbuba lebte.

Am höchsten Punkt der Tränenwiese, auf einem vermutlich durch künstlichen Erdaushub aus der Hermannsneiße geschütteten Geländevorsprung wurde schon Mitte der zwanziger Jahre eine bunte eiserne Laube errichtet, zu der auch Schinkel die Zeichnung lieferte, die aber nicht erhalten ist.

Auch die gußeiserne Fuchsienbrücke geht auf Schinkel zurück. An weiteren Eisengußarbeiten sind die Büsten zweier von Pückler hochverehrter Damen erwähnenswert, die im Schloßgarten aufgestellt waren. Henriette Sontag und der Gräfin Alopäus bewahrte er damit bildkünstlerisch seine Zuneigung.

„Als Schlußstein des Ganzen ward", wie es in Pücklers Andeutungen heißt, „zum Andenken eines Werks, das mit so unsäglichen Schwierigkeiten zu kämpfen hatte, projektiert, auf einem isolierten Hügel im Mittelpunkt des Parks und am Ufer des Flusses einen Tempel, der Beharrlichkeit gewidmet, zu errichten, . . ."[26] zu dem Schinkel ebenso wie zu weiteren Park- und Gebäudeverzierungen Zeichnungen anfertigte. Weitere ausführliche Pläne oder auch nur Skizzen erarbeitete Schinkel für das Mausoleum, den Viadukt und die Burgruine. Diese Bauten sollten sowohl vom Schloß als auch vom Heilbad aus sichtbar die obere Talterrassenkante krönen. Für die Reitbahn auf dem Oberberg war ein großes Reitzelt vorgesehen.

Viel ist im Briefwechsel Pücklers mit Schinkel von Gitterwerk für Tore und Wappen zum Blumengarten, von Pflanzkübeln und anderem die Rede, woraus ersichtlich ist, daß bis ins Detail viel schmückendes Beiwerk durchdacht, immer wieder einfachere, dem flüssigen Gelde entsprechend billigere Lösungen zu deren Erlangung gefordert wurden und Schinkel nicht müde wurde, trotz riesiger Arbeitsaufträge seinem Freunde Pückler diesen Dienst zu erweisen.

Zur Realisierung all dieser großen Baupläne fehlte es aber nach wie vor an Geld. Es wird vermutet, daß der Entschluß des Ehepaares, sich scheiden zu lassen, mit

35
Muskau. Zweiter Entwurf K. Fr. Schinkels für den Schloßumbau um 1820.
Die Rampe schwingt zur Stadt

36
Muskau. Dritter Entwurf K. Fr. Schinkels,
nun für das Schloßensemble 1822/23

den Schloßumbauplänen im Zusammenhang steht. An Schinkels drittem Entwurf und der hervorragenden Wirkung der geöffneten Schloßwiese hatte sich Pückler so berauscht, daß er meinte, um das nötige Kapital nach Muskau zu bringen, in England nach einer reichen Frau suchen zu müssen.

Die Parkarbeiten haben Vorrang

Für die Arbeiten im Park war das Jahr des Reptonbesuches sehr fruchtbar. Petzold notiert, daß 1822 an sehr vielen Stellen gearbeitet wurde, die Bepflanzung der unteren Partien der Berglehne jenseits der Neiße vom Englischen Haus bis zur Doppelbrücke erfolgte, und auch auf der Schilfwiese, hinter dem Wirtschaftshof und der Lindenallee wurde gepflanzt.

Der Tod des Schwiegervaters von Pückler, des Kanzlers Hardenberg, Ende 1822 bescherte dem Muskauer Standesherrn 1823 wieder ein finanzielles Krisenjahr, weil er ohne erhoffte Erbschaft von den Banken nun auch keinen Kredit mehr erhielt. Dennoch gehen die Arbeiten im Park unvermindert weiter. Am Eichbusch, auf der Bergwiese, unterhalb des Englischen Hauses, vor dem Schloß, hinter dem Theater, an der Wachsbleiche, am Badedamm wird – nach Petzold – gepflanzt, und Wege werden um den Eichbusch, von der Gitterbrücke zum Englischen Haus sowie von der Postbrücke (jetzt Friedensbrücke) zur Doppelbrücke und auf der Tränenwiese angelegt. Nur eine riegelartige Pflanzung an der damals noch südlich des Dorfes Köbeln liegenden Parkgrenze könnte als Verzicht auf ausgedehntere Parkpläne in Richtung Norden gedeutet werden. Doch da gleichzeitig außerhalb des Parkes auf den Köbelner Feldern Pappeln gepflanzt wurden, dürfen wir die Grenzpflanzungen nur als eine Interimslösung ansehen. Ebenfalls 1823 wird das Bad eröffnet. 1824 trägt sich Pückler kurze Zeit wieder mit Verkaufsabsichten.

Unvermindert wird im Park gearbeitet. In der Lindenallee werden weitere Bäume gefällt und gerodet; und während die Fundamente für die neue Schloßrampe gelegt werden, erfolgen auch weitere Arbeiten im Pleasureground des Schlosses. Am Oberberg wird eine neue Baumschule eingerichtet, die näher am Burgberg liegt. Auf der Schilfwiese erfolgen Entwässerungsarbeiten, und gepflanzt wird am Eichbusch, an der Wachsbleiche, auf der Schilfwiese, an den Braunsdorfer und Köbelner Parkgrenzen und anderen Stellen. Große Mengen Bäume werden dazugekauft. 1825 wird, wie schon erwähnt, auf einer schön modellierten Geländenase am westlichen Rand der Tränenwiese die Gloriette errichtet. Der Name steht weniger für das Bauwerk als vielmehr für die sich von dort bietende Aussicht. Sie ist der Anfangs- bzw. Endpunkt des Pleasureground, der entlang des Gloriettenweges als schmaler, zur Tränenwiese mit einem niedrigen eisernen Zaun abgegrenzter Streifen ausgebildet ist und aus dem, von dem bunten Blütenhügel ins Tal hinabschauend, sich „vier Gemälde", gleichsam in Rahmen gefaßt, panoramaartig ausbreiten. Die von diesem Aussichtspunkt damals gebotenen bzw. beabsichtigten Ansichten hat Pückler für seine „Andeutungen über Landschaftsgärtnerei" von August Wilhelm Schirmer

37
Muskau. Die 1826 als 40jähriger Baum gepflanzte Blutbuche an der Schloßrampe. 1982

zeichnen lassen (Abb. XVII, XVIII, XIX dieses Gartenwerkes). Die dort auffallenden großen Bäume auf dem „Kamm“ des jenseits der Neiße befindlichen „Hügels“ sind zum Teil im gleichen Jahr und später gepflanzt worden und bilden points de vue. Auch im Badepark wurden 1825 große Bäume gesetzt, und im gleichen Jahr entstehen ein Bau für das Moorbad sowie ein neuer Stall als Ersatz für den am Amtshaus abgerissenen.

Von besonderer Bedeutung für den Hintergrund der Hauptaussicht vom Schloß nach Osten ist die 1826 erfolgte „große Pflanzung, welche von den Bergen auf die Schilfwiese vortritt“ (Petzold). Während der zweiten Englandreise Pücklers, die ja der Suche nach einer reichen Frau dienen sollte, wurden von Herbst 1826 bis Januar 1829 die Treppe der Schloßrampe fertiggestellt und die Wangen der Rampen mit Granitplatten belegt, die „Chaussee am Englischen Haus fertiggestellt“, dort die große Berglehne angesät und in eigener Baumschule herangezogene große Bäume verpflanzt (1827).

Erstmalig erwähnt Petzold die Durchforstung größerer Pflanzungen. 1828 wird der „große Weg“ über die Braunsdorfer Berge und in Fortsetzung der Weg über die erste Berglehne zum Pücklerstein und zur Doppelbrücke gebaut. Der zuletzt genannte Weg bereitete Pückler in der Linienführung lange Kummer, wie er im Gartenwerk im Abschnitt „Wege“ mit dem Bild V bekennt.[27]

Unter Rehders Leitung erfolgen ferner jenseits der Postbrücke und am Weinberg Rigolarbeiten, die neue Pflanzarbeiten ankündigen. Diese werden bereits 1829

38
Muskau. Blick aus dem Blauen Garten mit Fuchsienbrücke zur Schloßwiese mit der charakteristischen Platanengruppe in der Bildmitte. 1986

39
Muskau. Blick von der Tränenwiese zum Herrengarten mit Strauchkastanie und farbiger Baumreihe: Linde/Buche, Silberahorn, Blutbuche, Platane. 1986

40 ►
Muskau. Solitär-Schwarzkiefer auf der Lindenwiese. 1986

41
Muskau. Blick von der Gloriette über die Seewiese mit Hermannsneiße
zu den jenseitigen Flußterrassen. Um 1833. Zeichnung von A. W. Schirmer

42
Muskau. Der gleiche Bildausschnitt im Jahre 1975

43
Muskau. Die rechte Seite der Abbildung 42. 1986

44
Muskau. Partie nördlich des Pücklersteins mit Prinzenbrücke.
Komposition mit vier Dreiecksflächen:
Fluß, Wiesenhang, Waldhang, Baum-Massiv. Um 1833.
Zeichnung von A. W. Schirmer

durchgeführt. Noch im Jahre 1828 wird die Orangerie auf der Schloßwiese abgerissen, mit nachfolgenden Planaden und Neupflanzungen daselbst. 1830 nimmt Pückler dort nochmals Terrainveränderungen vor.

Die englische Reise brachte keine reiche Frau, kein Kapital nach Muskau. Die Schloßbaupläne mußten fallen. Unüberhörbar ist die Klage Pücklers, nicht so frei walten zu können, wie es seinem geistigen Auge vorschwebte. Die nach wie vor hohen Schulden und die Unfähigkeit, sich einzuschränken, zwingen zu äußerster Sparsamkeit. Wenn auch keine Bauten entstehen – am Park wird weitergearbeitet.

Die zweite Englandreise gibt dem Bauherrn die Genugtuung, daß sein Muskau ein großer Wurf ist, wenngleich ihm nach zweijähriger Gewöhnung englischer Landsitz-Dimensionen Muskau zu eng und zu klein erscheint. Doch erweitert wird der Park vorerst nicht allzuviel. Nach 1829 werden vor allem die schon räumlich vorgezeichneten peripheren Teile des Hauptparkes detaillierter ausgestattet. Als eine der auffallendsten Neuerungen werden unmittelbar vor dem Schloß am 17. April 1830 auf der Schloßwiese drei große Schwarzpappeln mit sehr hoch ansetzender Krone gepflanzt. Die Idee dazu stammt aus dem kleinen Park des Herzogs

45
Muskau. Eichseewasserfall von Süden. 1982

von Devonshire in Chiswieck. „Eine schöne Wirkung macht ein einzelner hoher Baum vor dem Hause, dessen Stamm man bis an die Krone glatt aufgeputzt hat und unter welchem man nun den ganzen Garten und einen Teil des Parkes übersieht, ein guter Wink für Landschaftsgärtner, den ich Dir in M. zu benutzen rate", heißt es in einem Brief vom Oktober 1826 aus London an seine Frau.[28]

Diese Pappeln hatten, wie aus den Abbildungen II b und XV der „Andeutungen. . ." zu erkennen ist, eine ganz besondere Bedeutung für die Bildwirkung auf der Schloßwiese.

Noch im gleichen Jahre wird auf dem Kappellenberg gepflanzt, jenem steilen Geländerücken unmittelbar nördlich des Badeparkes, nachdem vorher dort die rutschungsgefährdete Berglehne mit Faschinen befestigt wurde. Große Pflanzungen erfolgen auch im Bergpark.

Östlich der Neiße werden die Rothwiese (an der Doppelbrücke) und die Quellwiese (unterhalb des Marienberges) angelegt und im Neißegarten Wegebau und Ansaaten durchgeführt. Weitere Pflanzungen großer Bäume erfolgen im Jahre 1830 auf der Gornika – einer ebenen Fläche östlich der Neiße mit der berühmten Hermanns-Eiche als Ausgangspunkt –, ferner auf der Gra-

46
Muskau. Eichseewasserfall mit Blick zur Seewiese. 1982

47
Muskau. Panorama des Schloßparkes vom Pücklerstein. 1834.
Zeichnung von A. W. Schirmer

48
Muskau. Blick vom Pücklerstein nach Nordwesten. Um 1925

nitza – einer sanften Geländemulde nördlich des Badeparkes und im anschließenden Bergpark. Außerdem werden Rigolarbeiten von Petzold am Herrenberg und Kapellenberg vermerkt.

1831 wird vor allem östlich der Neiße weitergearbeitet an der Schilfwiese, Kesselwiese und unterhalb des Grabmals des Unbekannten. Vom Lübbenauer Dichter Ernst Houwald wird eine große Blutbuche gekauft und vermutlich im Herrengarten gepflanzt, der 1832 eine Umgestaltung erfährt.

Auf der oberen östlichen Flußterrasse, gegenüber der Hauptaussicht vom Schloßhof, wird 1832 die Erdterrasse für das Mausoleum gebaut. Im Bergpark, auf den Badebergen, um die Familienhäuser und im Weinbergbezirk gehen die Arbeiten weiter; dort werden Grenzgräben und Grenzzäune angelegt, womit angedeutet ist, daß eine geländemäßige Erweiterung hier nicht mehr erwogen wird. Noch im Jahre 1832 fertigt August Wilhelm Schirmer im Auftrage Pücklers Skizzen verschiedener Szenerien des Muskauer Parkes unter Verwendung der Schinkelschen Bauentwürfe an, die dann jene schönen Stiche in den 1834 erschienenen „Andeutungen über Landschaftsgärtnerei“ ergeben.

Bis zur Afrika/Orient-Reise Pücklers, 1834–40, entstehen noch sehr wesentliche Bereicherungen im Park. Der Eichsee wird jetzt, 1833, ausgegraben. Mit seinem Bau erfolgen Verbesserungen in dessen Nachbarschaft, wo von der Wachsbleiche, oberhalb des Eichberges, flußabwärts neben Pflanzungen auch ein zur Neiße führender Promenadenweg angelegt wird. Während der Orientreise des Fürsten entsteht das Eichseewehr mit dem aufrecht stehenden Findling, und in diesem Zusammenhang müssen die Hermannsneiße vom Wehr am Herrengarten an und der Eichsee vertieft werden. Ferner wird von Rehder in dieser Zeit vor allem der Wegebau vorangetrieben, vom Badepark hinauf zum Kapellenberg über

49
Muskau. Pleasureground der Schloßwiese mit Sichten zu markanten Punkten auf der oberen östlichen Flußterrasse. Um 1833.
Zeichnung von A. W. Schirmer

50
Muskau. Südliche Hälfte der Schloßwiesenbepflanzung
mit den nachgepflanzten drei Pappeln. 1986

den Bergpark, am Dorfe Berg vorbei und wieder zur Stadt Muskau hinunter. Damals werden am Oberweg auch jene drei hübschen Waldwiesen angelegt, die noch heute sehr gut wirken.[29] Von der südlichsten Wiese, dem Grünen Dreieck, bietet sich ein großer Überblick über Stadt und Park, einem Lieblingsplatz Pücklers.

Die relativ späte Fertigstellung dieses so überaus wichtigen Teiles der Pücklerschen Parkkonzeption rührt daher, daß dem Parkschöpfer dieser Teil als ländliche Idylle unter Verwendung vorhandener Obstgärten, ergänzt durch reich blühende und kräftiger wachsende wilde Apfel-, Birnen- und Kirschbäume, lange Zeit vor Augen schwebt und noch 1834 in seinem Gartenwerk so beschrieben wird.

1840, während Pückler sich schon auf der Rückreise nach Wien befindet, führt er ohne Wissen seiner Frau Verhandlungen über den Verkauf seiner Standesherrschaft. Der energische Widerstand Lucies weiß diese Absicht vorerst zu verhindern. Und als Pückler im Spätsommer wieder in Muskau eintrifft, scheint er von seinem Werk so überwältigt zu sein, daß er sich mit neuen Parkplänen befaßt. Es kommt zu riesigen Parkerweiterungen durch Hinzunahme von 350 ha, dem sogenannten Außenpark, wie Pückler den Teil nennt, der in der

51
Muskau. Zustand der Schloßwiese um 1935

Form einer „ornamental farm" gestaltet werden sollte. Durch Anlegen von 15 km Grenzgräben mit Wällen wird diese neue Parkgrenze fixiert. Es kommt zu Anpflanzungen auf den Lucknitzer und Krauschwitzer Bergen und 1841 zu wesentlichen Parkerweiterungen nach Norden und Osten sowie zur Vergrößerung der Baumschule. Neben der Einbeziehung der Braunsdorfer Feldfluren, der Ausdehnung des Parkes bis Lucknitz wird auch die Köbelner Feldflur, die bisher durch eine Pflanzung fast hermetisch vom Park abgeschlossen war, nun in den Park einbezogen. Die früher dort gepflanzte Sichtbarriere wird beseitigt, die Parkgrenze bis 200 m nördlich des Dorfes Köbeln zum „Thor terrible" hinausgeschoben, das Dorf bis auf Reste abgetragen, westlich der Neiße neu aufgebaut und dieser Bereich in der Art einer offenen Flußniederung gestaltet.

Bis 1845 erfolgen dann noch die Bepflanzung der über die Braunsdorfer Felder geführten Wege, die Umpflanzung der dortigen kleinen Teiche und die Anlage von Wiesen um Gobelin, die in den „Andeutungen. . ." Abb. XXXIX als ideale ländliche Idylle vorweggenommen sind. Nun erst vorbereitet werden Pflanzungen oberhalb der Thoreiche, am Vogelherd, am „Thor terrible", an der Freischützwiese und im Heidental.

Diesem neuen Unternehmen von gigantischen Dimensionen wird dann durch den 1845 erfolgten Verkauf der Muskauer Standesherschaft für 1,2 Millionen Taler vorerst ein Ende bereitet. Finanznöte haben Pückler zu diesem Schritt bewogen. Mit größter Wahrscheinlichkeit gab die sogen. Separation, die endgültige Aufhebung der Leibeigenschaft, den Ausschlag, die der Fürst bisher mit Geschick von Muskau fernhalten konnte.[30]

Das in 30 Jahren bis zu Pücklers Weggang Geschaffene läßt ein farbiger Parkplan aus dem Jahre 1847 deutlich werden. Demnach hat der Park die Ausmaße, wie sie in Pücklers Gartenwerk 1834 dargestellt sind, noch überschritten, und zwar nach Westen bis zum Dorf Krauschwitz und nördlich und nordöstlich des alten Dorfes Köbeln um weit mehr als 90 ha, über 750 ha insgesamt.

Der von Pückler fertiggestellte Teil umfaßte vor allem das vom Schloß bzw. vom Pücklerstein (Standort des Tempels der Beharrlichkeit) einsehbare, damals noch überschaubare Flußtal der Neiße mit seinen „Berglehnen" und den gesamten Bergrücken vom Badepark bis zum Dorfe Krauschwitz. Die im Plan 1847 am meisten durchgearbeiteten Teile sind der Schloßpark diesseits und jenseits der Neiße, vom Englischen Haus bis zum Badepark jeweils bis in Höhe der oberen Flußterrasse, dann der Bergpark bis in seine westlichsten Ausläufer, sowie die Hangpartie über der Stadt Muskau. Etwa 35 von ursprünglich 110 alten Linden der ehemaligen Querallee sind noch vorhanden, in ihrem nördlichen Teil sogar noch teilweise in kurzen Reihen. Ferner sind über hundert im gesamten Parkareal verstreut stehende stattliche Laubbäume und einige wenige, sofort

52
Muskau. Sieben Pyramidenpappelgruppen sind um das Schloß postiert. Um 1833.
Zeichnung von A. W. Schirmer

53 ►
Muskau. Panorama vom gleichen Standort wie Abbildung 52
vom Grünen Dreieck. 1982

ins Auge springende große und kleine Solitärfichten sowie Pyramidenpappeln an mehreren Standorten im Park erkennbar.

Das Wegenetz stimmt größtenteils mit dem im Plan B von 1834 konzipierten überein, nur fehlen noch mehrere schmalere Fußwege.

Die riesige Pferderennbahn auf dem Oberberg ist nicht ausgeführt worden, nur die kleine Reitbahn östlich des Marienberges. Von den geplanten Gebäuden kamen nur das Hermannsbad und das Englische Haus sowie ein Gewächshaus und ein Stallgebäude zur Ausführung, ferner 2 Parkarbeiterhäuser (Familienhäuser) im Bergpark. Nicht verwirklicht wurden: Die Fasanerie im türkischen Stil, das Mausoleum, der Viadukt, die Burgruine, das Observatorium, die Colonie Gobelin – Häuser für die Parkarbeiter –, der Tempel der Beharrlichkeit und die Orangerie. Realität geworden waren aber die am Schloß und am Theater reich ausgestatteten Blumengärten, deren Pflanzformen in Fachkreisen damals Kritik auslösten.

54
Muskau. Blick vom Neißedamm über Schaf- und Schloßwiese zum Grünen Dreieck. 1982

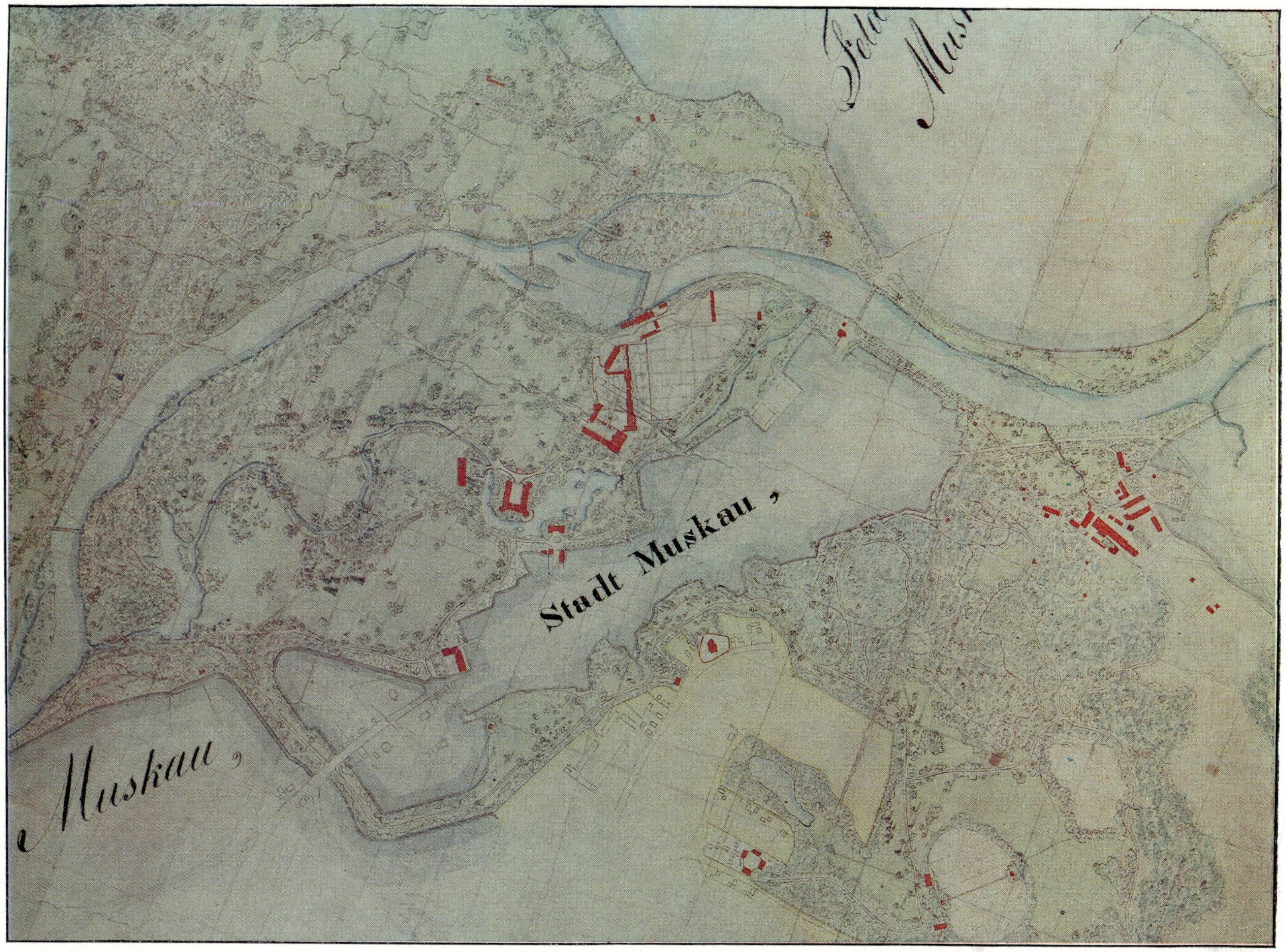

55
Muskau. Parkplan von 1847. Ausschnitt Schloßpark

Wegen seines heutigen starken Verwachsungsgrades muß der westliche Ausläufer des Parkes, der Bergpark, besonders erwähnt werden, der im Plan von 1847 einen sehr schönen Charakter zeigt. Im Wechsel von fließend ausgebildeten Wiesenstücken und kompakter, dann wieder aufgelockerter und sehr stark akzentuiert gesetzter Raumpflanzung ist dieser Teil 1847 als vollkommen ausgereift und fertiggestellt zu bezeichnen. Ganz bewußt, wenn auch sparsam, ist hier die Feldflur blickmäßig in die Konzeption einbezogen, und zum Dorf Berg und der Bergschen Feldmark ist der Park zweifach geöffnet, am Reitweg parkartig ausgebildet mit eigenen Torbauten beiderseits des Weges, während weiter südlich in breitem Fluß eine Wiese in die Krauschwitzer Feldmark hinüberfließt.

Zusammenfassend läßt der Plan 1847 ohne weiteres erkennen, daß 1845 das Hauptstück der Arbeit, der von den Flußterrassenrändern umschlossene Raum, in dessen Brennpunkt das Schloß prangt, und der bis Krauschwitz ausgedehnte Bergpark, geleistet war.

Der äußere Park, von Köbeln über die Hochfläche der Braunsdorfer Feldflur bis zum Belvedere, bedurfte noch der Vollendung. Vielen Teilen gemeinsam ist ein offener Charakter des Ganzen, nicht jenes Vollgestopftsein, das in den Folgejahren erhebliche Sorgen bereitete. Die Überschaubarkeit und Durchsichtigkeit großer Parkteile, wie sie aus den Zeichnungen Schirmers im Gartenwerk überall hervorgeht, war damals das Generalthema. Die Dimensionen, in denen gearbeitet wurde, geben sich durch ein paar Zahlen vielleicht auch dem Uneingeweihten zu erkennen. 1845 waren 257 ha Park fertiggestellt bei einer konzipierten Parkgröße von ca. 750 ha, 4 Flußbrücken über die Neiße, 11 Brücken über Hermannsneiße und Schluchten gebaut und mehrere Millionen Bäume gepflanzt.

Schließlich griff Pückler in seinen Vorstellungen von gestalteter Landschaft bis in das 30 km^2 große Gebiet seines Tiergartens südwestlich von Weißwasser aus: Dieses völlig eingezäunte und mit neun Torhäusern abgeschlossene Terrain gestalterisch durchzuarbeiten, bildete ein zweites gärtnerisches Anliegen des Fürsten. Er fand hier eine mit schönen alten Eichen, Fichten und großen Kiefern bewachsene, streckenweise wellige Fläche vor, deren Boden von Heidelbeer- und Preißelbeerkraut, Adlerfarn und wildem Rosmarin fast durchgängig bedeckt war. Inmitten dieses Tiergartens legte er zwischen Jagdschlößchen und Försterei eine große Parkwiese an, auch hier mit einer Solitärblutbuche, Platane, Esche und Eichengruppen und verdeckte den Nadelwald durch einen Laubholzmantel. Hier entstand das Romantischste, was wir von Pücklers Schöpfungen kennen: Ein kleiner Moorteich nahe den beiden einzigen Bauten.

Ein anderer exterritorialer Teil des Landschaftsensembles ist die Wussina. 3 km südöstlich von Muskau an den östlichen Neißehängen gelegen, wurde sie als eine Art Naturreservat ob ihrer wildromantischen Schönheit durch Wege erschlossen und eingefriedet. Als südliches Verbindungsstück vom Badepark zum 12 km entfernten Jagdschloß hat man über die Keulaer Eisenhütte bis zum Braunsteich in Weißwasser den 4 km langen Keulaer Tiergarten landeskulturell bearbeitet; und selbst noch bis kurz vor dem Verkauf 1845 sind dort starke Eichen gepflanzt worden.

Nach dem 1845 erfolgten Verkauf der Standesherrschaft Muskau an die Grafen Nostitz und Hatzfeld, welche diese bereits ein Jahr später – 1846 – gewinnbringend weiterveräußerten, fiel der Park in den Besitz eines der reichsten Männer der damaligen Hocharistokratie, an den Prinzen Friedrich der Niederlande. Jacob Heinrich Rehder, der als verdienstvoller Garteninspektor an der Seite Pücklers den Park heranwachsen sah und dem der Fürst viele seiner gärtnerischen Kenntnisse verdankte, blieb bis zu seinem Tode 1852 in Muskau. Im gleichen Jahr wurde durch den neuen Besitzer und wohl auf Empfehlung Pücklers der in Weimar tätige Eduard Petzold als Garteninspektor in Muskau eingestellt. Petzold war von 1831 bis 1835 als Gärtnerlehrling und Gehilfe in Muskau tätig, also in der Zeit, da der Park nach Pücklers zweiter Englandreise seine Feinausstattung und seine erste Erweiterung erfuhr. Mit Petzold übernahm ein dem Parkschöpfer kongenialer Mann die Fortführung und künstlerische Überwachung des Gartenkunstwerkes Muskau. Die nun reichlich vorhandenen finanziellen Mittel boten die Gewähr, das große Werk zu vervollständigen. Durch Petzolds Leistung entstand in Muskau schließlich das, was sein Begründer Pückler sich vorgestellt hatte. Dieser bestätigte das in einem Brief an Petzolds Vater: „Meine Gegenwart in Muskau ist nun nicht mehr nötig, da ein alter ego für mich eintritt, ja einer, dem ich mehr zutraue als mir selbst“.[31]

Obwohl der so genau erscheinende Plan aus dem Jahre 1847 die Schlußfolgerung zuläßt, daß Pückler in seinen dreißig Schaffensjahren das Wesentliche für die Realisierung seiner gartengestalterischen Idee und für den Parkgrundriß geleistet hat, stellt Petzold fest, daß der Muskauer Park 1852 kaum zur Hälfte fertig war. „Nur die näher liegenden Teile waren beendet, als der Verkauf dazwischen kam. Diese waren allerdings mit einer Meisterschaft ausgeführt, welche schlechterdings keine Zufügung zuließ. Jede solche Zufügung würde wie eine Korrektur ausgesehen haben, wäre aber gewiß jedesmal falsch gewesen. . .“ Der Kernpark zeigte sich also im weitgehend fertigen Zustand; die großen Flächen des Oberparks aber waren noch nicht fertiggestaltet, und um die grüne Umgürtung der Stadt Muskau im Süden und Südwesten zu schließen, mußte der schmale Verbindungsstreifen vom Burgberg zum Belvedere in Lucknitz gestaltet und die Kippenlandschaft des Alaunbergbaues geordnet und bepflanzt werden.

Petzold ging sofort an die lange fälligen Aushauungen in den Pflanzungen. Durch den zuletzt kränkelnden Rehder und auch zu Pücklers Zeit waren diese vernachlässigt worden, „weil der Fürst immer befürchtete, er würde sein Werk momentan zerstören. . .“, obgleich er sich der Notwendigkeit dieser Pflegearbeit durchaus be-

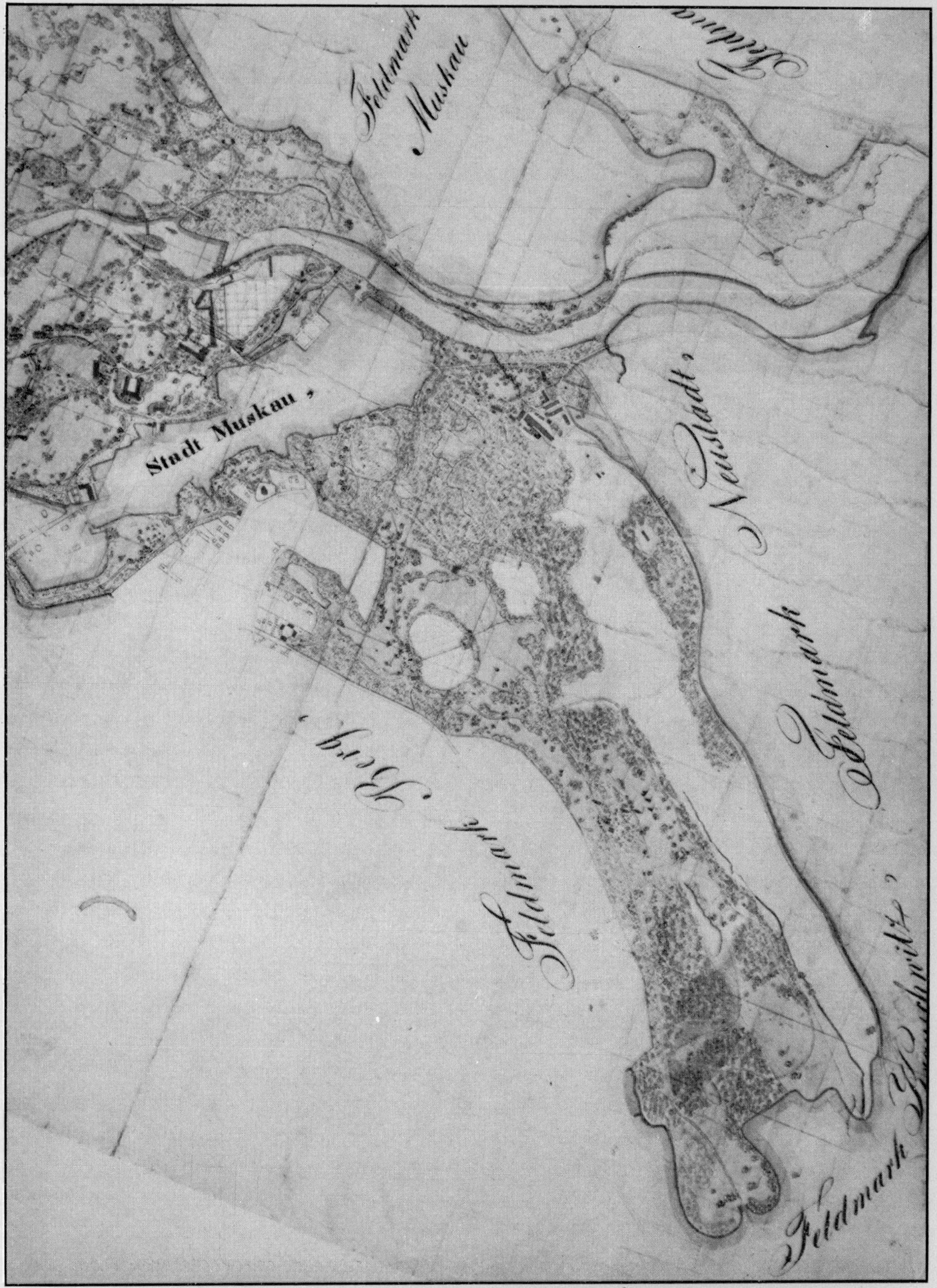

56
Muskau. Parkplan von 1847. Ausschnitt Bergpark

wußt war, denn er selbst nannte neben dem Spaten die Axt als das wichtigste Werkzeug in der Parkgestaltung. So versteht sich auch Pücklers großes Lob für Petzold. Letzterer sagt zu dieser Art Parkpflege: „Es liegt in der Natur der Laubhölzer, daß sie verjüngt werden wollen. . . Die meisten Pflanzungen, deren Flächeninhalt damals gegen 2 000, später weit über 3 000 Morgen betrug, waren zu Stangenholz herangewachsen und hatten den Schluß verloren, da das Unterholz fehlte; eine kräftige Durchforstung mit vorzugsweiser Berücksichtigung der landschaftlichen Interessen war daher das zunächst Gebotene. Sie erfolgte von innen nach außen, vom Schloß ausgehend – in dessen Nähe sich auch zugleich die ältesten Pflanzungen befanden – nach den entfernteren Partien, und dauerte acht Jahre, wo wieder von vorn angefangen werden mußte. . . Auch auf die malerische Ausbildung der größeren, freistehenden Bäume wurde selbstverständlich ganz besondere Sorgfalt verwendet, indem die schlechteren ganz entfernt und denjenigen, die sich malerisch zu entwickeln versprachen, der genügende Raum dazu gegeben wurde. Die Pflanzungen erhielten durch die sehr kräftigen Stockausschläge wieder Schluß. In jedem Winter arbeitete ich mit 60 Mann in den Pflanzungen und zeichnete jeden Baum, der gehauen werden sollte, selbst an, um etwaige Fehler bei dieser Arbeit zu vermeiden, da sie, einmal begangen, nicht zu verbessern gewesen wären. . . Nach diesen Grundsätzen ist der Muskauer Park durch 30 Jahre von mir behandelt worden, und dieser Art der Behandlung hat derselbe seine vielen schönen Bäume und Baumgruppen zu verdanken".[32]

Das Ausholzen wurde mit der Zeit zur selbstverständlichen Arbeit und findet in Petzolds Notizen kaum mehr Erwähnung. Sein erstes parkgestalterisches Anliegen war die im Plan von 1847 schon angedeutete Verbindung des Schloßparks zum Oberweg am Bergschen Hang. Sodann ließ er das Gebiet nördlich des Englischen Hauses bis zur Parkgrenze und zur Gornika in südlicher Richtung am Burgberg bearbeiten sowie die Schluchten zwischen Kirchruine und Badepark durch Promenadenwege zugänglich machen – auch hier stellt der Plan von 1847 mehr dar, als in Wirklichkeit bereits vorhanden war!

Viele Brücken bedurften der Erneuerung und wurden nun massiv ausgeführt. Die damit zwangsläufig verbundenen Verwüstungen nutzte Petzold, um jeweils Veränderungen und Verbesserungen in der unmittelbaren Umgebung durchzuführen – besonders am Ostufer der Neiße, dem Brückenkopf der Gitterbrücke und ebenso in der Gegend um die Prinzenbrücke und am Viadukt.

1858–1866 legte Petzold das Muskauer Arboretum an. 50 Jahre lang trug es als erste Gehölzsammlung Mitteleuropas zum Ruhme Muskaus bei. Möglicherweise hatte Prinz Friedrich der Niederlande den Park durch Exoten zu bereichern gewünscht. Ob es nun dieser Anspruch war oder ob Petzold dem Park zuliebe und dem Gärtnerberuf zum Nutzen den Gedanken an ein Aboretum zuerst aussprach, ist hier nicht zu entscheiden. Er bekannte rückblickend, die Idee für ein Arboretum lange gehegt zu haben, um die Vielfalt der neu eingeführten Gehölze durch Ansschauung in ihrem landschaftlichen Wert und in ihrem Wachstum sowie ihrer Verwendbarkeit kennenzulernen. Das Sammeln von Gehölzen erfreute sich seit Anfang des 19. Jahrhunderts wachsender Beliebtheit; Pückler verwendete indes fremdländische Gehölze nur im Pleasureground. Petzold hingegen bevorzugte eine größere Mannigfaltigkeit der Baumarten, das Arboretum sollte ihrer Auswahl dienen. Damit trug das Unternehmen von Anfang an wissenschaftlichen und gleichzeitig praktisch-gartengestalterischen Charakter, der sich auch in der Anlage des systematischen Teils des Arboretums nach parkkünstlerischen Gesichtspunkten zeigte. Auf diese Weise ließ sich der Wert einer Art für einen Park leicht und exakt beurteilen.

Bei alledem bewahrte Petzold im Muskauer Park die für Pückler typische, beinahe spartanische Gehölzauswahl und schenkte den späteren Landschaftsarchitekten ein von Überflüssigem gereinigtes, botanisch richtig benanntes Gehölzsortiment.[33]

Das für das Arboretum erschlossene Gelände erstreckt sich östlich der Neiße zwischen Observatorium und Burgberg in 1,5 km Länge und 350–400 m Breite, wobei die Geländemulde zur Verstärkung der räumlichen Wirkung genutzt wurde. Das 40 ha große Hauptterrain mit der systematischen Abteilung erhielt für die geografische Abteilung den etwa 15 ha großen und 60–100 m breiten Streifen zwischen Burgberg und Belvedere, an dessen Fuß die Neiße entlangfließt, angegliedert. Mit dieser Gestaltung war das von Pückler vorgesehene Terrain für den Park erschlossen, ohne daß seiner Grundvorstellung Abbruch getan wurde. Ein grüner Ring von Laubgehölzen umschloß die Stadt Muskau, und

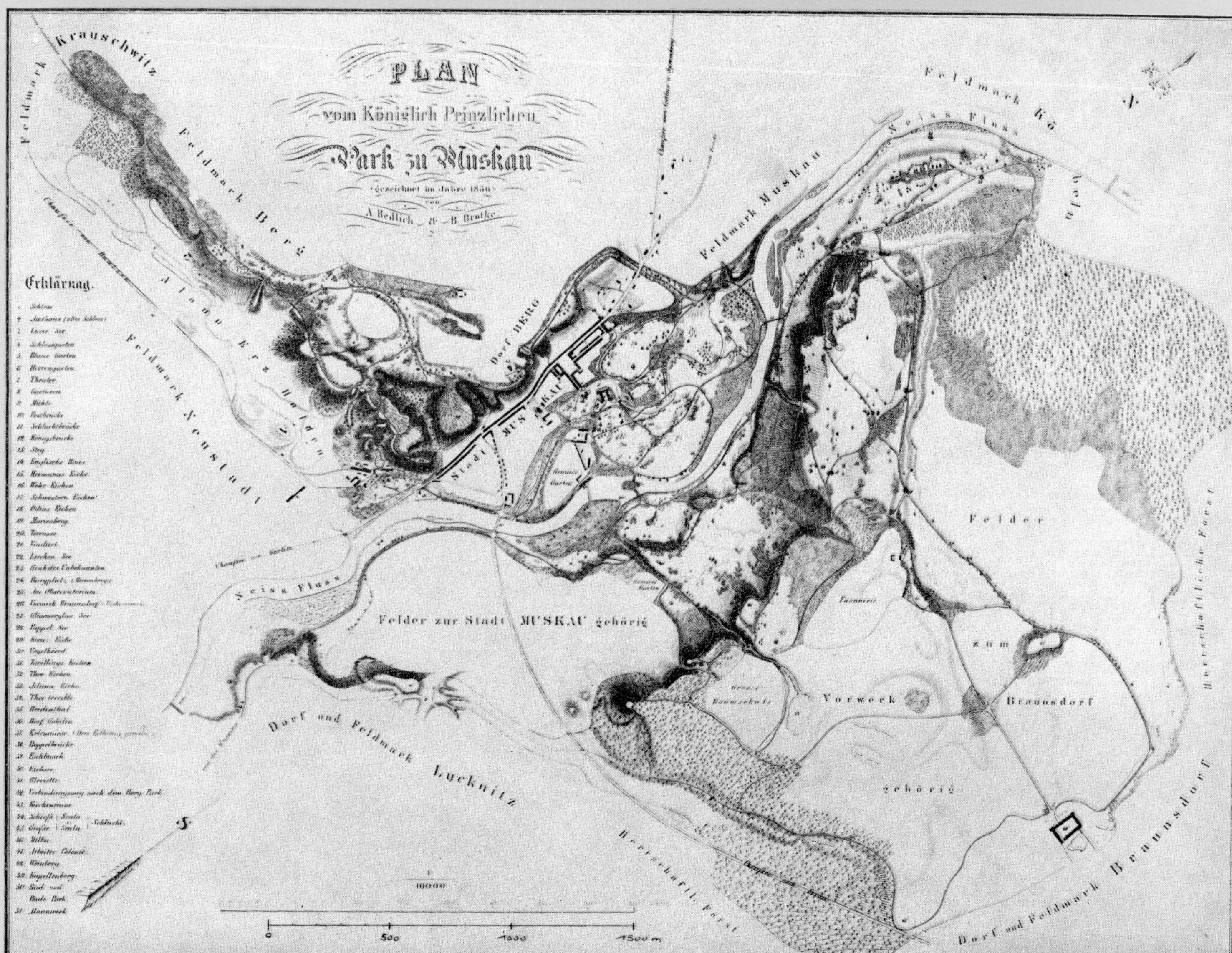

57
Muskau. Parkplan von 1856

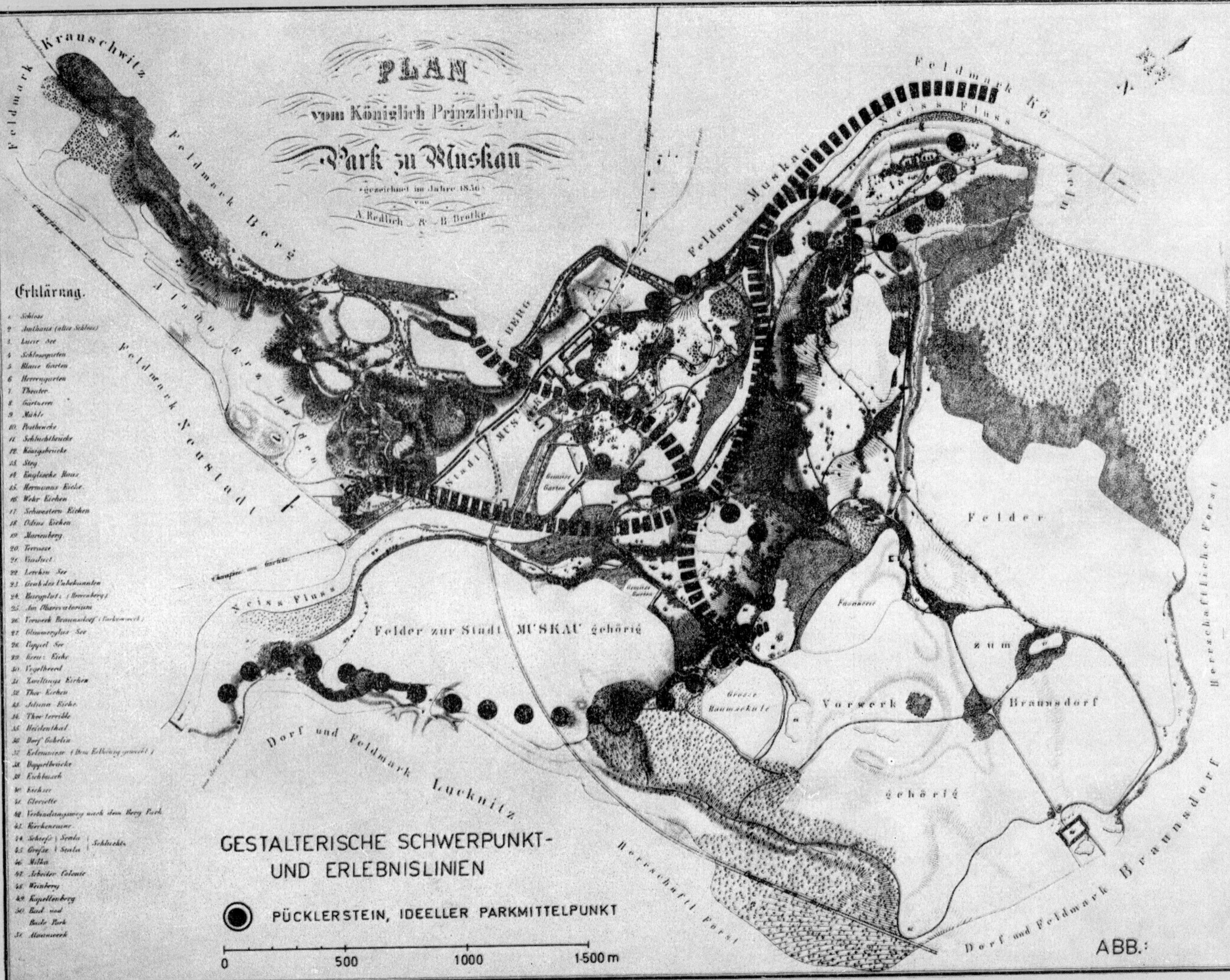

58

Muskau. Gestalterische Schwerpunkt- und Erlebnislinien

jenes schöne Panorama vollendete sich, das ein Bild Schirmers von 1833 mit dem Blick vom Belvedere am äußersten südlichen Punkt des Außenparks auf Muskau vorwegnahm (Abb. XXXVII der „Andeutungen").

Die Pläne, welche Petzold weiterhin mit dem Arboretum verband, waren eine Nutzanwendung in dem „mehrere hundert Morgen" großen ehemaligen Alaunbergbaugelände. Statt dieses Planes wurde dann aber das Rekultivierungsgebiet in nur einfacher Form durch Wege erschlossen und vorwiegend mit Eichen, Buchen, Birken und Stroben hain- und waldartig bepflanzt.

Zwei die Pücklerschen Pflanzungen betreffende kleine, aber wesentliche Korrekturen Petzolds in Schloßnähe seien genannt, weil sie deutlich werden lassen, daß dem pflegenden Gärtner eine ähnliche künstlerische Fähigkeit eigen sein muß wie dem Parkschöpfer selbst. Petzold ließ zu groß gewordene Bäume in allen drei Pleasuregrounds und Blumengärten entfernen, um diese „kleinen Räume von ihrer Überfüllung zu befreien". „Ein Gleiches geschah auf der Tränenwiese und der Schloßwiese, wo allein vom großen Schloßrasen dreizehn Pflanzungen entfernt werden mußten." „Was bei Beginn der Pflanzungen, solange die Bäume noch jung, sehr schön war, paßte später nicht mehr"[34], begründete Petzold. Diese gleich nach seinem Amtsantritt 1852 vorgenommenen Gehölzreduzierungen auf der Schloß- und Tränenwiese sind in seinen nicht sehr genauen Karten erst 1865 angedeutet. Erst bei der weiteren Durchdringung der Pücklerschen Pflanzungen im Zuge der Rekonstruktionsarbeiten wird erkennbar werden, was Petzold entfernen ließ und aus welchem Grunde. Jedenfalls hat Petzold nur das „Zuviel", wie wir es uns mit Hilfe der Schirmerschen Zeichnungen vom Schloßgarten und der Tränenwiese sehr gut vorstellen können, entfernt und auf das spätere Erscheinungsbild hingewirkt.

Der Oberpark oberhalb der östlichen oberen Flußterrasse war unter Pückler nicht mehr bis an die Grenze fertiggestellt worden, und die Feldflur hatte nur teilweise eine Behandlung zur „ornamental farm" erfahren. Unter dem Prinzen Friedrich der Niederlande verblieb dieser Zustand, wie wir dem Petzoldschen Plan von 1865 entnehmen können. In einer Größe von etwa 550 ha durchgestalteter Fläche ist der Park dann 1883 vom Grafen T. v. Arnim übernommen worden.

Unter Prinz Friedrich der Niederlande vor allem erhielt der Park eine Reihe von Baulichkeiten und Ausschmückungen. Die Erneuerung der Brücken wurde schon erwähnt. In der Nähe des Grabmals des Unbekannten entstand 1864 der „Viadukt am Herrenberg" mit einem großen Bogen, während 1853 schon der Viadukt mit fünf Bogen südlich des Mausoleumstandortes gebaut wurde. Auf die noch immer ohne plastischen Schmuck gebliebenen Treppenwangen der Schloßrampe kamen 1857 die beiden vom Berliner Bildhauer Friedrich Wolff geschaffenen mächtigen Löwen in vergoldetem Zinkguß, die Wappentiere des Niederländers. Schloß, Rentamt und Kavalierhaus – das heutige Moorbad – mußten innen und äußerlich erneuert werden und erhielten zwischen 1864 und 1866 neue Fassaden in einem Mischstil aus „deutscher und französischer Renaissance". Dabei wurde der Hauptbaukörper des Schlosses um das Mansardengeschoß erhöht. Die Bauausführung lag bei den Berliner Architekten Wentzel und Strasser. Gleichzeitig entstanden die Plastiken über dem Rentamtportal, welche die Alt-Muskauer Hans Georg von Schöneich, Curt Reinecke II. von Callenberg und Carl Christoph zu Dohna darstellen. Auf dem Dach des Rentamtes waren die Initialen des Prinzen angebracht, während das Portal das Doppelwappen der Familien von Callenberg und Dohna zierte. Zur Farbigkeit der neuen Fassaden der Hauptgebäude gibt es keine genauen Überlieferungen; in Pücklers Zeit trug der Putz einen gelblichen Anstrich, zu dem die roten Ziegeldächer und die blauen Turmhelme im reizvollen Kontrast standen.

Prinz Friedrich finanzierte ebenso großzügig die damalige Gartenausstattung, wie auch die Ausstattung des Bades und Jagdhauses in reicheren Formen vorgenommen worden ist. Somit kann die Herrschaftszeit des Prinzen der Niederlande als die Zeit der Vollendung des Muskauer Kunstwerkes bezeichnet werden, indem alles getan war, um diesem Gebilde Dauer zu geben.

Die dritte Etappe der Geschichte des Muskauer Parks umfaßt eine Zeitspanne von mehr als sechs Jahrzehnten. Als eine Folge der mit dem zweiten Weltkrieg eingetretenen Verluste auch der meisten Aktenunterlagen kann sie nur lückenhaft und unter Zuhilfenahme von Fotografien veranschaulicht werden. Ähnlich wie nach dem Verkauf Muskaus 1845 kam es 1881 zu einer Interimsphase in den Besitzverhältnissen. 1881–83 war eine Tochter des Niederländers, Marie Fürstin zu Wied, Erbin des Muskauer Besitzes geworden. Wohl aus politischen wie allgemein wirtschaftlichen Gründen ver-

59 bis 61
Muskau. Veränderungen am Baumbestand im Blauen Garten
in einer Wachstumsperiode von 120 Jahren

59
um 1870

60
Zustand 1983

61 ►
nach Ausfall einer fünfstämmigen Ulmengruppe 1986

kaufte sie 1883 Schloß und Park Muskau an Traugott Herrmann Graf von Arnim. Mit ihm zog eine neue Zeit in Muskau ein. In erster Linie war der neue Besitzer ein Unternehmer und gewillt, die wirtschaftlichen Möglichkeiten, welche ihm die Standesherrschaft Muskau bot, voll auszuschöpfen. Der Park trat für ihn zumindest in den ersten Jahren nach der Übernahme in den Hintergrund – wenngleich Arnim seine feudale Lebenshaltung durch die glanzvolle Folie des berühmten Pückler-Parkes erhöht sah.

Für den 1878 ausgeschiedenen Petzold führten der Leiter des Arboretums und der Baumschule Heinrich Gustav Schrefeld und für den übrigen Park der Obergärtner Wilhelm Roth ab 1881 die Geschäfte. Nach Schrefelds Tod 1891 kam Rudolf Lauche nach Muskau und blieb hier bis 1928 Park- und Gartendirektor. Ihm zeigte sich Traugott Herrmann Graf von Arnim zuerst als nur wenig verständiger Parkbesitzer, und Lauche benötigte eine Reihe von Jahren, bis ihm eine den gärtnerischen Notwendigkeiten entsprechende Amtsführung gestattet wurde. Eigentlich sei erst ab 1919 mit der Übernahme durch Adolf Graf von Arnim der Muskauer Park wieder „völlig das geworden, was er heute darstellt: die klassische Parkanlage Deutschlands", äußerte Camillo Schneider 1922.[35]

Die nicht sehr vorteilhafte Darstellung der Verwaltung des Pücklerschen Erbes durch Traugott v. Arnims Enkel bedarf einer Klarstellung. Unter T. v. Arnim waren 30–40 Arbeitskräfte mit Rudolf Lauche, als dem Besitzer direkt unterstellten Parkdirektor, tätig; 1931 nur 8–20 und im zweiten Weltkrieg nur mehr 13 Kräfte. Seit 1929 fungierte kein Parkdirektor mehr, sondern der Leiter des Muskauer Forstamtes Walter Bruhm wurde mit diesem Amt betraut. Mit einer geschätzten zu pflegenden reinen Parkfläche von ca. 390 ha (ohne Arboretum) sind die unter Lauche tätigen Pflegekräfte zwar nicht hoch, aber ausreichend gewesen. Ansonsten hätte der Park nicht ein so vorteilhaftes Aussehen speziell in den 20er Jahren gehabt, wie Fotografien belegen. In vielen Parkteilen bestimmte damals eine sehr große Anzahl von prächtigen Solitärbäumen das Bild, wenngleich keine alle Parkteile gleichermaßen erfassende Fotodokumentation möglich ist.[36] Auch die waldartigen Teile des Parkes erfuhren eine zweckdienliche Behandlung, indem auch dort die Pflege auf schöne vollkronige Bäume und Einzelbaumgruppierungen orientiert war. Beim Vergleich dieser Zeitdokumente mit einer Fotoserie, die Stoitscheff[37] 1941/42 schuf, ist auffallend, daß die Profilierung der Ränder der großen Baummassive östlich der Neiße noch in den 20er Jahren gut war, während sie 1942 recht unförmig wirkte und die Höhendifferenzierung gänzlich fehlte.

Unter T. v. Arnim war auch am Park die Industrialisierung Muskaus nicht vorübergegangen. Anstelle der kleinen Mühle am Neißewehr wurde eine Pappenfabrik mit einem sehr hohen Schornstein errichtet, der weit über die Baumkronen des Parks aufragte. Noch empfindlicherer Verlust entstand durch das Auflassen des Uferweges entlang des Mühlendammes. Der Zutritt zum Wasser und die unmittelbare Verbindung vom Badedamm zum Petzold-Damm entfiel. Damit ist heute im geteilten Park die schöne Flußkrümmung bis in Höhe Pücklerstein nicht mehr erlebbar. Einen weiteren Eingriff in die Parksubstanz brachte der Bau der Muskauer Waldeisenbahn 1896–98, die ein Versorgungsgleis auch zur Pappenfabrik führte und durch den Bergpark eine Verbindung nach Weißwasser zu den Kohle- und Tongruben und den Ziegeleien nach sich zog.

Unter T. v. Arnim erfuhr zwischen 1883 und 1919 der Park mehrere bauliche Bereicherungen. Pückler schon hatte für den Bau des Mausoleums einen Platz auf der obersten Flußterrasse östlich der Neiße vorgesehen. Während Schinkel einen hellen Kapellenbau an dieser Stelle vorschlug, errichtete 1888 Julius Raschdorff entsprechend dem Zeitgeist ein in monumental gotisierendem Stil gehaltenes Gebäude aus schweren Granitbruchsteinen. So wenig dieser Bau mit seinen seitlichen Bogenarchitekturen dem Geiste Pücklers und Schinkels entsprach, brachte er doch das notwendige Pendant zum Schloß und zum Aussichtsplatz von der wendischen Kirchruine und folgte so der Pücklerschen Grundkonzeption für den Landschaftspark. Eine weitere Ergänzung stellte seit 1904 der außerordentlich große Findling auf Hilkes Berg dar – dem Platz für den von Pückler geplanten „Tempel der Beharrlichkeit". Ein Bronzemedaillon mit dem Bildnis des Fürsten Pückler erhob diesen Punkt in der geometrischen Mitte des Parks zum Ehrenplatz für den Schöpfer des Landschaftsparks – Pücklerstein genannt. Eine dritte Bereicherung brachte der Anbau der Loggia mit zwei Balkonen an der bisher glatten Westseite des Schlosses. Mit Hilfe dieses architektonischen Details entstand eine weitere Beziehung zwischen Schloß und Tränenwiese. Und im Schloßhof entstand an der Ostseite des Hauptbaues ein Vorbau mit vier üppig verzierten Säulen. Im Bauhof, dem südlich der Schloßwiese liegenden Gebäudekomplex, erhielt der südliche Baukörper noch vor dem ersten Weltkrieg seine barocke Fassade.

Die veränderten gesellschaftlichen Verhältnisse nach dem ersten Weltkrieg führten auch zu Veränderungen im Status des Gräflich-Arnimschen Besitzes durch Bildung der „Graf von Arnimschen Waldgutstiftung Standesherrschaft Muskau", wovon der Park ein Teil war und somit Parkpflege und Erhaltung eine Aufgabe, die im öffentlichen Interesse lag.

Nachdem Adolf Graf von Arnim 1919 Muskau erworben hatte, ließ er 1921 den Schloßbau durch den Architekten Alfred Breslauer erneut verändern. Eine Warmwasserheizung wurde eingebaut, deren Medium in einem unter vorhandenen Wegen begehbaren Kanal von der 400 m entfernt am Neißemühlenwehr arbeitenden Pappenfabrik herangeführt wurde. Im Treppenhaus

62 bis 64
Muskau. Veränderungen vor der Schloßrampe von 1870 bis 1982

62
um 1870 mit 85jähriger Blutbuche, links angeschnitten
63
um 1910 mit 125jähriger Blutbuche

64
1982 mit der nun fast 200jährigen Blutbuche

erfolgten Durchbrüche in allen Stockwerken zur besseren Belichtung. 1925 kam an der Nordseite des Schlosses ein Küchentrakt mit darüber befindlichem Festsaal hinzu. In alter Ausstattung blieb lediglich die Bibliothek von 1647, jener als Rittersaal geschaffene Raum neben dem großen Turm. Das Schloßäußere erfuhr mit dem Entfernen der Eisengitter eine Vereinfachung, dafür sind weiß gestrichene horizontale Sandsteinbänder in das Mauerwerk eingelassen und der Putz insgesamt in zartem Rosa – den Farben der Arnims – getönt worden. Zum Schloßteich grenzte eine niedrige Mauer mit heller Sandsteinabdeckung den Gebäudetrakt ab und bildete gleichsam eine Art Tafelfläche, auf der das Schloß abgesetzt von der Umgebung nun steht. Zwischen 1925 und 1931 befand sich vor der Schloßrampe eine halbkreisförmige geometrische Gartenanlage. Unter dem neuen Besitzer wurden 1920 im „Vogelherd" von der Hermannseiche ostwärts nach dem Holzeinschlag Koppeln eingerichtet und um 1924 das noch aus der Pücklerzeit stammende inzwischen verwilderte „Tannenreich" zwischen Tränen- und Lindenwiese geräumt. Seither blühen dort nach Farben schön gruppierte Rhododendren und Azaleen unter alten Eichen, eine noch heute wirksame Arbeit Rudolf Lauches. Und 1928 säuberte er im Auftrage Adolf v. Arnims schließlich auch das Arboretum von verkümmerten Bäumen und legte hier große Flächen für einen Golfplatz frei, womit das Schicksal des bereits von 1883 an vernachlässigten Arboretums besiegelt wurde.[38]

Aus der Zeit 1927/28 hat sich ein Skizzenbuch mit unmaßstäblichen Aufzeichnungen und ohne Altersangaben des dendrologisch wertvollen Gehölzbestandes von dem Konrektor der Muskauer Stadtschule Bruno Gerlach erhalten.[39] Die dargestellten Partien bestehen aus: den drei Pleasuregrounds, der Wegebegleitpflanzung vom Schloß zur Gloriette und um den Wirtschaftshof, Teilen des Arboretums, einer Partie am Mausoleum, dem Eingangsteil zur Baumschule und der Eichseeumgebung. Das Pflanzensortiment war damals sehr reichhaltig, die Anzahl der farb- und formmäßig auffallenden Bäume wesentlich größer als heutzutage. Große Bedeutung hatten Grau- und Silberpappeln sowie Nadelbäume – nicht so sehr zahlen-, als vielmehr standortmäßig –, die heute ganz fehlen, ferner rotblühende Roßkastanien, Rot- und Scharlacheichen.

Über den Verbleib der vielen Pyramidenpappeln um das Schloß, die bis 1880 fotografisch nachweisbar sind, ist nichts bekannt. In Lauches Zeit fallen Nach- und Neupflanzungen von acht bis zehn Blutbuchen u. a. an Standorten von Pyramidenpappeln und Fichten. Roteichen wurden bereits von Petzold in Muskau eingebracht. Veränderungen und Zusätze zu den ursprünglichen Pücklerschen Baumbeständen sind also an vielen Stellen erfolgt – immerhin wurde in Muskau am Südrand der Schloßwiese um 1900 ja schon die zweite Baumgeneration gepflanzt.

1930 erfolgte die Gründung der „Fürst-Pückler-Gesellschaft", in welcher seit 1931 der Potsdamer Gartendirektor Georg Potente als sachverständiger Berater wesentlich zu parkpflegerischen Entscheidungen in Muskau beitrug. Man holte nun nach, was seit 1880 allem Anschein nach doch versäumt worden war: das Auslichten zu eng stehender Pflanzungen. Die riesige Menge von 14 500 fm Holzeinschlag in einem 545 ha umfassenden Parkareal innerhalb von 13 Jahren – davon 7 267 fm in den ersten sechs Jahren – verdeutlicht den Nachholebedarf.[40]

Unter Potentes Anleitung erfolgten neben Reduzierungen zu sehr in die Breite gegangener Baummassive, Öffnen von Sichten, auch Auflockerungen des waldartigen Bestandes. Als markanteste Arbeiten Potentes läßt die Bearbeitung der „Veränderungen von 1929–41" durch L. Stoitscheff[41] folgende Stellen erkennen: Öffnen der langen Kiebitzwiese und der Sicht von den Wehreichen über die Prinzenbrücke zur Doppelbrücke; starke Reduzierung im Aubusch und Feinarbeit an den Innenrändern des Arboretums. Ferner wurden, der Karte Stoischeffs folgend, von 1931–41 Reduzierungen ausufernder Gruppen und kompakter Pflanzungen am Marienberg, am Krautgarten, um den Pücklerstein, auf der Schloßwiese nahe der Doppelbrücke, an der Gloriette, am südlichen Rand der Tränenwiese und an den Rändern der Schaf- und Lindenwiese vorgenommen. Auch im Bergpark erfolgten Reduzierungen der Pflanzungen, so am Südrand des Weinbergteiches, nördlich der Wiesera und beiderseits der Vexierlachen. An der „Großen Schlucht" wurden deren Hals und damit wieder eine Verbindung zur Tschinerwiese geöffnet sowie dicht am Bergschen Friedhof die dort vorhandenen Räume erweitert. Völlig neu geschaffen wurden einige Lichtungen: südwestlich der Maiwiese, westlich des Sanatoriumsweges, wo eine Steinbank steht, und zwischen Streuweg und Waldeisenbahnweg in dem erst nach 1868 aufgepflanzten ehem. Alaunbergwerksgelände. Erst die weitere Durchdringung dieses heute noch sehr verwaldeten Parkteiles wird die letztgenannten Ausholzungen verständlich werden lassen, während die beiden erstgenannten Lichtungen sicher zur Schaffung der Aussicht nach Süden dienten.

Mit diesen den gesamten Park umfassenden Ausholzungen waren die allerwichtigsten Nachholarbeiten geleistet und die Gewähr gegeben, daß trotz des Krieges 1914/18 das Kunstwerk in seiner Substanz der nachfolgenden Generation überliefert werden konnte. Im zweiten Weltkrieg sah das anders aus. Das Artilleriefeuer an der wochenlang hier verlaufenden Front brachte vor allem dem Altbaumbestand im Schloßpark bleibende Schäden und führte im Nachhinein zum Verlust des Schlosses, des Amtshauses, Kavalierhauses, des Bades, Mausoleums und des Englischen Hauses sowie des Pücklersteins.

Mit dem Abschluß des Potsdamer Abkommens wurde die Neiße Grenzfluß zwischen der Volksrepublik Polen und der DDR. So ist der Muskauer Park heute in zwei unterschiedlich große Teile auf zwei staatlichen Territorien geteilt.

In den ersten Nachkriegsjahren nutzte man die Wiesenflächen rings um die Schloßruine als Grabeland, wo-

65
Muskau. Schloßwiese um 1885. Stich von Theodor Blätterbauer

66
Muskau. Schloßwiese um 1860. Blick von der Schloßrampe nach Osten.
Stich von Fr. Preller d. J.

67
Charakteristische Baumstellung im Muskauer Park:
Schaf- und Lindenwiese vom Petzoldweg. 1982

bei mehrere auf der Schloß- und Tränenwiese stehende Solitärgruppen und -bäume beseitigt wurden.

Nach der Überführung der Graf-Arnimschen-Waldgutstiftung in Volkseigentum war für den Fortbestand des Parkes westlich der Neiße in einer Größe von 206 ha der 1948 gefaßte Beschluß der Stadtverordnetenversammlung von Bad Muskau bedeutungsvoll, den Park zur allgemeinen Nutzung wiederherzurichten, ein Moorbad zu eröffnen und Stadt und Park zu einem Kurort auszubauen – eine Entscheidung, die sich gegen die Absichten richtete, den Park aufzusiedeln und der landwirtschaftlichen Nutzung zuzuführen.[42]

Nach der Gründung der Deutschen Demokratischen Republik wurde 1953 die Parkverwaltung geschaffen, nachdem 1950 im ausgebauten ehem. Theater das Moorbad eröffnet worden war. 1955 wurde der Park unter Denkmalschutz gestellt.

Die ersten denkmalpflegerischen Arbeiten galten der Sicherung des historischen Bestandes, soweit dieser in seinem Wert erkannt war. Das Gelände des ehem. Alaunwerkes wurde mit dem aus der kriegszerstörten Stadt abgefahrenen Schutt aufgefüllt, wobei die Heilquelle das Kernstück des neu angelegten Parkteils bildete. In einer Schlucht der Badeberge entstand 1955/56

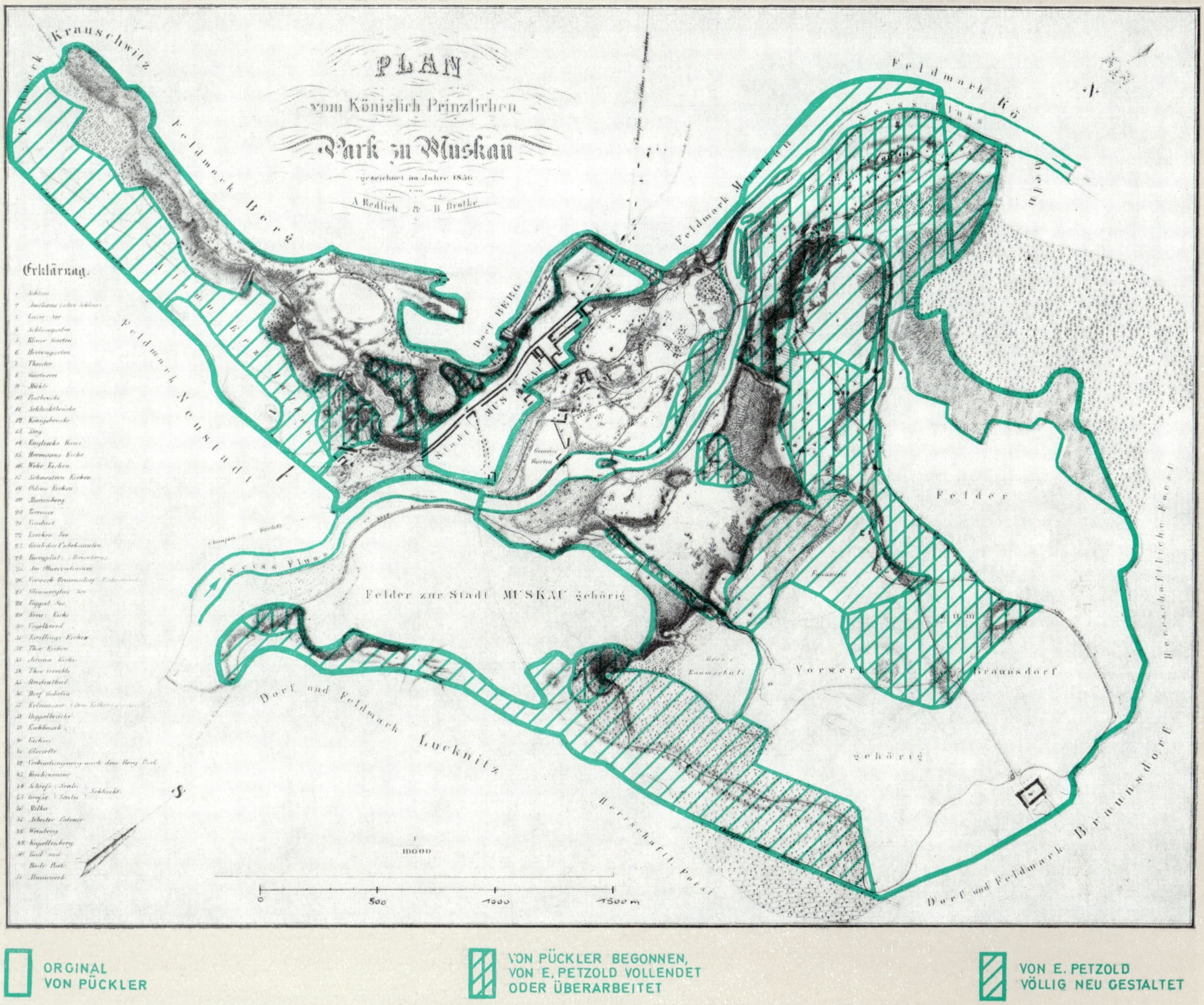

68
Muskau. Parkautorenschaft – ein Versuch. 1980

die Freilichtbühne. Durchforstungen setzten im Bergpark 1956 ein und dauerten bis 1961, begleitet von Arbeiten zum Entschlammen der Hermannsneiße im Oberlauf bis zur Karpfenbrücke. Wildwuchs war in großen Teilen des Parks zu beseitigen. Das Öffnen zugewachsener Partien am Neißeufer gegenüber dem Pücklerstein, im Eichbusch und am Weltende bildete ebenso wichtige pflegerische Schritte. Die Gehölzgruppenränder bedurften gründlicher Säuberung, um wieder ein ausgewogenes Verhältnis von Frei- und Baumflächen zu schaffen. 1965 wurde die „Rote Brücke“ im Bergschen Hangpark oberhalb der Stadt erneuert, jedoch nicht in der ursprünglichen Form. Zwischen 1965 und 1968 konnten die historischen Kompositionen im Bereich des Eichsees und an der Neiße unterhalb der ehemaligen Doppelbrücke erschlossen werden. Dabei entstanden Blicköffnungen nach Norden, Osten und Südosten, um die Einheit des Parkgeländes beiderseits des Flusses optisch erfaßbar zu halten.

Die besonderen Verdienste, die sich Hermann Schüttauf seit 1947 um die Parkpflege in Muskau erwarb, fanden 1967 in der Aufstellung eines Gedenksteines oberhalb der Freilichtbühne eine besondere Würdigung.

1971 wurde durch die Arbeitsgemeinschaft „Generelle Stadtplanung Kurort Bad Muskau“ der Anstoß zur systematischen Parkrekonstruktion gegeben, nachdem schwere Unwetter der vorangegangenen Jahre die Pro-

69
Charakteristische Baumstellung im Muskauer Park:
Situation am Eichsee. 1983

blematik des teilweise überalterten Baumbestandes im Schloßpark besonders verdeutlicht hatten. Anstelle des zunächst notwendig erscheinenden Abholzens der Altbaumgruppen und deren totale Erneuerung entschloß man sich für ein schrittweises Vorgehen.

Mitte der 70er Jahre wurde, wie schon einmal in den 20er Jahren, die Forderung nach einer zweiten Straße zwischen Park und Stadt erhoben. Glücklicherweise wurde davon Abstand genommen und eine ökonomisch zwar aufwendigere, aber parkbewahrende Umgehungsstraße gebaut, von der jetzt auch die Lage des Bergparkteiles aus der Umgebung erlebbar geworden ist.

Nach 12jähriger Bauzeit war 1977 das Rentamt wieder fertiggestellt und 1984 mit der Einweihung eines Konzertsaales im Dachgeschoß der Innenausbau abgeschlossen.

Die weitere Entwicklung der Stadt Muskau und des Dorfes Krauschwitz wurde im Generalbebauungs- und Generalverkehrsplan von 1979 für die nächsten 20 Jahre vorgezeichnet, und mit der Festlegung der Denkmal- und Umgebungsschutzgebietsgrenzen wurden neue Bauanforderungen in solchen Grenzen gehalten, die das Parkkunstwerk vor Beeinträchtigungen bewahren sollen.

Seit 1981 erfolgten wieder größere Holzeinschläge im ehemaligen Alaunbergbaugebiet, es wurde die Tschirnerwiese im Bergpark von Wildwuchs befreit und vom Eichsee bis zum „Weltende“ Fremdwuchs beseitigt. Da-

70
Charakteristische Baumstellung im Muskauer Park: Partie am Mausoleumsweg. Um 1910

71
Muskau. Das wiederaufgebaute Rentamt mit Blutbuche,
Roteiche und Platane (von Mitte nach links). 1982

72 ▶
Muskau. Kleine Diagonalsicht mit Herta-Eichen im Vordergrund.
Der Blick führt zwischen zwei Blutbuchen hinauf
zur westlichen, oberen Neißeterrasse;
dazwischen liegt die Stadt Muskau. 1982

73
Muskau. Blick zur Gloriette an der Tränenwiese. Prächtige Gelbfärbung des Tulpenbaumes vor dem Schloß. 1986

durch ist die großartige Komposition von dem Eichberg, der westlichen unteren Flußterrasse, mit Blickbeziehung zur jenseits der Neiße liegenden – heute verwachsenen – Bergwiese und zur Seewiese im Vorder- und der Tränenwiese im Hintergrund mit ihren so souverän gepflanzten Eichengruppen wieder voll erlebbar.

Darüber hinaus wurden ab 1983 große Teile der verwachsenen Neißeufer von der Gitterbrücke bis zur Doppelbrücke freigestellt, der Aubusch kräftig aufgelichtet durch Beseitigung des Jungwuchses und damit die alten Blickbeziehungen zur Goldenen Höhe, zum Pücklerstein und zur Prinzenbrücke wieder geöffnet. Neben dem Gewinn an Durchschaubarkeit des Schloßparkes und der Sichtbarmachung der Neiße hat der Muskauer Park wieder etwas von seiner ehemaligen Dimension zurückerhalten. Auch die durch das Juli-Hochwasser 1981 beschädigten Brücken wurden wieder erneuert. Die Fuchsienbrücke im Blauen Garten wurde neu gegossen und 1983 eingeweiht, die weiter unterhalb auch über die Hermannsneiße führende Schäferbrücke repariert und mit neuen Granitplatten belegt, sie soll in Zukunft ihre

74
Muskau. Blick über den Schloßsee zur Tränenwiese
mit drei Blutbuchen in Reihung. 1982

75
Muskau. Blick von der Karpfenbrücke zur Gloriette. 1982

76
Muskau. Situationsplan 1981

◀ 77
Muskau. Große Diagonalsicht von der Eichbergbank nach Südosten. 1982

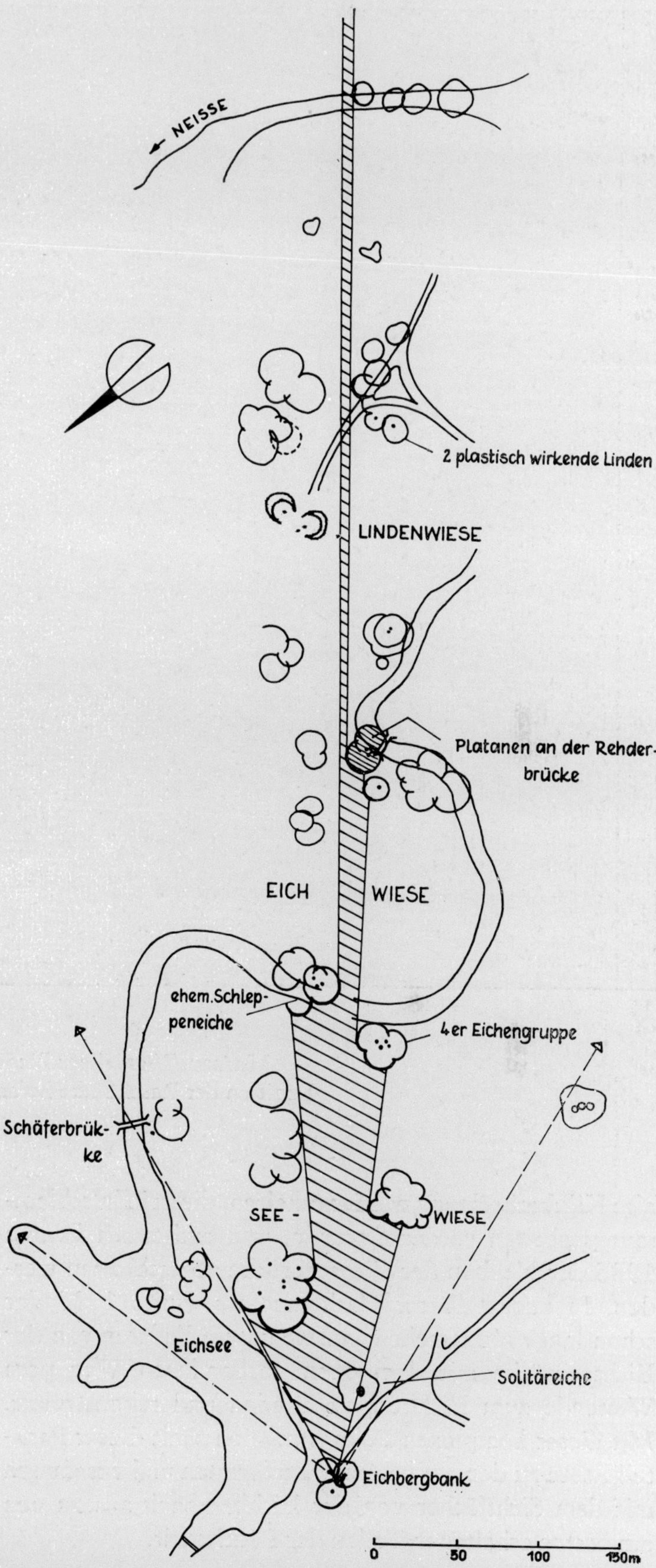

78
Muskau. Sichtfächer von der Eichbergbank. 1975

79
Muskau. Ehemaliger Pleasureground im Badepark. 1982
Inmitten der Rasenfläche befand sich ein kleiner runder Brunnen.

alte Klinkerbrüstung wieder erhalten, die bei Entschlammungsarbeiten entdeckt wurde, und schließlich konnte 1985 der Neubau der Eichseebrücke abgeschlossen werden. In unmittelbarer Nachbarschaft wurde 1985 der schon lange nicht mehr benutzte untere Fußweg von der Eichseebrücke mit dem oben vorhandenen Weg vom Weltende zum Eichberg verbunden und rekonstruiert. Mit dieser komplexen Rekonstruktion zählt dieser Parkteil heute zu den am besten ausgeformten und zusammen mit dem Sichtfächer von der Eichbergbank aus zu den am besten erhaltenen Teilen der Pücklerzeit.

Die Erfolge bei der Beseitigung des z. T. über 40–60 Jahre alten Wildwuchses sind der Tatsache zu verdanken, daß die Parkverwaltung mehrere Abschnitte zum Selbsterwerb von Brennholz an die Muskauer Einwohner vergeben hat und nur die komplizierten Fällungen selbst durchführte.

Mit diesen beachtlichen Leistungen konnte anläßlich des 200. Geburtstages des Parkschöpfers den Gästen der Festveranstaltung am 29. Oktober 1985 das erfolgreiche Bemühen zur Bewahrung des Pücklerschen Erbes vor Augen geführt werden.

80
Babelsberg. Das Matrosenhaus am großen Geländeeinschnitt. 1985

Der Babelsberger Park

Das Terrain, das der Babelsberger Park einnimmt, besteht aus einem bis zu 48 m sich über den Wasserspiegel der Havel erhebenden Berg mit einer schmalen ebenen Uferzone von wechselnder Breite im Norden und Westen und einem großen, dem Berg nach Süden vorgelagerten ebenen Teil der ehemaligen Nutheniederung. Seine Oberfläche hat zwischen dem Flatowturm und der Gerichtslaube einen tiefen Einschnitt. Vom Berg aus, dem eine überragende Bedeutung im Landschaftsgefüge der reich mit Wasserflächen und Hügeln geformten Potsdamer Landschaft zukommt, bieten sich Rundblicke in die Umgebung. Bevorzugte Sichtbeziehungen entstehen von Norden nach Westen und Süden durch die breite Havel mit ihren vielgestaltigen nahen und fernen Ufern, durch die Stadt Potsdam mit den sich über die Dächer erhebenden Hügeln, die ihrerseits – wie Pfingstberg, Ruinenberg und Telegrafenberg – von Bauten gekrönt sind. Früher – ohne Hochhäuser und das sich ausbreitende Häusermeer – waren der Park von Sanssouci und der Neue Garten mit ihren Gebäuden, so wie heute noch der dicht benachbarte Glienicker Park neben der schönen Altstadtsilhouette, weitere Glanzpunkte der Potsdamer Landschaft.

Um 1840 bedeckten Eichenstockausschlag und Kiefern den Berg, nach dem die alten Eichen 1806/07 von den Bürgern der Siedlung Nowawes gefällt worden waren. Der Holzbestand war also damals rund dreißig Jahre alt. Die ebenen Flächen des Terrains dienten dem Ackerbau, auf kahler Kuppe stand anstelle des Flatowturms eine Windmühle. Für die Anlage eines Parkes waren die Bodenverhältnisse nicht besonders geeignet, nur die flachen Teile entlang der Havel zeichneten sich durch nahes Grundwasser und humusreichere Böden aus.

Mit dem Babelsberg als Ort für eine Sommerresidenz beschäftigte sich der preußische Prinz Wilhelm schon seit 1826, und sein Bruder – der spätere König Friedrich Wilhelm IV. – fertigte dafür eine Entwurfsskizze in klassizistischem Stil an. Von Persius stammt 1831 ein Entwurf für ein kleines Schlößchen im normannischen Burgenstil. Als Wilhelm nach seiner Vermählung mit der Weimarer Prinzessin Augusta 1833 den Babelsberg in Erbpacht erhielt, beauftragte er Schinkel mit einem Schloßentwurf in neugotischem Stil und Lenné mit der Planung für einen Park. Nach Lennés erster Vorstellung sollten ein äußerer und ein innerer Ringweg das 70 ha große Gelände erschließen, durch radiale Wege miteinander so verbunden, daß in einer spinnennetzartigen Wegeanordnung das Schloß den eigentlichen Kernpunkt bildete. Dieser Plan läßt zu den nachfolgenden Plänen der Lennéschen Wirkungszeit in Babelsberg keine Beziehung finden. Verschönerungsarbeiten, vor allem der Wegebau, erfolgten durch Lenné aber schon einige Zeit vor der Entscheidung über einen Schloßbau auf dem Babelsberg. Allem Anschein nach sind diese Wege dann in die ab 1833 forcierte Parkgestaltung übernommen worden.

Für das Schloß wurde ein Standort in etwa halber Höhe des Nordhanges gewählt, und als Vorlage diente eine englische Veröffentlichung im Besitze Augustas.[43]

Der Einfluß der Prinzessin auf die Schloßbaupläne einschließlich Innenausstattung muß groß gewesen sein, denn Wilhelm hatte im Juli 1833 noch für eine 50 Fuß im Quadrat große Cottage am unteren Abhang in der Nähe des Fischerhäuschens die Genehmigung seines Vaters erbeten.

1834 erfolgte die Grundsteinlegung zum Schloß, und bereits 1835 konnte der Bau eingeweiht werden. Nur der östliche Teil des Schinkelschen Entwurfes war aber verwirklicht worden, unter der Oberleitung von L. Persius und Leitung des Hofbauinspektors Gebhardt.

Bis zur Fortführung des Schloßbaues verstrichen fast 10 Jahre, und L. Persius erhielt erst 1841 – ein Jahr zuvor war Wilhelm zum Thronfolger ernannt worden – den Auftrag, Pläne zur Erweiterung anzufertigen. 1845, im Todesjahr von Persius, waren erst die Grundmauern gelegt. In der Zwischenzeit von 1836 bis 1845 entstanden mehrere Bauten, die für eine Hofhaltung notwendig waren: 1838 das Kavalierhaus, das später wieder abgerissen wurde, zwischen 1834 und 1839 der Marstall. 1841/42 erfolgte der Umbau des jetzt als Gaststätte genutzten Kleinen Schlosses, das Matrosenhaus 1842.

Parallel zur Errichtung der Bauten entstanden die ersten Partien im Park, im Herbst 1833 bereits um den Schloßstandort sowie nach Poensgens auf den drei höchsten Punkten.

Nach seinem ersten Parkentwurf von 1833[44] legte Lenné zwei Jahre später einen Plan vor, der sich vor allem durch ein völlig anders gestaltetes Wegenetz von jenem unterscheidet.[45] Die Wege folgen jetzt dem Geländewurf, verbinden die höchsten Punkte des Berges – bei einem Parkumfang von ca. 70 ha – und binden das Schloß locker ein. Die westlich des Schlosses liegende langgestreckte Mulde war für den am intensivsten gestalteten Teil des Pleasureground vorgesehen, der Hang vom Schloß zur Havel als großzügige offene Fläche, Bowlinggreen genannt. Doch schon 1837 mußte Lenné wegen ungenügender Mittel die Parkarbeiten reduzieren und ist, nach Hinz, 1839 wegen gänzlich fehlender Mittel für neue Anlagen als leitender Gärtner ausgeschieden. Der seit 1836 für den Babelsberger Park eingestellte Hofgärtner Christoph Ferdinand Kindermann führte in den Folgejahren die anfallenden Arbeiten durch, wobei Lenné durch die Pflanzung von 120 großen Bäumen an der Südseite des Berges im Winter 1841/42 nochmals genannt wird.[46] Diese letzte Baumpflanzaktion muß den Anlaß zu einem Brief Wilhelms an den Fürsten v. Pückler-Muskau gegeben haben, in dem er diesen bittet, ihm seinen Muskauer Obergärtner zwecks Verpflanzung von großen Bäumen nach Babelsberg zu schicken. Pückler reagierte blitzartig. Obwohl wegen eines Sturzes nicht gehfähig, wie er Heinrich Laube noch am 3. März 1842 schrieb, reiste er mit Rehder nach Babelsberg und legte nach „mehrtägiger“ Besichtigung des Geländes und der

81
Babelsberg. Kleines Schloß, von C. Graeb

begonnenen Parkgestaltung bereits mit Datum vom 6. März 1842 seine 15 Seiten umfassende, in der Abschrift nochmals eigenhändig ergänzte Schrift „Unterthänigstest Promemoria" vor. Diese Schrift, vollständig wiedergegeben auf S. 123, ist eine Analyse des Vorgefundenen mit Vorschlägen detaillierter Art zu dessen Verbesserung.[47]

Innerhalb von drei Tagen wurde außerdem die Königliche Baumschule in Potsdam besichtigt und Persius bemüht, Abänderungen am Schloßerweiterungsbau zu skizzieren; von Pückler selbst wurden zwei Zeichnungen angefertigt. Ein Jahr lang blieb Prinz Wilhelm unentschlossen, ob er dem sich anbietenden Pückler das Babelsberger Parkprojekt überlassen solle. In einem Brief an Lenné vom 17. 3. 1843 bittet er um dessen Stellungnahme.[48] Wilhelm wünschte, daß Lenné neben die Ansichten Pücklers seine Meinung schreibe. Ob Lenné auf dieses Ansinnen je geantwortet hat, ist nicht bekannt. Pücklers Ehrgeiz, in Potsdam ein Beispiel seiner Kunst auszuführen, wird befriedigt. Ab 1843 ist er mit großem Engagement am Babelsberg tätig. Seine Bitte, der Prinz möchte ihn in Muskau besuchen, damit er die dortigen „Gärten gründlich sieht", hatte bereits Ende Juni 1843 Erfolg. Gleichzeitig wurde C. Kindermann während einiger Monate mit der Muskauer Gärtnerpraxis vertraut gemacht.

82
Babelsberg. Matrosenhaus und Flatowturm von der Seeseite. 1985

83
Babelsberg. Blumengarten westlich des Schlosses. 1985

Die erhaltenen Reste des Briefwechsels zwischen Fürst Pückler und dem Hofmarschall des Prinzen Wilhelm, dem Grafen Pückler, seinem Vetter, von 1843–1860 lassen die Verschönerungsarbeiten am Babelsberg verfolgen.[49] Doch Pückler mußte all sein diplomatisches Geschick anwenden, um mit Zähigkeit und Energie dem Prinzen ein Zugeständnis nach dem anderen abzuringen. Daß dies nicht immer ersprießlich war, geht aus einem Brief ohne Datum hervor, der an seinen Vetter gerichtet ist, worin er ihm seinen Ärger über dessen Herrn klagt, der „in der Tat zu peinlich sei". Er unterziehe sich der Babelsberger Angelegenheit mit großer Selbstverleugnung. Er könne aber nur dann bei der Stange halten, wenn man ihm volle Handlungsfreiheit gebe und das, was nötig sei, ohne weiteres tue. Dazu gehöre, daß endlich das Terrain zur Anlage einer Baumschule und eines Erdmagazins angekauft werden müsse, ebenso die fehlende Gärtnerei hinter der Dampfmaschine, um dann mit voller Selbstsicherheit fortzufahren: „Ich stehe Ihren Hoheiten dafür, daß der Babelsberg als ein organisches Ganzes, etwas Gediegenes und in künstlerischer Hinsicht alle anderen Anlagen seiner Art in der Potsdamer Gegend übertreffen wird. Aber man muß mir freie Hand lassen und tun was ich sage, sonst kann ich die künstlerische Verantwortung nicht dafür übernehmen. Knikkern aber darf man gar nicht, denn umsonst ist nur der Tod und unnütze Verschwendung wird unter meinen Leuten nie vorfallen, aber das Notwendige muß geschafft werden"... – Demnach waren neben Rehder weitere Muskauer Gärtner in Babelsberg eingesetzt. Trotz dieses ungehaltenen Tones müssen die finanziellen Mittel für den Park erheblich gewesen sein. Es entsteht 1843–45 ein Wasserwerk am Nordufer des Babelsberges, ein Wasserreservoir auf der höchsten Kuppe und ein unterirdisches Rohrsystem zur Speisung der Brunnen und Fontänen sowie zur Bewässerung der Rasen- und Gehölzflächen. Am 25. Mai 1845 laufen erstmals die Fontänen.

Seinen Ideen für die Gestaltung des Babelsberges legte Pückler das von Lenné im Plan von 1835 konzipierte Wegenetz zugrunde und konnte ein zwischen 1841 und 1846 von 70 auf 100 ha erweitertes Areal in seine Planung einbeziehen. Es wurde in allen Teilen gleichzeitig gearbeitet, bevorzugt am Pleasureground mit dem westlich vom Schloß aus noch einsehbaren Blumengarten, der zwischen 1844 und 1845 entstand. Die Fertigstellung dieses in einer reizvollen Geländemulde liegenden Blumengartens erwies sich als sehr geschickt, denn unabhängig von den Schloßerweiterungsarbeiten, die erst 1849 abgeschlossen wurden, war dieser Teil schon zwei Jahre nach Pücklers Beginn nutzbar. Dies spiegelt sich auch in einem Brief des Hofmarschalls für die fertiggestellten Gartenpartien vom September 1845 wider: „Die Prinzessin Augusta läßt sich herzlich bedanken für all die Herrlichkeiten, die Du auf Schloß Babelsberg geschaffen hast. Auch der Prinz ist sehr zufrieden und habe alles genehmigt". Mit der Rohbaufertigstellung 1847 konnten dann auch die um das Schloß neu angeordneten vier Terrassen unmittelbar vor den Fenstern der Auftraggeber gestaltet werden. Anstelle der schmalen Terrasse mit Rasenböschung im Schinkelentwurf[50], die Pückler in seiner Denkschrift bemängelte, wurden insgesamt vier Terrassen um das Schloß angelegt, durch Stützmauern aus der Nachbarschaft abgehoben.

Die Fertigstellung des Schlosses dauerte ungewöhnlich lange. Erst nach dem fünften Entwurf von Ludwig Persius begannen 1845 wieder die Bauarbeiten und zogen sich bis 1849 hin. Die Leitung hatte nach Persius' Tode Heinrich Strack übernommen. Es mußte erhebliche unterschiedliche Auffassungen zur Lösung der Gesamtaufgabe gegeben haben, wobei neben der stark engagierten Prinzessin Augusta sicher auch Pückler seinen Einfluß ausübte. Der fertige Schloßbau zeigt zwei sehr deutlich unterschiedene Handschriften, was die Formen, vor allem aber die Kubaturen betrifft. Ordnete sich Schinkels Bau maßstäblich dem Berg unter, überragt der später entstandene Teil beträchtlich den östlichen Schloßbau und der Turm auch den Bergrücken. Die Pücklerschen Pflanzungen auf der Nordseite des Schlosses, also vor der Schauseite des Baukomplexes, gehen auf die Architektur in der Form ein, daß nur vor dem niedrigeren Ostteil eine offene, aus Solitärs und kleinen Gruppen bestehende Baumgruppierung entstand, während der höhere Westteil eine geschlossene Laubbaumbarriere erhielt, einschließlich einer größeren Pyramidenpappelgruppe direkt in der Sichtachse von Schloß Glienicke zum Babelsberger Schloßturm.[51]

Die Umsetzung der Pücklerschen Ideen erfolgte durch dessen erfahrenen Garteninspektor Jacob Heinrich Rehder, der mit einem Stamm Muskauer Parkarbeiter und unter Einbeziehung der Babelsberger Gärtner sehr zügig gearbeitet haben muß. Der 1845 erfolgte Verkauf

84
Babelsberg. Wasserwerk, auch Maschinenhaus genannt, von C. Graeb

der Muskauer Standesherrschaft zwang Pückler, ohne seinen Facharbeiterstamm weiterzuarbeiten, was dazu führte, daß er monatelang sich selbst um die Ausführungsarbeiten kümmern mußte, wenn nicht alles „drunter und drüber" gehen sollte, wie in einem hilfesuchenden Brief des Hofmarschalls an Pückler zum Ausdruck kommt. Dieser Pflicht unterzieht sich Pückler. Im Tagebuch heißt es: „Seit 4. April 1846 in Babelsberg tätig, dessen Anlagen ich mich in der Tat mit Selbstverleugnung widme"... „Ganz einsam in Potsdam schon 14 Tage gelebt"... „Täglich mehrere Stunden auf dem Pferde, dito auf dem Babelsberg pflanzend, und die Anlagen inspizierend"... „Fleißig auf dem Babelsberg, und außer beim Prinzen die Gesellschaft vermieden", am 26. Mai 1846 kommt dann in seinem Tagebuch die erlösende Notiz: „In Babelsberg endlich der liebenswürdigen, schönen Herrin die neuen Anlagen gezeigt..."[52]

Um den ständigen Anforderungen im Babelsberger Park gerecht zu werden, versuchte Pückler, als er wegen der großen Hauungen im Ettersburger Buchenwald in Weimar weilte, den dort tätigen Eduard Petzold für den Babelsberg zu gewinnen. Doch lehnte dieser aus persönlichen Gründen ab. Bis 1847 weilte Pückler zu den Pflanzzeiten im Frühjahr und Herbst wochenlang in Babelsberg, und die Resignation, die ihn 1847 befiel, als er vom König nicht in den erwünschten Herrenstand erhoben worden war, hielt nur kurz vor, denn wenig später erteilte er bereits dem Hofgärtner Kindermann wieder Anleitungen. 1847 berichtet der Hofmarschall, daß trotz großer August-Trockenheit dank der Bewässerungsanlagen der Rasen vor dem Schloß prächtig aussehe. Der Park könne als neue Schöpfung genossen werden, obwohl die Schloßerweiterung erst im Rohbau stehe.

Nach knapp fünf Jahren hatte Pückler also die wesentlichen Teile des Babelsberges soweit hergerichtet, daß der Park räumlich erlebbar war. So wird verständlich, daß Augusta den Fürsten einen „Zauberer" nannte.

Zwischen 1846 und 1848 ist oberhalb des Schlosses, gespeist von dem noch etwas höher liegenden Wasserbehälter, das „Schwarze Meer" entstanden – entgegen den Reptonschen Regeln auf einer der höchsten Kuppen des Berges. Auch um diesen sehr kleinen, mit vier Inseln ausgestatteten Teich muß es Auseinandersetzungen gegeben haben, da Pückler mehrfach vermerkt, Hand anlegen zu müssen und Augusta im Oktober 1847 sich als „Statthalterin seiner (Pücklers) Insel in unserem Schwarzen Meer" bezeichnet.[53]

Die vier um das Schloß geschaffenen Terrassen gehörten zu dem am reichsten ausgestatteten Teil des Parkes. An die Goldene Terrasse vor dem Schinkelbau schließt sich nach Westen, etwa 1 m tiefer gelegen, die Porzellanterrasse mit einem Springbrunnen an, und an der Rückseite des Erweiterungsbaues entstand die Voltaireterrasse mit zwei pilzartig geschnittenen Baumreihen auf leicht nach Westen geneigter Fläche. Nach Nordosten lag die nicht mehr vorhandene Blaue Terrasse. Alle Terrassen waren reich mit Blumen, Plastiken und anderem Beiwerk geschmückt. Einige Einzelheiten der angestrebten Exklusivität gibt eine anonyme Schrift Pücklers wieder, mit der er wie ein reisender Fachmann die Neuerungen im Babelsberger Park sozusagen publik machen will, eventuell auch zur Forcierung seiner Intentionen. Dort erfahren wir an weiteren Einzelheiten, daß „zum ersten Mal ein Blumengarten en relief und eine Art Blumenfontäne" entstand und „aus einer Vase in Filigranarbeit rankende Gewächse auf einzelnen Golddrähten, gleichsam Wasserstrahlen ähnlich, abwärts strömen, um sich in einem darunter befindlichen Blumenbassin zu verlieren".

In der gleichen Schrift – etwa 1845/46 verfaßt – verfolgte er gleichzeitig weitere Absichten. Sich auf einen Stahlstich beziehend, plädiert er dafür, die auf dem Kamm des Babelsberges aus der Lenné-Zeit stammenden Gruppen größerer Bäume, die besonders „von der Berliner Eisenbahnstrecke her gesehen durch ihre ungraziöse steife Form die schönen Wellenlinien des Eichbusches, der die Babelsberger Hügel krönt, auf die widerlichste Art unterbrechen", zu beseitigen; es sollten „unbeschnittene, vollbelaubte Bäume nach dem verbesserten Prinzip dafür hingesetzt werden".[54]

Um dem Babelsberger Park die von Pückler stets erstrebte rasche vollendete Wirkung geben zu können, waren Verpflanzungen bereits größer entwickelter Bäume nötig. Sie wurden u. a. von einem Potsdamer Friedhof beschafft – was beinahe eine Rebellion in der Stadt hervorrief![55]

1848 fragte Pückler bei Rehder in Muskau an, ob er zustimme, große Bäume aus den Blumengärten und dem Pleasureground in Muskau für Babelsberg abzugeben, ohne daß es stören würde.[56] Ein Parkplan um 1850[57] verdeutlicht das Geschaffene. Das Wegenetz baute auf dem des Vorgängerplanes von 1835 auf, verdichtete dieses und zeigt die Erweiterung des Parkterrains auf 100 ha. Die an vier Stellen vorgenommenen Bleistifteinzeichnungen lassen neue Absichten erkennen. Sehr gut ist das Verhältnis der waldartig bepflanzten zu den locker überpflanzten Wiesenflächen erkennbar. Deutlich treten die Solitärbäume hervor; die angewandte Pflanzweise hat viel Ähnlichkeit mit derjenigen im 1868er Plan von Branitz; typisch auch die Pücklersche Dreiergruppierung.

Wenn auch die Tagebuch- und Briefnotizen über das weitere Parkgeschehen in Babelsberg nach 1850 noch spärlicher werden, so belegen kleine Briefäußerungen in der Korrespondenz Pücklers mit Augusta bis 1868, daß er sich immer wieder um die Verfeinerung und Fortsetzung der Parkarbeiten mühte.[58]

1851 wurde vom Architekten Strack ein Plan für eine Erweiterung des Schlosses nach Osten gezeichnet, eine Idee, die 1908 erneut aufgegriffen und wieder verworfen wurde. 1853 wird auf der am weitesten zur Stadt Potsdam vorspringenden Nase des Berges als besondere Dominante der Flatowturm errichtet, dessen Vorbild der Eschenheimer Turm in Frankfurt/Main war. Neben C. F. Kindermann muß auch zeitweilig Gustav Meyer wie auch in den Koblenzer Schloßparkanlagen,

85
Babelsberg. Schloß von Süden mit Rondell der Schloßhöhe, von C. Graeb

◀ 86
Babelsberg. Die „gothische Fontaine“ im Blumengarten, die auf P. J. Lenné zurückgeht. 1985

87
Babelsberg. Der „Goldene Rosengarten“. 1985

so in Babelsberg wirksam gewesen sein, worauf einige briefliche Äußerungen Pücklers an Augusta hindeuten.[59] Wenn auch C. F. Kindermann, nach eigenen Worten Pücklers, viel dazugelernt hat, so muß er dem Meister doch nicht voll genügt haben. 1861, dem Jahr, in dem Wilhelm zum König gekrönt wurde, bemühte sich Pückler, Gustav Meyer als künstlerischen Leiter für Babelsberg zu empfehlen. Wilhelm aber genügte sein alter Hofgärtner.

1862/63 wird das Hofgärtnerhaus im Gelände der Parkgärtnerei Babelsberg errichtet, und 1865 kam zum Wasserwerk eine größere Maschinenhalle hinzu, was neue Parkpläne ankündigt.

Betrachtet man den um 1850 gefertigten Plan im Vergleich zum fertiggestellten Umfang im Hoppe-Plan von 1880, so forderte die Führung des an der Havel liegenden Umfahrungsweges geradezu eine Fortsetzung in den südlich des Babelsberges befindlichen ebenen Teil. „Denn das weite flache Uferland, das sich hier mit großen Rasenflächen, Kanälen und Baumreihen nach Nowawes hinunterzieht. . . entspricht am deutlichsten dem Charakter der Englischen Parks, die ohne Flachland undenkbar sind", formulierte es Poensgen. Für die Wirkung des Flatowturmes wie auch des reich gegliederten südlichen Berghanges östlich der Gärtnerei fehlte der entsprechende räumliche Abstand. So gehen wir nicht

88
Babelsberg. Südseite des Schlosses mit Voltaire-Terrasse. 1985

fehl, in Pückler den eigentlichen Initiator der Abrundung des Parkes nach Nowawes und zur Nutheniederung zu sehen.[60] Doch erst nach dem Tode C. F. Kindermanns im September 1865 beleben sich mit der Amtsübernahme seines Sohnes O. F. Kindermann die Aktivitäten wieder. Vorsorglich hatte Pückler diesen von April 1864 bis Januar 1865 in Branitz für die zukünftigen Aufgaben vorbereitet.

Die Gestaltung der erst 1865 erworbenen 30 ha Erweiterungsfläche einschließlich des „Großen Sees" östlich der Gärtnerei und des größeren Sees im Südwesten des Parkes ist nach dem derzeitigen Erkenntnisstand das Werk Otto F. Kindermanns. Als 22jährigem wurde ihm diese bedeutende Aufgabe zuteil, und er hat sie so gut gelöst, daß es schwerfällt, den Schüler vom Meister zu unterscheiden, ganz im Gegensatz zur Erweiterung östlich der Glienicker Allee (Sternwarte).[61]

Zwei Pläne liegen aus der Entstehungszeit des Erweiterungsteils in die Nutheniederung vor, eine kolorierte Federzeichnung ohne Jahr und Verfasser und eine Skizze von O. F. Kindermann. Der farbige Plan zeigt Elemente Lennéscher Schule in Wegeführung, Pflanzweise sowie in einem Hippodrom, während die Vorstufe des Kindermann-Sees Pücklerscher Schule ähnelt, dem Schilfsee in Branitz sehr verwandt. Von den großen Sichten ist die zu den Geltower Bergen besonders gut heraus-

89
Babelsberg. Schloß mit Schmuckterrassen von Westen, von C. Graeb

gearbeitet. Der zweite Plan ist die „Allerhöchst genehmigte" Skizze O. F. Kindermanns von 1865. Sie wurde die Grundlage der Ausführung. Ruhig ist dort die Wegeführung. Der von Lenné stammende, mit einer Allee bepflanzte Zufahrtsweg von den Nuthewiesen wird übernommen, die Allee aufgelöst. Der Große See wie der Flatowturmprospekt sind gut durchgestaltet. Zu den Nuthewiesen ist die Parkgrenze bis auf zwei kleine Aussparungen dicht abgepflanzt. In der Generalsitutionskarte von 1869 ist der damals fertiggestellte Park überliefert. 1866 und 1868 prüfte Pückler nochmals das Entstandene; empfohlene Ausformungen an den älteren Teilen wurden aber von Wilhelm I. abgelehnt.

Noch zwei Erweiterungen erfuhr der Park nach Pücklers Tod. 1872 wurden ihm 10 ha der Nuthewiesen angegliedert, das Areal für den heutigen Kindermann-See, und 1875 jenseits der Glienicker Allee ein 12 ha großes Schießgelände bis zum Griebnitzsee dazuerworben und eigens mit einem Torhaus versehen. Damit waren alle irgendwie wertvollen Landschaftsteile um den Berg im Park vereinigt, insgesamt 150 ha.

An komplettierenden Bauten entstanden südlich des Schlosses, in den Berg hineingearbeitet, das Erinnerungsdenkmal an den unrühmlichen Badischen Feldzug Wilhelms (1849), das Borkenhäuschen auf der Augustahöhe 1853, das durch einen unterirdischen Gang mit dem Schloß verbundene separate Küchengebäude 1859/60, die beiden Pförtnerhäuser am Eingang Alt-Nowawes und am Mühltor 1866. Um 1871 wurde die Gerichtslaube von Berlin nach der Lenné-Höhe am Westhang des Babelsberges umgesetzt. Die Viktoria-Säule betonte später die Louisenhöhe. 1880 fertiggestellt, ermöglichte das den gesamten Babelsberger Park durchziehende Wasserleitungsnetz eine vorzügliche gärtnerische Pflege mit einem inzwischen 40- bis 70jährigen, doch meist älter wirkenden Baumbestand. An verschiedenen Plätzen des Parks sprudelten Fontänen, und aus der Havel schoß ein 40 m hoher geysirartiger Wasserstrahl empor – genau im Blickfeld des Schlosses. In zwei kleinen Seen und einem Wasserbecken um den Flatowturm sowie vom Kindermann-See blitzte abermals Wasser auf. Gebirgsbach und Bergwiese – Anklänge an Augustas thüringische Heimat – wurden ergänzt durch einen chinesischen Blumengarten in einer waldigen Mulde.

Das Ergebnis des gartenkünstlerischen Bemühens in der von Pückler beeinflußten Gestaltungsphase des Babelsberges zwischen 1843 und 1868 wird anhand mehrerer noch vorhandener Pläne[62] sowie einiger Gemälde und Fotografien grob nachvollziehbar. Exaktere Erkenntnisse werden erst bei fortschreitender Rekonstruktion und nach Erarbeitung eines Planes des freigestellten Altbaumbestandes im Vergleich zum Plan von 1850 möglich werden. In dem vom Potsdamer Gartengehilfen F. Hoppe 1880 gezeichneten Plan sind bis auf den noch fehlenden Kindermann-See, alle Teile des Parkes dargestellt. Aus ihm können einige Hauptgesichtspunkte über Zustand und künstlerische Absichten abgelesen werden: Der Berg zeigt insgesamt eine hain-, teilweise waldartige Bepflanzung mit kleinen Lichtungen. Die Berghänge weisen eine lockerere Bepflanzung auf, und die Hangwiesen korrespondieren zur Havel oder den größeren Parkwiesen des Ebenenteiles. Von den die schönsten Aussichtspunkte verbindenen Fahrwegen werden unzählige, variierende Ausblicke in die umgebende Landschaft geboten, außer nach Osten, wie zeitgenössische Bilder und Vorgängerpläne zeigen. Ganz deutlich im Plan hervorgehoben durch Aussparungen in den Pflanzungen sind jene berühmten Ausblicke vom Schloß über den Bowlinggreen zur Havel und zu den baulichen Zielen jenseits der Wasserflächen, die langen Rundumsichten vom Flatowturm und die kürzeren Sichten vom südlichen Berghang zum Großen See, dem Torhaus Altnowawes und anderen Zielen.

90 ►
Babelsberg. Flatowturm von Westen. 1985

Andere, ebenfalls bedeutende Sichten, wie z. B. die von der Lennéhöhe (Gerichtslaube) oder von der Fürstenbank- sind durch tiefer stehende Querriegel-Pflanzungen oder durch vermutlich niedrigere Büsche räumlich geschlossen, über die der Blick hinwegschweifen konnte.

Überhaupt nicht erkennbar ist die bedeutende Sicht von der Victoria-Säule zum Pfingstberg, die von Nadelbaumgruppen und einer Blutbuche am Schnittpunkt mit der Sicht vom Flatowturm zum großen Schloßturm betont war und z. T. noch ist.

Im Ebenenteil herrschen großflächige Wiesenpartien mit stark variierenden Gehölzpflanzungen vor, die nach Südwesten zu den Nuthewiesen und nach Westen zur Havel aufgelockerter und sparsamer werden und so zur Nachbarlandschaft vermitteln. Meisterhaft ist die Baum-

gruppierung westlich des Kindermann-Sees, die eine Sichtfolge ergeben haben muß, sowohl vom Fahrweg Mühlentor – Kutscherhaus als auch vom Umfahrungsweg des Kindermann-Sees. In dem von O. F. Kindermann fertiggestellten Teil des Parkes sind die zwei größten Sichten hervorzuheben: Der Flatowturmprospekt mit einer Länge von 600 m und – dank des leicht ansteigenden Hanges – mit konkaver Ausbildung sowie die etwa 1000 m lange, den südlichen Teil des Ebenenteiles durchmessene Sicht mit dem Fernziel der Geltower Berge, die im Drittelungspunkt am „Großen See" bewußt eingeengt und durch Platanen und Koniferen betont ist.

Hatte schon Pückler erfahren müssen, daß Wilhelm nicht geneigt war, das heranwachsende Zuviel an Bäumen zu entfernen, so waren auch dem jungen Kindermann auf diesem Gebiet Schranken gesetzt. Statt der notwendigen Fällungen wurden viele Bäume durch ständigen Rückschnitt klein gehalten, wodurch es zu den sogenannten „Perückenbäumen" kam. Im Hoppe-Plan von 1880 ist der Zustand des Parkes leider ohne Differenzierung der Bäume von niedrigem Buschwerk festgehalten.

Nach dem Tode Wilhelms I. 1888 ging das Interesse am Park stark zurück, die Orangerie wurde größtenteils nach Sanssouci verlegt und das Pflegepersonal erheblich verringert. Diese Umstände führten 1898 dazu, daß Kindermann vorzeitig seinen Abschied nahm. Sein Nachfolger im Amt wurde im gleichen Jahr der 39jährige Kurt Nietner bis 1924. „Er übernahm die Anlage zu einer Zeit, als jegliches Interesse für diesen großartigen Landschaftspark verloren gegangen war. Mit dem noch verbliebenen Arbeitskräften und den beschränkten Mitteln versuchte er das Bild durch Fällungsarbeiten im Winter zu erhalten. Vor allem ließ Nietner die sogen. Perückenbäume entfernen . . ."[63]

1908 erfolgten große Geländeabtragungen östlich vom Schloß, um nun doch einen neuen, weit größeren Gebäudeflügel anzufügen. Doch es blieb beim Plan. Auf der freien Fläche wurden ausschließlich Nadelbaumgruppen gepflanzt.[64] 1912 trennte man den jüngsten Parkteil zum Griebnitzsee hin für den Bau der Sternwarte ab. Nach 1918 fanden im Teil, der dem alten Nowawes zugewandt ist, Volksfeste statt.

Die Geschicke des Parkes übernahm 1925 der unter Georg Potente geschulte Carl Friedrich Gerischer als Gartenoberinspektor. Um den vielerorts verloren gegangenen Parkcharakter wieder herzustellen, erfolgten zwischen 1925 und 1931 umfangreiche Ausholzungen zur Auflockerung von Gehölzmassen als auch zur Öffnung zugewachsener Sichten mit Schwerpunkten um den Flatowturm und die gesamten zur Havel orientierten Hangpartien. Anschließend wurden bis etwa 1938 Gehölz- und Strauchpflanzungen durchgeführt.[65] Auch die

91
Babelsberg. Große Brücke am Hang südlich des Flatowturmes. 1985

Blumenbeete wurden zu jener Zeit mit einer dreimaligen Bepflanzung versehen.

Der zweite Weltkrieg setzte den so erfolgreichen gärtnerischen Arbeiten ein Ende. 1952 wurde östlich des Schlosses eine Richterschule – jetzt Akademie für Staats- und Rechtswissenschaft – in das Parkareal eingefügt, und 1961 mußte ein Randstreifen für die Sicherung der Staatsgrenze abgetrennt werden. Nach Übernahme der Gartendirektion der Staatlichen Schlösser und Gärten Potsdam-Sanssouci durch Dr. H. Günther begannen ab 1960 parkspezifische Wiederherstellungsarbeiten, zuerst im Bowlinggreen, wo auch der Standort der Solitärpappel mit Platanen neu bepflanzt wurde. Danach erfolgte

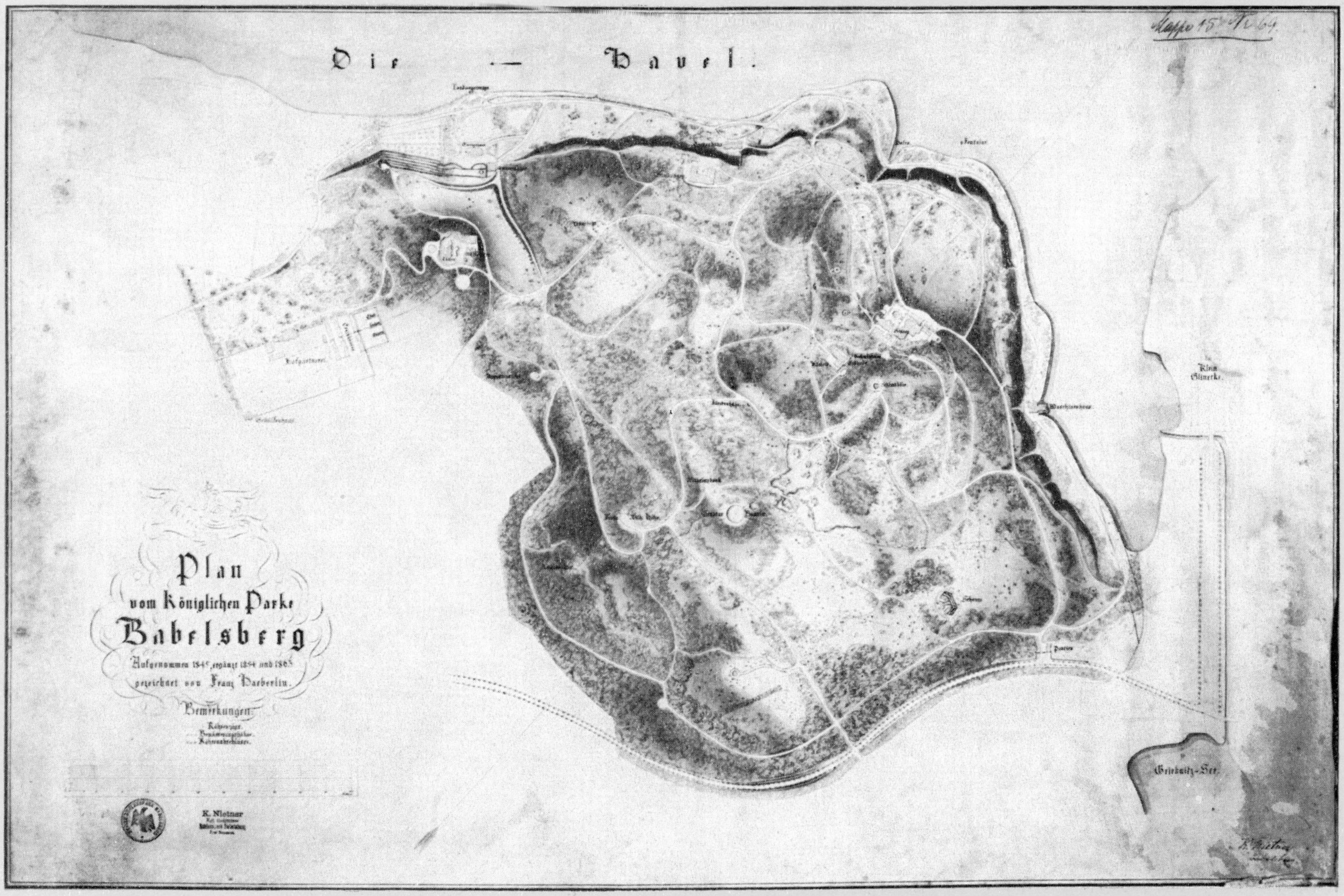

92
Babelsberg. Parkplan von Franz Haeberlein,
1845 aufgenommen, 1854 und 1863 ergänzt,
zeigt Umfang des Wirkens Pücklers
vor der Hinzunahme des Ebenenteiles

ein vorsichtiges Freistellen des ursprünglichen Baumbestandes durch Ausholzungen im abermals stark herangewachsenen Wildwuchs. Denkmalpflegerische Pionierarbeit wurde seit 1971 auch im Zusammenhang mit der Rekonstruktion des großen Blumengartens westlich des Schlosses geleistet, wo der von Pückler geformte Grundriß festgestellt und wieder erlebbar gemacht werden konnte. Seit 1979 ist dieser in großen Teilen mit den für Pückler typischen Blumen-Torteletts im Rasen wiederhergestellt.

Zu Ehren des Parkschöpfers wurde 1977 in Schloßnähe am Rande des Blumengartens ein Stein mit dem Reliefbild Pücklers aufgestellt.

Unterthänigstes Promemoria

Euer Königlichen Hoheit gnädigem Befehle gemäß habe ich mich schon mehrere Tage hindurch bemüht Höchstdero Besitzung des Babelsberges mit meinem Garten-Inspector, soviel es in der kurzen Zeit, und leider bey einer sehr ungünstigen Witterung thunlich war, wenigstens in soweit kennen zu lernen, um mir im Allgemeinen eine feste Ansicht darüber bilden zu können. Hinsichtlich der Vorschläge zur Fortsetzung und möglichst zweckmäßigen Verschönerung dieser Anlagen jedoch, welche Ew. Königliche Hoheit mir die hohe Ehre

◀ 93
Babelsberg. Der Flatowturmprospekt nach Osten. 1975

94
Babelsberg. Der Flatowturmprospekt nach Westen. 1985

95
Babelsberg. Parkplan von F. Hoppe 1880, nachgezeichnet und koloriert 1970

96 ▶
Babelsberg. Blick von der Generalseiche auf Potsdam. 1985

erzeigen von mir zu verlangen, muß ich zuvörderst, ohne alle übertriebene Bescheidenheit, doch pflichtschuldigst bemerken, daß ich nur meine wenige, gewiß in vieler Hinsicht sehr mangelhafte, eigene Erfahrung dazu mitbringe, und am Ende vielleicht der gute Wille das Sicherste sein wird, was ich Ew. Königlichen Hoheit darzubieten im Stande bin. Doch kann mich dies nicht abhalten, meiner Schuldigkeit Ew. Königlichen Hoheit meine individuelle Ansicht, wie sie einmal ist, ohne deshalb deren Werth im geringsten verbürgen zu wollen, doch ebenso offen und unumwunden auszusprechen, als ich es für mich selbst thun müßte, wenn der Babelsberg mein Eigentum wäre.

Ew. Königlichen Hoheit steht ja immer allein die Entscheidung zu und sollte ich mich meiner sehr aufrichtigen Natur nach in irgend etwas unwillkührlich zu frey äußern, so bitte ich Ew. Königliche Hoheit es einem schlichten Landmann gnädigst zu verzeihen, wenn er voll Eifer Ew. Königlichen Hoheit zu genügen, und mit allen hiesigen Beziehungen unbekannt, irgendwo in Irrthum verfiele, oder sich einer zu gewagten Berührung bestehender Verhältnisse schuldig machte.

Es versteht sich übrigens, wie schon gesagt, von selbst, daß ich in diesem Augenblicke, wo ich noch nicht einmal einen genauen Situationsplan des Ganzen besitze, nur im Allgemeinsten eine Ansicht aufstellen kann, und mir alle specielleren *Details auf spätere Zeit vorbehalten muß. Geduld werden Ew. Königliche Hoheit überhaupt dabei geben müssen, da der Babelsberg zwar hinsichtlich der Lage und der ausgezeichnet schönen Prospekte, die er sowohl von den Höhepunkten, als an den niedrigen Ufern der Havel liefert, vortrefflich ausgewählt ist, die Qualität und Natur des Bodens aber die größten Schwierigkeiten darbietet, welche* schnell *zu überwinden nur mit unverhältnismäßigen Kosten möglich sein würde, während durch Zeit und eine veränderte Behandlung, mit mäßigen Ausgaben, meiner Meinung nach, auch schon in wenigen Jahren ein günstiges Resultat erzielt werden mag.*

Das Prinzip, welches in der Hauptanordnung der dortigen Anlagen bisher befolgt worden ist, finde ich der Localität *nicht angemessen. Man hat die ganze Besitzung wie einen großen pleasureground behandelt, was in dieser Ausdehnung, selbst bei dem besten Boden und der üppigsten Fruchtbarkeit, mir schon nicht passend scheinen würde, weil es eine viel zu große Monotonie hervorbringt, die man da am wenigsten verzeiht, wo dieselbe ohne Noth künstlich geschaffen ist – welche aber, wenn sie, wie hier, in bis jetzt noch unfruchtbarsten Sande neben dürftigen Kiefern und verkrüppelten Birken blühenden Gebüsche und Zierpflanzen sich in einem Zustande hinquälen läßt, der an unglückliche Kinder erinnert, die mit der englischen Krankheit behaftet sind, oder eine Masse unnötig frey gelassener Flächen als Rasen darstellen will, der doch nur ausgestreuter Asche gleicht, da wird eine Anlage* dieser *künstlichen Gattung, für welche Üppigkeit und reichster Schmuck die* Hauptbedingung *ist, zum wahren Unding, dessen Beschauung bei dem Besitzer wie dem Besucher, statt ihnen Vergnügen und Erholung zu gewähren, nur die unbehaglichsten Gefühle erwecken muß. Noch mehr als dies jedoch, hat mich die Methode befremdet, die bei den Pflanzungen angewendet worden ist, und welche, sowohl durch unpassende Wahl der Exemplare nebst geschmackloser Verteilung der Sorten, als ungefällig steife Stellung der Gruppen, wie der widersinnigsten Verstümmelung der großen und mittleren Bäume höchstens einem Forstmanne des vorigen Jahrhunderts zu verzeihen wäre, da aber wo die obere Leitung vom Gartendepartement ausgehen soll gewiß nicht geduldet werden kann. Sehr übel ist es dabey, daß in der großen Königlichen Landes Baumschule, wo nach so vielen Jahren ihrer Gründung jetzt Bäume der verschiedensten Größe zum Verkauf stehen müßten, nichts als das kleinste Zeug zu haben ist, mit dem vor 20 bis 25 Jahren etwas nur entfernt Waldähnliches nicht hergestellt werden kann.*

Der Nachteil einer Pflanzungsart, wie sie hier, namentlich mit großen Bäumen, dem Anschein nach fast allgemein statt findet, ist in der That betrübend. Im Grunde ist alles halb weggeworfenes Geld, verlorene Zeit und verlorene schöne Exemplare die garnicht mehr zu ersetzen sind, denn wo sollten sie in dieser armen und schon so stark ausgebeuteten Gegend hergenommen werden in Zukunft? Auf dem Babelsberg sind bloß in diesem Winter *circa 120 Stück große Bäume gesetzt worden, die Ew. Königliche Hoheit 1450 Taler, im voraus veranschlagt, gekostet haben, also ohngefähr 10 bis 11 Taler jeder Baum. Dafür haben Ew. Königliche Hoheit keine Bäume, sondern nur 120 colossale belaubte Stangen erhalten, die nie malerisch werden können, und nur im günstigsten Fall, wenn sie jetzt wieder zum Drittheil geköpft und von unten noch etwas weiter hinauf glatt aufgeputzt werden, in mehreren Jahren vielleicht wieder eine leidliche Gestalt erlangen können, aber unter keiner Bedingung mehr* den *Effekt der eigentlich bezweckt wurde, nämlich eine weit gebreitete starke Laubmasse* in der Höhe *zu bilden, erreichen werden. Wären nun dieselben Exemplare, so wie es sich gehört gepflanzt worden, so hätten statt 120 (wie sich Ew. Königliche Hoheit bald selbst überzeugen werden) 30 bis 40 zu einer unendlich grandioseren Wirkung genügt, denen man in drei spätestens vier Jahren die Verpflanzung kaum mehr angesehen haben würde. Ew. Königliche Hoheit hätten also mit 3 bis 400 Talern vollkommen das erreicht, wofür jetzt 1450 größtentheils unnütz weggeworfen sind.*

Geringer ist der Schaden bei den, an sich auch unzweckmäßig behandelten, Pflanzungen junger Exemplare, dieselben sind z. B. mit unverzeihlicher Nachlässigkeit gar nicht behandelt worden, was doch zwey Jahre hindurch zu ihrem Gedeihen unerläßlich ist, die nur anders vertheilt zu werden brauchen (wo sie nicht schon verkümmert sind) da dergleichen überhaupt, wenn man nicht 25 Jahre warten kann, blos zur Ausfüllung und

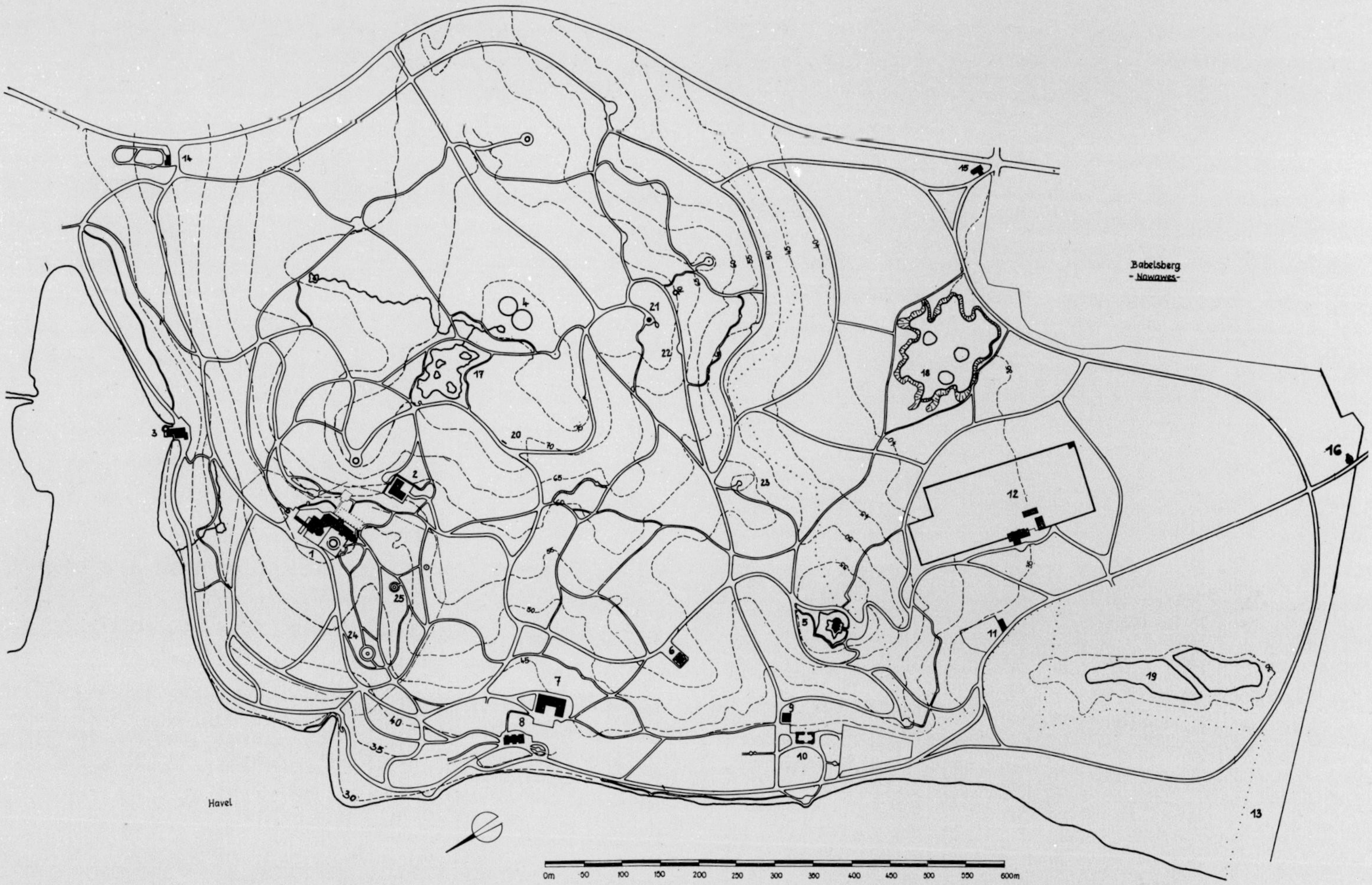

97

Babelsberg. Lage- und Höhenplan. 1985 aufgenommen

1 Schloß
2 Küchengebäude
3 Maschinenhaus
4 Wasserbassins
5 Flatowturm mit Wasserbecken
6 Gerichtslaube
7 Marstall
8 kleines Schloß
9 Matrosenhaus
10 Ehem. Kavalierhaus (abgerissen)
11 Kutscherhaus
12 Gärtnerei mit Hofgärtnerhaus
13 Havelhaus
14 Torhaus Glienicker Brücke
15 Torhaus Nowawes
16 Torhaus Nuthewiesen
17 Schwarzes Meer
18 großer See
19 Kindermann-See
20 Fürstenblick
21 Victoria-Säule
22 Generalsbank
23 Borkenhäuschen, Augustablick
24 Zierbeet mit gotischer Fontäne
25 Rosengarten

zum Dichtmachen der mit größeren Exemplaren bewerkstelligten Pflanzungen taugen. Ich wünschte nichts mehr, als daß auf dem Babelsberge, von dem Momente an wo Ew. Königliche Hoheit Besitzer davon wurden, nur allein gebaut *worden wäre, und ihn in anderer Hinsicht ganz unberührt gelassen hätte. Dann wäre die Aufgabe unendlich leichter und dankbarer, und man hätte mehrere hundert herrliche Bäume, die unnütz verdorben wurden, zur Disposition vorräthig, ohne deren jetzt mühsam mehrere aufsuchen zu müssen, da die Hälfte der Gepflanzten schon für die Beendigung der ganzen Anlagen hinlänglich gewesen wäre, abgerechnet, daß man überdies noch eine Unzahl des schon vorhandenen, meist an 15 bis 20 Fuß hohen, Eichenausschlages gerade an solchen Stellen vertilgt hat, wo man ihn mit aller der Pietät, die Ew. Königliche Hoheit für schon vorhandene Bäume an den Tag legen, sorgsam hätte conserviren müssen.*

Nach allem, was ich demnach hier in der Art und Weise gefunden habe, wie ich es, um nicht zu ermüden, nur teilweise im Obigen auseinandergesetzt, halte ich, um mit der Zeit zu einem ersprießlicheren Resultate zu gelangen, Folgendes für unumgänglich nöthig:

1., Zur Arrondirung des Ganzen, und um der Anlage die Mannigfaltigkeit zu geben, deren sie fähig ist, das von mir bereits dem Hofgärtner Ew. Königlichen Hoheit speziell angezeigte Terrain zu erkaufen.

2., gleichfalls eine Fläche Feld von 20 bis 25 Morgen Mittelboden, das eben verkäuflich ist, zum Behuf einer Baumschule anzukaufen, welche letztere unerläßlich für die tüchtige Herstellung der Anlage selbst ist, zugleich aber auch, wenn sie rationell behandelt wird (wofür mein Garteninspektor, wenn es Ew. Königliche Hoheit befehlen, Sorge tragen wird.) in Zukunft bei der hiesigen großen Nachfrage eine bedeutende Revenue gewähren kann.

3., gleichfalls irgendwo, wäre es auch in größerer Entfernung, nur nahe am Wasser um einen leichten wohlfeilen Transport zu gewinnen, eine Bauernahrung oder anderes Grundstück guten Ackerbodens, wo möglich mit Huhtung oder Wiesen vereint, zu acquiriren, um es nach und nach zur Verbesserung der sterilsten Stellen des Babelsberges zu verwenden.

4., Dem Hofgärtner sobald als möglich ganz einfache schmucklose Häuser, die durch Pflanzung gänzlich versteckt werden können, erbauen zu lassen, und auch das unbeträchtliche nöthige Terrain dazuzuschlagen, um Alles, was zur Ausschmückung des anzulegenden Blumengartens und pleasure grounds nöthig werden wird, in gehöriger Qualität und Quantität anziehen zu können.

5., Das Pflanzungssystem gänzlich umzuändern, zu welchem Behuf durch meinen Garten Inspector mit Zuziehung Ew. Königlichen Hoheit Hofgärtners (der mir bei gehöriger Instruction sehr brauchbar, bescheiden und willig scheint) einige Proben, sowohl für große einzelne Bäume als zusammenhängende Pflanzungen, jetzt (oder wenn der Frost dazwischen träte, im späteren Frühjahr) hergestellt werden sollen, die ohne Zweifel für sich selbst sprechen werden, und wenn sie auch im ersten Jahre nur wenig Blätter zeigen, im zweiten schon auffallend zunehmen, und in der Regel im dritten, spätestens vierten ihre ganze Kraft wieder erhalten, im fünften und sechsten aber von Jedermann für 20 bis 30jährige, nach dem gewöhnlichen Schlendrian hergestellte, Pflanzungen angesprochen werden müssen. Da es zum Verpflanzen großer Bäume leider an einer zweckmäßigen Maschine fehlt, und dieselbe vier Stunden weit auf ordinären Wegen hergefahren werden müssen, wodurch viele Aeste abbrechen, zu den andern Pflanzungen aber nur höchst mangelhafte Exemplare mühsam zu erlangen sind, so können diese Proben freilich nicht so vollkommen ausfallen, als ich sie z. b. in Muskau täglich herstellen kann.

6., Die emsigsten Forschungen anstellen zu lassen, wo, wäre es auch mehrere Meilen weit, brauchbare Baumexemplare von 15 zu 20 Fuß Höhe zu den so nöthigen vielfachen Pflanzungen, entweder aus Privatgütern oder in Staatswaldungen zu erlangen „seyn" möchten. Dies muß doch irgendwo möglich seyn, unmöglich ist es aber die Anlagen mit irgend einer Hoffnung sie noch in diesem Leben zu genießen, fortzusetzen, wenn man sich dabey mit den Produkten der Landesbaumschule begnügt hat.

Dies wären die unumgänglichsten Hauptpunkte. Hinsichtlich der Behandlung des Rasens (der da, wo er schön und gut werden soll d. h. nicht nur „grass" sondern „turf" hervorbringen, schön zur Ansicht und ein Teppich zum gehen, in unserem Klima immer gelegt und dann erst locker mit Erde bedeckt und übersäet wer-

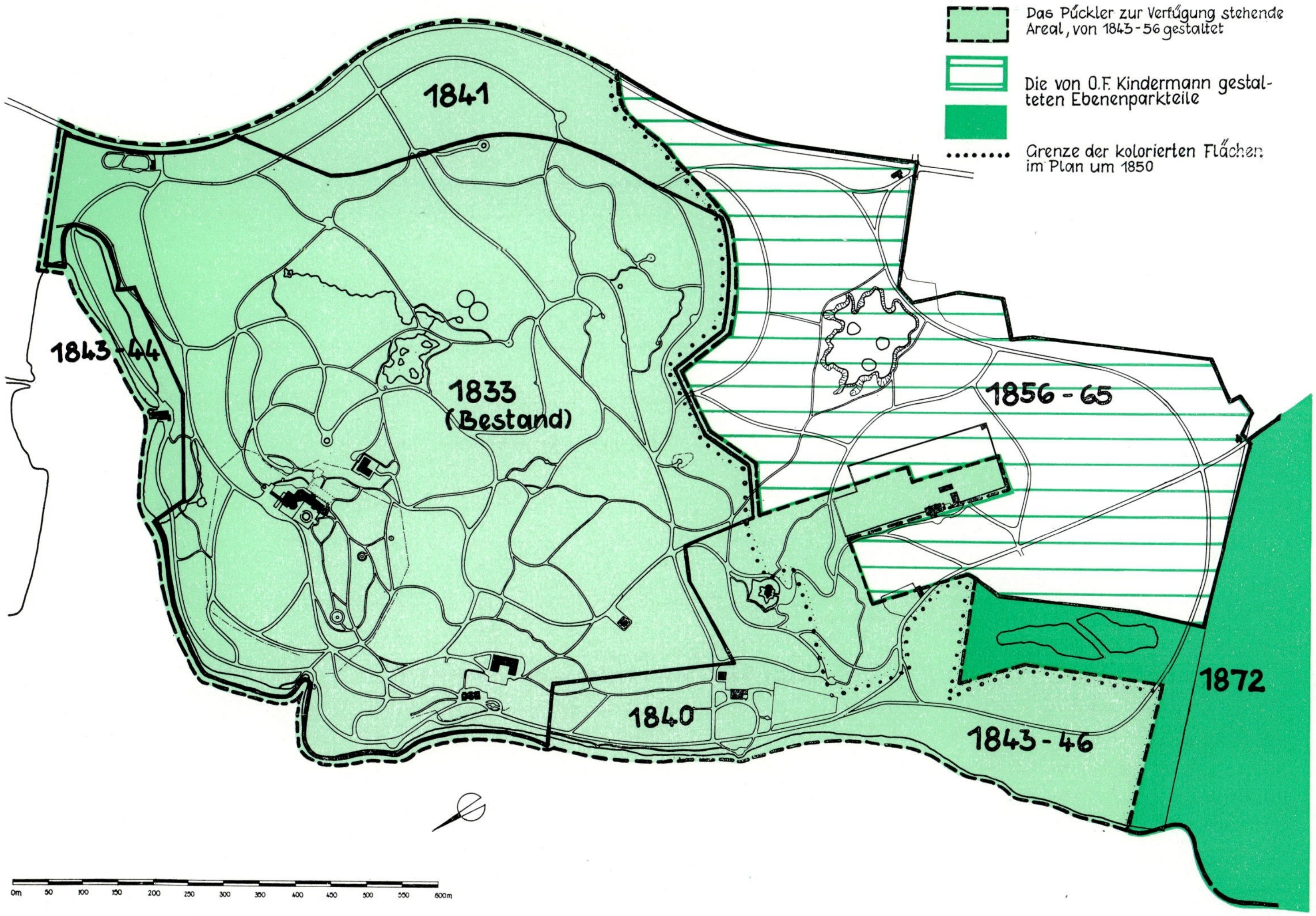

98
Babelsberg. Die Etappen der Parkerweiterung. 1986
Jahresangaben zum Landerwerb mit den Bauetappen

den muß,) soll dem Hofgärtner, im Fall es Erw. Königliche Hoheit befehlen, nach unserer langen Erfahrung genauer Unterricht ertheilen, sowie überhaupt die spezielleren Details über alles Nöthige später und successiv, nach Maaßgabe der wirklichen Ausführung, und natürlich nie anders als nach vorhergegangener Rücksprache mit Ew. Königlicher Hoheit selbst und demgemäß von Höchstderselben eingeholter Genehmigung, nachgeliefert werden.

Die Veränderungen, welche ich am Schloßbau für wünschenswert erachte (da bei einer landschaftlichen Anlage Architeckt und Gärtner stets Hand in Hand gehen müssen) sowie die Nothwendigkeit der Beseitigung des unförmigen Kiesplatzes, der so ungrazieus immediat vor den Gemächern Ihrer Königlichen Hoheit der Prinzessin liegt, überdies, als dermalige Hauptcommunikation für Küche und Wirtschaft, allzuhäufig mit Kohlen und Holzwagen, Fleisch- und Gemüsetransporten und dergleichen bevölkert sein würde, und trotz dieses Übelstandes dennoch von Ew. Königlichen Hoheit jedesmal überschritten werden müßte *um in den Blumengarten zu gelangen – habe ich Höchstdenselben bereits vorgetragen und Ihre gnädige Zustimmung dazu erhalten, indem ich dabey nur von dem Grundsatz ausging, daß das erste Bedürfnis bei einer Wohnung Bequemlichkeit und was die Englander „privacy“ nennen sey, hier aber auch Schmuck und Eleganz unendlich dadurch gewinnen müssen, wenn dies Projekt nach der von mir angedeuteten,*

◄ 99
Babelsberg. Blick vom Flatowturm auf Potsdam. 1985

100
Babelsberg. Blick vom Kindermannsee zum Flatowturm. 1985

vom Herrn Baurath Persius aber sogleich mit künstlerischer Genialität erfaßten und demnach entworfenen, Skizze ausgeführt wird.

Ebenso scheinen Ew. Königliche Hoheit damit einverstanden, daß von der Idee, das Ganze wie einen pleasure-ground zu behandeln, als dem Local ganz unangemessen, abgegangen werde, im Gegenteil das Gros der Anlage nur als eine natürliche „forestscenerie" sich darstellen solle, mit abwechselnden Effecten und möglichst üppigen Baumwuchs, wozu das beste Mittel sein würde, jetzt vorläufig den größten Teil des Terrains dicht zuzupflanzen, wodurch der Boden in wenigen Jahren am sichersten verbessert wird (besonders wenn man das Laub nicht herausharkt) so daß man nachher in späterer Zeit mit Leichtigkeit und in wenigen Wochen durch bloßes Wegnehmen, Abhauen oder Aufputzen der unterdeß erwachsenen Bäume die verschiedensten Bilder hervorbringen, und auch Rasenplätze viel leichter herstellen kann als dies jetzt, selbst mit unverhältnismäßig hohen Kosten, möglich ist. Und hierbey ist noch der große Vortheil nicht in Anschlag gebracht, daß man alle später überflüssig werdenden Bäume, gleich der ergiebigsten Baumschule, oder vielmehr Baumuniversität, benutzen kann, da solche Bäume dann schon Jünglinge geworden, und keine kaum bemerkbaren Kinderzwerge mehr sind, wie die bisher hier angewendeten. Blumengärten und pleasureground sollten nach diesem Plane auf einen verhältnismäßig nur kleineren Raum beschränkt, dafür aber desto reicher geschmückt und in unmittelbarer Verbindung mit den Wohnzimmern, gleich sorgfältig mit diesen gehalten, und täglich aufgeräumt und gereinigt, gleichsam nur eine Fortsetzung derselben unter freiem Himmel bilden, wodurch sie überdies, im absichtlich markirten Contrast mit der umgebenden freien Landschaft, nur desto reicher und anmuthiger auf den Beschauer wirken werden. Es ist dies um so wünschenswerter, da gerade für einen solchen Zweck die vorhandene Localität auf dem Babelsberg, bey der überaus glücklich gewählten Lage des Schlosses, so günstig ist, als man sie nur immer wünschen kann, und gut benutzt, gewiß ein Resultat geben muß, was, wie ich hoffe, Euer Königlichen Hoheiten selbst beiderseits überraschen wird, wenn es einmal ausgeführt da steht.

Vor der Hand bleibt mir nichts weiter hinzuzusetzen übrig, und ich kann dieses an Ew. Königliche Hoheit selbst gerichtete Promemoria nur schließen, wie ich es begann, nämlich mit der unterthänigsten Bitte mit meinem besten Willen gnädig fürlieb zu nehmen, meine Freimüthigkeit nicht übel zu deuten und jedem etwaigen Mißgriff huldvolle Nachsicht zu schenken.

(Einschiebsel in der Handschrift Pücklers, vor dem letzten Absatz)
nur die zwey beygelegten Zeichnungen betreffend, so habe ich der ersten schon erwähnt, die zweyte ist die von mir vorgeschlagene Abänderung des Haupteingangs, da das jetzt projektierte Thor da selbst wie ein Tabernakel aussieht und in dieser schmalen Construktion, nach gothischem Style, eigentlich gar kein Thor, sondern nur die Silhouette eines solchen bildet. Bei dem hier vorgelegten Plan ist zugleich darauf Rücksicht genommen, daß alles bereits ausgeführte bestehen bleiben kann. Zugleich ist eine Verlängerung der Mauern angegeben, deren Ende durch Pflanzung verborgen wird, und die mir zum guten Effekt des Ganzen unerläßlich scheinen.

Babelsberg
den 6ten März
1842

H. Fürst von Pückler-Muskau

Der Branitzer Park

Nach dem Verkauf seiner Muskauer Standesherrschaft im Sommer 1845 verspürte Pückler wenig Lust, sich auf den durch Erbregelung unveräußerlichen Besitz Branitz zurückzuziehen und hier nach dem Wunsch seiner Gefährtin Lucie „eine Wüste zu einer künstlerischen Oase" umzugestalten! Vielmehr weilte er im Sommer 1845 in Thüringen und ritt oft ganz allein durch die anmutigen Täler zwischen Eisenach und Meiningen und rings um Bad Liebenstein. Ihn interessierten die Gärten, welche E. Petzold und andere Muskauer Gärtner dort angelegt hatten. Er gab Ratschläge, zeichnete zu fällende Bäume an und steckte Wege ab, so u. a. in Weimar, Reinhardsbrunn, Altenstein und auf dem Nordhang des Ettersberges.

Nach ihrer Übersiedlung nach Branitz gelang es Lucie schließlich, ihren Lebensgefährten zumindest zu einer Verschönerung der unmittelbaren Schloßumgebung umzustimmen. So kam Pückler im Winter 1845/46 zu ersten Überlegungen für eine Gartengestaltung nach Branitz, und Rehder erhielt bereits am 28. März 1846 eine Gehölzbestellung für den Pleasureground. Der Posten sollte an die Fürstin Pückler adressiert werden und „könnte auch erst im Herbst 1846 oder im Frühjahr 1847 benötigt werden". Zu dieser Zeit waren schon Gärtner aus Muskau in Branitz engagiert, und von einem dieser Leute müssen kolorierte Pläne nach skizzenhaften Entwürfen Pücklers angefertigt worden sein. Pückler selbst hatte ja nach Rehders Ausscheiden in Babelsberg dort ab 1845 auch die Arbeit des leitenden „Obergärtners" wahrzunehmen. Um so überraschender erscheint sein Engagement in Branitz ab 1846. Wiederum ist sein Entschluß spontan. Er bricht seine Italienreise ab und kehrt vom Comer See nach Branitz zurück. Er stellte aber die Bedingung, daß Lucie ihm in seinen Anlagen nicht widerspreche, denn „. . . die letzte Zeit will ich nun auch einmal herrschen, wie Du dreißig Jahre lang . . .".[66] Seinem „Sandwurm zuliebe" begann er um das Herrenhaus ein recht kleines, etwa erst 10, dann 13 ha umfassendes Areal abzustecken und zu formen, das bereits 1850 mehr als verdoppelt wurde. Die Schmiedewiesen östlich des Herrenhauses und weitere Flächen im Westen wurden einverleibt. Über den Bau des Branitzer Parkes liegen nicht so viele Tagebuch- und Briefnotizen vor wie über Muskau. So müssen wir uns mehr auf Pläne, Kassenbücher und Fotografien stützen.

Drei Parkpläne sind vom Arbeitsbeginn in Branitz aus dem Jahre 1846 vorhanden[67], deren erster ein Abtasten der Ausgangssituation verdeutlicht, zugleich aber auch Erweiterungen nach Süden anzeigt, mit Überplanung vorhandener Bauten und Fremdgrundstücke. Merkwürdig ist die steife Form des südlich vom Schloß geplanten Schwarzen Sees, mit parallelen Ufern ganz unpücklerisch, während der Schloßsee schon ein der ausgeführten heutigen Form ähnliches Aussehen hat. Das Schloß ist von einer Terrasse umgeben.

Diese Urplan-Skizze ist dann Grundlage für die kolorierte Tuschzeichnung aus dem gleichen Jahr mit sparsam verteilten Baumgruppen und mit dem Standort der Pokallinde (noch mit zwei Bäumen dargestellt) in der Achse des Schlosses im Hauptwerk (Schloßwiese).

Im dritten Plan der Frühphase ist die Mondwiese mit ihren Hügeln zum Park dazugeschlagen. Der Schwarze See hat annähernd seine heutige Form mit „Wespentaille" und Langer Brücke. Auffallend ist der diagonal über die Schloßwiese geführte Weg zum Gärtner-Torhaus Richtung Cottbus sowie eine Abgrenzung des Gutshofes durch eine Mauer mit Pergola. Die Schloßterrasse ist beträchtlich nach Süden erweitert, auf ihr ein Gebilde, das entweder eine zweite höhere Terrasse werden sollte oder ein Wintergarten, mit dem Pückler ja schon in Muskau liebäugelte. Die Idee greift er dann 1860 nochmals auf.

Wie sah es in Branitz zu jener Zeit aus? Als Gottfried Semper am 1. April 1847 zur Besichtigung der Baulichkeiten nach Branitz kam, glaubte er sich beim Anblick des verwahrlosten Gutsbesitzes tatsächlich in den April geschickt: Das 1772 erbaute, große Schäden aufweisende Herrenhaus, das Pückler 1819/20 mitsamt dem Majorat verkaufen wollte, war von einem Wassergraben umgeben, den kleine Stege überspannten. Viehställe, einfache Wirtschaftsgebäude und der Dunghaufen lagen dem Eingang gegenüber. An der Gartenseite standen magere Obstbäume, und der Blick schweifte ungehindert vom Schloß bis zu den Türmen und den ersten Fabrikschornsteinen der damals 9000 Einwohner zählenden Stadt Cottbus.

Bis auf den unmittelbaren Bezirk um das Herrenhaus war die Gegend überhaupt nicht anziehend. Wie aus dem Urmeßtischblatt[68] von 1845 hervorgeht, dehnte sich nach allen Seiten eine kahle Ebene. Magere Kiefernbestände breiteten sich im Bereich der Branitzer Siedlung, der Madlower Schluchten und dem Südfriedhofsgeländes sowie zwischen Branitz, Haasow und Kahren aus. Die Spree war noch unreguliert und durch viele Hochwasser sowie damit einhergehende Ausuferungen verwildert – erst 1881–86 erfolgte ihre Regulierung und Eindeichung. Das Dorf Branitz reichte bis unmittelbar an die Gutsgebäude mit dem Herrenhaus heran, lag also zu gut einem Viertel auf heutigem Parkgelände. Der Vorparkweg gabelte sich in Höhe des heutigen Pionierparks, wovon der westliche mit Linden bestandene Fahrweg mitten durch das Gelände des späteren Parks führte und über den ehemaligen Schießstand am Westrand des Dorfes nach Süden weiter verlief.

Wo sich die etwa 200 alten Bäume befunden haben, von denen Pückler beiläufig sprach, ist nicht mehr nachweisbar. Viele müssen morsch gewesen sein, so daß sie nicht für einen neuen Park geeignet erschienen. Auch Pappeln und Robinien standen im Urpark, wie wir aus

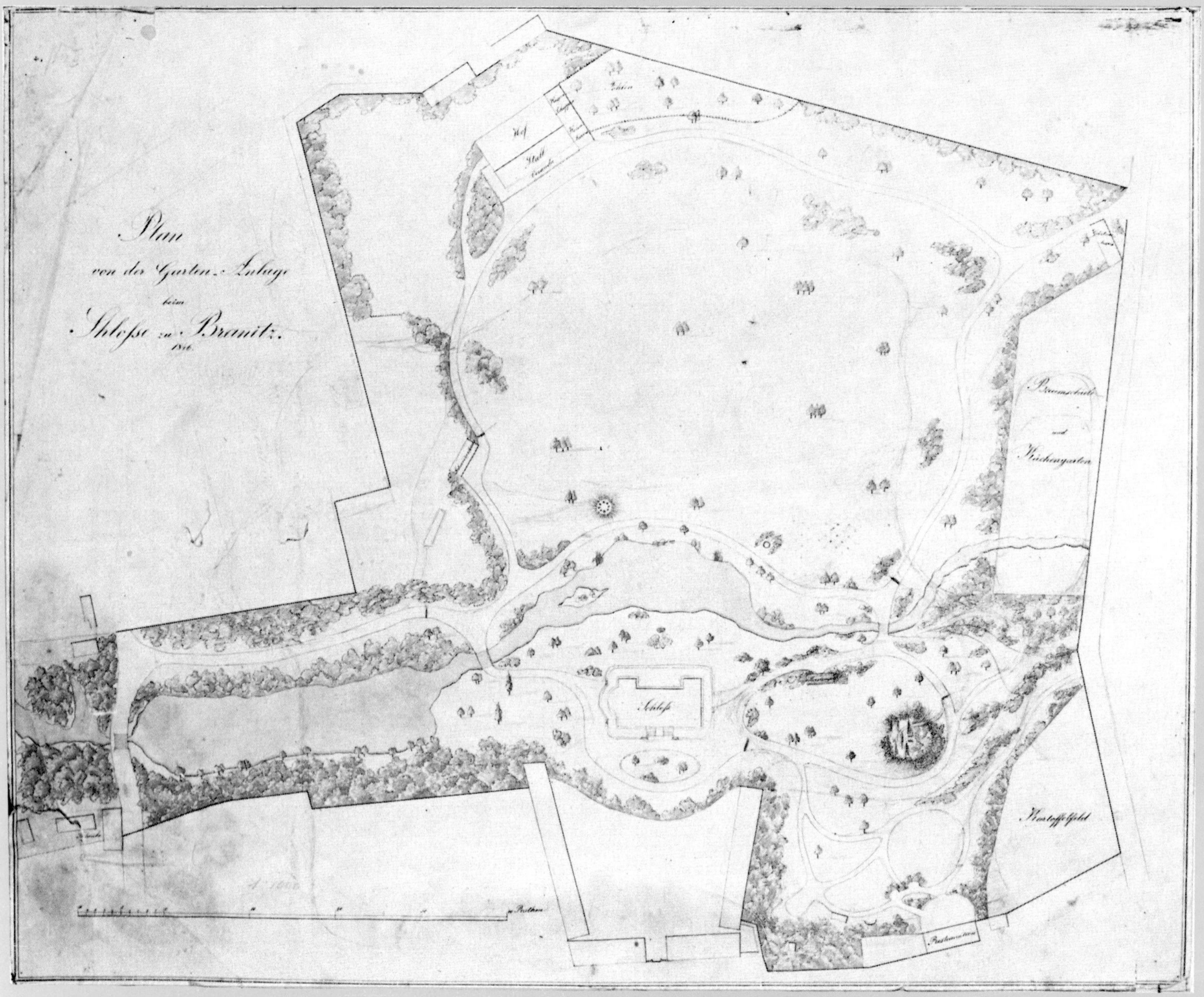

101
Branitz. Plan von der Gartenanlage beim Schlosse zu Branitz. 1846

Briefen Georg Bleyers, des späteren Gartendirektors des Grafen Heinrich von Pückler in Branitz, entnehmen.

Bereits 1846 vermerken die Branitzer Kassenbücher erste Pflanzarbeiten. Eine sehr intensive Schaffensperiode Pücklers für sein letztes Werk bringt dann das Jahr 1847, in dem er allein in einem Vierteljahr an hundert große Bäume umsetzen ließ. In einem Brief an den Hofgärtner Sello in Potsdam-Sanssouci vom 2. 10. 1848 urteilt er über das Geschaffene: „Wenn Sie mich künftiges Jahr besuchen, vergessen Sie nicht, daß hier tabula rasa war und was Sie finden werden, bis auf das Schloß und einige hundert alte Bäume, die auf kleineren Raum von zwei Morgen beschränkt der einzige vorhandene Kern der ganzen Anlage war."[69]

1847–50 wurden auch die für die Parkerweiterung benötigten Büdnergrundstücke ihren Besitzern abgekauft und am südlichen Dorfrand neue Häuser für sie errichtet. Das Dorf Branitz wurde durch diese Amputation in seinem Aufbau empfindlich gestört. Das heutige Straßennetz zeigt keinen organisch gewachsenen Zusammenhang und die umgesetzten Häuser sind in keiner Weise zur Bereicherung des Dorforganismus benutzt worden – Pückler fehlte allem Anschein nach der Sinn für städtebauliche Planung. Der Park aber hat durch diese Maßnahme gewonnen. Obwohl wir Sempers Zeichnungen nicht kennen, hat der Besuch des Architekten ohne Zweifel die Art des Umbaues von Schloß, Terrasse und früherem Gutsbereich beeinflußt. 1852 war der Umbau des Schlosses beendet, vorher wurden Marstall und Kavalierhaus im Tudorstil umgestaltet. Allein für die Baulichkeiten wurden dabei jährlich 12–15 000 Taler aufgewendet, für den Park jährlich 4000 bis 6000 Taler.

Die Fortschritte beim Verschönern der unmittelbaren Schloßumgebung führten 1849/50 zur Erweiterung des Parkareals auf das Doppelte, auf etwa 38 ha. Die Notiz in den Kassenbüchern von 1850 „sehr viele Zaunfelder gesetzt" steht mit dieser Erweiterung im Zusammenhang. Im gleichen Jahr erhielt die neue Schmiede am östlichen Parkzugang – als Torhaus eingerichtet – ihre Turmspitze.

Obgleich Pückler immer wieder – oder immer noch – mit dem Gedanken spielte, sich in einer von der Natur reich ausgestatteten Landschaft niederzulassen – Salzburg, die Alpen, die Pyrenäen und selbst die Insel [illegible] ließ er in Branitz parallel zu den Arbeiten in Babelsberg den Park vorantreiben. Seine Salzburger Episode zwischen September 1849 und April 1850 verdient jedoch Erwähnung. Pückler erteilte hier den Auftrag, eine Kopie der „Großen Goldenen Stube" der Feste Hohensalzburg anzufertigen. Die gotischen

102
Branitz. Schloß von Norden. 1965

Ausstattungen der „Goldenen Stube" sollten im Schloß Branitz wiederholt werden, wenngleich die dortigen baulichen Verhältnisse völlig andere waren. Ungeachtet dessen gab er gleichzeitig einen Kaufauftrag zum Erwerb des Schlosses Neuhaus mit etwa 200 ha Land bei Salzburg, so sehr begeisterte ihn die Schönheit dieser Landschaft. Beide Vorhaben indes zerschlugen sich; und wegen der Weigerung eines Salzburger Bankiers, ihm einen Wechsel von 20 000 Fl einzulösen, verließ der Fürst

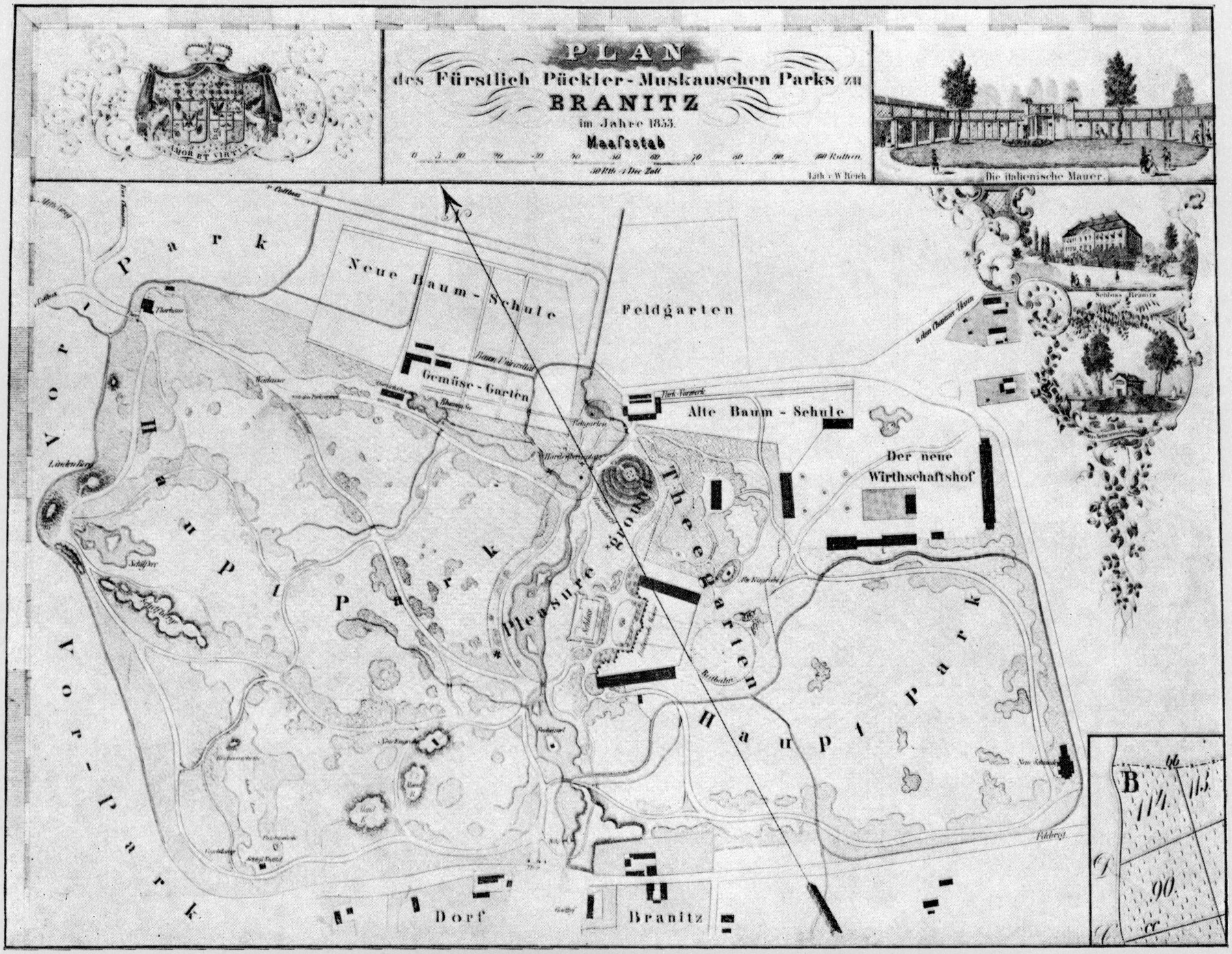

103
Branitz. Plan des Branitzer Parkes. 1853

104 ►
Branitz. Schloßteich im Pleasureground. 1986

gekränkt Salzburg und stürzte sich wieder in die Branitzer Arbeiten. Wie sehr das Bild von der alpenländischen Landschaft in ihm weiterwirkte, offenbart seine Bemerkung im Brief vom 27. April 1850 an seinen Mittelsmann in Salzburg, Georg Petzolt: „Ist dieses einmal nicht zu erzwingen, so wird sich etwas anderes finden. Neue Gelegenheiten bieten sich ja immer wieder dar, oft, wenn man es am wenigsten erwartet und das Land ist so groß und schön überall. Wir bauen noch zusammen . . . über kurz oder lang, geschehen wird es. Und dann müssen Sie mich einmal hier besuchen und sehen, wie man eine Oase in der Wüste schafft."[70]

Die Kassenbücher dieser Jahre sagen aus, daß fast an allen Teilen des Branitzer Parks gleichzeitig gearbeitet wurde. So entstanden 1849/50 der Schloßsee, der Schwarze See, der Schilf-, Weiden- und Bergsee. Neben Erdarbeiten wurde im Frühjahr und Herbst unentwegt gepflanzt, zunächst sehr viel Forstbaumschulware, die erst bis zu einem Meter groß war. Später erst legte man eine eigene Baumschule in Branitz an.

Pückler ließ – wie schon erwähnt – mehrere hundert große Bäume aus der Umgebung herbeischaffen und umsetzen. Entfernungen von 15 km wurden dabei nicht gescheut. Einmal mußte ein Cottbuser Stadttor abgedeckt werden, um einen Baum passieren zu lassen, Schadenersatz für zertrümmerte Fensterscheiben fiel reichlich an. Diese großen Bäume formten sofort Raumbilder und ließen die Konturen des Parks rasch erkennen. Einige dieser Bäume stehen noch heute, eine aus Siewisch herbeigeholte dreistämmige Esche stand bis 1967 westlich der Schloßterrasse. Die großen Bäume wurden mit Hilfe zweirädriger Pflanzkarren in vorbereitete flache Gruben gesetzt, eine Praxis, die Sachkenntnis erfordert. In den sechziger Jahren soll Pückler eine auf dem Hof des Gasthofs „Zum Weißen Roß" in Cottbus stehende große Kastanie gekauft haben. Sie sei im blühenden Zustand nach Branitz gebracht und unweit der Treibhäuser dort in viele Fuhren Gartenerde eingegraben worden. Ein Leinenzelt schützte die „Operationsstelle" vor Sonnenstrahlung, und die Kastanie wuchs an! – Auf keinem Bild vom Branitzer Park ist an dem dortigen Standort eine Roßkastanie bisher zu entdecken gewesen. Nicht nur aus der näheren Umgebung, sondern auch aus Muskau, Weißwasser, Potsdam, Witzleben, Berlin und Wien wurden Pflanzen, aus Hamburg und Erfurt Samen bezogen. Gleichzeitig ließ Pückler den heranwachsenden Park mit sehr viel schmückendem Beiwerk ausstatten. Rings um das Schloß befanden sich äußerst reich ausgestattete Blumengärten[71]. Nicht nur im umzäunten Park wurde gearbeitet, auch außerhalb erfolgten Pflanzungen meist größerer Bäume in der Feldflur und an einem äußeren Umfahrungsweg, wofür 3–7% des Parketats verwendet wurden. Den vollen Umfang der gartenkünstlerischen Arbeiten erkennen wir im Plan 1903. Nach Fertigstellung des Parkes 1852 im Umfang von der Schmiede bis zum Cottbuser Torhaus wurde mit den Parkarbeitern ein großes Fest gefeiert.

Eine Analyse des Geschaffenen ist sehr aufschlußreich für die Pücklersche Auffassung zu jener Zeit. Der Park setzt sich im Parkplan 1853 aus 3 Hauptbereichen zusammen, dem einfach und sehr offen gehaltenen Eingangsteil – Schmiedewiesen genannt –, dem Pleasureground mit Teegarten (Restaurationsgarten) und dem Schloßpark. Letzterer ist durch abschirmende Pflanzungen wiederum in mehrere kleine Räume unterteilt. Auffallend ist im Hauptpark (Mittelteil) eine kettenartige Reihung von Nord nach Süd verlaufender Pflanzungen, auf die noch näher eingegangen wird. Allgemein erscheinen die Pflanzungen weniger differenziert im Gegensatz zu den 1846er Skizzen. Einzelbaumdarstellungen fehlen!

Das Wegesystem ist außer dem kleinen Umfahrungsweg im Schloßparkteil sehr verschieden vom heutigen. Ins Auge fällt der diagonal über die Schloßwiese führende Weg, der die Richtung der oben erwähnten kettenartigen Pflanzungen hat.

Die Erdhügel sind schon so angelegt wie in der späteren Phase. Der heute so wirkungsvolle Schilfsee ist aber noch sehr klein und ohne Verbindung zum Schloßsee. Überdimensional wirkt der Rosenberg. Der Teegarten, nochmals durch eine Einfriedung vom Pleasureground getrennt, ist flächig bepflanzt. Östlich der Parkgebäude liegt eine kreisrunde Reitbahn in völlig offener Wiesenfläche, wodurch Kavalierhaus und Marstall schon von weitem vom Auffahrtsweg aus Richtung Parkschmiede voll sichtbar waren. Nach Teichert waren die Dächer der Gebäude oft mit bunter schachbrettartiger Deckung versehen.[72] Auch die Buchenlaube mit ihren Steinbänken, die aus dem ursprünglichen Park vor Pückler stammt, wurde in die neue Konzeption aufgenommen.[73]

Die Bauten zwischen Marstall und Kavalierhaus sind abgerissen, und der Wirschaftshof ist neu an seinem

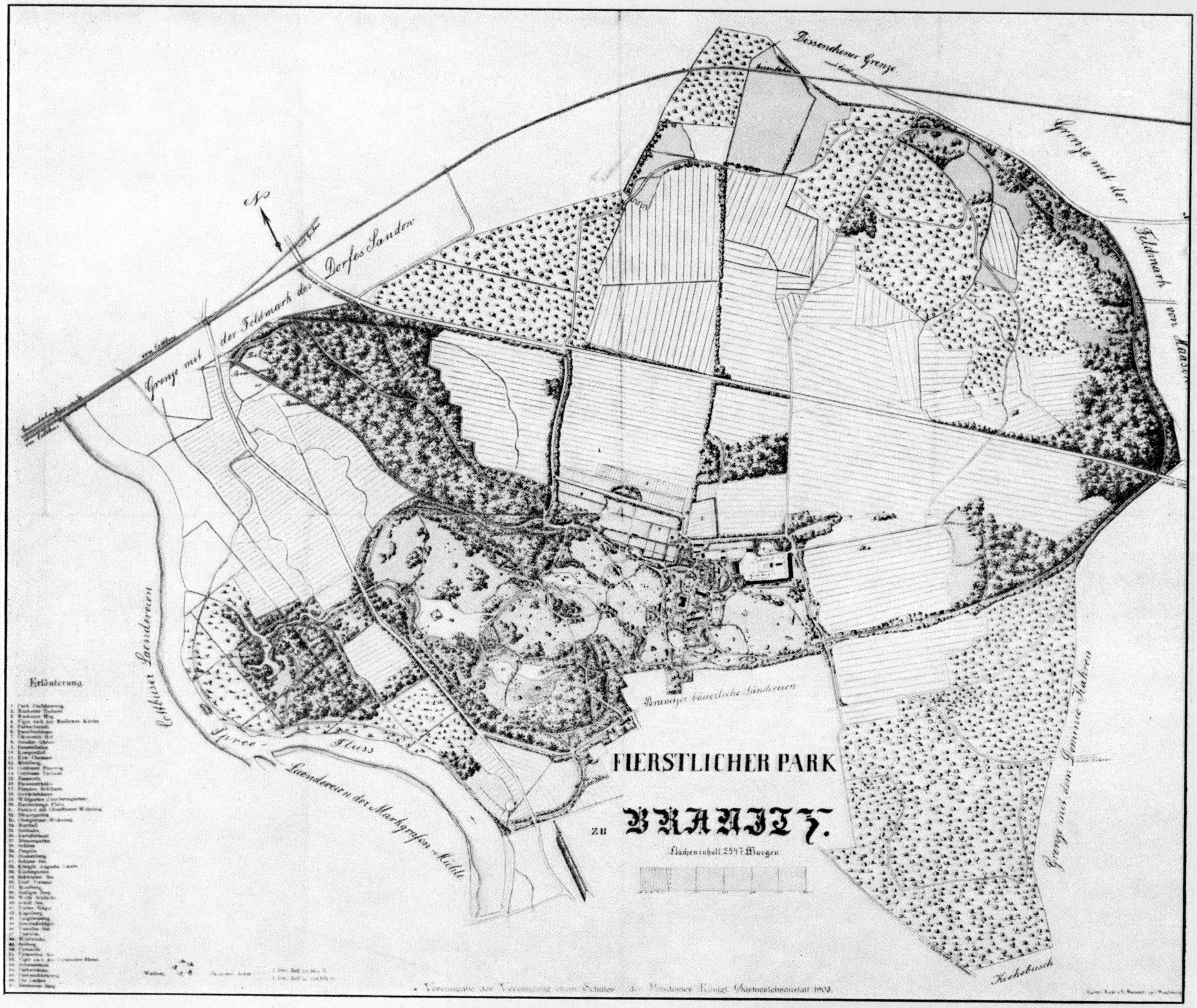

105
Branitz. Gesamtumfang des Schaffens Pücklers in Branitz 1903.
Vereinsgabe der Vereinigung ehemaliger Schüler
der Potsdamer Königlichen Gärtnerlehranstalt

106
Branitz. Marstall mit dem 1880 entstandenen Pergolagarten. Zustand 1982

107
Branitz. Ostgiebel des Marstalles. 1982

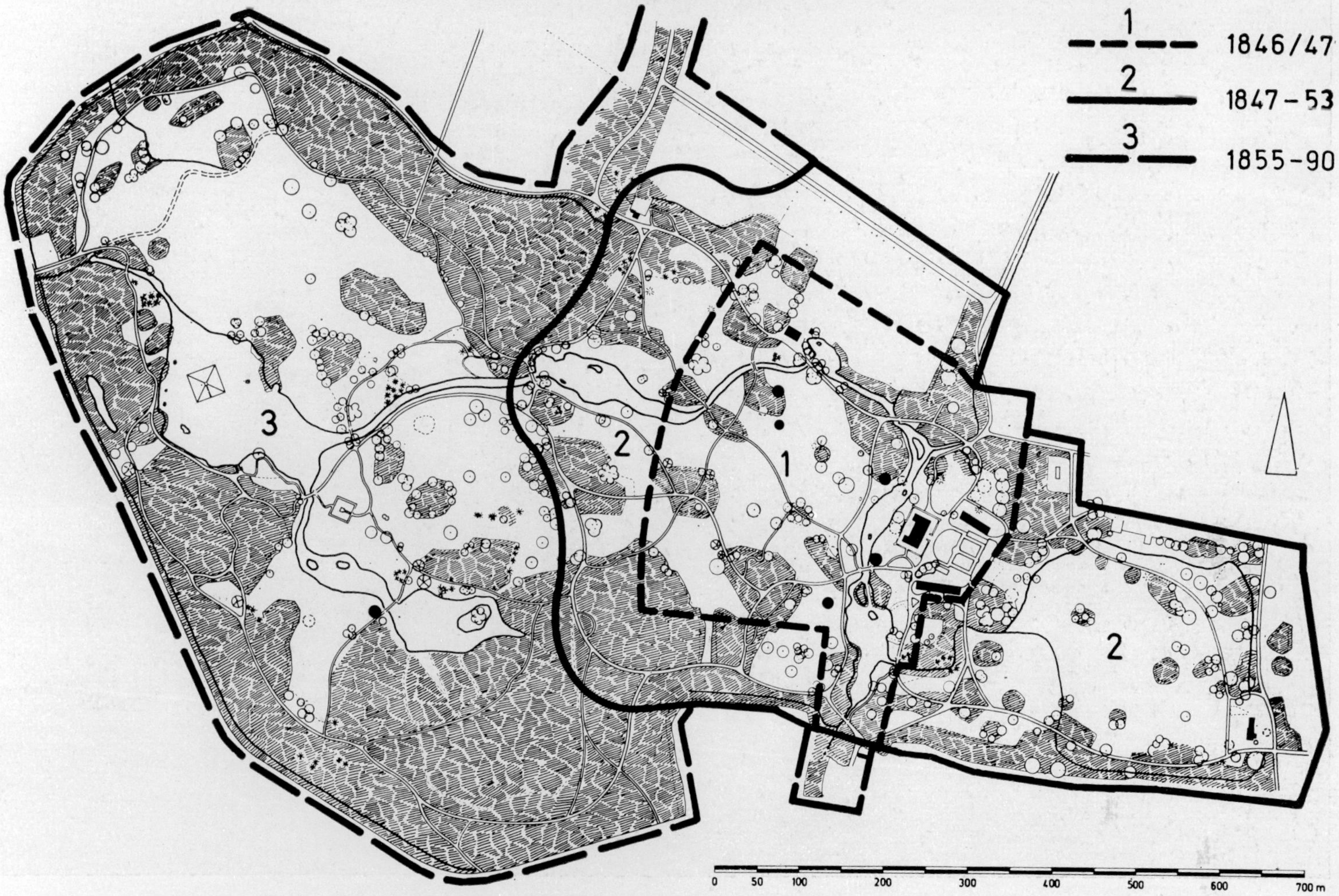

108
Branitz. Die Bauetappen des Branitzer Parkes. 1978

109
Branitz. Der Tumulus im Pyramidensee von der Spitze der Stufenpyramide. 1983

heutigen Standort errichtet. Alle Grundstücke der Büdner und Kossäten sind dem Park einverleibt; nur der Hof des Bauern Reinschke liegt noch auf heutigem Parkterrain, durch einen großen Erdhügel sichtmäßig vom Park abgeschirmt, „vergrabener Bauer" volkstümlich genannt.[74] Auf größeren Strecken ist der Park von einem wasserführenden Graben begrenzt – für Pückler, wie analog in Muskau, die endgültige Parkgrenze. Dennoch blieb es nicht bei der Größe von 38 ha.

Nach einer zwei- bis dreijährigen Pause erweiterte der fast Siebzigjährige seinen Park um 50 ha. Zwischen 1854 und 1856 entsteht der Tumulus, eine aus einer Seefläche sich erhebende 11 m hohe Erdpyramide, die seine Begräbnisstätte werden sollte. 1854 verstarb Pücklers Lebensgefährtin. Der Gedanke an den Tod dürfte daher ein bestimmendes Moment für den Bau des Tumulus gewesen sein. Trotzdem aber wurde in dem von Pyramiden bestimmten Teil eine Rennbahn für den Pferdesport angelegt. Eine kleine Erhebung diente als Beobachtungspunkt. Wieder bestimmten große Wasserflächen die neue Parklandschaft. Bis 1856 erfolgten dann die größeren Aushübe für den Pyramidensee.

Vor der Fertigstellung einer Verbindung zum Spreeoberwasser bereitete in trockenen Sommern die Füllung der vorerst überwiegend grundwassergespeisten Branitzer Seen Schwierigkeiten, weil das Oberflächenwasser aus Gräben südlich des Dorfes und eine Quelle im Schlangensee nur ein Wasserminimum boten. In den Jahren 1857/58 wurden dann die Verbindungskanäle zwischen den einzelnen Teichen für eine bessere Wasserhaltung gegraben, die fließendes Wasser auch in den Schilf- und in den neuen Pyramidensee leiten, und dabei wurde der Schilfsee wesentlich vergrößert.

Von Anfang an ließ Pückler in Branitz die Aushubmassen anders als in Muskau verwenden. Während der Verbleib des Aushubs aus der Hermannsneiße und den beiden Seen in Muskau noch nicht geklärt ist, dienten in Branitz die Erdmassen zur bewußten Schaffung von Höhenunterschieden meist in Nachbarschaft zu den Wasserflächen. So entstanden in Schloßnähe der langgestreckte Mondberg – bis 1853 vorerst aus drei separaten Hügeln bestehend – und der „vergrabene Bauer" sowie am damals westlichen Parkrand 1853 die Hügel der Schilfseeberge, der Poetenhügel, auch Kugelberg genannt, und der daneben liegende Lindenberg. Es sind weniger markante als vielmehr untereinander harmonisch abgestimmte Erhebungen, die besonders während der laubfreien Winterzeit mit schwacher Schneedecke hervorragend zur Geltung kommen. Sicherlich hatte die Komposition um den Schilfsee den Bauherrn zu den weit größeren Wasserflächen und Geländegestaltungen im Erweiterungsteil angeregt. Als Hermann Jäger 1859 Branitz besuchte, fand er bereits eine „zweite weit mannigfaltigere Hügelkette vor, die frischen Rasen, Laubholz und sogar Weinreben trug, während die etwas älteren Pflanzungen auf den ersten Hügeln schon ansehnliche Bäume trugen, einen kleinen Bergwald bilden und den Horizont malerisch einschneiden".[75] Die Wirkung der neuen Hügelkette in damaliger Ausdehnung – also des Seeberges mit seinen Ausläufern – ist heute nur schwer vorstellbar, da das Gelände völlig zugewachsen ist. Der über das Gelände führende Hohlweg kann mit Erlebnissen Pücklers in der Märkischen Schweiz in Zusammenhang gebracht werden, eine Gegend, die er als Fünfunddreißigjähriger von Neuhardenberg her, dem heutigen Marxwalde, mehrfach durchstreifte. 1863, also 8 bis 9 Jahre nach dem Bau des Tumulus und des Seeberges inspirierten die inzwischen begrünten Erdkörper den Fürsten zur Anlage der Stufenpyramide, und weitere sieben Jahre später entstand die dritte große Erhebung, der Hermannsberg. Pückler hatte an der Geländemodellierung Gefallen gefunden; so gesellten sich im Park zu seinen „Baumplastiken" die „Erdplastiken". Ihre Abstände von 220 bis 250 Metern, leicht versetzt entlang einer zum offenen Raum gekrümmten Linie, lassen erkennen, daß das visuelle und emotionale Moment zu ihrem Entstehen geführt hat. Bei Benutzung des Schlangensee- und des Heideweges kommt die raumbildende Wirkung der Erhebungen zur Geltung, die trotz der beachtlichen Entfernungen der Hügel ein harmonisches Ganzes bilden.

Während der Schüttung des Hermannsberges starb Pückler. Der 1868 eingestellte Georg Bleyer führte unter dem Grafen Heinrich von Pückler die Arbeiten zu Ende.

Wie bei fast allen Vorhaben Pücklers war auch in Branitz jeweils die Fertigstellung eines Parkabschnittes der Zeitpunkt, das Geschaffene zu vermessen. Dazu wurde 1867 der Gartenkünstler Bruno Teichler vom Schloß Zbiron gewonnen. Dank seiner Generalrechnung vom Juni 1869 sind wir heute in der Lage, den Verfasser des hervorragenden Parkplans von 1868 zu kennen und mehr über die letzten Arbeiten dieser Zeit zu erfahren.[76] Teichler maß nicht nur den Park, sondern auch die Güter Branitz und Groß Döbbern. Er steckte ebenfalls Wege ab und nahm diese in das Nivellement auf. Von ihm stammen die Fortsetzung des äußeren Park-Umfahrungsweges und der Weg vom Chausseehaus nach Dissenchen sowie die Zeichnung eines Rosariums. Pückler selbst, der in den letzten Lebensjahren oft krank war, konnte diese Arbeiten nicht mehr ausführen. Wie in Muskau und Babelsberg, wurde also auch in Branitz sein Werk erst durch seine Nachfolger vollendet. So muß die weitere Ausstattung des zweiten großen Erweiterungsabschnittes von Branitz Georg Bleyer und seinem neuen Bauherrn Graf Heinrich von Pückler zugeschrieben werden.

Qualität und Genauigkeit des Teichlerschen Planes entsprechen der des Muskauer Planes von 1847. Allerdings zeigt er die Bäume nicht aus der Vogelperspektive; dadurch sind die Standorte der Koniferen und Pyramigenpappeln nicht ablesbar. Raumbildende begrenzende Pflanzungen heben sich gestalterisch wirksam von den die Wiesenflächen belebenden Solitärs und Gruppen

◀ 110
Branitz. Blick von der Poetenbank über den Schilfsee. 1982. Im Mittelgrund betonen blühende Robinen die Baumwand

ab. Bestimmendes Element im Erweiterungsteil ist die fast 2 km lange Rennbahn. Mehr als die Hälfte der von ihr umschlossenen Fläche ist hainartig bepflanzt; große Teile, darunter der Standort des späteren Hermannsberges sind kahles Ackerland. Leider sind im Teichler-Plan auch Planungsabsichten enthalten; der Schlangen- und vor allem der Pyramidensee ist wesentlich größer als seiner heutigen Größe entsprechend gezeichnet, der Hermannsberg fehlt dagegen noch.

Das Wegenetz im Hain- und Schlangenseeteil entspricht im wesentlichen der heutigen Führung. Ein ca. 4 ha großes Baumschul- und Gärtnereigelände sowie eine etwa 2 ha große Baumuniversität[77] sind am Nordrand dem Park angegliedert und mit rahmenden Pflanzungen nach außen abgeschirmt. Im Hauptpark ist die Differenzierung der Parkräume wie im Plan 1853 beibehalten worden, nur ungemein sorgfältiger die Bepflanzung dargestellt. Das Wegenetz zeigt hier außer dem fast unverändert gebliebenen Kleinen Umfahrungsweg bei den Binnenwegen eine straffere Linienführung sowie weitere zusätzliche. Der Cottbuser Weg verläuft nicht mehr südlich, sondern nördlich des Rosenhügels und damit jetzt am Rande des Pleasureground. Die Vielzahl der Wege ist verwirrend und ihre parallele Führung auf der übersichtlichen Schloßwiese unverständlich. Beides kritisierte Pückler in seinem Gartenwerk, und man neigt zu der Schlußfolgerung, daß die Binnenwege im 1853er Plan zumindest noch nicht befestigt und wahrscheinlich auch 1868 noch nicht fertiggestellt waren.

Beibehalten wurde die kettenartige Anordnung der großen Baumpflanzungen in Form eines Fächers. Sein Ausgangspunkt ist die Lange Brücke über den Schwarzen See. Noch heute sind vom östlichen Brückenkopf her in Richtung Schloß drei schmale Öffnungen in der rahmenden Pflanzung erkennbar. Innerhalb der Wiesenflächen des Fächers befinden sich eine Unzahl von Einzelbäumen und einige kleinere Baumgruppen. Eduard Petzold erklärt diese Fülle mit Pücklers hohem Alter: „Je älter er wurde, desto dichter pflanzte er und in Branitz . . . hat er stets auf den augenblicklichen Effekt gepflanzt, weil er immer glaubte, er würde die Ausbildung seiner Bäume und Pflanzungen nicht mehr erleben. So kam es denn, daß er oft nach einigen Jahren schon wieder junge Pflanzungen entnehmen mußte.“[78] Verändert wurde die offene Situation südlich des Kavalierhauses, wo ein neuer Gartenraum entstand, der sogen. Kindergarten[79], und im Theegarten sind mehrere intime kleine Räume geschaffen worden.

Zwischen Marstall und Kavalierhaus ist der ehemalige Hof östlich der Italienischen Mauer als geometrischer Garten gestaltet, muß also vom Schloßeingangsraum durch die Pergola zugänglich gewesen sein. Während die Parkgrenzen nach fast allen Seiten durch Pflanzungen hermetisch abgeschlossen sind, zeigt der östliche Rand der Schmiedewiesen mehrere Öffnungen in die Feldflur hinein. Diese wurde als „ornamental farm“ behandelt und der 500 m entfernte Kiefernwald mit einer Eichenvorpflanzung verdeckt. Somit parkwürdig geworden, ist die Feldflur in die Szenerie der Schmiedewiesen einbezogen und bietet vom Schloß und von der Blauen Brücke reizvolle Fernsichten. Verschönernde Pflanzungen erfolgten auch als nördlicher Abschluß der Baumschule und des Gutskomplexes, womit diese in das Parkganze intregriert sind.

Bevor der weitere Ausbau des Parkes verfolgt wird, sollen noch zwei Seiten Pücklerscher Auffassung über Gestaltung erwähnt werden, seine Behandlung des Pleasureground und seine Meinung zur Parkarchitektur in Branitz.

Sicher war es Gottfried Semper, der Pückler 1847 überzeugt hat, die Symmetrie des schönen Branitzer Schlosses beizubehalten. Im Innersten war der Bauherr aber damit nicht zufrieden. So tauchen 1860 nochmals Umbaupläne für das Schloß auf, die nun einen asymmetrischen Baukörper anstrebten. Im Zusammenhang mit dem Auftrag zum Umbau eines Wohnzimmers in ein Frühstückszimmer wurde dem Berliner Hofbaurat v. Arnim eine Liste von Bauwünschen übergeben, allem voran eine Erweiterung des Schlosses. Unter Beibehaltung des Terrassenumganges forderte er, den gut proportionierten Barockbau durch zwei Anbauten – ein Gewächshaus und einen Turm – zu erweitern.[80] Wie in Muskau kam es nicht zur Realisierung.[81] Die im Tudorstil umgebauten ehem. Wirtschaftsgebäude des Gutes, der Marstall und das Kavalierhaus entsprachen dem Geschmack des Fürsten, ebenso wie die neuerbaute Parkschmiede, das Schloß jedoch nicht. Man ist deshalb ge-

Helmut Rippl

◀ 111
Branitz. Die Ausbildung der Uferlinien des Schilfsees. 1983

112
Branitz. Kleiner Standortwechsel von der Poetenbank nach Norden verändert das Parkbild erheblich. 1982

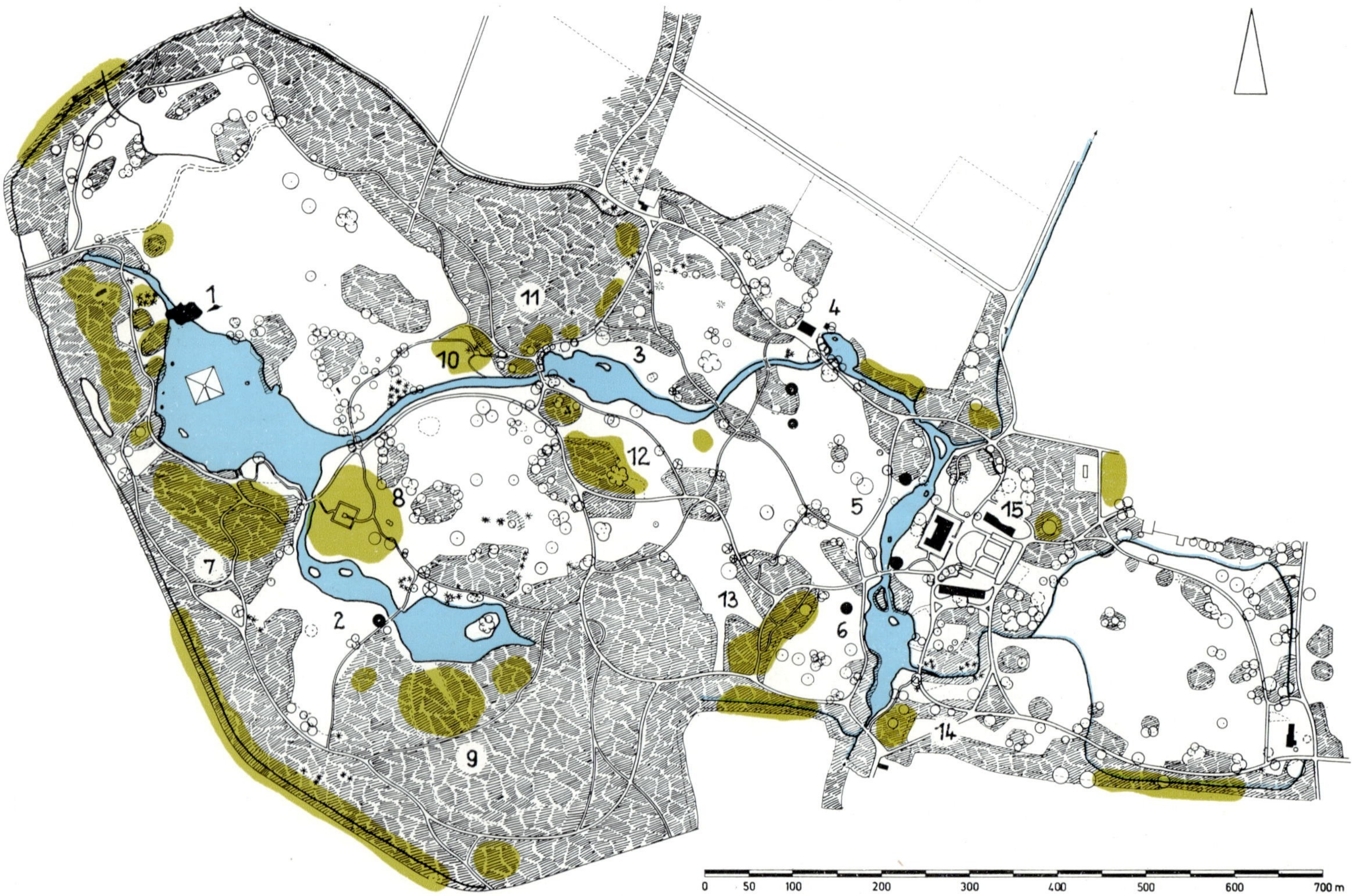

113
Branitz. Teiche und Hügel in ihrer Zuordnung. 1978

1 Pyramidensee	6 Schwarzer See	11 Poetenhügel
2 Schlangensee	7 Seeberg	12 Schilfseeberg
3 Schilfsee	8 Landpyramidenberg	13 Mondberg
4 Blumensee	9 Hermannsberg	14 Vergrabener Bauer
5 Schloßsee	10 Hügel mit Regenpilz	15 Rosenhügel

blau = Wasserfläche
gelb = Aushub aus Teichen und Gräben zur Hügelbildung

neigt, das fast völlige Verdecken seiner Parkseite durch eine dicht vor der Fassade gepflanzte Baumlisiere von allein vier Solitärs und drei mehrstämmigen Solitärgruppen damit in Zusammenhang zu bringen.

Pücklers große Vorliebe für luxuriös ausgestattete Blumengärten wurde in den Muskauer und Babelsberger Anlagen schon genannt. Welcher Farb- und Formenreichtum in Branitz bestand, ist in der Arbeit A. Schäfers umfassend dargestellt.[82] Allen Pücklerschen Blumengärten gemeinsam ist ihre mit größter künstlerischer Sicherheit erfolgte Integration in die Gesamtkomposition, es gibt keine separaten Gärten.

Die raumbestimmenden Baumpflanzungen reichen bis an das Schloß heran und überspielen teilweise die Farbenpracht. Aus den Gärten reichten Ausblicke in Park und Umgebung. Das ungemein vielfältige Wechselspiel zwischen durchsonnten, mit Blumen geschmückten Partien, Blütensträuchern und schattigen Bäumen faszinierte damals viele Besucher. Die Grenzen zwischen Park und Pleasuregound mit den Blumengärten waren fließend, nur durch niedrige, zierliche Zäune markiert. Die in England ab 1840 sich verbreitende Vorliebe für architektonisch bestimmte Separatgärten, die wie aus dem Park herausgeschnitten waren, lehnte Pückler ab und propagierte dafür seinen „Fortschrittspark".[83]

Ähnlich wie Petzold über Muskau berichtet auch Bleyer, Branitz wäre 1871 nur zu einem Drittel der endgültigen Parkgröße vollendet gewesen. Auch er ließ

Branitz. Bodenmodellierung und Baumgruppierung um den Schilfsee. 1982

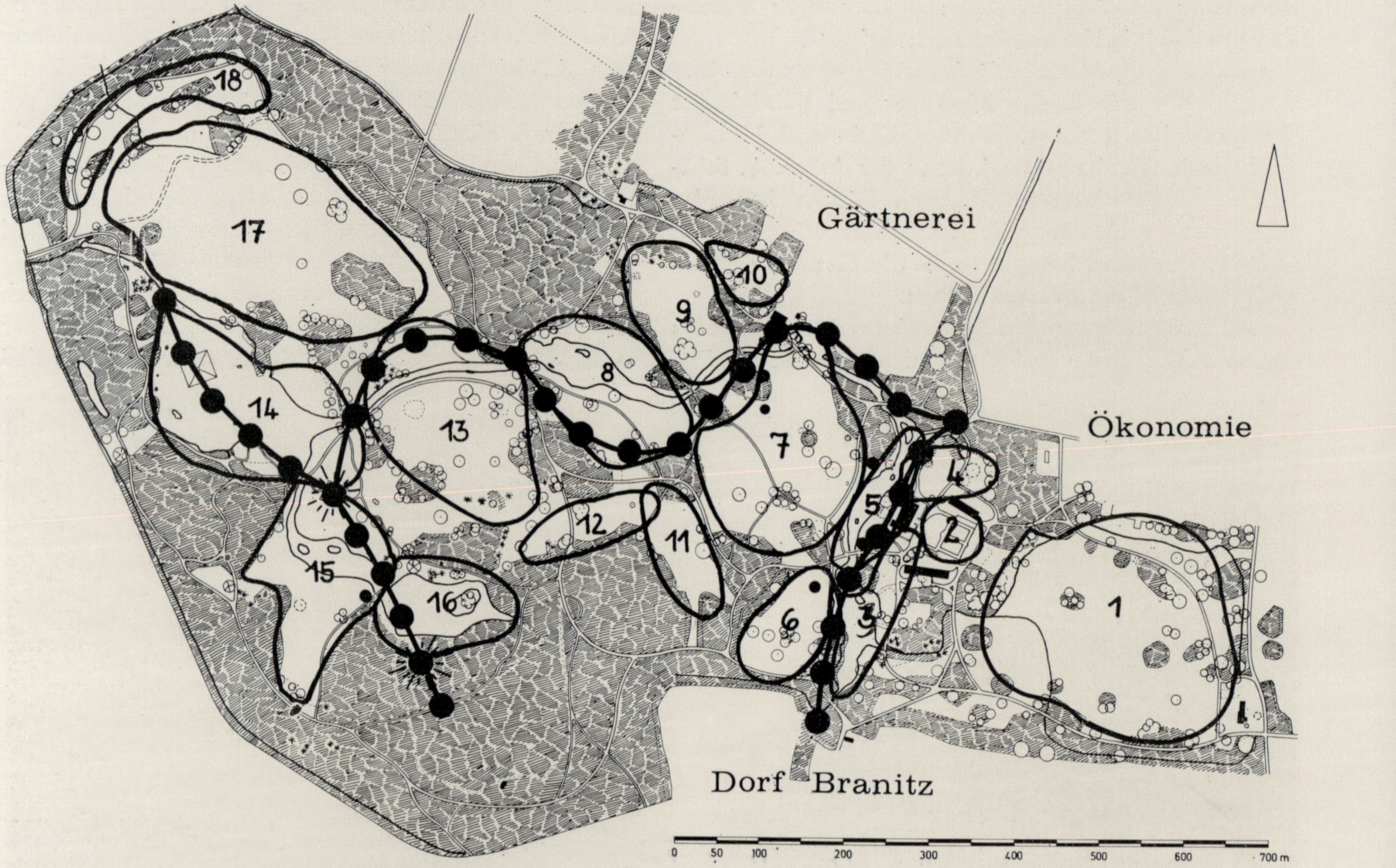

115
Branitz. Die gestalterischen Schwerpunktlinien
als Funktion der Parkräume und Bauten

1 Schmiedewiese
2 Schloßhof mit Pergola
3 Schwarzer See und südlicher Blumengarten
4 Nördlicher Blumengarten
5 Schloßsee mit westlichem Blumengarten
6 Mondwiese
7 Schloßwiese
8 Schilfseebereich
9 Pokaleichenbereich
10 Cottbuser Empfangsraum
11 Repton-Wiese
12 Verbindungsglied Schloßwiese/Hainteil
13 Hainteil
14 Pyramidenseeteil
15 Schlangenseeteil
16 Hermannsbergteil
17 Bleyer-Parkteil
18 Parkausklang

116 ▶
Branitz. Dreier-Baumgruppe im Hainteil (2 Eichen, 1 Linde)
mit Regenpilz im Hintergrund. 1986

117
Branitz. An der Orangerie. 1965

118 ►
Branitz. Parkraum südlich des vorderen Schlangensees.
Blutbuche und Sumpfeichen als Betonung der dortigen Brücke. 1982

als erste gärtnerische Maßnahme ausholzen. Der nächste entscheidende Schritt war die räumliche Vereinigung der getrennten beiden Parkteile durch Eingriffe in die Randpflanzungen südlich der Schilfseeberge. In die neue große Öffnung pflanzte Bleyer kleine Baumgruppen und Solitärbäume und ergänzte im Hainteil Pücklers Pflanzungen durch Fichten, Weymouthskiefern und Tannen. Ebenfalls auf ihn gehen die kleinen Wäldchen zwischen Hainteil und Schlangensee sowie im nach ihm benannten Bleyerparkteil zurück. Was ihn zu diesen kompakten Pflanzungen veranlaßte, kann nur vermutet werden. Möglicherweise suchte er zu den hainartig gepflanzten, jungen und noch unruhig wirkenden Einzelbäumen einen beruhigenden Gegenpol.

Neben dem Hermannsberg entstanden weitere Erdanschüttungen in dessen Nachbarschaft sowie nördlich des Seeberges am Pyramidensee. Als Bepflanzung der dritten und höchsten Erhebung in der Seenlandschaft des Erweiterungsteiles hatte Bleyer Zwergkiefern vorgesehen, womit er wohl – neben der Befestigung der steilen Böschungen – die Hügelgestalt erhalten wollte. Möglicherweise waren die benötigten 30 000 Stück nicht beschaffbar, so daß schließlich unten Laubhölzer und oben Kiefern gesetzt wurden – beim dritten Versuch

119
Branitz. Partie im Hainteil mit Robinie, Lärchen, Linde, Fichten. 1982

120 ►
Branitz. Südlicher Teil des Pleasureground; Farbkontrast: Platane/Blutbuche, links
Formkontrast: Esche/Bergahorn in einem Pflanzloch, rechts. 1986

erst erfolgreich! Auf der Spitze des Hermannberges wurde später eine Laube errichtet, auch Gloriette genannt.[84] Besonderes Verdienst hat Bleyer an der Gestaltung der Wasserflächen in den „neuen Anlagen". Wenngleich der Pyramidensee nicht die geplante Größe und der Schlangensee nicht seine Form erhielt, sind die Wasserflächen im Erweiterungsteil doch zum bestimmenden Element geworden.[85] Als großer Gewinn ist der von Bleyer am Westufer des Pyramidensees geführte Weg und die vier Inseln anzusehen.

Der 1880 erfolgte Abriß der morschen italienischen Mauer gestattete jetzt einen freien Blick vom Schloß auf die Schmiedewiesen. Im gleichen Jahr wurden die Flügel der Pergola verlängert. Die Verlegung des von Cottbus kommenden Fahrweges machte die Auflösung des Hardenberggartens notwendig, wodurch der schöne Blick auf die Längsachse der Wasserfläche des Schloßsees verlorenging.

Viele Pflanzungen erfolgten in den ersten zwanzig Jahren von Bleyers Amtszeit; im Hainteil mußte dabei der wenig fruchtbare Boden stark mit Lehm und Kompost angereichert werden. In der inzwischen florierenden Baumschule wurden u. a. Perückensträucher für den Blumengarten sowie rote Magnolien, Kerrien und rotfruchtender Holunder herangezogen. Die Aufwendungen für gestalterische Arbeiten deckten sich annähernd mit Pück-

◄ 121
Branitz. Gartenraum der Pergola mit Schloß und Kavalierhaus. Farbkontrast: blühende Roßkastanie und Blutbuche. 1982

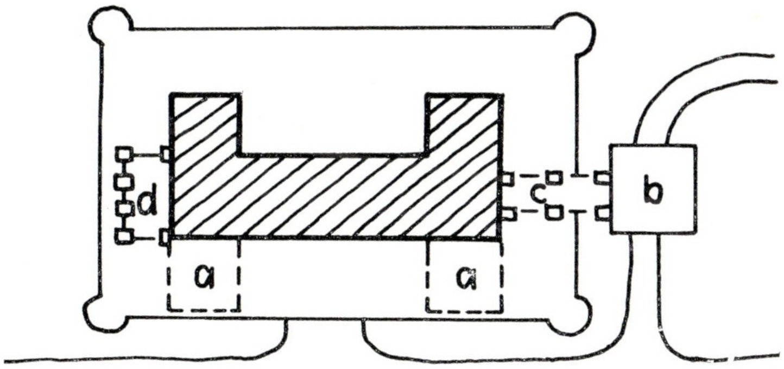

122
Branitz. Skizze nach einer Vorlage zum geplanten Schloßumbau 1860

a zwei Flügel gleich denen an der anderen Seite mit Bögen unten zum Durchgehen auf der Terrasse
b der große Turm mit offenem Bogen über dem Fahrweg
c Galerie ebenfalls unten offen mit Pylastern
d das Gewächshaus dito mit Durchgang, so daß der Spaziergang und Aussicht auf der Terrasse ganz frei bleiben

lers jährlichen Ausgaben für den Park, was die Intensität der Ausbauarbeiten verdeutlicht. Mit dem Gewinn der Baumschule konnte man die Hälfte der Parkausgaben bestreiten.

In die Bleyer-Zeit fällt bis 1876 wohl auch die Veränderung des Uferweges westlich vom Schloßsee. Lag er nach dem Plan 1853 und auch 1868 innerhalb kostbarer Pflanzungen dicht am Ufer des Schloßsees, so wurde der neue Weg außerhalb des Pleasureground verlegt und damit der Öffentlichkeit zugänglich. Mehrere Brükken wurden zwischen 1876 und 1878 gebaut, komplettiert und eine neu geplant.[86]

Manches Geplante blieb aber unausgeführt; und daß die Wasserflächen nicht alle ihre nach gartenkünstlerischen Gesichtspunkten projektierte Größe erreichten, lag wohl daran, daß die Arbeitskosten die vorhandenen Mittel überstiegen hätten. Die Nichtrealisierung geschah allerdings auf Kosten gestalterischer Wirkung.[87]

Bedeutenden Umfang hatte der nach 1871 noch zu bewältigende Wegebau. Ein Jahr nach Pücklers Tod wurde der „Cottbuser Auffahrtsweg" auf Anordnung des Grafen Heinrich von Pückler gebaut. Es kann sich dabei nur um den diagonal von der Gärtnerei über die Schloßwiese zur Schloßbrücke führenden Weg gehandelt haben, der in den Plänen zwischen 1853 und 1888 so variable Formen zeigt und allzusehr seine funktionelle Aufgabe herauskehrt. Weit harmonischer war der ebenfalls diagonal zu den bestehenden Wegen gebaute Panoramaweg im Bleyerparkteil, der zum Pyramidensee führte und dort, über eine Brücke an seiner Mündung, in den Großen Umfahrungsweg einbog. Beide Wege existieren heute nicht mehr – für den ersten kaum ein Verlust, der zweite hingegen erschloß einen großen Parkraum und ließ vor der Brücke die drei Erdbauwerke in einem Bilde vereint erleben.[88]

123
Branitz. Blühende Halesia an der südlichen Schloßterrasse. 1986

1875 wurde die morsch gewordene Brücke über dem Schwarzen See abgetragen, was einen großen Verlust für das Parkerlebnis an der Mondwiese bedeutete. Als Folge mußte dann auch der Auffahrtsweg von Osten verlegt werden.

Nochmals tauchten Schloßumbaupläne auf, diesmal ausgelöst von Heinrich Graf v. Pückler. In einer Skizze ohne Datum und Signum, aber mit seiner charakteristischen Handschrift, sind an der Hofseite des Bauwerkes zwei runde Ecktürme sowie ein nach außen verlegtes Treppenhaus angegeben. An der Parkseite sollten an den Flügeln des Schlosses mehrere Anbauten in unsymmetrischer Form entstehen und ein Ausgang mit Doppeltreppe im Biedermeierstil in den Garten führen. Eine kolorierte Architektenzeichnung in großem Format nimmt die Idee der Ecktürme auf, während die übrigen baulichen Hinzufügungen fehlen. Auch diese Pläne zerschlugen sich.

1888 war Büttner als Geometer tätig. Zwischen seinen Arbeiten, Parkaufnahmen des Cottbuser Hoffotografen Metzner aus der gleichen Zeit und einer wenig freundlichen Bemerkung Hermann Jägers zu Branitz in seinem Gartenkunst-Buch scheint ein Zusammenhang zu bestehen: Parkplan und fotografische Dokumente sollten vermutlich die gartengestalterischen Anstrengungen auch 17 Jahre nach dem Tode des Parkschöpfers belegen.[89] Mit Hilfe dieses 1888 geschaffenen, bisher noch vermißten Planes dürfte auch etwa die Vollendung des Branitzer Parks in seinem heutigen Umfang fixiert gewesen sein.

Aus dem Jahre 1903 stammt eine Farbdruck-Karte, welche das Areal des Landschaftsgartens einschließlich der gestalteten Umgebung darstellt, insgesamt 530 ha. Sie wurde von Schülern der Gärtnerlehranstalt Potsdam als Vereinsgabe erarbeitet. Dabei dienten auch die Pläne von 1868 und 1875 als Grundlage.[90] Es ist die einzige Karte, die den Gesamtumfang des Pücklerschen Werkes in Branitz dokumentiert und die geplanten großen Dimensionen des Gartenschöpfers auch hier andeutet. In dem Bericht von 1906 in der „Gartenflora" über einen Ausflug nach Cottbus und Branitz am 9. Juli würdigt Georg Potente die Leistung Pücklers und gleichermaßen die seiner Nachfolger: „Nach dem Eintritt in den abgeschlossenen Teil des Parkes befand man sich sogleich inmitten der großartigsten Parkszenerien, die uns so besonders charakteristisch bei allen Pücklerschen Schöpfungen entgegentraten. Die meisterhafte Behandlung der Terraingestaltung, die wirkungsvolle Anordnung der Gehölzpflanzungen im Grundriß und Aufbau und die naturgetreue Ausarbeitung der den Park durch-

124
Branitz. Blick vom Hermannsberg nach Norden. Um 1890

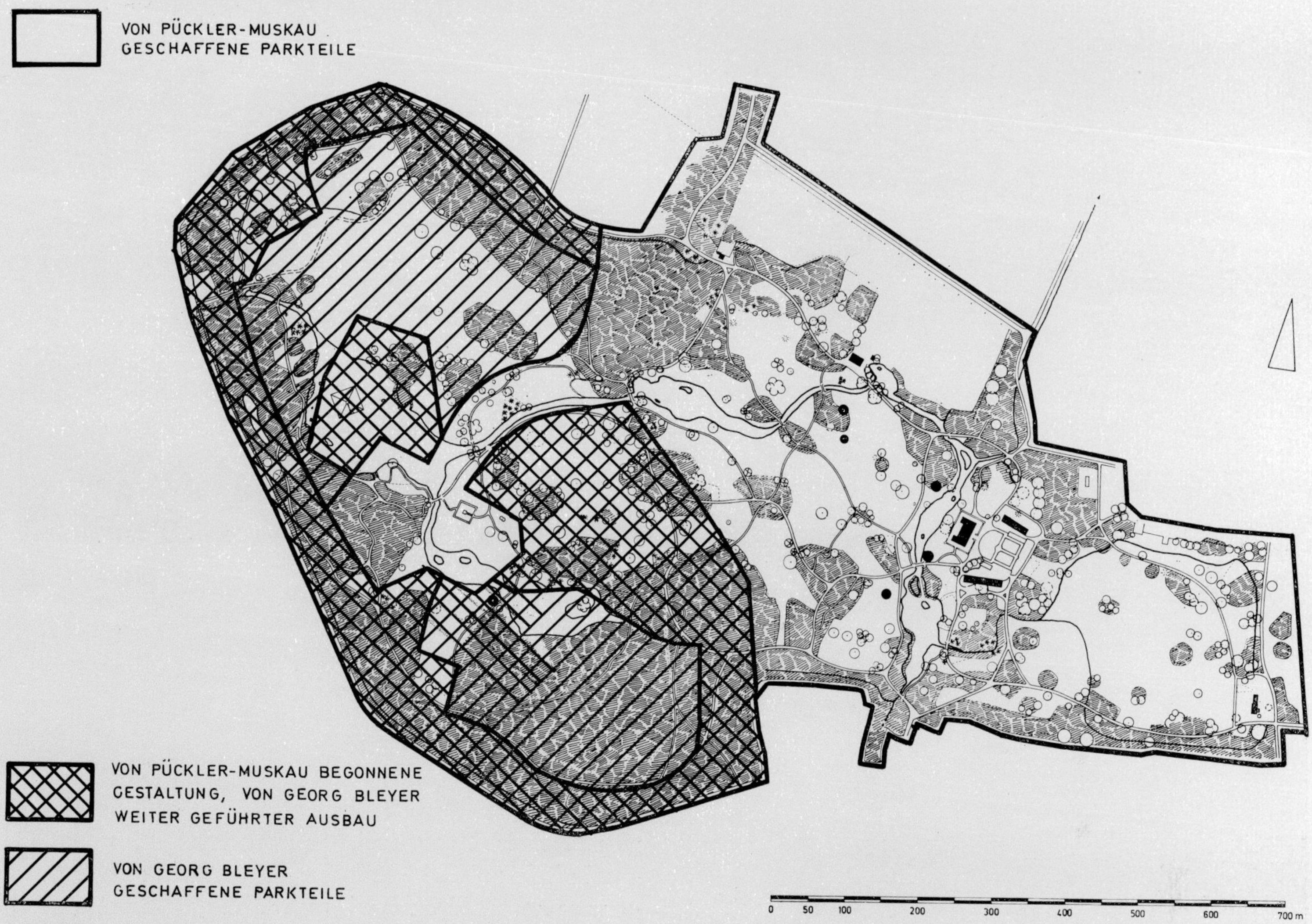

125
Branitz. Analyse der Parkautorenschaft

126
Branitz. Blick vom Fuße der Stufenpyramide auf die ägyptische Brücke
und den Pyramidenseeteil. Um 1900

127
Branitz. Vom gleichen Standort wie Abbildung 126. 1965

ziehenden Gewässer sind die drei Hauptfaktoren, die die Pücklersche Gestaltungskunst als deutsche Gartenkunst für alle Zeiten vorbildlich machten . . .". Auch Camillo Schneider hob 1909 in der „Gartenkunst" die Einfachheit und Einheitlichkeit hervor, welche als Werk einer ausgeprägten Persönlichkeit den Branitzer Park formte.

Siebenundvierzig Jahre war Georg Bleyer für den Branitzer Park tätig, bis 1915 der Tod seinem rastlosen Schaffen ein Ende setzte. Als Angestellter des Gräflichen Besitzers, der selbst in die weitere Parkgestaltung eingriff, konnte er künstlerisch nicht so wirksam werden wie Petzold in Muskau. Die völlig andere Art seiner Pflanzungen, die kaum Pücklersches Erbe fortsetzte, und die nicht so elegante Verwendung des Teichaushubes zur Geländemodellierung machen es möglich, recht gut seine Arbeiten von denen des Gärtnerfürsten zu trennen. Sein Verdienst ist es, dem Park seine räumliche Einheit gegeben und die Baumbestände gefördert zu haben. Den größten Teil der in Branitz gepflanzten Koniferen ließ Bleyer setzen.

128
Branitz. Blick vom Standort einer ehemaligen Brücke am Ausfluß des Pyramidensees nach Nordwesten. Zwischen den beiden Pyramiden liegt im Hintergrund der Hermannsberg. 1965

Von 1915 bis 1943 wurde die Parkpflege einem Förster namens Diedler anvertraut, der seit 1885 im Dienste der Herrschaft Branitz stand.

In diesem Zeitabschnitt ließ man an der Eingangsseite des Schlosses Scheinzypressen bis zur Traufe wachsen, pflanzte Roßkastanien beiderseits des Weges über den Mondberg und eine Lindenreihe vor dem Poetenhügel. Durch die letztgenannte Pflanzung wurde die einzige sichtmäßige Verbindung, die Pückler zwischen seinem ersten Parkabschnitt und dem Pyramidenteil geschaffen hatte, wieder aufgehoben. Größere Veränderungen brachten dann flächige Pflanzungen von Schwarzkiefern, Kiefern und Fichten westlich vom Seebergareal, das von Bleyer noch als kleines Tälchen gestaltet war. Die Nadelholzpflanzung westlich des großen und kleinen Hermannsberges ist erst knapp 50 Jahre alt; nur der Fichtenbestand östlich vom Schlangensee stammt aus den Jahren um 1900. Eine ungenügende Pflege erfuhren die waldartigen Bestände und die Baummassive, und so fehlen in ihnen fast durchgängig Bäume mit gut ausgebildeten Kronen. In einem zusammen mit Robert Kalwa 1928 herausgegebenen Buch brachte Fritz Zahn keine zeitgemäßen fotografischen Aufnahmen von Branitz ein, sondern griff auf ältere Bilder zurück und ließ Zeichnungen anfertigen, vermutlich, weil „. . . Branitz keinen vollendeten Eindruck wie zum Beispiel Muskau . . .“ mehr machte.[91]

Bis auf eine kurze Zustandsbeschreibung des Parkes von Luise Henriette Gräfin von Pückler 1933 ist aus der Zeit zwischen den beiden Weltkriegen nur wenig über den Park bekannt.[92] 1934 war das Gut Branitz so stark verschuldet, daß ein staatlicher Verwalter eingesetzt wurde. Die Pücklersche Familie vermochte auch nicht mehr die Mittel für die Parkpflege aufzubringen. So kam es zur Grenzziehung zwischen der Stadt Cottbus und dem Dorf Branitz unmittelbar westlich am Schloß. Für den Cottbuser Teil des Parkes stellte die Stadt jährlich 10 000 Mark Pflegemittel zur Verfügung. Schloß und Schmiedewiesen blieben weiter im Familienbesitz

129
Branitz. Das aus fünf Bäumen gebildete Ensemble am Schilfsee.
Von links nach rechts: Hainbuche, Graupappel, Hainbuche/Linde,
Roßkastanie/Robinie und am rechten Seeufer Robiniengruppe. 1982

130
Branitz. Baumgruppierung im Hainteil. 1986

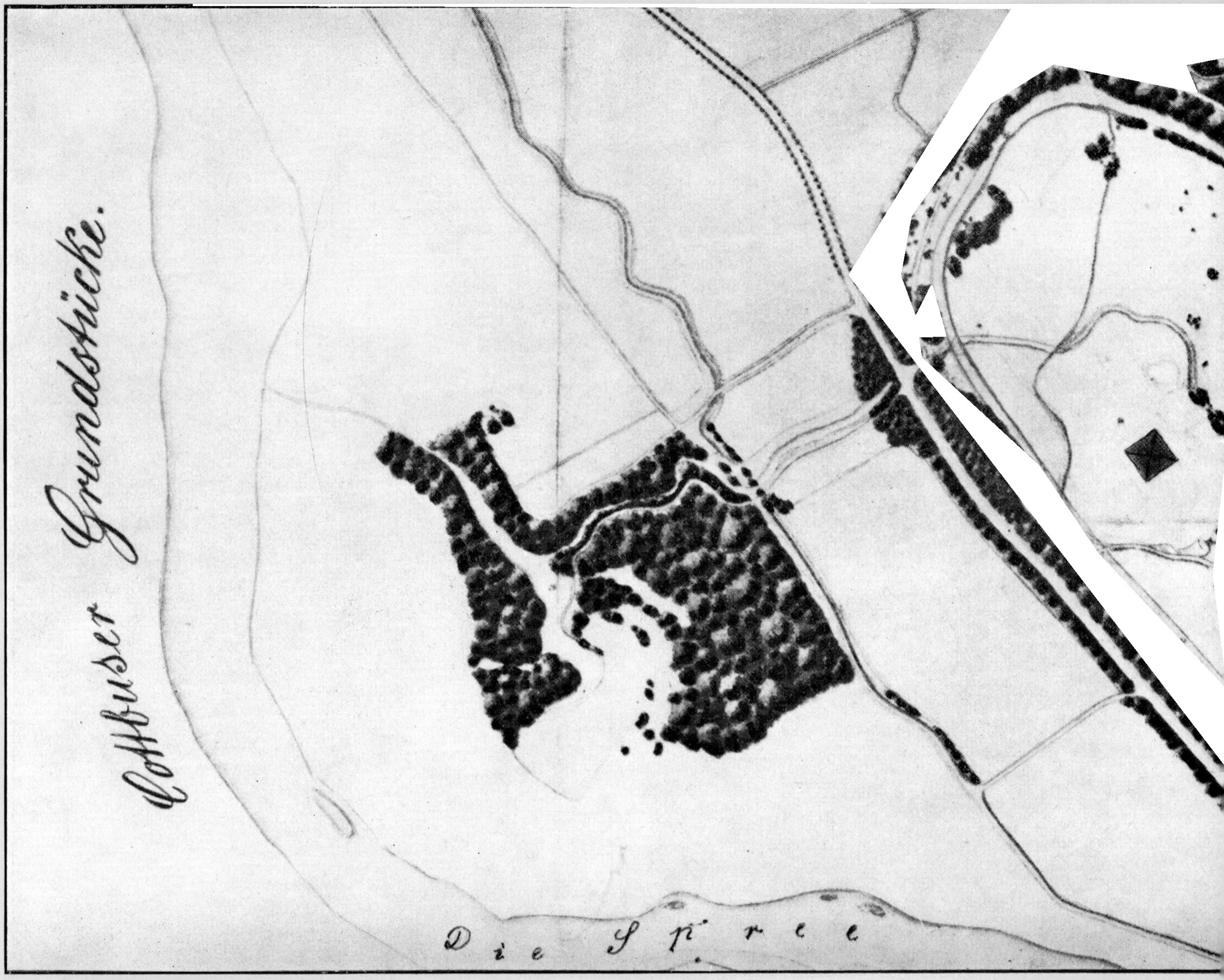
Cottbuser Grundstücke.
Die Spree

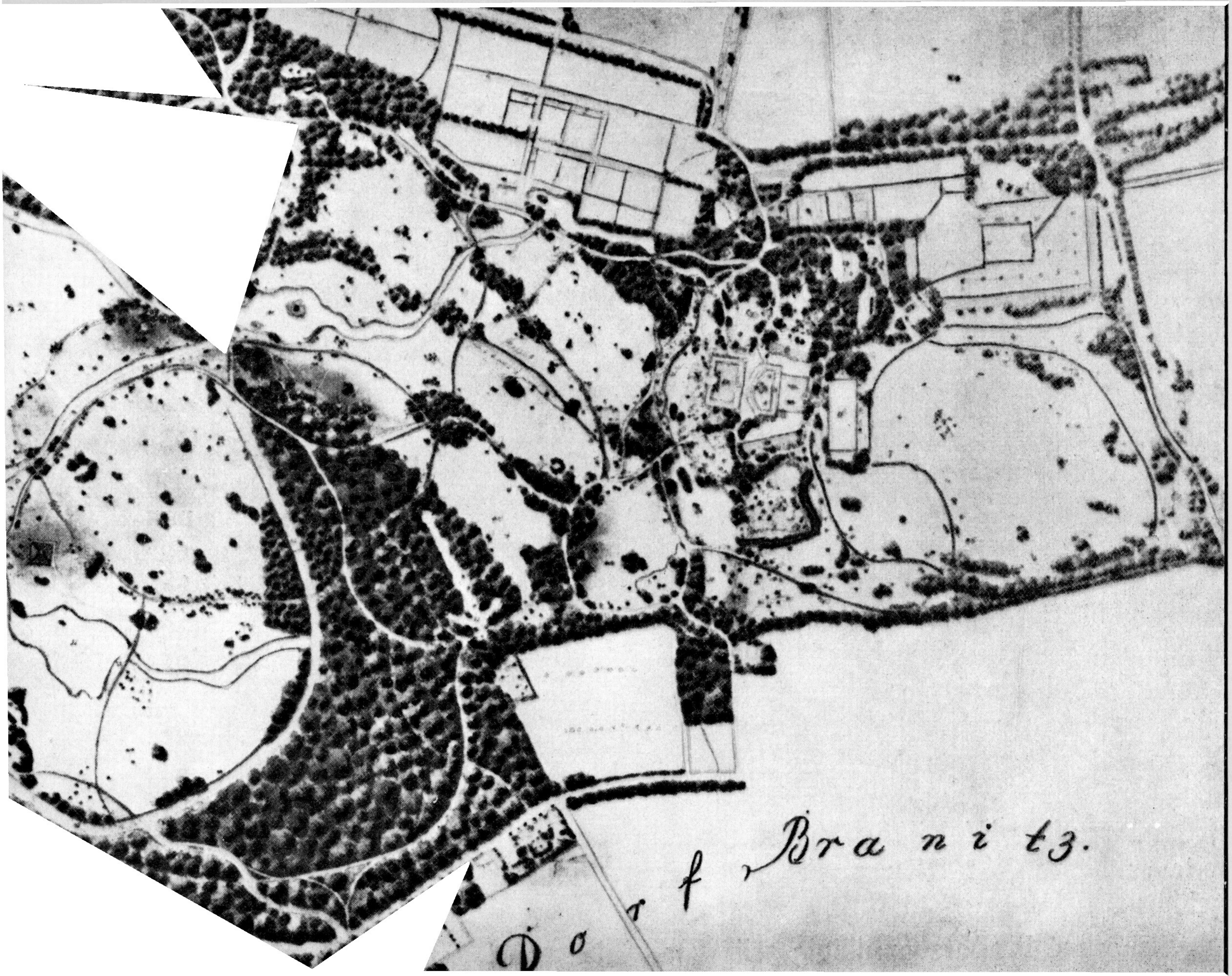

131
Branitz. Parkplan von Bruno Teichler. 1868

132
Branitz. Baumgruppierung an den Schilfseebergen. 1980

der Pücklers. Mit der Bodenreform 1945 wurde das Gut Branitz enteignet und einschließlich der Schmiedewiesen zunächst aufgesiedelt für 56 landarme Bauernfamilien. Ohne größere Schäden überstand der Park den zweiten Weltkrieg, wenngleich etwa 30 Bomben auf seinem Gelände detonierten. Der Verwachsungsgrad allerdings war bei Wiederaufnahme der Pflegearbeiten erheblich. So veranlaßte Hermann Schüttauf erste Auflichtungen in den waldartigen Parkteilen sowie die Beseitigung störender Pflanzungen um das Schloß. Als Schutzmaßnahmen gegenüber nachteiligen Wirkungen des zu erwartenden Grundwasserabzuges durch die Entkohlung nahegelegener Gebiete wurden 1984 Plenterungen zur Stabilisierung der geschlossenen Randstreifen durchgeführt und ein 2,5 km langer Wassergraben zur Oberflächeneinspeisung aus der Spree angelegt. Ein inneres Bewässerungssystem und Maßnahmen zur Überwachung des Gehölzzustandes, wie z. B. Infrarotluftbilder, sind ein Teil eines umfangreichen Programms an Kontroll- und Schutzmaßnahmen zur Erhaltung des Branitzer Parkes.

Um die vielfältigen Ansprüche an die unmittelbare Nachbarschaft des Parkes in vertretbare Bahnen zu lenken, sind in der 1985 erarbeiteten Ortsgestaltungskon-

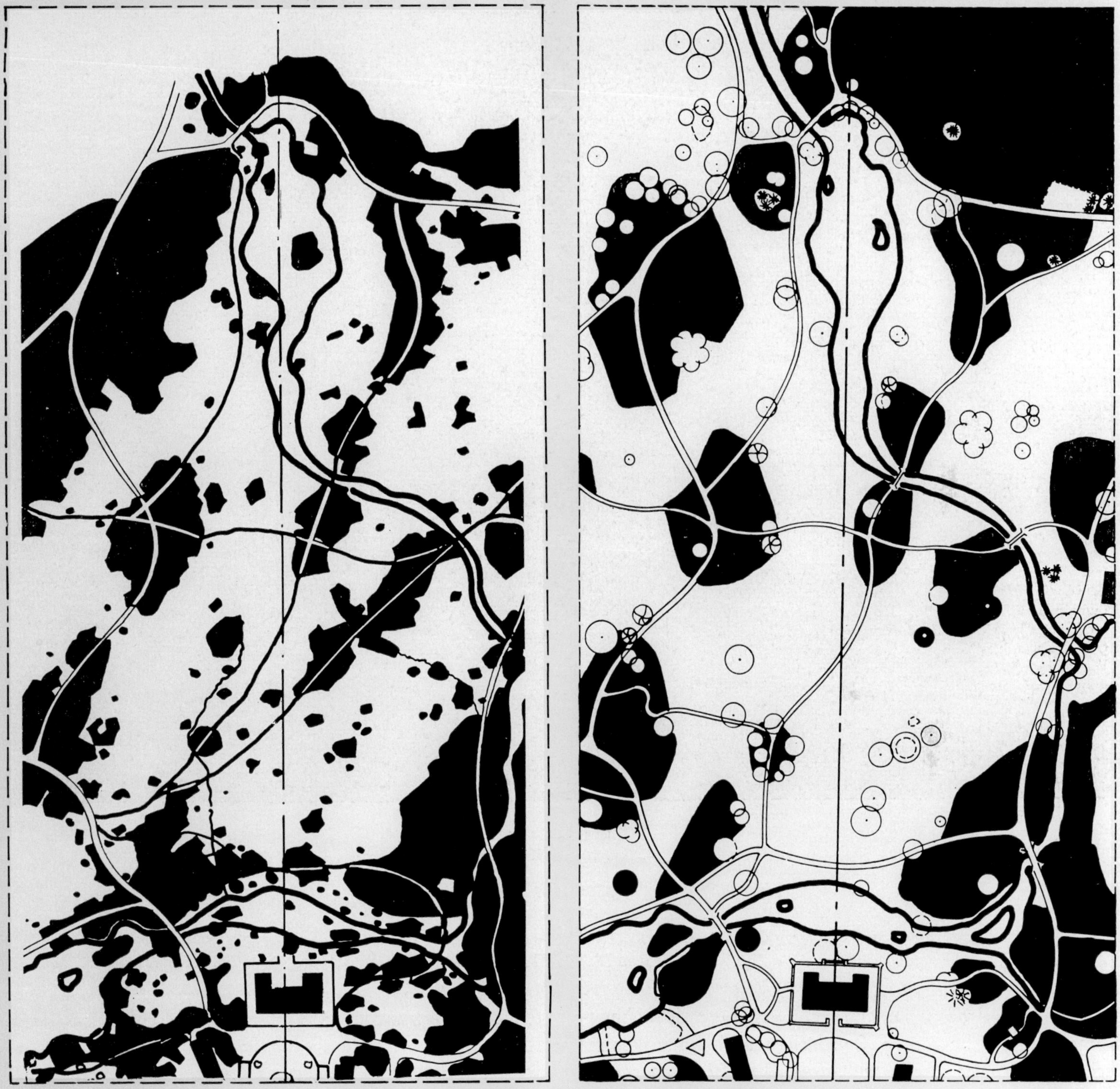

133

Branitz. Die im Laufe von 100 Jahren eingetretenen Veränderungen
im Teil zwischen Schloß und Poetenhügel 1870–1970

134 und 135
Branitz. Die durch geringe Standortveränderung auf der Schloßterrasse hervorgerufene Szenerieveränderung:

134
Blick von der südwestlichen Terrassenecke. 1965

zeption für Branitz neben der Festlegung des Umgebungsschutzes begrenzte Bauflächen und Bauhöhenbeschränkungen im Ort festgelegt worden. Ein Sicherheitsabstand von 600 m trennt nunmehr den Braunkohlenbergbau von der Parkschmiede.

Der in den letzten Jahren eingetretene Ausfall wesentlicher, das Parkgefüge bestimmender Bäume zwingt auch in Branitz, neben planmäßigen Auslichtungsarbeiten auch Bestandserneuerungen einschließlich bestimmter Rekonstruktionen einzuleiten. Dieser Notwendigkeit wurde durch die Wiedereinsetzung eines Gartenarchitekten entsprochen. Im Park konnte der Bereich um den Schilfsee in seiner ursprünglichen Gestalt wieder hergestellt werden. Er ist heute neben der Schloßwiese und dem Schlangenseeteil am besten im ursprünglich beabsichtigen Sinne erlebbar. Die erfolgreich abgeschlos-

135
Blick von der Mitte der Terrasse. 1965
Die in Abb. 134 souverän stehenden Baumgruppen ergeben hier eine ruhige Baumwand.

senen Reparaturen und Rekonstruktionen des Schloßensembles, wobei die Schloßterrasse, das Kavalierhaus und die Parkschmiede erneuert wurden und die Büste der Henriette Sontag, neu gegossen und vergoldet, wie ein Edelstein in der Blauen Rosenlaube (Kiosk genannt) blitzt, machen Branitz im Sommer und Winter noch anziehender. Das abends und nachts angestrahlte Schloß wirkt hinter dem Filigranwerk der alten Bäume wie ein Zauberschloß aus dem Orient, den der Fürst Pückler so liebte.

Schlußbetrachtung

In unserer Zeit, in der die Pückler-Parks ihren Zenit erreicht oder zum Teil schon überschritten haben, erkennen wir die Klarheit ihrer Komposition mit frappierender Überzeugungskraft. Ein großer Teil der hier abgebildeten Fotografien gibt bewußt den gegenwärtigen Zustand wieder. Wohlproportionierte Parkräume mit kraftvollen Baumgestalten ergeben nach 130–170jährigem

136
Branitz. Zustand der Schloßwiese 1982

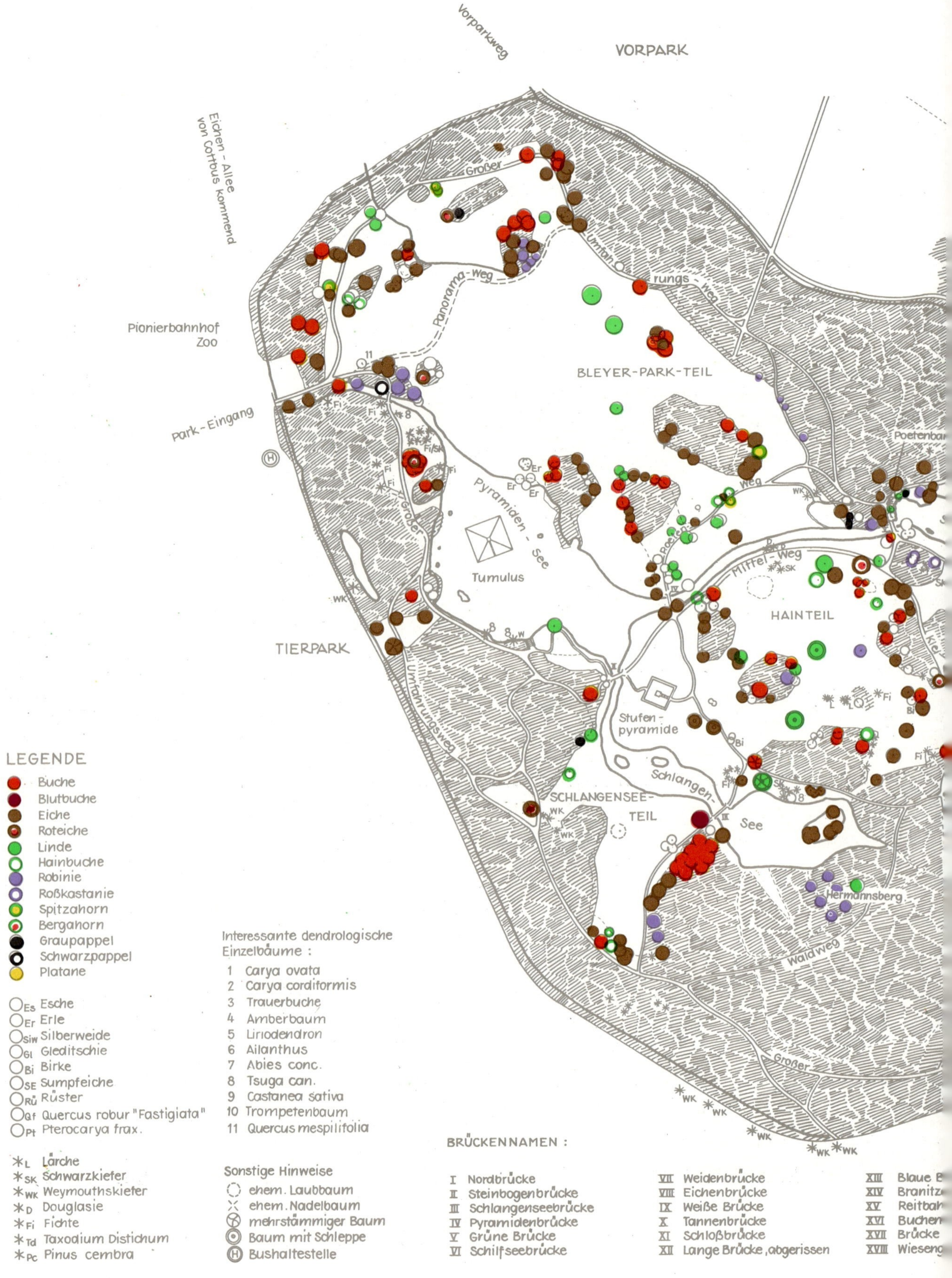
Vorparkweg
VORPARK
Eichen - Allee von Cottbus kommend
Großer
Umfahrungs - Weg
Panorama-Weg
Pionierbahnhof Zoo
BLEYER-PARK-TEIL
Park-Eingang
Poetenbar
Pyramiden - See
Tumulus
Mittel-Weg
HAINTEIL
TIERPARK
Umfahrungsweg
Stufen-pyramide
Schlangen-See
SCHLANGENSEE-TEIL
Hermannsberg
Waldweg
Großer
LEGENDE
Buche
Blutbuche
Eiche
Roteiche
Linde
Hainbuche
Robinie
Roßkastanie
Spitzahorn
Bergahorn
Graupappel
Schwarzpappel
Platane
Es Esche
Er Erle
Siw Silberweide
Gl Gleditschie
Bi Birke
SE Sumpfeiche
Rü Rüster
Qf Quercus robur "Fastigiata"
Pt Pterocarya frax.
*L Lärche
*SK Schwarzkiefer
*WK Weymouthskiefer
*D Douglasie
*Fi Fichte
*Td Taxodium Distichum
*Pc Pinus cembra
Interessante dendrologische Einzelbäume :
1 Carya ovata
2 Carya cordiformis
3 Trauerbuche
4 Amberbaum
5 Liriodendron
6 Ailanthus
7 Abies conc.
8 Tsuga can.
9 Castanea sativa
10 Trompetenbaum
11 Quercus mespilifolia
Sonstige Hinweise
ehem. Laubbaum
ehem. Nadelbaum
mehrstämmiger Baum
Baum mit Schleppe
Bushaltestelle
BRÜCKENNAMEN :
I Nordbrücke
II Steinbogenbrücke
III Schlangenseebrücke
IV Pyramidenbrücke
V Grüne Brücke
VI Schilfseebrücke
VII Weidenbrücke
VIII Eichenbrücke
IX Weiße Brücke
X Tannenbrücke
XI Schloßbrücke
XII Lange Brücke, abgerissen
XIII Blaue B
XIV Branitz
XV Reitbah
XVI Buchen
XVII Brücke
XVIII Wieseng

137
Branitz. Baumbestandsplan 1985

138
Branitz. Trotz Ausfall einer sehr großen Linde am Standort des Jungwuchses bilden die noch vorhandenen Eichengruppen einen harmonischen Dreiecksverband auf der Schloßwiese. 1986

Wachstum immer noch und fast überall stimmige Bilder. Dieses Ergebnis ist kein Zufall. Das Ausfeilen der Schwachstellen bis zuletzt hat sich hier ausgezahlt. Eindringlich schrieb Pückler an Prinz Karl von Preußen, dem er seine „Andeutungen über Landschaftsgärtnerei" gewidmet hat: „Darf ich dabei als alter Praktiker mir einen Unterthänigen Rat erlauben, so bitte ich Euer Hoheit nur um eins, nie bestehen zu lassen, was Ihnen nach der Ausführung nicht gefällt. Wenn meine Anlagen Euer Hoheit einigermaßen befriedigt haben, so ist es nur der festen Beobachtung dieses Grundsatzes zu danken. Es gibt wenig Stellen darin, die nicht retouchiert wurden, viele die zehnmal umgeworfen und neu gemacht worden sind. Ich bin in dieser Hinsicht unerbittlich, und wäre ohne dies wenigstens noch einmal so weit in meinen Anlagen gediehen, sie würden dann aber auch schwerlich viel Vorzug vor allen übrigen haben. Mit der Zeit schärft sich der Blick und man ändert seltener, und Irrtum fällt immer noch vor."[93]

Dieses Arbeitsprinzip beherrschte Pückler von Anfang an. In einem Brief an seine Frau schrieb er 1818: „Laß uns nur bei den Anlagen fest an dem Grundsatze hängen, wenig aber Vortreffliches herzustellen und nicht zu plattieren, sonst werden wir nur immer halben nie ganzen Genuß finden. Wenigstens geht es mir so, und ist es eine Schwäche, so mußt Du Mitleid mit demselben haben, denn ich werde sie doch nie ablegen können."[94]

Was dem Parkschöpfer Pückler seine eigenen Parks in ästhetischer Hinsicht bedeuteten, trotz mancher gegenteiliger Äußerungen, gibt eine Briefstelle an Ludmilla Assing vom 17. 10. 1859 wieder: „Ich gestehe, daß Branitz mich diesmal vor dem Abschied mehr angezogen hat, als ich dies sonst je empfunden. Wir hatten aber einen unvergleichlichen Herbst mit so köstlichen Beleuchtungen über dem wirklich smaragdgrünen Rasen, einer solchen Farbenpracht des Laubes in rot, orange, violett und allen Nuancen von grün, durchschimmert von Sonnengold, daß zuweilen jenes kindliche Entzücken über mich kam, wo auf Augenblicke das beschränkte Ich in der Seeligkeit des Allgemeinen, des Göttlichen aufgeht."[95]

Das ästhetische Bedürfnis ist die eine Seite, die Pücklers Schaffenszwang zugrunde liegt. Die andere Triebfeder ist eine spezielle Weltanschauung, seine merkwürdig gemischte aristokratisch-demokratische Haltung, die allen sichtbar – in Branitz speziell nachzuempfinden ist.

Alle im gemäßigten Klima gut gedeihenden Baumarten sind gleichberechtigt verwendet worden, nicht in gleicher Anzahl – das wäre unkünstlerisch – aber in *der* Form, daß sowohl Linden, Eschen, Erlen, Birken, Roßkastanien, Ahorn als auch Eichen, Buchen, Hainbuchen, ja sogar Robinien und Pappeln das gleiche Recht eingeräumt wurde, an bestimmten Stellen der Pflanzungen als markanter Baum in voll entfalteter Individualität in Erscheinung zu treten. Dies wurde dadurch erreicht, daß entweder der Baum als Solitär oder 20 bis 30 m vor eine rahmenbildende Pflanzung gestellt wurde oder er *dadurch* vor den übrigen Bäumen den Vorzug erhält, daß er an einer Ecke einer Baumgruppe in einem um 2 bis 5 m größeren Abstand von seinen Artgenossen gepflanzt wurde. Dies genügte bereits, um seine Krone sich kräftiger entfalten zu lassen, als die der in engerem Abstand stehenden. So ergibt sich eine sehr breite Anwendungsmöglichkeit des Akzentuierens, des Hervorhebens einzelner Bäume bei beschränkter Artenanzahl.

Die Solitärs wirken ständig, da sie ähnlich Plastiken im Raum stehen und unabhängig, ob belaubt oder kahl, immer sofort ins Auge springen. Anders bei den Halbsolitärs, die als Eckbäume eine 1/2 bis 2/3 ausgebildete Krone besitzen und Glied einer Gruppierung bleiben. Aber auch bei ihnen ist die Wirkung verblüffend. Je nach der Jahres- und Tageszeit wirken jeweils andere Halbsolitärs. Diese Kenntnis nutzend, sind die einzelnen Baumarten als Markierungen so gesetzt, daß sie, asymmetrisch verteilt, an meist nur drei Stellen einer Sicht oder eines Parkraumes auftauchen und das Auge somit zwingen, von einem zum anderen zu wandern. So lernt man den Raum im ureigensten Sinne des Wortes begreifen, so wird der gleiche Raum immer in anderer Nuancierung betont, je nachdem blühende Linden, herbstfärbende Ahorn oder Roßkastanien, Blutbuchen oder Graupappeln hervortreten und ihn umschreiben. Obwohl die Standorte der jeweils wirksamen Bäume somit wechseln, ist stets auf Beibehaltung entsprechender Zuordnung untereinander geachtet. Doch damit ist die künstlerische Verwendung des Baumes noch nicht erschöpft. Bäume können am Ende einer Sicht, einer Blickachse als point de vue stehen und damit das Bauwerk ersetzen, das im Barockpark für den Abschluß einer Sicht nötig war; sie können Brücken betonen, Wegeabzweigungen andeuten, Eingänge markieren. Das Schwergewicht wurde aber auf die große Raumdisposition gelegt und vor allem auf die freistehenden Solitärs und Gruppen, die gleich Plastiken innerhalb eines größeren Parkraumes wirken.

Was uns heute an Branitz so fasziniert, ist die souveräne Stellung dieser Gruppen, Massive und Solitärs zueinander und untereinander und die bei allem vegetativen Wandel über Jahrzehnte gleichbleibende Harmonie. Wenngleich der heutige Zustand mit dem vor 70 bis 100 Jahren kaum mehr übereinstimmt, so ist der Vergleich alter Parkfotografien mit der heutigen Wirklichkeit doch frappierend, vor allem beim Vergleich der ältesten Teile. Harmonie war damals so vorhanden wie heute überall im Park wahrnehmbar, wenngleich sich die Proportionen stark verändert haben, heute andere Bäume als früher bildbestimmend sind. Nur die Sichten und Blickachsen haben ihre Lage beibehalten. Diese Wandlungsfähigkeit ist ein Spezifikum des Landschaftsgartens; es ist das Dynamische das ihm überall innewohnt. Die Meisterung des Dynamischen wurde zur künstlerischen Quintessenz, wobei die Dynamik dreifacher Natur ist:

- die wechselnde Bildfolge beim Wandern durch den Park,
- die wechselnde Bildwirkung in Abhängigkeit vom Sonnenstand und der Jahreszeit,
- die langfristigen Veränderungen durch Alterung und und Generationswechsel der Bäume.

Dies ist die bisher kaum gewürdigte größte Leistung der Schöpfer des Landschaftsparkes.

Allen im Park verwendeten Baumarten ohne Vorrechte für Einzelne volle Schönheitsentfaltung gewährt, alle prägnant in Erscheinung tretenden Bäume in das bindende Proportionssystem des Ganzen eingeordnet zu haben, ist das heute noch sichtbare wichtigste Prinzip in Branitz.

Da Kunst nie beziehungslos ensteht oder nur ästhetischen Bedürfnissen des Künstlers zu verdanken ist, Pückler seine Arbeit auf Dauerhaftigkeit anlegte, können wir erahnen, was das lebende, sich langsam durch Wachstum verändernde Gefäß, das wir Landschaftsgarten nennen, für einen kostbaren Inhalt birgt. Für Pückler war es die einzige Möglichkeit, sein ihm in der Mitte des 19. Jahrhunderts vorschwebendes Gesellschaftsmodell in seinem Park Gestalt werden zu lassen – seine Utopia.

Zur Ausstattung von Landschaftsgärten im 19. Jahrhundert mit Kleinarchitekturen, mobilen Gartenausstattungen und Pflanzungen unter besonderer Berücksichtigung von Park Branitz

Anne Schäfer

Anmerkungen S. 302 ff.

Kleinarchitekturen sind neben der Pflanze eines der wesentlichen Gestaltungsmittel in der Gartenkunst. In der Form von Pavillons, Lauben, Pergolen, Spalieren, Treppen, Mauern, Balustraden, Einfriedungen, Toren, Wasserbecken, Brunnen, Plastiken, Leuchtkörpern, Flaggenmasten und ähnlichen baulichen Ausstattungen haben sie sowie auch mobile Gartenausstattungen, z. B. Gartenmöbel, Vasen und Beeteinfassungen, eine architektonisch dekorative Wirkung. Kleinarchitekturen sind als Gegenstand der Kunst und Architektur Ausdruck der gesellschaftlichen und ökonomischen Verhältnisse, ihr Stil und ihre Ausdrucksform verkörpern die Geisteshaltung der jeweiligen Epoche.[1]

Für eine besonders reiche Ausschmückung mit Blumen, Ziersträuchern, Kleinarchitekturen und mobilen Gartenausstattungen ist im Landschaftsgarten seit H. Repton der sogenannte pleasureground vorgesehen. Die Bezeichnung wird seit dem 19. Jahrhundert verwendet, da es keine treffende deutsche Übersetzung dafür gibt. Er ist im unregelmäßigem Stil angelegt und umfaßt die eigentlichen Ziergärten, die meist direkt an das Gebäude anschließen, ist weniger reich als diese mit Blumen und fremdländischen Gehölzen geschmückt und mit einem feinen Gitter vom Park getrennt. Dieser Zaun hat nicht nur die Funktion des Schutzes der kostbaren Anlage, sondern auch die der Trennung zwischen dem Garten und dem Park, der als idealisierte Natur anzusehen ist.

Pückler betrachtet den pleasureground als ausgedehnte Wohnung, wo er allen Luxus und jede Laune bei der Gestaltung gestattet, gleichzeitig auf größte Sauberkeit und sorgfältigste Pflege achtet. Den Rasen wünscht er „sammetartig" kurz, damit die Blumenbeete darauf wie Stickereien erscheinen. In Pücklers Parkanlagen umgibt der pleasureground die Gebäude, während er in England oft nur an einer Seite derselben angelehnt wurde. Pückler bevorzugt als Begrenzung der Ziergärten eine höherliegende Terrasse oder ein fortlaufendes ‚Aha'.[2]

Ziergärten am Schloß

Babelsberg

Die architektonische Fassung der terrassenförmig angelegten Ziergärten am Schloß Babelsberg erfolgte 1844.[3] An die Südwestseite des Schlosses wurden 1847 zwanzig Linden von Voltaires Grundstück in der Luisenstraße 68/70, dem sogenannten „Marquisat", wo sie 1751 gepflanzt worden waren, übertragen, wodurch der Name „Voltaireterrasse" entstand.[4] Auf den mit Efeu bewachsenen Absätzen der Terrasse waren beiderseits der Treppen Tierplastiken aufgestellt: Antilopen, Vögel, Reiher, Fasanen und Ibisse.[5] Die beiden, die Terrassen seitlich begrenzenden Balustraden schmückten achteckige neogotische Vasen aus Steinmasse.[6]

In einer Nische auf dem oberen Plateau steht ein kleiner neogotischer Marmorbrunnen mit Mittelsäule und einem sechseckigen, nur wenig über dem Terrain liegenden Wasserbecken sowie einer darüber angeordneten Schale in Form eines Vierpasses. Als Wasserspeier dienten sechs Delphinköpfe am oberen Säulenabschluß, auf dem ein Herold aus Zinkguß von L. W. Wichmann (1784–1859) placiert war.[7] Hinter dem Brunnen befand sich eine Bank ohne Lehne mit Holzsitz, deren Füße zwei Zwerge in Knappentracht aus Sandstein bildeten.

Am Ende des Terrassenabsatzes führt eine Treppe zu einem, von einer Mauer und Bänken umgebenen achteckigen Platz, dessen Südseite eine hohe Wand begrenzt, die ein neogotischer Spitzbogen mit krabben- und kreuzblumengeschmücktem Wimperg und dem Erzengel Michael ziert, eine 1847 von A. Kiß (1802–1865) geschaffene und durch F. G. Fischer in Bronze gegossene Figur.[8] Dieses Monument aus rotem und gelbem Sandstein schenkte Friedrich Wilhelm IV. dem Prinzen Wilhelm zur Erinnerung an die Niederschlagung der Freiheitsbewegung in Baden 1849, die Wilhelm den wenig ehrenhaften Namen „Kartätschenprinz" einbrachte. Obwohl sich der Prinz zunächst gegen die Aufstellung des Denkmals, das an den unrühmlichen Feldzug erinnerte, wehrte, fügte er sich dem Wunsch des Königs.[9]

Die Goldterrasse auf der Nordseite des Babelsberger Schlosses ist von einem Eisengußgeländer mit Fischblasenmotiv umgeben. Die Wege zwischen den geometrisch angelegten, meist rechteckigen Beeten, die von Drahtseilen und gitterförmigen, niedrigen Einfassungen mit Vergoldung gerahmt waren, sind mit Marmormosaikpflaster ausgelegt.

Auf dieser Terrasse waren Blumenparterres „en relief" und eine Blumenfontäne ausgeführt, eine Vase, aus der Gewächse auf Golddrähten in ein darunter befindliches Blumenbassin rankten, das von einer niedrigen ringförmigen Einfassung umgeben war.[10] Die Verwendung vergoldeter und bronzener Blumenständer erhöhten die vornehm wirkende Farbigkeit von weißem Marmor, von goldfarbenen Ausstattungsgegenständen und bunten Blumen, die noch durch das Grün der aufgestellten Neuholländergruppen gehoben wurde.[11]

Die Goldterrasse ist durch eine Marmortreppe mit der Porzellanterrasse verbunden. Zierliche Weinfestons bilden das natürliche Geländer dieses tiefer gelegenen Schloßgärtchens. „Lorbeerbäume, mächtige Exemplare von Phormium tenax sind in demselben, in künstlerischem Wechsel mit Tiergestalten auf den Balustraden und mit chinesischen Gartensitzen aufgestellt, die letzteren um einen kunstvoll gemeißelten Brunnen, ein Geschenk der Kölner Dombauhütte."[12] Den Brunnen zierte eine Statuette des ersten Kölner Dombaumeisters Gerhard von Rille. Die erwähnten chinesischen Gartensitze sind bauchige, tonnenförmige Gefäße aus Keramik oder Porzellan mit rundem oder achteckigem Querschnitt, offenem Boden und meist geschlossener Sitzfläche. Seitlich befinden sich in der Regel zwei runde ornamentale Durchbrüche.[13] Solche kostbaren Gartensitze wurden bevorzugt in Gebäudenähe aufgestellt.

Von den Tierplastiken, die sich auf der Porzellanterrasse befanden, sind im Garteninventar von Babelsberg zwei Pfauenhähne aus Majolika, zwei Windspiele aus Sandstein, eine Hündin mit ihren Jungen, von F. L. Bürde, sowie ein Neufundländer und eine Bulldogge aus Steinmasse aufgeführt.[14]

Branitz

1846 wurde mit dem Umbau der einfachen, aus der Entstehungszeit des Schlosses stammenden Freitreppe begonnen. 1847 erwarb Pückler die vier Zinkgußkandelaber auf vier Löwenfüßen von der Werkstatt M. Geiß in Berlin und das Geländer aus Zinkguß, das 1848 vergoldet wurde, für diese Treppe. Die gleiche Werkstatt fertigte auch die sechzehn Vasen mit Löwenköpfen für die Vorsprünge der Terrassenmauer.[15] Das obere Treppenpodest am Gebäudeeingang ist von einer offenen Brüstung umgeben, auf deren sechs Pfeilern je eine Zinkgußvase mit geflochtenen Henkeln stand. Jede Vase zierte ein aufrecht im Erdreich stehender Thyrsosstab. Zwei an den Thyrsosstäben befestigte Festons verbanden auf beiden Seiten der Balustrade drei Vasen.[16]

Vier Vasen mit antikem Relief aus Steinmasse von der Firma M. March in Charlottenburg schmückten die Wangen der beiden Seitenaufgänge[17] und zwei Terracottakandelaber aus der Firma Feilner in Berlin den freien Platz an der Westseite des Schlosses. Die Kandelaber, die in gleicher Ausführung am Schinkelpavillon in Charlottenburg standen, entwarf K. F. Schinkel (1781–1841), die Figuren sind von W. L. Wichmann modelliert.[18] Die auf der Rückseite des Schlosses auf der Freitreppe zum See placierten Greifen bestanden aus Zinkguß. Alle Vasen und Kandelaber, die aus Steinmasse und Terracotta eingeschlossen, sowie die Greifen waren angestrichen und bronziert.[19]

Der Bau der Terrasse wurde mit dem Verlegen der Sandsteinabdeckung und dem sandsteinfarbigen Anstrich der glattgeputzten, gequaderten Mauer sowie mit der Anlage der Wege 1850 beendet.[20] Im selben Jahr führte Otto Terscheck, der von 1850–1851 als Obergärtner in Branitz tätig war, die erste Bepflanzung aus. Die sechzehn Vasen auf der Terrassenmauer waren mit Hortensien bepflanzt. Die Hauswand des Schlosses beiderseits der Freitreppe deckten die verschiedensten, auf der Terrasse aufgestellten Orangeriegewächse. Terschecks Vorschlag, zwischen den Fenstern höhere, davor und dazwischen kleinere Kübelpflanzen zu arrangieren und den übrigen Raum mit Blumen zu bepflanzen,[21] scheint von Pückler berücksichtigt worden zu sein, denn auch der von 1856 bis 1858 bei dem Fürsten als Blumengärtner eingestellte Kühnau berichtet davon, erwähnt die Blumen allerdings nicht.[22] An der Rückseite des Gebäudes waren Mahonien, Kirschlorbeer und Rhododendron ausgepflanzt. Auf den Rabatten an der Terrassenmauer standen scharlachrote Pelargonien.[23]

Muskau

Die Auffahrtsrampe zum Schloß und die vom Schloßvorplatz in den pleasureground herabführende Treppe projektierte Schinkel. Der Bau der Rampe begann 1825, im gleichen Jahr wurde sie chaussiert und 1826 die Fläche davor vollendet. Im folgenden Jahr ließ Pückler die repräsentative Treppe und die Absätze der Schloßrampe, auf die je ein Orangenkübel aufgestellt wurde, mit Steinplatten belegen.[24] Den Schloßinnenhof schmückten Orangeriegewächse.

An der Südseite des Gebäudes lag der Schloßgarten, einer der drei Blumengärten innerhalb des pleasureground, die Pückler wegen der besonders reichen Ausstattung mit Blumen so bezeichnete. In diesem Blumengarten befand sich das „Rosary", ein wie eine Blumenrosette gestaltetes Beet, in dessen acht in Buchsbaum gefaßte Blütenblätter Monatsrosen gepflanzt waren. Die Mitte bildete ein hoher eiserner Blumenkorb mit vergoldeten Spitzen. Auf dem angrenzenden Rasen, den ein schmaler, die Buchsbaumkonturen nachzeichnender

139
Babelsberg. Marmorbrunnen auf der Voltaireterrasse. Aquarell von Carl Graeb

Sandstreifen von dem Rosenbeet trennte, standen acht Kübel mit Granatbäumchen.[25]

Die Beete im Schloßgarten zwischen Lucie-See und Schloßrampe hatten die Form eines Füllhorns, einer Blumenpyramide, eines Sterns mit „H" und eines Fächers. Daneben gab es mehrere runde, ovale und rechteckige Beete, die meist mit einem Korbrand, Einfassungen aus gebranntem Ton, Gußeisen oder niedrigen Blumen versehen waren. Kompliziertere Beetformen waren in der Regel mit niedrigem, geschnittenem Buchsbaum eingefaßt. Die Bepflanzung erfolgte vorrangig mit Sommerblumen, aber auch mit Stauden und Zwiebelgewächsen, bevorzugt in reinen, kräftigen Farben.[26]

Pleasuregrounds

Babelsberg

Der nordwestliche Teil des pleasureground am Schloß Babelsberg ist besonders reich mit Beeten und Fontänenanlagen geschmückt. Zwanzig runde, ovale und nierenförmige Beete, deren Standort auch in den Plan des Babelsberger Parkes 1880 von F. Hoppe eingetragen sind, wurden ab 1971 in gartenarchäologischer Kleinarbeit rekonstruiert. Die Vorbilder für die verwendeten glasierten Beeteinfassungen aus Ton stammen aus den Weimarer Parkanlagen.

140
Muskau. Das Rosary am Schloß. Zeichnung von A. W. Schirmer. 1834

141
Muskau. Die Blumengärten vom Turmbalkon des Schlosses aus gesehen.
Zeichnung von A. W. Schirmer. 1834

1970 wurden auf dem Wirtschaftshof der Parkgärtnerei Porzellaneinfassungen gefunden, jedoch konnte nicht ermittelt werden, in welchem Teil des pleasureground sie ursprünglich verwendet worden sind. Es könnte sich um Restbestände der im Garteninventar von Babelsberg 1939 erfaßten 400 roten und 700 weißen Porzellansteine handeln. Sie sind grottensteinähnlich, haben einen rechteckigen Grundriß mit einer Seitenlänge von 4,5 × 6 cm und eine Höhe von etwa 4 cm. Außerdem wurden glasierte Porzellaneinfassungen in den Formen eines Vierpasses mit Stiel in zwei Farbvarianten und eines weißen Seilstückes mit blauem Akanthusblatt und Eisendornen, die zur Befestigung im Erdreich dienten, entdeckt. Die Vierpaßformen sind 17,3 cm lang und messen 8,3 cm an der breitesten Stelle des Ornaments. Eine Variante ist mittelblau marmoriert, die andere weiß mit rotem Rand. Das Seilstück ist abgeschrägt, 14 cm lang und 3 cm breit.

Glanzpunkte des pleasureground sind der weitestgehend wiederhergestellte Goldene Rosengarten und der Blumengarten um die Gotische Fontäne. Den Goldenen Rosengarten umgeben eine Gitterlaube im Eingangsbereich und doppelte gotische Bögen auf runden Pfosten, zwischen denen ein niedriger Gitterzaun angebracht ist. Im kreisrunden Gärtchen stand ein balzender Reiher auf der achteckigen Säule des Fontänenbeckens inmitten von sechzehn Rosenbeeten.[27] Um jedes Beet legte sich ein vergoldetes Drahtseil in Blütenblattform, am Ende mit einer Schleife versehen. Als Bepflanzung waren weiße Rosen zum Andenken an die früh verstorbene Freundin Elisa von Radziwill sowie rote Rosen für Augusta, die Gemahlin des Prinzen Wilhelm, gewählt worden.[28] Anregungen zur Anlage des Rosengartens hatte Pückler aus Reptons Gartenwerk gewonnen, in dem ein ähnlicher kleiner Garten, jedoch mit flachen, die Durchblicke rahmenden Bögen und siebzehn Beeten abgebildet ist.[29]

Die Gotische Fontäne umgeben achtzehn symmetrisch angeordnete Blumenbeete von runder, lilien- und dreipaßförmiger Gestalt. Ein krabbenbesetztes Fialtürmchen, aus dessen zahlreichen Öffnungen Wasserstrahlen sprühten, bildete den Mittelpunkt des bereits von Lenné angelegten Blumengärtchens. Schlanke hohe Pfosten, durch Festons verbunden, stehen ringsum.[30] Die dritte Fontäne, aus deren Mittelsäule in vier Richtungen Wasserstrahlen in das runde Brunnenbecken fielen, krönte ein Adler mit ausgebreiteten Flügeln.

Zwischen der Adlerfontäne und den Terrassenanlagen standen die Bronzebüsten des Großen Kurfürsten von C. Caspary sowie Friedrich Wilhelms III., die Marmorbüste der Königin Luise von Chr. D. Rauch (1777–1857) und die Statue der Germania. Das Standbild Friedrichs II. aus Zinkguß von C. Caspary befand sich in der Nähe des Goldenen Rosengartens. Südwestlich der Gotischen Fontäne waren die Vase zur Erinnerung an den 90. Geburtstag Wilhelms I. und die bronzene Büste Friedrich Wilhelms IV. von Rauch aufgestellt.[31]

Am südwestlichen Ende des pleasureground führte eine mit vergoldeten neogotischen Bögen überspannte Treppe zur Havel.[32] Wie das Vogelhäuschen und die Stellage des Rosengartens ist ihre Enstehung Anfang der vierziger Jahre des 19. Jahrhunderts einzuordnen.[33]

Branitz

Im Plan des „Fürstlich Pückler-Muskauschen Parks zu Branitz" von 1853 ist die Ausdehnung des pleasureground mit einer gestrichelten Linie gekennzeichnet. Von Nord nach Süd breitete er sich vom Rehgarten bis zur Blauen Brücke am Schwarzen See, von West nach Ost vom Weg am Schloßsee bis zum „Theegarten" und zur Pergola mit den daran anschließenden Gebäuden aus. „Dieser Pleasureground ist vom eigentlichen Park durch ein feines, rasengrün gestrichenes Drahtgitter abgegrenzt. Wo die Wege nach dem Park führen, sind feine, verschließbare Drahtthore angebracht, welche den Begriff der ausgedehnteren Wohnung andeuten, den der Fürst mit den Worten Pleasure-ground verbindet."[34]

In diesem reich mit Blumen und Ziersträuchern geschmückten Bereich existierten 56 Blumenbeete. Ihre Standorte gehen jedoch aus keinem der vorhandenen Pläne hervor. Bedauerlicherweise kam auch der von Kühnau gezeichnete Bepflanzungsplan für den pleasureground abhanden.[35] Auf jeder Seite des Schlosses trug der pleasureground einen anderen Charakter. An der Eingangsseite lag ein intimer Gartenbereich, durch die Mauer der zur Schmiedewiese geschlossenen Pergola begrenzt. Anregungen zum Bau der „italienischen Mauer" gehen auf G. Semper (1803–1879) zurück, der im April 1847 nach Branitz kam und für das Anfertigen von Zeichnungen 65 Reichstaler erhielt. In dieser Mauer waren sechzehn Terracottareliefs, nach Entwürfen von Thorwaldsen, 1848 gefertigt von der Firma M. March, eingelassen. Sie symbolisieren Tag und Nacht, die vier Jahreszeiten, die vier Elemente, zeigen Apfel- und Weinernte, Bacchus und Amor, Anacreon, Hylas und Gracien. Die Eckpfeiler der Rotunde, die in der Mitte der Pergola in Form eines überdimensionalen Speichenrades angeordnet ist, schmückten zwei Adler mit ausgebreiteten Flügeln. Sie stammen aus der Zinkgießerei M. Geiß Berlin und waren vergoldet wie der große Pinienzapfen, der die Mittelachse des Rades krönt.[36] Zwischen den Pfeilern befanden sich auf der Mauer anfangs hölzerne Gitterfelder, die 1869 durch Ketten und im Bereich der Rotunde durch blau gestrichene Eisengitter mit vergoldeten Verzierungen ersetzt wurden. Auf die Pfeiler ließ Pückler 24 vergoldete Zinkkugeln mit Fuß setzen.[37] An den vier Eckpunkten des von der Pergola umschlossenen Raumes standen vier bronzierte Plastiken auf Postamenten, Apollino und Bacchus, von Geiß gefertigt sowie Amor und Flötenspieler, auch als borghesischer Faun bezeichnet, von der Firma Devaranne gegossen.[38] Schmuck der Eckpfeiler waren ab 1870 vier teilweise vergoldete Vasen aus der Eisengießerei Lauchhammer.[39]

142
Branitz. Die „italienische Mauer“. Litographie von Walther. Um 1850

143
Branitz. Im Pergola-Hof. 1982

Eine weitere Zierde der Pergola bildeten zwei korallenartig geformte, rot gestrichene, 1858 vom Königlichen Hof-Zinkgußfabrikanten F. Kahle erworbene Fußgestelle, die große Muscheln als Goldfischbecken trugen.[40] Schalen der Riesenmuschel Tridacna gigas wurden früher auch als Wasch- oder Taufbecken, sogenannte benetiers, benutzt.[41] Im Babelsberger Park lagen bepflanzte Muschelschalen auf der Voltaireterrasse.

Auf der mit Lanzen und Ketten eingefaßten, halbrunden Rasenfläche vor der Pergola, die mit Fuchswein Vitis labrusca und mit Rosen bepflanzt war, befand sich ein großes, aus zwanzig kleinen Beeten bestehendes Blumenstück, das nur mit blauen Blumen bepflanzt wurde.[42] Inmitten des Beetes stand auf einem achteckigen neogotischen Postament eine Venus nach Canova, 1850 gegossen von Devaranne, der auch zwei Tritonengruppen, zwei Faun- und Panthergruppen und vier Kandelaber auf Sockeln als etwa 30–40 cm hohe Einfassungen für das Beet fertigte. Alle Figuren und Kandelaber des Beetes waren bronziert.[43]

1859 war das Beet am Fuß der Statue einer Beschreibung zufolge ringförmig mit hohen Gräsern (Andropogon schimkeri) bepflanzt, gefolgt von Blattpflanzen sowie hohen und am Rand niedrigen Blumen.[44] 1861 wurden sechs antik bronzierte Kandelaber und Glaskugeln um das Venusbeet aufgestellt. 1862 lieferte der Klempner achtzehn Einfassungen zu Glastulpen, die vermutlich zu den Kandelabern gehörten, aber auch separat im Beet für Illuminationen gestanden haben könnten. Die Tulpen waren durch Deckel mit Kugeln abgedeckt.[45]

Auf der Westseite des Schlosses lag vor der Freitreppe zum See – auf deren Wangen Greifen als Symbole der Wächter aristokratischen Besitzes aufgestellt waren – ein acht Meter langes und siebeneinhalb Meter breites Blumenbeet in Arabeskenform. Bereits in dem Plan von 1846 Nr. II findet sich ein Hinweis auf die Form dieses sogenannten Kronenbeetes, das Pücklers Initialien mit der Krone darüber ausformte. Als Farben für die Bepflanzung hatte Pückler goldgelb, blau, lila und rosa festgelegt. Die Krone war mit dem goldgelben Sedum sexangulare bepflanzt, was im Juli besonders effektvoll gewesen sein soll.[46] Die Mitte des Medaillons bildete der Buchstabe „S“, als Rankgerüst aus Eisen für eine Schlingrose ausgeführt. Terscheck hatte das Beet „mit erhöhtem Rasen wie die Arabesken auf der Terrasse des Barbertsberges ohne Buchsbaum . . .“ angelegt.[47]

Der Blumengarten auf der Nordseite des Gebäudes, der sich vom Rosenhügel bis zum Schloß erstreckte, war zum „Theegarten“ und „Rehgarten“, in dem Tiere gehalten wurden, durch einen feinen Drahtzaun abgegrenzt. Vor dem Hügel, auf dem Rosen vor einem Hintergrund aus dunklen Nadelbäumen standen, lag in der Mitte der Rasenfläche das blau bepflanzte Blumengrab, dem Hunde „Nimm's“ gewidmet. Das runde Beet zierte eine wahrscheinlich bronzierte, große Warwickvase auf einem Postament mit vergoldeter Inschrift.[48]

Von einer alten Aufnahme sind die Standorte von vier Beeten, die in der Nähe der Terrasse angelegt waren, bekannt. Deutlich lassen sich die verwendeten Toneinfassungen erkennen.[49] 1977 fand man in Branitz 17 verschiedene Beeteinfassungen auf dem Dachboden des Kavalierhauses wieder, daraus erwuchs die Möglichkeit der katalogartigen Aufführung des Bestandes. Nur für einige Einfassungen ist die Bezeichnung der Form bekannt. So habe ich sie neu benannt und für einen Teil die von M. Seiler in seinem Beitrag verwendeten Namen übernommen.[50] Er zitiert darin eine Textstelle aus H. Jägers Buch „Der Hausgarten“: „Man hat auch gebrannte Steine oder Platten von gekünstelter Form, ein Akanthusblatt oder eine ähnliche Form vorstellend und glasiert, bronziert oder mit Oelfarbe angestrichen. Mit solchen bildet man um einzelne Beete Einfassungen, welche einen Blumenkorb vorstellen und, am rechten Platze angebracht, recht hübsch aussehen. – Außer den dichten Steinen dieser Art giebt es auch noch durchbrochene, ein Geflecht oder Korallen vorstellend, goldig glasiert oder farbig (meist rot oder weiß) mit Oelfarbe angestrichen.“[51]

Von Seiler werden vier Formen beschrieben, die den Branitzer Einfassungen ähneln. So wurden in Klein-Glienicke die „Palmette mit Voluten“, die „Muschelform“, die „Lilie“ und der „Lilienrapport“, eine Variante der „Weidenblätter“ gefunden, die aus der gleichen Werkstatt wie die aus Branitz kommen könnten. Weitere Beeteinfassungen, z. B. „Akanthusblatt“, dem in Branitz gefundenen ähnlich, „dickblättrige Palmette“ verschiedene „Korallenformen“ und „Korbkorallen“ werden behandelt. An Werkstätten sind genannt: Töpfermeister G. F. Krüger und R. F. Schröder, Ofenfabrikant, aus Potsdam, March & Söhne, Charlottenburg, die österreichische Terracottafabrik V. Brausewetter in Wagram, die rotbraune Einfassungen fertigte.

144, 1–17
Beeteinfassungen
aus Gußeisen,
Bezirksmuseum Cottbus

1 Eichenblatt

2 Lindenblatt

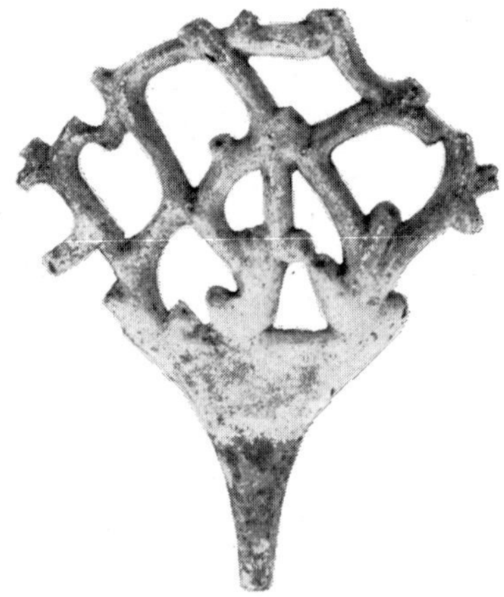
3 Korbkoralle

4 geflochtener Korbrand

5 zwei Engel

6 kleines Akanthusblatt

7 großes Akanthusblatt

8 herzförmiges Blatt

9 Muschel

10 Kleeblatt

11 Weidenblattornament

12 Muschel

13 durchbrochene Palmette

14 Lilie

15 Adler

16 Palmette mit Voluten

17 glattrandige Muschel

144, 18–21
Beeteinfassungen
aus Porzellan aus dem
Babelsberger Park

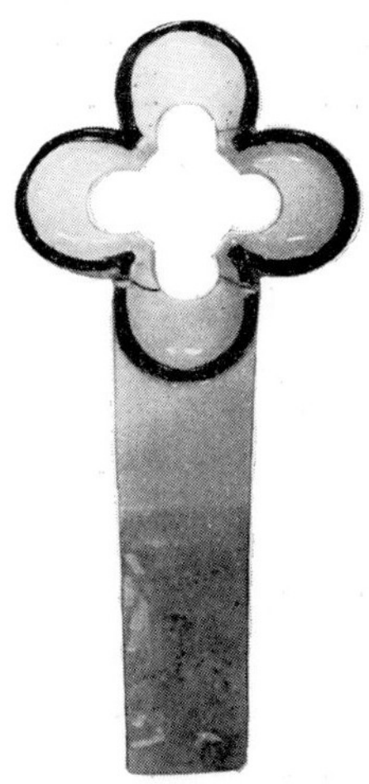

18 Vierpaß, weiß
mit rotem Rand

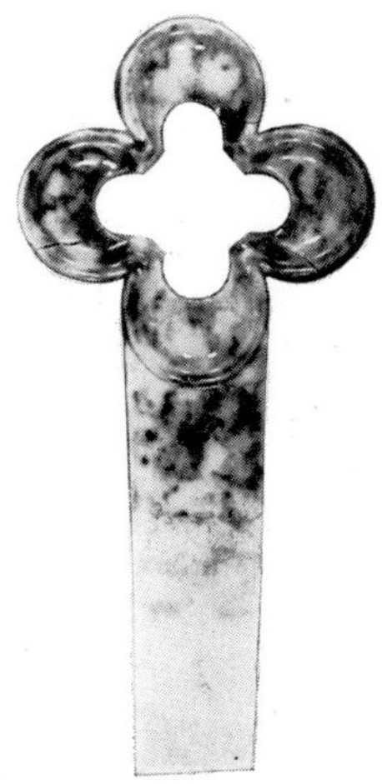

19 Vierpaß, mittelblau
marmoriert

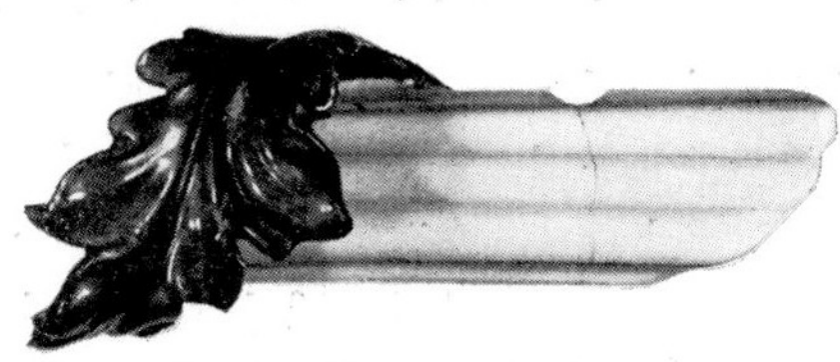

20 Seilstück mit blauem Blatt
21 zwei Seilstücke mit blauem Blatt

Lieferanten für Branitz waren u. a. der Töpfermeister C. G. Schoebel aus Muskau und die Töpferei Rost und Koch aus Germersdorf bei Guben.[52] Als Einfassungen fanden auch große Seemuscheln, Strombus gigas, Verwendung, z. B. für das Beet vor dem Eingangsportal auf der Terrasse des Branitzer Schlosses.[53]

Im Rasen eingebettete Blumenkörbe, die aus Weidengeflecht, Holzwerk oder Draht gefertigt wurden, waren seit dem Ende des 18. Jahrhunderts beliebt.[54] In den Branitzer Wirtschaftsbüchern fand sich der Hinweis auf zwei bronzierte Gartenkörbe aus Weidengeflecht und auf zwei vergoldete, aus Draht geflochtene Blumenkörbe von etwa 90 cm Durchmesser, die 1846 bzw. 1871 erworben wurden.[55] Der Farb- und Formenreichtum des Gartens erhöhte sich durch die Verwendung von Stäben mit aufgesetzten Glasknöpfen und -spitzen sowie Glaskugeln, die meist in Beete gestellt wurden, wobei durch die Spiegeleffekte besondere Wirkungen erzielt werden konnten. Selbst diese kleinen Details verdeutlichen die Absicht, den Garten als separaten, vom Park formal und inhaltlich differenzierten Bereich zu gestalten.

Über die Ausgestaltung des pleasureground an der Südseite des Schlosses ist wenig bekannt. Hier befand sich eine Sonnenuhr. Sie bestand aus einer Marmorplatte auf einem gußeisernen Gestell.[57] 1870 wurde am „Uhrplatz“ eine Drahtlaube mit vergoldetem Stern aufgestellt.[58]

1850 ließ Pückler an der Ostseite des Schwarzen Sees eine Laube erbauen. 1864 erhielt sie anläßlich eines Besuches der Königin den Namen Augustalaube. In das Bambuswerk der Laube, die unter der Linde am Teich stand, wurden im gleichen Jahr vier rote Scheiben eingesetzt, 1865 brachte man eine Vergitterung an und vergoldete die zehn Spitzen und den Aufsatz auf dem Pavillon.[59] Das Schwanenhäuschen auf der Fuchsinsel im Schwarzen See entstand 1850 im Stil eines Schweizer Bauernhauses.[60] Bis heute blieb der Fischbalkon erhalten, für den 1863 die Eisengießerei Gebr. Bricks in Cottbus das gußeiserne Gitter gefertigt hatte. Das Geländer war bronzegrün, später blau gestrichen und mit vergoldeten Spitzen versehen. Bereits 1848 baute man an diesem Aussichtspunkt.[61] In den Plan von 1853 ist er als kreisförmiger Platz in der Nähe der „Blauen Brücke“ eingetragen.

Hinter der Rohrlaube, vermutlich der Augustalaube, befand sich ein Glaszaun, der sowohl die Laube umgeben als auch am Ufer entlanggeführt haben könnte. In den 1858 gefertigten Zaun waren 76 farbige Scheiben in ein Feld eingesetzt.[62] Im gleichen Jahr kaufte Pückler 384 Stück Farbglas für Brückengeländer und 40 Stück Farbglas für eine Brückentür.[63] Um welche Brücke es sich handelte, konnte noch nicht ermittelt werden.

Die Mosaiklaube oder Blaue Laube ist heute unter dem Namen Kiosk bekannt. 1848 erfolgte nach Lieferung der Granitsteine, in die die gußeisernen Säulen eingelassen wurden, die Ausführung der Asphaltmosaikarbeiten durch M. Veysier aus Berlin. Die 15 Pinienzapfen der Thyrsosstäbe und der die Laube bekrönende Stern sowie die Schlange waren vergoldet.[64] Die Säule für die vergoldete Eisengußbüste der Henriette Sontag wurde erst 1861 gesetzt. Das Eisengerüst der Laube ist mit Rosen berankt gewesen.[65]

Westlich des Rosenhügels hatte Pückler den Hardenbergplatz angelegt, wo die Bronzebüste des Staatskanzlers ihren Platz hatte.[66] In unmittelbarer Nähe standen eine runde Bank und eine Estrade, worunter möglicherweise eine in Stufen aufgebaute Blumenstellage zu verstehen ist.[67]

Der östlich des Schlosses gelegene „Theegarten“ wurde um 1860 in „Bürgergarten“ umbenannt.[68] Er hatte den Zweck, die Gäste des Besitzers zur Abendzeit aufzunehmen, worauf bei der Gestaltung besondere Rücksicht genommen wurde. Zahlreiche Tische und Stühle sowie Lauben, ausreichend für kleinere und größere Gesellschaften, waren in dem Terrain aufgestellt, das im Charakter zwischen pleasureground und Park stand.[69]

Zwischen 1848 und 1849 hatte Pückler eine ovale und eine runde, „gegatterte“ Holzlaube im „Theegarten“ bauen lassen, die 1849 mit Stroh gedeckt wurden. Beide waren weiß angestrichen, die eine grün, die andere braun abgesetzt.[70] Von den im pleasureground verwendeten Möbeln sind nur verschiedene Gartensitze aus glasierter und unglasierter Keramik erhalten geblieben. Sie haben die Formen von Birken- und Eichenstämmen mit Efeuranken und blauen Sitzkissen oder zwei übereinandergelegten, troddelbesäumten Sitzkissen. Außerdem sind vier tonnenförmige, graue Gartensitze mit blauer Bemalung sowie zwei seitlichen, herzförmigen Öffnungen noch vorhanden, die erst um 1880 erworben wurden.[71] Pückler bezog außerdem gußeiserne Möbel u. a. aus dem Gräflich Einsiedelschen Hüttenwerk in Lauchhammer, dem Eisenhüttenwerk Bernsdorf und

145
Branitz. Das Schwanenhäuschen.
Stahlstich von J. Gottheil. Um 1857

◀ 146
Branitz. Blaue Laube (Kiosk) mit Büste Henriette Sontags
im Pleasureground. Rekonstruktion 1985

147
Branitz. Rosenlaube (Kiosk) mit Büste Henriette Sontags

wahrscheinlich auch aus Wien.[72] In Branitz standen gußeiserne Möbel aus der Königlichen Eisengießerei Berlin, für die Schinkel die Entwürfe geliefert hatte. Im Stadtarchiv Cottbus werden Katalogblätter der Eisengießereien in Lauchhammer und Bernsdorf aufbewahrt, deren Eintragungen darauf schließen lassen, daß in Branitz neben historistischen auch einfachere Möbel aus imitiertem Knüppelholzgestell, eichen-, birken-, oder buchenholzfarbig angestrichen, Verwendung fanden.[73] Hölzerne Tische und Bänke waren oft achteckig, rund oder oval und um ein oder zwei Bäume angelegt. Meist waren sie weiß mit farbig abgesetzten Linien, eichenholzfarbig, grün oder rohrartig gestrichen.[74]

Innerhalb des „Theegartens" vor dem Kavalierhaus befand sich der sogenannte „Kindergarten", ein langgestrecktes, muldenförmiges und von Weißbuchengehölz umgebenes Rasenstück, das als Spielplatz für Kinder gedacht war.[75]

148
Branitz. Büste der Henriette Sontag
(Sängerin, wurde von Pückler verehrt)

Muskau

In unmittelbarer Nähe des Muskauer Schlosses lagen außer dem Schloßgarten zwei weitere Blumengärten: südöstlich der Blaue Garten und nordöstlich der Herrengarten. Die ersten Wege in den Blumengärten ließ Pückler 1826 anlegen. Der Blaue Garten war mit durch Ketten verbundenen, stahlblauen Lanzen eingezäumt. Eiserne Blumenkörbe, Brücken und Bänke hatten einen himmelblauen Anstrich mit weiß abgesetzten Linien.[76] Die Brücke im Blauen Garten wurde 1826 gebaut.[77] Zwischen den gußeisernen Geländerstreben waren beiderseits elf mit Fuchsien dekorierte Eisengußvasen aufgestellt. Die Hermannsneiße durchfließt diesen kleinen Garten, an dessen Ende eine Lindenlaube am Wasser lag. Durch eine buntschimmernde Laterne, die die Mitte einer durchbrochenen, runden Bank bildete, wurde dieser Punkt abends bis in weite Ferne angedeutet.[78]

Ein Drahtbogen markierte den Eingang zum Herrengarten, der in nördlicher und östlicher Richtung von der Hermannsneiße begrenzt wurde. Die Idee zu derartigen Drahtgestellen übernahm Pückler aus England, wo sie fabrikmäßig hergestellt wurden. Schirme, Bögen und sogenannte „Glorien" aus Drahtgeflecht erfreuten sich großer Beliebtheit als Klettergerüst für rankende Pflanzen. Sie waren während des ganzen 19. Jahrhunderts Mode, was auch die Branitzer Wirschaftsrechnungen beweisen. Für Branitz kaufte Pückler 1869 eine Blumenpyramide, zwei Blumenschirme und ein starkes Blumengitter und ließ 1864 zwei Blumenständer, sogenannte „Parasole", vergolden.[79] Im Besitz des Branitzer Museums befindet sich eine halbrunde kleine Blumenbank aus Eisen für Topfpflanzen oder Sommerblumen in Töpfen. Am Geländer der Freitreppe des Branitzer Schlosses standen fünf vergoldete gußeiserne Ständer auf drei Löwenfüßen mit drei übereinanderliegenden, durchbrochenen Metallreifen für Blumenschalen.[80]

Im Herrengarten von Muskau befand sich wahrscheinlich auch ein tempelartiger, luftiger Ruhesitz, dessen

149

1 Gartensitze der Firma J. Lange, Berlin, aus Keramik

2 Gartensitz aus Steinzeug mit blauer Bemalung

3 Chinesischer Gartensitz aus Keramik

schlanke, eiserne Säulen verschiedenen Clematisarten als Stütze dienten.[81] Als besondere Beetformen sind im Plan C von Pücklers „Andeutungen . . ." ein „gewürfeltes" Viereck, ein Viereck mit konkaven Seiten, zwei Blumen- und zwei Blütenformen eingezeichnet. Inwieweit in diesem Plan auf die gänzliche Umgestaltung des Herrengartens 1832 Bezug genommen wurde, ist nicht bekannt.[82]

Der pleasureground umschloß die drei Blumengärten – den Schloßgarten, den Blauen Garten und den Herrengarten. 1825 wurde er bis zum Pavillon an der Wachsbleiche (wahrscheinlich die Gloriette) ausgedehnt und mit einem eisernen Zaun umgeben.[83] Nordwestlich des Schlosses ließ Pückler die Gloriette erbauen, die jedoch nicht in der in den „Andeutungen . . ." beschriebenen Form zur Ausführung kam. Pückler schildert einen zur Stadt Muskau geschlossenen und sich zum Park mit vier Bogen öffnenden Bau, für den Schinkel eine Zeichnung gefertigt haben soll. Grundmann erwähnt jedoch den zur Ausführung gekommenen Pavillon, zwischen dessen acht Stützen ein aus dünnen Eisenstäben gefertigter Zaun angebracht war. Das achteckige Zeltdach überragten lanzenförmige Spitzen.[84]

Südwestlich des Schlosses steht auf einem Aussichtspunkt eine Siegessäule aus Granit mit Nachbildungen der Erinnerungsmedaillen für Teilnehmer an den Kriegen 1864, 1866 und 1870/71. Das Kapitell krönt eine Victoria aus Bronze von C. D. Rauch. Unterhalb der Siegessäule ließ Wilhelm I. eine halbovale Sandsteinbank mit Bronzebüste der Staatsmänner und Feldherren der Kriege Preußens gegen Dänemark, Österreich und Frankreich errichten.[86] Auf dem Weg zwischen Wassertreppe und Kleinem Schloß befand sich der steinerne Bildstock, ein Geschenk des Großherzogs von Baden an Wilhelm I. zur Erinnerung an das Gefecht von Bischweiler am 29. 6. 1849.[87] Die Bronzestatue „Badendes Mädchen" von W. L. Wichmann hatte ihren Standort am Ufer des Kindermannsees.[88] In der Nähe des Flatowturmes befand sich bis 1945 ein Borkenhäuschen, das die Prinzessin Augusta um 1845 erbauen ließ. In der Staatlichen Plankammer Potsdam befinden sich Zeichnungen des kleinen Pavillons. Er erinnert mit seinem kreisförmigen Grundriß an das Borkenhäuschen im Weimarer Ilmpark. Das überkragende Dach trugen Stützen aus Baumstämmen mit Rinde.[89]

Babelsberg

Westlich des Babelsberger Schlosses steht auf der Lennéhöhe ein zweigeschossiger, quadratischer Backsteinpavillon, die mittelalterliche Berliner Gerichtslaube. Sie besteht aus einer offenen, ebenerdigen Halle mit vier Kreuzgewölben, die sich auf den mit einem Stuckkapitell verzierten Mittelpfeiler stützen. Dieser Teil des Bauwerkes entstand zwischen 1270 und 1290. Darüber liegt das 1485 errichtete Obergeschoß, das 1555 erneuert wurde. Seine vier Sterngewölbe ruhen auf einer Renaissancesäule. Der am südwestlichen Strebepfeiler angebrachte „Kaak", ein grinsender Vogel, diente als Pranger. 1871 erfolgte der Abriß der Gerichtslaube am alten Rathaus in Berlin – Ecke der Königs- und Spandauerstraße. Unter Verwendung einiger alter Bauglieder entstand das Bauwerk neu nach Entwürfen von Blankenstein und Strack unter der Leitung von Persius 1871/72. In der Laube fanden die Zinkgußplastiken des heiligen Georg mit dem Drachen und zweier liegender Löwen von A. Schiffelmann Aufstellung.[85]

Branitz

Aus den Branitzer Wirtschaftsakten lassen sich Schlußfolgerungen über das Vorhandensein und die Standorte mehrerer Lauben im Park ziehen. In dem Plan von 1853 ist ein Platz auf den Mondbergen westlich des Schlosses durch acht Punkte, die einen Kreis bilden, markiert. Der Standort der Mondlaube kann somit genau angegeben werden. Pückler ließ an dieser Stelle im Park 1849 eine strohgedeckte Laube auf acht Säulen erbauen. Die Spitze des Daches schmückte ein Halbmond. 1857/58 wurden 50 Stufen zur Mondlaube verlegt, 1863 Reparaturen an den Rinden vorgenommen. Die Vermutung liegt also nahe, daß der Pavillon den Charakter eines Rindenhäuschens hatte. Nach dem Abbruch der Mondlaube 1864 stellte man 1867 eine achteckige Säule mit Gesims und einem Halbmond als Bekrönung sowie eine Bank auf, die wahrscheinlich rund oder achteckig war. Säule und Bank sind „türkisch abgesetzt" angestrichen gewesen, die Kugeln darauf vergoldet und „gemalt".[90] Auf dem Schwarzen Hügel – am

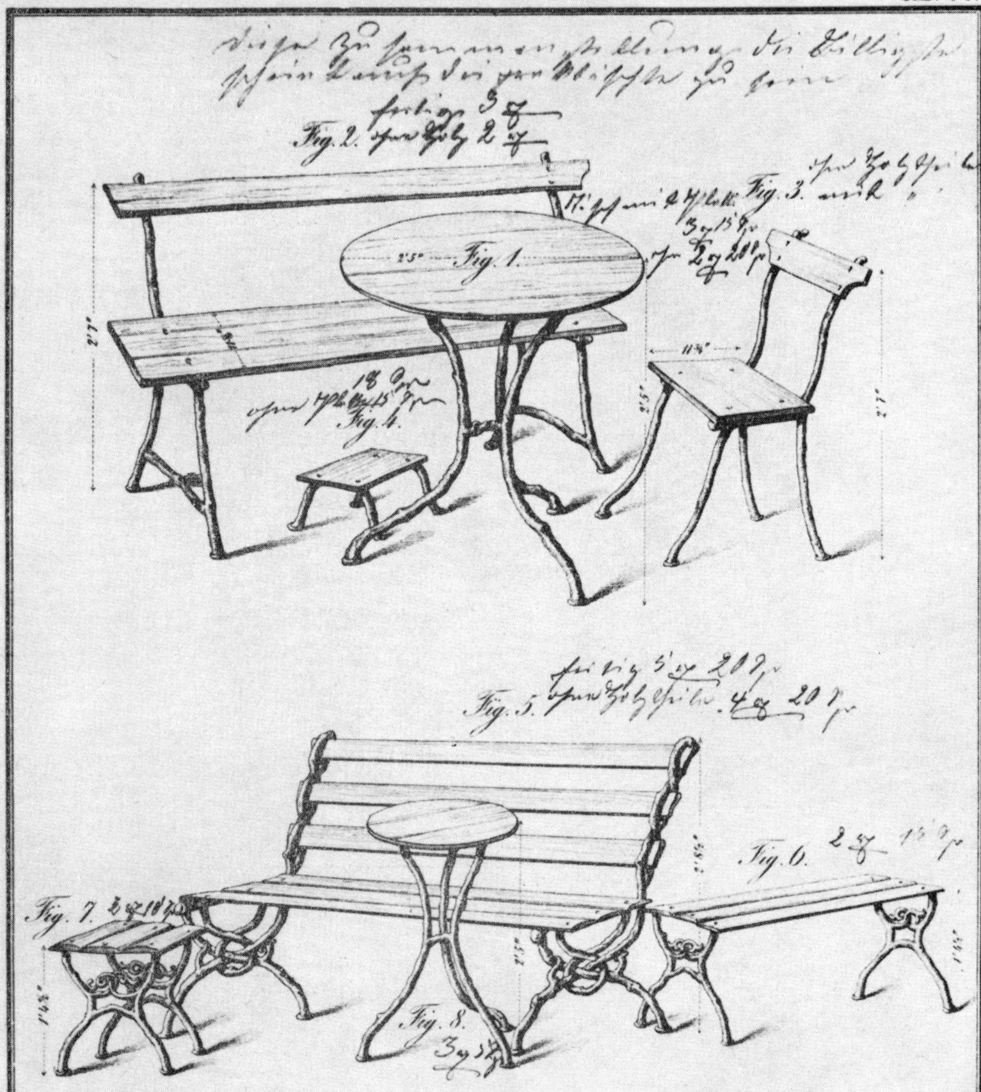

Fig.	Benennung.	Fig.	Benennung.
1.	Tisch mit Holzplatte.	5.	Bank, Sitz u. Lehne aus Latten.
2.	Bank, Sitz u. Lehne aus Holz.	6.	do ohne Lehne, Sitz aus Latten
3.	Stuhl, do do do	7.	Stuhl, „ do do „ do
4.	Fußbänkchen mit Holzplatte.	8.	Servante mit Holzplatte.

(Eisentheile birken- oder buchenholzartig angestrichen.)

Eisenwerk Lauchhammer bei Mückenberg Preuss. Prov. Sachsen!

150
Gußeiserne Gartenmöbel aus Astwerk. Aus dem Katalog des Eisenwerkes Lauchhammer

151
Muskau. Einfriedung des Blauen Gartens zur Zeit des Prinzen Friedrich der Niederlande (nach 1846)

„vergrabenen Bauern" – stand eine einfache, mit Stroh gedeckte Laube, zu der 1858/59 achtzehn Stufen gelegt wurden.[91]

Westlich des Schilfsees liegt der Kugelberg, lange Poetenhügel genannt. Im Plan von 1903 wird der nordöstlich von dieser kleinen Erhebung liegende Lindenhügel als Poetenhügel bezeichnet.[92] Der Kugelberg erhielt seinen Namen nach der dort befindlichen Glaskugel. Die Kugel hatte vermutlich 1862 zunächst einen vom Korbmacher angefertigten „Baum" mit Blumenkörben als Postament. 1863 ist dann der Sockel unter der Glaskugel gearbeitet worden, der wie die runde Bank, in deren Mitte die Glaskugel stand, farbig „abgesetzt" war. Auf den Kugelberg führen Stufen. 1867 ließ Pückler unterhalb dieser Anhöhe, die vorher nach der hier aufgestellten Fahne – Fahnenhügel – hieß, eine Laube erbauen. Die Fahnenstange befand sich wahrscheinlich auf einer Säule, die wie die sie umgebende Bank schwarz, gelb und blau angestrichen war.[93]

Die Schilfberge umschließen eine Mulde, die als Wolfsschlucht bezeichnet wird. In ihr befand sich ein Brunnen, über den 1864 ein Häuschen gesetzt wurde, das 1865 eine Bekrönung erhielt. In der „Wussina" (Wildnis) hatte Pückler einer Partie Webers „Freischütz" zu Ehren den Namen „Wolfsschlucht" gegeben. In den „Andeutungen . . ." bemerkte Pückler, daß er im Muskauer Park zuweilen um Mitternacht Webers Teufelsmusik erschallen ließ. Diesen Gedanken griff Pückler auch in Branitz auf.[94]

Auf dem Hügel am südwestlichen Ende der Schilfberge, dem „Heiligen Berg", hatte Pückler ein Kreuz mit einer Christusfigur errichten lassen.[95] Der Regenpilz nordwestlich der Schilfberge auf dem Rennbahnhügel ist mehrmals erneuert worden. 1860 fertigte der Steinmetz eine runde Bank dafür an. Ein erster Hinweis über die Aufstellung des „Parasols" findet sich 1881 im Briefwechsel G. Bleyers mit dem Grafen Pückler.

Unterhalb des Seeberges liegt die Ägyptische Brücke. Sie hatte zwei trapezförmige Durchlässe und ein gußeisernes, bronzefarbiges Geländer. Zwischen den zwölf obeliskartigen Pfeilern, die 1864 erworben wurden, be-

152
Muskau. Detail der Fuchsienbrücke

153
Muskau. Fuchsienbrücke. 1983 neu gegossen

fanden sich zehn Gitter. Drei auf der Spitze stehende, sechseckige, durchbrochene Sterne bildeten das Ornament eines Geländerfeldes. In die Zacken der Sterne waren insgesamt 180 runde, farbige Gläser eingelassen. Die Rechnung für das Geländer und die Gläser beglich [illegible] den Anstrich des Mauerwerkes und des Gitters 1867.[97] Die Erdpyramide und den Tumulus schmückten ein Geländer und eine Fahnenstange.[98]

Auf dem Gelände des Parkes existierten drei erhöhte Aussichtspunkte: die Baumtreppe in den Kiefern auf dem Mondberg, 1852 gebaut, die „Vigie“ hinter der Schmiede und die „Vigie“ nach der Pyramidenebene.

154
Branitz. Regenpilz. 1983

Die Standorte dieser Aussichtsplattformen aus Holz, auf denen nur wenige Personen Platz fanden, können noch nicht exakt bestimmt werden.[99]

Muskau

Die Fischerhütte am Nordufer des Eichsees, die im Atlas der „Andeutungen über Landschaftsgärtnerei" abgebildet ist, gleicht der im „Ideenmagazin für Liebhaber von Gärten, Englischen Anlagen und für Besitzer von Landgütern" von J. G. Grohmann bis ins Detail. Sie kam vermutlich nicht zur Ausführung, sondern diente nur als Vorlage für den Atlas.[100] Jenseits der Neiße am Englischen Haus befanden sich nach Pücklers Beschreibung drei laubenartige Ruhesitze. In dem mittleren waren Spiegel angebracht, um die Landschaft in die Nähe zu reproduzieren. Einem ähnlichen Effekt diente sicher auch die große Kugel auf dem Kugelberg in Branitz. Der aus „hohen Stämmen und Rinde" ausgeführte Pavillon auf einem Hügel am Englischen Haus läßt sich mit einiger Sicherheit anhand alter Fotos nachweisen, während genaue Angaben über die anderen Lauben fehlen.[101] Nicht gebaut wurde der Tempel der Beharrlichkeit, für den Schinkel eine Zeichnung angefertigt hatte und der

155
Branitz. Die Baumtreppe in den Kiefern auf dem Mondberg. Stahlstich von J. Gottheil. Um 1857

156
Muskau. Der Eichensteg. Zeichnung von A. W. Schirmer. 1834

157 ►
Muskau. Rekonstruierte Eichseebrücke mit Eichseewasserfall. 1986

auf einem Blatt des Atlasbandes der „Andeutungen . . .“ abgebildet ist. Auch für die Pavillons im „orientalischen Geschmack“ in der Nähe des Kurhauses blieb es wahrscheinlich bis auf einen, der seinen Standort auf der „Schüttaufhöhe“ hatte, bei der Absicht. Außerdem beschreibt Pückler eine halbrunde „antike“ Zeltbank, das Dach von Thyrsosstäben getragen und die Lehne geschmückt mit Hortensien. Es konnte nicht nachgewiesen werden, ob diese Bank wirklich im Garten der Trinkgalerie stand.[102]

Von den zahlreichen Brücken sollen nur drei erwähnt werden: der Eichensteg und die Prinzenbrücke östlich der Neiße sowie die Rote Brücke im Bergpark. Der Eichensteg war eine einfache Holzbrücke mit einem Geländer aus rohen Ästen mit Borke.[103] Im Babelsberger Park gibt es ähnliche Brücken am Flatowturm, die Geländer bestehen allerdings aus imitierten Ästen aus Eisen. Die Prinzenbrücke erhielt ihren Namen nach Wilhelm I., der bei einem Besuch Muskaus Empfehlungen für die Gestaltung der Brücke gegeben hatte. Die Seitenansicht der Brücke wurde mit einer Treillage in Bogenform aus rohen Eichenstangen überzogen und mit wildem Wein berankt.[104] Der Bau der Roten Brücke im Bergpark erfolgte 1836; das Motiv des Geländers aus rotem Backstein ähnelte dem der Einfriedung der Römischen Bäder in Potsdam.[105]

Die gartenkünstlerische Nachfolge Pücklers. Petzolds Anteil an Landschaftsgärten

Kurt Kurland

Anmerkungen S. 305
Quellen und Literatur S. 309 f.

Friedrich Ludwig von Sckells Englischer Garten in München, die Parks in Schwetzingen, Nymphenburg und Laxenburg, Peter Josef Lennés Gärten in Potsdam, Altenstein und Ballenstedt und Hermann Ludwig Heinrich Fürst von Pückler-Muskaus Schöpfungen in Muskau, Branitz und Babelsberg hatten die landschaftliche Gartenkunst in Deutschland zu ihrem Höhepunkt geführt.

Eine gediegenen Ausbildung in Muskau und Erkenntnisse durch Reisen, besonders nach England, befähigten Eduard Petzold, seine vielen Aufträge im In- und Ausland zu erfüllen. In unserem Land sind dies die Gärten in Greiz, Planitz bei Zwickau und Langenstein bei Halberstadt.

Ohne die schöpferische Tätigkeit von Rehder und Petzold wäre der Landschaftspark in Muskau nicht in seiner klassischen Gestalt auf uns gekommen.

Eduard Petzold wurde am 14. Januar 1815 als Sohn eines Pfarrers in Königswalde in der Mark geboren. Nachdem seine Eltern 1826 auf Wunsch Pücklers nach Muskau übergesiedelt waren, wo der Vater das Pfarramt übernahm, erhielt er an der Muskauer Stadtschule Unterricht. Im Jahre 1828 kam Eduard Petzold auf die Lateinische Schule nach Halle, um später Jura zu studieren. Anläßlich eines Ausfluges zur Rudelsburg während der Osterferien 1831 reifte in ihm der Wunsch, einen anderen Beruf zu wählen. Neigungen besaß er zum Forstfach ebenso wie zur Landwirtschaft und Gärtnerei. Seit 1826 hatte er in Muskau die Entstehung der landschaftlichen Schöpfungen Pücklers beobachtet und diese sich entwickeln sehen. Petzolds Vater willigte schließlich, nach Rücksprache mit Pückler, in den Wunsch des Sohnes ein, der daraufhin 1831 in der Gärtnerei Muskau die Lehre begann. Der Muskauer Parkverwaltung stand damals Pücklers langjähriger und verdienstvoller Mitarbeiter Jacob Heinrich Rehder vor. Petzold hatte während dieser Zeit Gelegenheit, in fast allen Zweigen seines Berufes Kenntnisse zu erwerben, einschließlich Planzeichnen und Parkgestaltung. Später schrieb er: „Neben der Malerei und Gärtnerei muß der Landschaftsgärtner Kenntnisse in Mathematik und Geometrie, sowie in der Physik und allgemeinen Baukunst besitzen."[1]

Nach seiner Lehrzeit führte er zunächst zwei Anlagen nach Rehders Entwürfen aus, im Frühjahr 1834 in Carolath bei Beuthen (Siedlisko) und im Sommer in Matzdorf bei Löwenberg (Maciejowiec) in Schlesien. Danach gestaltete er die Anlagen in Neuenhof bei Eisenach in einem Zeitraum von zwei Jahren um. „Durch meine Ausführungen in Neuenhof erlangte ich bald Ruf und wurde bekannt."[2]

Während dieser Zeit entwarf er den Plan für die Anlage am Schloß Maerzbach bei Coburg und wurde für die Anlage von Pflugensberg bei Eisenach und dem sogenannten Dürrhof, nordöstlich von Eisenach, zu Rate gezogen.

Im Sommer 1840 erhielt Petzold den Auftrag, „einen Plan über die Umgestaltung des großen Waldparkes zu Wilhelmshöhe und Atgenbach bei Eisenach zu entwerfen. Die Ausführung dieses Planes scheiterte, weil ich außer einigen Hauungen an anderen Stellen, welche ich für nötig hielt, auch das durch Wald verdeckte Thal unterhalb des großen Teichdammes durch einen allerdings bedeutenden Aushau öffnen wollte, was nicht genehmigt wurde. Erst 13 Jahre später ist dieser Aushau durch den Fürsten Pückler zufällig in derselben Weise, wie von mir beabsichtigt, aber ohne daß der Fürst von meinem Project wußte – ausgeführt worden, zum großen Nutzen für die Anlagen."[3]

Dann ging Petzold auf Reisen, um gartenkünstlerische Anlagen in anderen Ländern zu studieren und sich in seinem Beruf zu vervollkommnen. Im Winter 1840/41 reiste er nach Potsdam, im Sommer 1841 nach Süddeutschland, Tirol, Norditalien, Österreich, Ungarn und Böhmen. Im Winter 1841/42 besuchte er Holland und Belgien; im Sommer 1842 weilte er in Süddeutschland, der Schweiz, Frankreich, und im Sommer 1847 fuhr er schließlich nach England. Übrigens ging Petzold auch während und nach seiner Muskauer Tätigkeit oft auf Reisen. Neben seinen häufigen Aufenthalten in Holland seien ebenso seine Reisen 1862 nach England, 1876 nach Galizien und schließlich im Jahre 1884 nach Bulgarien und Konstantinopel genannt.

Von 1844 bis 1852 war Petzold in Weimar zunächst als Großherzoglicher Garten-Conducteur und ab 1848 als Hofgärtner beschäftigt. „1844 am 1. Januar, hielt ich meinen Einzug in Ettersburg. Da eine Dienstwohnung nicht vorhanden war, erhielt ich Unterkunft im Schloß . . . Gärtnerei war hier niemals betrieben worden, ich mußte deshalb ganz von vorn anfangen, alles begründen, was bei den äußerst geringen Mitteln durchaus nicht leicht war.“[4]

Eine seiner ersten Arbeiten war die Bepflanzung der als Ackerland untauglichen Hänge, „welche sich vom Fuße des Ettersberges, unweit des späteren Bahnhofes von Weimar, bis an den Waldrand auf der Höhe erstreckten, diese Pflanzungen haben wesentlich zur Verschönerung der Landschaft um Weimar beigetragen.“[4]

„Im Herbst 1845 war Fürst Pückler längere Zeit in Weimar und führte den großartigen Hau im Buchenwald, gegenüber dem Schloß Ettersburg aus. Ich war so glücklich, täglich um ihn zu sein, und seine Befehle vollziehen zu lassen. Eine gerade auf die Mitte des Schlosses zulaufende Schneise teilte den Wald in zwei Hälften, und um diese verschwinden zu machen, mußten 40 Morgen Buchenwald nieder gehauen werden . . . Begreiflicherweise erregte der große Aushau in Ettersburg, zur Verbesserung der Aussicht vom Schloß, gewaltiges Aufsehen.“[4] So legte Petzold in seinem Aufsatz „Schloß Ettersburg“ die Motive für die künstlerische Gartengestaltung dar.

Von 1845 bis 1850 schuf Petzold auf Anregung [illegible] Umgestaltung des völlig überwachsenen [illegible] Ende des 18. Jahrhunderts entstanden war. „In diesen Anlagen von nur 300 Morgen habe ich für über 5 000 Thlr. überständiges und überflüssiges Holz geschlagen, um die vorhandenen schönen und landschaftlich brauchbaren Bäume zur Geltung zu bringen. Wiewohl diese Arbeit auf Anregung des Fürsten Pückler geschah und auch unter seinem Namen durchgeführt wurde, ist sie doch von mir ganz selbständig ausgeführt worden.“[5] Pückler bestätigte, daß die Umwandlung der sehr mangelhaften Anlagen in Tiefurt als wahres Meisterstück angesehen werden darf.

Während seiner Tätigkeit in Weimar gestaltete Petzold in Thüringen weitere Gärten, so 1844 in Bad Berka, Großkromsdorf, Ilmenau und Niederroßla, 1846 in Bad Wittekind, Cölleda und Steinberg, 1847 in Altenstein und Lauterbach, 1849 in Bad Sulza, 1850 in Sondershausen und Zwickau, 1852 in Apolda, Großneuhausen und Gotha.

Von 1852 bis 1878 war Petzold in Muskau, zunächst als Park- und Garteninspektor und ab 1872 als „Königlich-Prinzlich-Niederländischer Park- und Gartendirektor“. Darüber berichtet er, daß es Pückler „. . . ganz besonders am Herzen lag, daß dieses Hauptwerk seines Lebens nach dem Tode seines braven Garteninspektors Rehder im Frühjahr 1852 in die Hände eines Leiters kam, der seine Intentionen kannte, und die Anlagen in seinem Geiste fortführte und fortbildete, was auch das allein Richtige war. Hierfür hat er denn auch seinen ganzen Einfluß geltend gemacht, und da sich die Wünsche meines Vaters, mich nach 18jähriger Trennung wieder in seiner Nähe zu wissen, mit denen des Fürsten vereinigten, und da sich mir selbst ein so großartiger und classischer Wirkungskreis öffnete, so entschloß ich mich, wiewohl mit schwerem Herzen, meine angenehme, geachtete und mir lieb gewordene Stellung in Weimar . . . aufzugeben, und die Dienste . . . hier in Muskau anzutreten.“ In einem Brief an Petzolds Vater vom 16. Juni 1852 bemerkt Pückler zu dieser Übersiedlung des Gartenkünstlers: „Nichts konnte mir persönlich angenehmer sein, als Ihren Herrn Sohn auch in meine Nähe zu bringen, und zugleich zu wissen, dass das Hauptwerk meines Lebens in sichere Hände gekommen ist. Meine Gegenwart in Muskau ist nun nicht mehr nöthig, da ein alter ego für mich eintritt, ja Einer, dem ich mehr zutraue als mir selbst.“[6]

Der neue Besitzer in Muskau, Prinz Friedrich der Niederlande, beauftragte 1852 Petzold mit der Leitung der Muskauer Parkverwaltung, eine für die Vollendung des Muskauer Parkes wichtige Entscheidung. Petzold hat nun den Park in seinen großen Außenpartien gestaltet und ihn durch ein im Jahre 1857 begonnenes Arboretum ergänzt. In den 26 Jahren bis zu seinem Abgange im Jahre 1878 ließ er den gesamten Park – beginnend mit dem Schloßpark – mehrmals durcharbeiten.

„Bald nach meinem Abgang (in Weimar), erhielt ich durch den Fürsten Pückler den Antrag der hohen Herrschaften in Weimar, dorthin zurückzukehren; ich sollte meine Bedingungen stellen. Ich schrieb auf, was ich an Gehalt etc. in Muskau zu beziehen hatte, auch ließ ich meine freie Stellung nicht unerwähnt, und da alles dieses, wie vorauszusehen, nicht bewilligt wurde, so zerschlug sich die Sache . . . Indessen hielt ich es für meine Pflicht, dem Erbgroßherzog in einem längeren Schreiben freimütig die Gründe mitzuteilen, welche mich zu meinem Abgang von Weimar bestimmt hatten.“[7]

Petzolds wichtigste Arbeiten in Muskau waren unter anderem:[8] 1852/53 Durchschlagen der alten Parkgrenze an der Wachsbleiche und Bepflanzung des Verbindungsweges. Durch die Herstellung dieser Verbindung zwischen Schloß- und Bergpark wurde die Stadt vollständig in den Park eingeschlossen. Umgestaltung des Badeparkes, dazu gehörten insbesondere das Öffnen der Aussichten, wie es auch H. Schüttauf 1965 empfohlen hatte und 1967 zur Ausführung kam. Ausforsten der großen Schlucht im Bergpark. Diese Maßnahmen waren notwendig, „da die Pflanzungen an allen diesen Orten zu mächtig geworden und das Terrain scheinbar verkleinerten.“[7] In den Jahren 1854/55 begann Petzold mit der Behandlung des Mittelgrundes vor dem Schloß. Viele Pflanzungen wurden auf die Wurzel gesetzt oder auch ganz entfernt, da alles viel zu hoch und zugewachsen war. Ähnliche Arbeiten erfolgten auch im unteren Bereich des Badeparkes sowie auf den Badebergen. 1855/56 erfolgte die Behandlung der Pflanzungen um die Bergschen Familienhäuser sowie die gesamte Deckpflanzung von der Schefervilla bis zum Weinberg.

In den Jahren 1857/58 wurden viele Pflanzungen auf dem Schloßrasen entfernt, der nach dem Aufstellen der Löwenplastiken im August 1857 zu voll gewachsen war. Ein neuer Weg durch den Eichbusch sowie die Entfernung vieler Bäume und Sträucher zur Hirsch- und Tränenwiese folgten. Dieses Durcharbeiten des alten Schloßparkes brachte Petzold eine Reihe von Anfeindungen. Pückler selbst meinte dazu: „Ich habe die Überzeugung, Muskau kann selbst durch eine schlechte Führung der Axt nicht so leicht verdorben werden, es sei denn, daß der Park völlig zerstört würde.“[9]

Mit dem Bau der neuen Schäferbrücke am Eichbusch 1858 wurden hier die Pflanzungen und die Wegeführung beendet. 1859 erfolgte auf 13 Morgen die Ansaat von Wiesenflächen zwischen dem Englischen Haus und „Thor terrible“, welches die Köbelnschen Familien zum Kartoffelanbau benutzt hatten. Die Jahre 1857 bis 1867 brachten dann die Anlage des Arboretums auf einer Fläche von 55,4 Hektar. Hier sollten Gehölze nordamerikanischer und asiatischer Herkunft auf ihre Verwendbarkeit in künstlerischer und klimatischer Hinsicht geprüft werden.[10] 1867/68 begann Petzold mit den Arbeiten zur Bepflanzung der großen Flächen unterhalb des Weinberges bis zum Dorf Krauschwitz. Hundert Jahre später wurden hier große Ausholzungsarbeiten durchgeführt. Ferner wurde von der Bautzener Straße ein neuer Weg zum Badepark gebaut, und es erfolgte die Umgestaltung und Öffnung der Freischützwiese oberhalb des Englischen Hauses.

Während dieser Tätigkeit in Muskau entwarf Petzold Pläne für Gärten und Parkanlagen 1852 in Halle, 1854 in Tschernitz bei Muskau, 1855 für Bad Elster und Seerhausen, 1856 in Trebendorf und Wolfshain bei Muskau, 1858 in Langenstein, 1861 in Spree bei Rothenburg, 1862 in Jessnitz, 1865 in Althörnitz, 1866 in Quedlinburg und Hermsdorf, 1868 in Lohsa und Zittau, 1869 in Planitz, 1873 in Greiz.[11]

Während, aber auch nach seiner Tätigkeit in Muskau gestaltete Petzold viele Anlagen in Schlesien, West- und Ostpreußen. Diese befinden sich alle auf dem Gebiet der Volksrepublik Polen, und zwar vier im Gebiet Zielona Gòra, 27 bei Wrocław, 18 bei Olsztyn, je eine in Gdańsk, Koszalin, Rzeszów, sowie vier bei Opole und drei Anlagen bei Poznań.

Über seinen Abgang aus Muskau 1878 berichtete Petzold selbst: „Obwohl ich vom Prinzen Friedrich die Erlaubniß dazu erhalten hatte, waren mir wegen meiner Baumschule in Bunzlau soviel Schwierigkeiten und Unannehmlichkeiten seitens der Muskauer Generalverwaltung in den letzten Jahren bereitet worden, daß ich, derselben endlich müde, den Prinzen um meine Entlassung bat. Diese wurde mir am 4. Mai 1878, während meiner Anwesenheit im Haag, auf ehrenvolle Weise bewilligt nebst einer Pension, mit der Bedingung, daß ich die obere Leitung des Muskauer Parks und der Gärtnerei beibehielt und zu diesem Zweck jährlich zweimal hinreisen mußte . . . In gleicher Weise behielt es sich der Prinz vor, mich vorkommenden Falls auch für seine Besitzungen in den Niederlanden zu Rathe zu ziehen. Am 1. Juli verließ ich mit meiner Familie Muskau."[12]

Auf Wunsch des Prinzen Friedrich weilte Petzold zur Behandlung von 24 großen Parkanlagen des öfteren in Holland. 1854 wurden die Anlagen von Huis te Paaw, Backershagen, Raaphorst, Terhorst, Eickenhorst und Haazebroek, die einen geschlossenen Komplex bilden und zwischen Haag und Leyden liegen, durch zweckmäßig geführte Wege miteinander verbunden. Danach beaufsichtigte er die Anlagen von Rhederoord., Doesburgh und Angerlo und besorgte die Umgestaltung des Bosches beim Haag. Mehrmals war Petzold in Dieren bei Arnheim und Qud-Wassenaar, ferner bei Schloß Middachten, in Wledam und Leewnhorst. Ebenso besuchte er Assen bei Großningen und Nuurlo, Duinluft und Elswoud, Zyendaal bei Arnheim, Buekenhorst bei Haag. Und schließlich bearbeitete er die Anlagen von Clingendaal bei Haag und die Umgestaltung und Erweiterung der Anlagen von Twickel. „Wegen der Anlage von Dieren bin ich im Frühjahr 1885 wieder in Holland gewesen, auch wurde mir bei dieser Gelegenheit die Umgestaltung und Erweiterung der Anlagen von Twickel bei Delden übertragen . . . Das ganze umfaßt ein Areal von 800 Hektar – eine höchst interessante Aufgabe, welche ich bearbeitete am Abend meines Lebens. . ."[13]

1878 arbeitete Petzold in Leipzig, 1880 in Altdöbern[14] und Reddern, 1881 in Golssen, 1884 in Kroppen und 1885 in Blasewitz bei Dresden.

Bei dieser reichen gestalterischen und beratenden Tätigkeit bezeichnete Petzold in seinen „Erinnerungen" sein Mitwirken am Park von Schloß Salaberg bei Haag in Niederösterreich als eine der „dankbarsten Arbeiten". Das weitläufig altertümliche Schloß in den Voralpen steht auf einer Höhe zwischen alten Bäumen. Am Fuße des Schloßberges erstrecken sich üppige Wiesengründe mit Forellenbächen, freundlichen Ortschaften und Kir- [illegible] Horizont liegen die Alpen der Steiermark [illegible] diese reizvollen Aussichten [illegible] stattliche Allee alter Bäume umhauen, da sie die ganze Gegend verdeckte, eine Arbeit, die sich als höchst dankbar erwies."[15] Hier waren bereits 1780 neben den im Rokkokostil umgebauten alten und neuen Schloßteilen erste gärtnerische Anlagen entstanden. Nach Westen hin erstreckt sich ein Tal mit waldartigem, heute verwildertem Charakter. Dieser etwa 10 ha große Parkteil läßt die Spuren einer Gestaltung erkennen, die auf Petzold zurückzuführen sein dürfte. Nach 1970 wurde dieser Petzold-Parkteil in einen Wildgehege-Park umgewandelt.

Einen interessanten Einblick in Petzolds gartenkünstlerische Haltung bietet schließlich seine Auseinandersetzung mit der von Pückler besonders kultivierten Gehölzauswahl für den Landschaftsgarten. Er entwikkelte daraus eigene Grundsätze, die auf Pücklers Ideen weiterbauen, und charakterisiert des Fürsten Auswahlprinzip für den Muskauer Park: „Bezüglich der Pflanzungen machte Pückler, obgleich er alle Abtheilungen seiner Anlagen landschaftlich behandelte, doch in der Wahl der Gehölze einen strengen Unterschied.

Den Blumengarten, in welchem die landschaftliche Gruppierung immer eine Hauptsache ist und mit dem Ganzen zusammengehen muss, bepflanzte er ausschließlich mit den edelsten Bäumen und den feinsten Gehölzen; er betrachtete denselben als eine Erweiterung der Wohnzimmer, weshalb er ihn auch in der nächsten Nähe des Schlosses oder Wohnhauses disponiert wissen wollte, und liess, wie in jenen, so in diesem, seiner Laune, was die Ausschmückung mit Blumen, Vasen, Statuen u. s. w. anlangte, freien Spielraum.

Der Pleasure-Ground als Mittelglied oder Uebergang zwischen Blumengarten und Park, in welchem, wie im Blumengarten, der Rasen fein gehalten und kurz gemäht wird, ist weniger reich gehalten; in ihm kommen sparsame Blumenbeete vor, und die landschaftliche Gruppierung besteht aus einheimischen und ausländischen Bäumen und blühenden Gehölzen, auch solchen mit zierenden Früchten. Bei Wahl der Gehölze war jedoch stets die Unempfindlichkeit gegen unser Klima die Hauptbedingung.

Der eigentliche Park repräsentiert unsere heimische, wenngleich veredelte Natur; in ihm wendete der Fürst nur einheimische Bäume an und gestattete höchstens eine Ausnahme bei solchen, welche bei uns vollständig eingebürgert waren, wie Kastanien, amerikanische Eichen, Akazien, Weymouthskiefern und dergleichen. . ."[1

Zur Bedeutung und gesellschaftlichen Nutzung der Landschaftsgärten

Hugo Namslauer

Anmerkungen S. 305

Die Entwicklung der Gartenkunst in vielfältiger Gestalt und ständigem Wechsel ist mit der Einstellung des Menschen zu seiner Umwelt, seinem Lebensraum verbunden. Gärten waren stets Bestandteil dieses Lebensraumes und sind Ausdruck wirtschaftlicher, aber auch kultureller Bedürfnisse und Bestrebungen. Die Ausformung des Gartens nach ästhetischen Grundsätzen folgte den Idealvorstellungen des Menschen von seiner Welt. In diesem Sinne ist die Gartenkunst an gesellschaftliche Entwicklungsepochen gebunden und damit eine Widerspiegelung gesellschaftshistorischer Abläufe, die den Gärten aus einer späteren Betrachtung einen hohen Dokumentarwert verleiht.

Für uns verbinden sich heute mit dem Bestand an historischen Garten- und Parkanlagen geschichtliche, künstlerische und wissenschaftliche Merkmale, die den Denkmalwert begründen und ihren Schutz fordern.[1]

Die geschichtlichen Zusammenhänge sind besonders deutlich im Grundaufbau von Garten und Park zu erkennen. So war der Garten des 17./18. Jahrhunderts vornehmlich Ausdruck feudaler Herrschaftsansprüche und diente vor allem der Repräsentation der herrschenden Klasse. Diesem nach architektonischen Regeln aufgebauten Garten standen dann im späten 18. und im 19. Jahrhundert die künstlerisch gestalteten Naturräume des Landschaftsgartens entgegen, als Ausdruck des Lebensgefühls eines geistig sich befreienden Bürgertums. In der Übergangsphase der 2. Hälfte des 18. Jahrhunderts zeigen sich besonders in den frühen Landschaftsgärten differenzierte Abläufe gesellschaftlicher Veränderungen. Ebenso wuchsen mit den naturwissenschaftlichen Erkenntnissen geistige Auseinandersetzungen und ästhetische Experimente mit gärtnerischen und landschaftsgestaltenden Mitteln. An der Einordnung der Gärten – speziell der Landschaftsgärten – in den Bereich der Kunst entstanden mitunter Zweifel wegen des natürlich-biologischen Grundmaterials und der aus ihm resultierenden Veränderlichkeit der Parkbilder. Die wahrnehmbaren Eigenschaften, die sich aus dem Wechsel der Jahreszeiten, aber auch aus dem biologischen Entwicklungsprozeß ergeben, ließen es sinnvoll erscheinen, Garten und Park dann lieber ganz dem Bereich der Natur zuzuordnen. Doch gerade diese Eigenschaften, die mitunter denkmalpflegerische Probleme aufwerfen, bestimmen ihren besonderen Charakter und Wert. Überhaupt sind die Materialien und Elemente in ihrer Vielfalt, ihre Kombinationsmöglichkeiten, die unterschiedlichen Standortbedingungen für Gärten und Parks in Landschafts- oder in Siedlungsräumen entscheidende Gestaltungskomponenten, die zu stets neuen Kunstwerken führten. Das Wesen der Gartenkunst liegt jedoch hauptsächlich in der Ausbildung von Freiräumen, in denen der Betrachter durch seinen Ortswechsel stets neuen Park- und Gartenbildern begegnet. Der Raum- und der Bildaufbau wird durch natürliche und künstliche Elemente geformt, bei denen die Einzelheit – Baum, Gebäude, Plastik, Brunnen, Treppe usw. – sich immer in das Gesamtbild einzufügen hat.

Als eine besondere Eigenschaft ist schließlich die Einmaligkeit und die Unwiederholbarkeit der Gärten und Parks zu nennen. Architektur, Plastik, Bild sind wiederholbar. Viele Kopien zeigen die Möglichkeit einer Nachbildung des Originals. Doch die entscheidenden Faktoren, die unmittelbar die Eigenheiten und Wirkungen der Parkanlagen bestimmen, lassen sich nicht in gleicher Weise, unter gleichen Bedingungen so beeinflussen, daß eine zweite Ausbildung möglich ist. Die damit angedeutete Unwiederbringlichkeit zeigt auf der einen Seite den

158
Muskau. Abendliche Stimmung. 1983

159
Muskau. Nördlicher Teil der Seewiese am Eichsee. 1986

einmaligen Wert unserer alten Gärten, weist andererseits aber auch auf die Schwierigkeiten von Rekonstruktionen zur Rückgewinnung ursprünglicher Gestaltungen und von Regenerierungen zur Bewahrung überkommener Vegetationsbilder hin. Speziell in Landschaftsgärten zeigen sich derartige Probleme. Für regelmäßige Gartenanlagen, deren Aufbau einem architektonischen System folgt, wird die Pflanze als Baustoff genutzt und meist künstlich in Übereinstimmung mit dem gartenarchitektonischen Ziel geformt. Im Landschaftsgarten dienen die Pflanzen, besonders Gehölze, dem kunstvollen Raumaufbau durch ihre volle natürliche Entwicklung. Die arteigenen Unterschiede im Wuchs, in der Farbe, der Struktur u. a. bestimmen dabei entscheidend die qualitativen Unterschiede der Landschaftsgärten.

Die Einbeziehung der Gärten in den nationalen Bestand des ererbten Kulturgutes hat ältere Wurzeln. Hirschfeld weist in seiner „Theorie der Gartenkunst" von 1799 bereits auf „die Gärten, die zu den öffentlichen Denkmalen der Nation gehören...", hin und spricht von „... so mancherley erheblichen Gesichtspunkten..."[2] Er erwähnt in dem Zusammenhang auch einen „öffentlichen Denkmalcharakter" der Gärten und deutet damit auf eine Entwicklung, die zunächst nur zögernd einsetzte: die öffentliche Beachtung, Bewahrung und Nutzung des gartenkünstlerischen Erbes. Es sind Begriffe, die gemeinsam die Voraussetzung für die Einbeziehung der historischen Gärten in den Bereich der Denkmale der Geschichte und Kultur bilden. Der alte Garten mit den oben genannten Vorzügen ist an sich noch kein Denkmal. Er wird es erst durch die besondere Betrachtung und das sich daraus entwickelnde öffentliche Interesse, das dann schließlich das Bestreben nach Erhaltung, Nutzung und Weitergabe auslöst.

Das Denkmalpflegegesetz der DDR vom 19. 6. 1975 orientiert hinsichtlich der gesellschaftlichen Nutzung der Denkmale auf zwei Grundgedanken: das ist einmal die Einbeziehung des Kulturerbes in das Leben der Menschen zur Verbesserung der Arbeits- und Lebensbedingungen, insbesondere für das geistige und kulturelle Leben, und zum anderen seine Bedeutung für die Erholung und den Tourismus. Diese allgemeinen Anliegen, die mit den Grundsätzen der Denkmalpflege verknüpft und auf alle Denkmalarten bezogen sind, erhalten bei den Denkmalen der Landschafts- und Gartengestaltung besondere Akzente. Sie werden vom Charakter des Gartens als einer Freifläche und von der Sensibilität der Vegetation bestimmt.

Sieht man von den Landschaftsgärten ab, die als Bürger- oder Volksparks von Anfang an und ausschließlich der Öffentlichkeit dienten, so waren die heutigen historischen Gärten und Parks früher für die persönliche Nutzung weniger Menschen vorgesehen. Das ursprüngliche Verhältnis zwischen Größe, Nutzung und Pflegeaufwand unterscheidet sich erheblich vom gegenwärtigen. Der große Vorzug, den gerade die Gärten mit ihren hohen Erholungswerten heute für alle Menschen besitzen, ist jedoch auch mit Problemen denkmalpflegerischer Art verbunden. Die steigenden Besucherzahlen, die an einigen Orten schon in die Hunderttausende im Jahr gehen, fordern ständige regulierende und restaurierende Maßnahmen, um Substanzverluste zu vermeiden. Jede Veränderung oder Ergänzung zur komplikationslosen Führung der Besucher ist jedoch letztlich mit Veränderungen des Denkmals verbunden und verbietet sich aus Gründen des Denkmalschutzes. So werden beispielsweise Forderungen nach neuen Wegeführungen, Wegebreiten, Stauräumen, Ruheplätzen, aber auch nach Ver- und Entsorgungseinrichtungen erhoben, denen grundsätzlich nur dann stattgegeben werden kann, wenn die Eigenart und Wirkung des Denkmals nicht berührt wird. Hierin liegt eines der Hauptprobleme denkmalpflegerischer Aufgaben: die Forderung nach wissenschaftlich begründeten Maßnahmen zur Wiederherstellung und Erhaltung der Denkmale in Übereinstimmung mit einer weitgehenden gesellschaftlichen Erschließung. In der „Charta von Florenz"[3], in der Empfehlungen zur Behandlung historischer Gärten aufgestellt sind, rückt „die Bewahrung der Substanz und der kulturellen Bestimmung der Gärten und Parks" in den Vordergrund.

Der gesellschaftliche Nutzen der historischen Gärten und Parks betrifft zwei große Bereiche: die Bildung und die Erholung. Beides ergibt sich aus den bereits angedeuteten Eigenschaften dieser Denkmalart. Nachfolgend wird versucht, auf die wichtigsten Nutzungsaspekte einzugehen.

Die bereits genannten geschichtlichen Zusammenhänge –, die Widerspiegelung gesellschaftlicher Abläufe, die in den verschiedenen Garten- und Parkformen mit ihren architektonischen und bildkünstlerischen Ausstattungen zu erkennen sind, dienen der allgemeinen Bildung, aber auch der wissenschaftlichen Forschung und

160
Branitz. Große Anziehungskraft haben die zugefrorenen Gewässer

Lehre. Diese heutigen Eigenschaften der historischen Gärten und Parks bestimmen den Denkmalwert und fordern den Schutz als „Denkmale der Landschafts- und Gartengestaltung". Neben dem kunstgeschichtlichen Rang ergibt sich der wissenschaftliche Wert der Landschaftsgärten an vielen Orten aber auch durch die Konzentration an in- und ausländischen Gehölzen. Ihre langjährige Beobachtung unter verschiedenen Standortbedingungen führte zur Verbreitung eingeführter Arten. Sie hatten dann nicht nur dendrologischen und ästhetischen Ansprüchen zu genügen, sondern oft auch wirtschaftlichen. Hierin liegt die Verbindung zur Forstwissenschaft, da viele Waldbäume mit hoher wirtschaftlicher Qualität ihre forstliche Eignung zunächst im Landschaftsgarten bewiesen.

Der Erholungswert, der an sich jeder Grünfläche eigen ist, gilt auch für den historischen Park und Garten. Er leitet sich zunächst aus dem unmittelbaren Kontakt mit den natürlichen „Bauelementen" Baum, Strauch, Blume, Rasen ab. Diese wiederum wirken sich vor allem auf die Luftreinheit, die Ruhe und das Klima aus, damit zugleich auch auf die so wichtigen Wechselwirkungen zwischen Bewegung und Ruhe, Spannung und Entspannung im Arbeits- und Freizeitmilieu. Erholung und Entspannung stehen wiederum im Zusammenhang mit dem Wohlbefinden des Menschen in einer nach ästhetischen Prinzipien errichteten Umwelt. Selbst das unbewußte Betrachten und Aufnehmen der Schönheiten in Garten und Park lösen Zufriedenheit und Wohlbefinden aus, das sich auch auf die innere und äußere Stabilität des Menschen auswirken kann. Dieser Erholungswert historischer Anlagen ist jedoch relativ und hängt von ihrer Qualität und ihrem Erhaltungszustand, aber auch von ihrem Standort ab. So etwa erhöht sich der Wert der historischen Anlage in Siedlungsgebieten und Landschaften, denen es an anderen Erholungsflächen mangelt.

161
Parkführung in Branitz

Es gibt eine Reihe von Gärten und Parks, deren erhaltene historische Ausstattung eine erweiterte und anspruchsvollere Nutzung ermöglicht. Dazu gehören vorrangig die alten Gartentheater, wie die in Rheinsberg, Weimar, Dresden und Wörlitz. Der Erlebniswert eines Theaterspiels, die Freude an der Darstellung wird durch den historischen Rahmen sehr gesteigert. Auch dort, wo derartige Einrichtungen aus dem historischen Bestand fehlen, können kulturelle Veranstaltungen zu einem besonderen Ereignis werden. Dafür stehen oft Höfe, Terrassen und Platzflächen zur Verfügung. Mit geringen mobilen Einrichtungen lassen sich die technischen Forderungen erfüllen. In vielen historischen Gärten sind solche Veranstaltungen bereits zur Tradition geworden und tragen sehr zur Bereicherung des kulturellen Lebens bei, wie z. B. in Pillnitz, Gotha, Weimar-Belvedere, Lieberose, Großsedlitz. Selbst eine zeitbegrenzte Nutzung stabiler Rasenflächen als Zuschauerraum ist mitunter möglich, sofern die Belastung in Grenzen gehalten und zusätzliche Pflegemaßnahmen eingesetzt werden. Musikalische Veranstaltungen stehen meist im Vordergrund, doch auch Schauspiel, Musiktheater und Tanzveranstaltungen bieten beliebte Sommerprogramme im historischen Rahmen. Die Verbindung verschiedener Veranstaltungen zu gesellschaftlichen Höhepunkten im Parkjahr sind als Parkfestspiele bekannt. Bei solchen vielseitigen Programmgestaltungen kann das historische Milieu die Veranstaltungen bedeutend steigern, und umgekehrt wird durch die Darbietungen das Denkmal selbst in seiner zeitgebundenen künstlerischen Aussage besonders intensiv erschlossen. Das rechte Maß bestimmen auch hier die fördernden Wechselwirkungen zwischen historischem Standort und Festspielgestaltung. Der führende Gedanke muß jedoch von der Bewahrung dessen ausgehen, was uns durch lange Zeitläufe hindurch als ein Teil des kulturellen Erbes überliefert worden ist.

Bereits in der Vergangenheit wurden Gärten und Parks für Spiele und gymnastische Übungen genutzt, mitunter direkt dafür geschaffen. Ein Beispiel ist der Lustgarten in Pillnitz zwischen Wasser- und Bergpalais. Im 18. Jahrhundert für verschiedene Spiele der Dresdener Hofgesellschaft eingerichtet, ist er erst später in ein Gartenparterre umgewandelt worden. Breite Wege, schattige Alleen, grüne Rasenspiegel wurden für allerlei Spiele und Belustigungen genutzt. Damit gab es bereits in früher Zeit ein beachtliches Programm an spielerischen Betätigungen und Wettkämpfen, die durchzuführen vorerst jedoch stets auf einen kleinen Kreis von Privilegierten beschränkt war. Erst mit der Herausbildung öffentlicher Volksparks am Rande der großen

162
Branitz. Besucher im Hainteil

Städte im 19. Jahrhundert wandelte sich Aufgabe und Form vieler Parkanlagen zur Befriedigung eines allgemeinen Bedürfnisses breiter Bevölkerungsschichten, sich im Freien zu erholen und körperlich zu ertüchtigen. Hierfür wurden jedoch meist Neuanlagen nach einer entsprechenden Aufgabenstellung hergestellt, die auch dem sozialen Aspekt Rechnung trugen. Der anfängliche Charakter des Landschaftsgartens, wie er noch im Volkspark Treptow, in der Dresdener Bürgerwiese oder im Magdeburger Pionierpark erhalten ist, weicht dabei immer mehr der Spezialisierung bis zum reinen Sportpark mit seinen differenzierten Sporteinrichtungen.

Sieht man von diesen speziell eingerichteten Garten- und Parkanlagen ab, so bietet im Grunde auch jede historische Anlage ohne Veränderungen oder Ergänzungen viele Möglichkeiten der sportlichen Betätigung. Hierzu gehören so wichtige volkssportliche Übungen wie Wandern, Laufen, Gymnastik, aber auch verschiedene Ballspiele. Gerade der Landschaftsgarten mit seinem weitgezogenen Wegenetz besitzt gute Voraussetzungen dafür. Die Inanspruchnahme von Rasen- und Wiesenflächen für Sportspiele ist selbstverständlich nur mit Einschränkungen möglich. Einer zeitbegrenzten Belastung ist durch geeignete Pflegemaßnahmen entgegenzuwirken. Viele Beispiele zeigen die Probleme, die sich durch eine falsche Einschätzung ergaben.

Gleiches trifft auch für jegliche Art von Einbauten zu. Landschaftsgärten in Nähe großer Städte oder dichter Siedlungsgebiete, denen geeignete Flächen für Sport- und Spieleinrichtungen kaum zur Verfügung stehen, wer-

163
Branitz. Holzfällarbeiten – ein ständiges Erfordernis

den mitunter in Planungen dafür einbezogen. Hier aber zeigt sich, daß eine Verbindung beider Aufgaben – die Bewahrung historisch geprägter gartenkünstlerischer Gestalt und die Erschließung des Parkareals oder Teilen davon für einen anderen Zweck – nur schwer realisierbar ist. Kompromisse engen beide Nutzungsanliegen ein. Der Friedrichshain in Berlin, dessen ursprüngliche Aufgabe als Volkspark, trotz erheblicher Veränderungen infolge des zweiten Weltkrieges, sich bis heute erhalten hat, zeigt deutlich die Grenzen der Belastbarkeit, die teilweise schon überschritten worden sind. Selbst hoher Pflegeaufwand kann die Schäden im Vegetationsbereich kaum noch auffangen.

Gewässer in ihren verschiedenen natürlichen und künstlichen Formen sind wesentliches Gestaltungselement unserer historischen Landschaftsgärten und bestimmen oftmals deren Charakter. Sie sind in vielfacher Weise mit der Nutzung verbunden. Auch hier liegen mitunter ursprüngliche Aufgaben vor, wie die Gondelfahrten in Wörlitz, Gotha, Dresden oder im Rotehorn-Park in Magdeburg. Wörlitz mit seinem Gondel- und Fährbetrieb nimmt dabei sicher eine Ausnahmestellung ein, da Teile des Parkes nur über das Wasser zu erreichen sind, aber auch das Parkerlebnis und -verständnis aufs engste mit diesen Wasserfahrten verbunden ist. In einem Brief, den Goethe im Mai 1778 aus Wörlitz an Charlotte von Stein schreibt, werden auch die Seen und Kanäle im Zusammenhang mit dem großartigen Eindruck genannt, den dieser Park auf ihn machte.[4]

Historische Garten- und Parkanlagen sind auf vielfältige Weise mit dem gesellschaftlichen Leben verbunden. Neben ihrer Bedeutung als Denkmale erfahren sie steigende Beachtung in einer industriell hochbeanspruchten Landschaft. Bei einer Gesamtflächengröße von rund 7000 ha prägen die 800 unter Denkmalschutz stehenden Garten- und Parkanlagen ganze Landschafts- und Ortsbilder. Potsdam, Schwerin, Rheinsberg, Ludwigslust, Muskau, Wörlitz sowie eine Reihe weiterer Orte sind ohne ihre Gärten und Parks nicht denkbar. Ähnliches gilt für eine Vielzahl von Landschaftsräumen mit ihren spezifischen Bauten, Gärten und Ortsbildern, die als Kulturlandschaften einen Denkmalstatus erhielten. Dafür stehen u. a. die Gebiete um Pillnitz, Moritzburg, Dessau und Potsdam. Hier verbinden sich oft Denkmal- und Landschaftsschutz zu einem gemeinsamen landeskulturellen Anliegen.

Dieser Gedanke umschließt auch den Wert der Parks als Teil unserer natürlichen Umwelt mit ihrer artenreichen Flora und Fauna. Gewissermaßen als „Nebeneffekt“ können diese Gartenkunstwerke auch Refugien in den offenen Industriegebieten oder kompakten Großflächen der Landwirtschaft sein. Hier können sich biologische Wechselbeziehungen im Sinne ökologischer Prozesse erhalten oder entwickeln. Gehölz-, Wiesen- und Wasserflächen bilden dafür Biotope. So kann der historische Park auch Kontakte zwischen dem Menschen und der Natur schließen und über das Geschichtswissen hinaus, das die Denkmale der Landschafts- und Gartengestaltung vermitteln, die bewußte Einstellung zur natürlichen Umwelt vertiefen.

Zur Methodik denkmalpflegerischer Tätigkeit in landschaftlich gestalteten Gärten und Parks

Detlef Karg

Anmerkungen S. 305 ff.

Erste topographische Erfassungen historischer Gärten und Parks[1] in der DDR haben ergeben, daß der überwiegende Teil der unter Denkmalschutz gestellten Anlagen Landschaftsgärten und -parks sind. Dazu gehören solche bedeutenden Objekte wie Wörlitz und der Ilmpark in Weimar, besonders die Parkteile Charlottenhof und Hofenkrug in Potsdam-Sanssouci, der Neue Garten und der Park Babelsberg in Potsdam, die Parks in Bad Muskau und Branitz und der Treptower Park in Berlin.[2]

Die im Denkmalpflegegesetz von 1975 formulierten Grundsätze zur Erhaltung und Pflege der Denkmale, zu denen auch die Denkmale der Landschafts- und Gartengestaltung, die Park- und Gartenanlagen, Friedhöfe, Wallanlagen und Alleen gehören, bilden die allgemeinen Voraussetzungen, um sie als gegenständliche Zeugnisse der politischen, kulturellen und ökonomischen Entwicklung bewahren zu können.[3] Bei der Erhaltung und Pflege der Gartendenkmale ist nicht nur ihre Eigenart, die durch das Gestaltungselement Pflanze geprägt wird, im Vergleich zu den anderen Denkmalarten zu bedenken. Es sind auch die in den Gärten und Parks vorhandenen Unterschiede zwischen der regelmäßig-geometrischen und der landschaftlichen Gestaltungsweise zu beachten. Somit sind Methoden zu erarbeiten und Erfahrungen über Maßnahmen auszutauschen, die auch den Bestand an landschaftlich gestalteten Anlagen sichern helfen.[4]

Es erscheint relativ einfach, nach einem Plan die Raumstruktur eines barocken Gartens nachzuzeichnen. Dies wohl, weil durch die regelmäßig-geometrischen Kompositionsprinzipien, die auch den Habitus der Pflanzen bestimmten, die Beziehungen zwischen Grundriß und Aufriß, zwischen Garten und Gebäude deutlicher ablesbar sind als bei den Darstellungen landschaftlich gestalteter Anlagen. Bei diesen wird die Deutung der Pläne und damit die Raumvorstellung wegen der freiwachsenden Pflanzen und der natürlich anmutenden Bodenmodellierung erschwert.

Von Peter Joseph Lenné (1789–1866), einem der bedeutendsten Gartenkünstler der 1. Hälfte des 19. Jahrhunderts, und seinen Mitarbeitern sind über 200 Pläne für die Anlage von Gärten und Parks erhalten geblieben.[5] Häufig sind es Übersichtspläne, Entwurfskonzeptionen, seltener die unmittelbaren Ausführungsunterlagen. Noch um 1800 war es eine durchaus gebräuchliche Art, auf den Plänen die einzelnen Gehölzarten durch unterschiedliche Signaturen zu kennzeichnen, die sogar dem Habitus der Gehölze entsprachen. Sie wird auch noch von Lenné in den ersten Jahren seiner Tätigkeit in Potsdam beibehalten, nachdem er 1816 in die dortige königliche Gartendirektion eingetreten war. Seine farbigen Darstellungen von Bäumen, Sträuchern, Blumenpflanzungen, Gewässern, Wegen, der Bodenmodellierung sind bis ins Detail durchgearbeitet und fördern die räumliche Illusion der geplanten Gestaltung. Dabei wurden die kompositiorischen Hauptbeziehungen, die Sichtachsen, durch fein gezogene Linien besonders hervorgehoben.[6]

Mit seinem Werk „Ueber die Anlage eines Volksgartens bei der Stadt Magdeburg“[7] schuf Lenné ein mustergültiges Beispiel für seine Planungspraxis.[8] Neben einer ausführlichen textlichen Erläuterung legte er einen Verschönerungsplan, einen Bepflanzungsplan, die Nivellementsprofile und eine ausführliche Liste mit 193 Gehölzarten vor. Die so erarbeiteten Ausführungsunterlagen mit ihren auf den Legenden angegebenen Gehölzarten setzten demnach schon bei den Planenden und Ausführenden das Wissen über den Habitus und über die Entwicklungsphasen der Pflanzen voraus. In einem noch umfassenderen Sinn bemerkt Meyer in seinem „Lehrbuch der schönen Gartenkunst"[9]: „Deßwegen ist es ein großer Irrtum, dafür zu halten, der Planausführer brauche viel weniger künstlerische Begabung zu haben als der Planentwerfer; denn dieser giebt die allgemeinen Grundgedanken her, jener aber soll sie richtig auffassen vermögen und fähig sein, sie weiter ins Einzelne zu entwickeln, was nur bei einem gewissen Grade von Kunstfertigkeit möglich ist."

Neben den allgemein gestalterisch-ästhetischen Vorstellungen bei der Anlage von Landschaftsgärten waren nun im verstärkten Maße biologische und pflanzensoziologische Kriterien zu berücksichtigen, so daß die Planungen erst nach Jahren zu der beabsichtigten Gestalt geformt werden konnten. Und doch wird man voraussetzen können, jedenfalls lassen die überlieferten bildlichen Darstellungen aus den unterschiedlichen Zeitabschnitten in der Entwicklung der Anlagen diese Schlußfolgerung zu, daß trotz der verschiedenen Altersstufen der Gehölze ein ästhetisch ausgewogenes Gesamtbild bestand. Auch die schriftlichen Anweisungen zur Anlage von Landschaftsgärten belegen diese Annahme. So schrieb 1850 Hermann von Pückler (1785–1871) in einem Brief an Eduard Petzold (1815–1891) „wenn ich mir denke, dass ich zum Beispiel den Muskauer Schöpfungen hundert Jahre vorstände, so bin ich überzeugt, dass am Ende des Säculums ein von dem jetzigen total verschiedenes Bild, eine gänzlich veränderte Anlage da sein würde, und schon im Uebergange jährlich andere Nüancen, – dennoch aber zu jeder Zeit ein vollständiges harmonisches Ganzes (meine eigenen, gelegentlichen Fehler abgerechnet)".[10]

Veränderungen durch den Autor während der Ausführung und auch später wurden in den seltensten Fällen dokumentiert. Sie waren aber durchaus verständliche und oft auch notwendige Maßnahmen, die sich aus der Anpassung an die lokalen Gegebenheiten ergaben. Hier wird deutlich, daß mit dem Entwurf die schöpferische Leistung bei der Gestaltung der Landschaftsgärten und -parks nicht abgeschlossen war. Der Entwurf, dargestellt im Plan, verdeutlicht lediglich die „Grund-Idee" und nicht „die Ausführung bis ins Detail", wie Pückler schreibt.[11] Doch die Deutung dieses Vorganges bleibt für heutige denkmalpflegerische Problemstellungen unklar, wenn dabei nicht der Gestaltungsprozeß einer Anlage, vom Entwurf über die Ausführung bis hin zur Pflege, wenn dabei nicht die Arbeitsweise des Autors berücksichtigt wird.

Pückler hat in den von ihm verfaßten „Andeutungen über Landschaftsgärtnerei" sein Vorgehen am Beispiel des Parkes in Bad Muskau niedergelegt. Für ihn mußte die „Grund-Idee" als der „leitende, durchbildende Gedanke auch an jedem einzelnen zu erkennen sein".[12]

Pückler hat für seine Anlagen keine Entwurfspläne gefertigt. Lediglich auf Situationskarten, die in einem großen Maßstab gehalten sind, hielt er einige Bemerkungen fest und bezeichnete die Hauptpunkte, um seine Idee den vorhandenen Räumlichkeiten anzupassen. Er steckte den gedanklich konzipierten Plan sogleich in dem zu gestaltenden Gelände ab. Keineswegs galt für ihn, „dass bis in jedes Detail entworfen und daran streng gehalten werde". Und er fährt fort: „Gerade das Gegenteil möchte ich in gewisser Hinsicht empfehlen; denn, sind auch mit der Idee die Hauptzüge des Ganzen vorher bestimmt, so soll doch während der Ausführung der Künstler sich ungezwungen den Inspirationen einer Phantasie fortwährend überlassen, vielfach Neues auffinden, seinen Stoff im Schaffen immer noch fort studieren, namentlich hier die rohe vor ihm liegende Natur bei jeder verschiedenen Beleuchtung (denn mit schöner Beziehung ist das Licht eines seiner Haupt-Materiale) innerhalb und ausserhalb des Bezirks seiner kleinen Schöpfung beobachten, Ursachen und Effekt ergründen, und hiernach die früheren, einzelnen Gedanken für das Detail motivieren, oder auch teilweise gänzlich verlassen, wenn ihm später bessere Einsicht wird".[13]

Das eingehende Studium der vorhandenen Situation in ihren landschaftlichen und architektonischen Beziehungen war für den zu fertigenden Entwurf eine unabdingbare Voraussetzung. Die Ausführung begann mit dem Abstecken der Wege, die sogleich planiert wurden, um sie begehen und befahren zu können. Pückler folgte damit seinem Grundsatz, daß die Wege „die stummen Führer des Spazierengehenden"[14] sind, um das Gelände zu erschließen, um den Besucher „ohne Zwang jeden Genuß auffinden zu lassen". Dem schloß sich das Abstecken der Pflanzungen an, zuerst die flächenmäßig größeren, um die übergreifenden räumlichen Beziehungen zu fixieren; danach die Standortbestimmung großer Bäume und Baumgruppen, welche auch entsprechend der Gestaltungsabsicht in den Pflanzungen markiert wurden. Dieser Arbeitsgang endete mit dem Ausweisen der kleineren Partien. Zuletzt wurden das Gelände planiert und die Rasenflächen angelegt.[15]

Im Zusammenhang mit den hier grob skizzierten Arbeitsgängen soll nur auf die Wasserflächen hingewiesen werden, bei denen Pückler markante Unterschiede zwischen See und Teich, Fluß und Bach darzustellen vermochte.

Eduard Petzold, Pücklers Schüler und gärtnerischer Nachfolger in Muskau, berichtet, daß Pückler in seinem Arbeitszimmer stets einen Plan der ausgeführten Anlage hatte „und sobald ihm nun, auch während anderer Arbeit, eine Idee kam, so änderte er sofort im Plan, radierte in demselben und zeichnete andere Conturen, nur den Gedanken zunächst festzuhalten, den er alsdann in der Natur übertrug, wenn er ihn bei näherer Prüfung geeignet fand“.[16] Diese Korrekturen wurden erforderlich, da Pückler bei der Neuanlage das gesamte zur Verfügung stehende Terrain absteckte und überall gleichzeitig arbeitete, um der konzipierten „Grund-Idee“ für das Ganze zu entsprechen. Erst danach erfolgte die Ausführung der Details.

Das bedeutsamste raumbildende Element in den Parks und Gärten sind die Pflanzungen. Aus der Art und Weise, wie Pückler pflanzte und wie er die Pflanzungen in den nachfolgenden Jahren behandelte, lassen sich entscheidende Erkenntnisse für die denkmalpflegerische Tätigkeit in den von ihm gestalteten Anlagen gewinnen.

Um schon von Beginn an ein ansprechendes Gesamtbild zu erhalten, pflanzte Pückler in markante Gehölzgruppen größere Bäume mit Frostballen, deren Kronen aus biologischen Gründen, wegen des Verhältnisses von Kronen- und Wurzelmasse, beschnitten wurden.[17] Nach entsprechendem Höhenwachstum der jung gepflanzten Gehölze wurden die älteren Gehölze entnommen, da sie lediglich für die Fernsicht schon zu Beginn der Pflanzung gedacht waren, aber nicht dem Anspruch nach „malerischer Schönheit“ genügten. Bei den Bäumen mittlerer Größe sollte durch das Einstutzen erreicht werden, „daß sie eine gute Form behalten und sich bald wieder zu natürlicher Grazie auswachsen können“.[18]

Bei größeren und geschlossenen jungen Pflanzungen achtete Pückler sehr darauf, daß möglichst dicht gepflanzt wurde. Gründe dafür sah er im besseren Gedeihen der Pflanzungen und in dem Gewinn zusätzlicher Pflanzware beim späteren Auslichten. Schnell wachsende, schon etwas größere Exemplare, wie Pappeln, Erlen, Robinien verwendete er, „um von Anfang an der ganzen Partie ein vollendeteres Aussehen zu geben“. Mit fortschreitender Entwicklung der Pflanzungen wurden diese Gehölzarten wieder zu einem Unterbusch abgehauen, also „auf Stock gesetzt“, wobei Eichen, Linden, Buchen, Kastanien zu den zu fördernden Arten gehörten.[19]

Um die räumliche Wirkung dieser Pflanzungen im voraus beurteilen zu können, empfahl Pückler auch, abgehauene Bäume oder Reiser einzugraben. Es war ein weiteres Hilfsmittel, um die Vorstellung für das zu Erzielende zu unterstützen.

„Nur zwei bis drei Jahr lang lasse ich die Pflanzung im Park jäten und rein harken, dann nicht wieder, um die Tauwurzeln unbeschädigt zu konservieren und auch Kosten zu sparen. Sie werden nachher ganz sich selbst überlassen und nur, wie gesagt, nach und nach fortwährend verdünnt, teils durch Hinwegnahme, teils durch Abhauen eines Teils der Bäume zu Unterbusch. In der Folge der Zeit kann man so gehaltenen Pflanzungen wiederum mit leichter Mühe jede beliebige Varietät geben, sie bald dem Auge undurchdringlich als Dickicht zeigen, oder als geschlossenen schlanken Wald aufschießen, in einzeln sich ausbreitende Laubkronen entfalten, tiefe Einsichten gestatten, oder den üppigen Laubmantel rings um eine kleine Waldwiese flattern und in seinen schönen Wellenlinien herabfallen lassen, oder auch wohl aus allen diesem gemischte Effekte hervorzubringen suchen.“[20]

Im Park sollten nur einheimische oder dem Charakter der umgebenden Landschaft entsprechende Gehölzarten gepflanzt werden, wozu Pückler auch Weymouthskiefern, Robinien, Lärchen, Platanen, Gleditschien und Blutbuchen zählte. Den Vorzug aber gab er den Linden, Eichen, Buchen, Erlen, Rüstern, Kastanien, Eschen und Birken sowie dem Ahorn.

Anhand der Verwendung der Pappeln zeigt sich, wie differenziert und sorgfältig Pückler die Gehölzartenwahl vornahm. So verwendete er die Pappeln im allgemeinen nur im Anfangsstadium der Pflanzungen wegen ihres schnellen Wachstums. Sie wurden entfernt, wenn die anderen langsamwachsenden Gehölzarten die beabsichtigte Raumwirkung erzielten. Dagegen unterbreitete Pückler detaillierte Vorschläge für die Verwendung be-

164
Tafel III, a, c aus Pücklers
„Andeutungen über Landschaftsgärtnerei“.
Gezwungen gepflanzte Baumgruppe

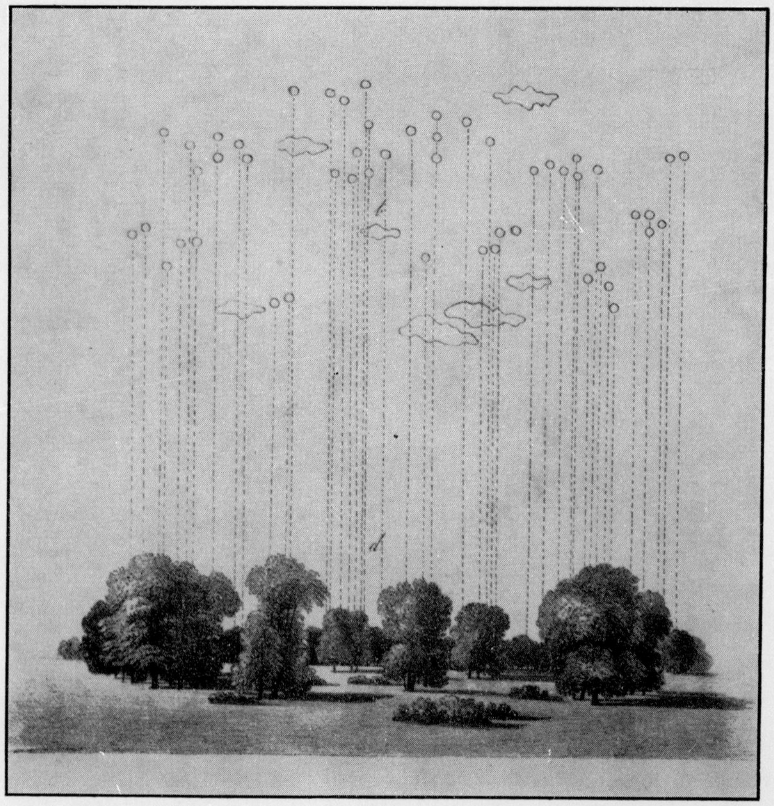

165
Tafel III, b, d aus Pücklers
„Andeutungen über Landschaftsgärtnerei“.
Natürlich gepflanzte Baumgruppe

166

Tafel IV aus Pücklers „Andeutungen über Landschaftsgärtnerei“.
a, b Beispiel und Gegenbeispiel für Waldpflanzungen am Wege
c, d Beispiel und Gegenbeispiel für Shrubberies mitten im Rasen
e Kantenpflanzung nach alter Art
f Kantenpflanzung nach Herrn Nashs Prinzip
g Bepflanzung seitlich von Straßen

sonderer Pappelarten. So empfahl er, die Silberpappel (Populus alba L.) gegen Schwarzholz[21] zu setzen. Alte Kanadische Pappeln (Populus deltoides Marsh.) sah er als geeignet an, Buschpartien zu überwölben. Die Lombardische Pappel hingegen (Populus nigra L. ‚Italica') verbannte er aus dem Park; im pleasureground aber, dem von ihm so bezeichneten Mittelglied oder Übergang zwischen Park und Blumengarten, anerkannte er ihre Berechtigung, wenn sie in einer Vielzahl dicht gepflanzt würde.[22]

Große Partien, die nur aus einer einzigen Gehölzart bestehen, lehnte er ab. Er empfahl, eine Gehölzart dominieren zu lassen, der dann nach seinem Empfinden passende Arten zuzuordnen wären, wie die Fichte zur Eiche, die Birke zur Erle, die Buche zur Linde und zu allen Laubbäumen die Dornsträucher. Gewächse, die sich durch einen Blütenschmuck und Fruchtbehang auszeichnen, sollten möglichst an den Rändern plaziert werden. Die Außenlinien der Pflanzungen, insbesondere der Gehölzpflanzungen, der clumps, ihre Pflanzenvielfalt, ihre Form und Stellung hätten größtmögliche Abwechslung zu zeigen und sollten immer dem Prinzip des Natürlichen folgen. Dieser Hinweis richtete sich gegen die bislang üblichen ovalen und runden Pflanzungen auf den Rasenflächen, aber auch gegen die unregelmäßigen Wellenlinien entlang den Wegrändern.

Pückler folgte damit den Empfehlungen des englischen Architekten John Nash (1752–1835). Dieser ließ „Strauchpartien in größeren, sich mehr vereinigten Massen dicht zusammenpflanzen, den Rasen mit tiefen Einbuchten teils sich weit in die Pflanzung hineindringend verlieren und dort dem Auge in ungewisser Ferne entziehen, teils in der Nähe, ohne die Kanten (gegen die Pflanzung hin) zu beschneiden, die einzelnen Rasenstücke ganz unregelmäßig, wie sie beim Legen eben ausfallen, an den Rändern verlaufen. Zugleich werden aber eine Menge isolierte Bäume und Büsche noch auf dem Rasen vorgepflanzt, um die Linien immer natürlicher und leichter von allen Ansichten aus zu unterbrechen. Diese shrubberies werden dann, nur mit der gehörigen Ausnahme in Rücksicht auf ihr Gedeihen, weder rein geharkt noch beschnitten und bilden daher bald überall eine dichte Masse, die sich graziös auf den Rasen herabsenkt und überlegt, ohne irgendwo eine bestimmte, scharf abgeschnittene Außenlinie sehen zu lassen, ebenso, wie sich von selbst aufgewachsenes Gebüsch am Rand einer Wiese zu gestalten und zu lagern pflegt".[23]

Die Empfehlung für die Pflanzung der shrubberies, die aus blühenden Sträuchern, perennierenden Stauden und Blumen bestehen, faßte Pückler in drei Punkten zusammen.

„1. Man tut gut, von ein und derselben Sorte öfter (nicht immer) zusammenhängende Massen, als zuviel einzelne und isolierte Exemplare anzubringen.

2. Bei solchen Massen wird es besonders zu empfehlen sein, vorspringende Stellen ganz damit zu bedecken und sie dann dergestalt an dazu passende höhere Sträucher ungezwungen anzulehnen, daß sie nicht zu detachiert dastehen und plump oder absichtlich erscheinen.

3. Man pflanze lauter solche Exemplare zusammen, die gleich von Anfang an in demselben Verhältnis der Größe stehen, welche sie ausgewachsen erreichen sollen . . ."[24]

Einem wahllosen Mischen verschiedenster Pflanzen entgegnete er mit der Empfehlung eines „Modells", d. h. der Auswahl von einigen Musterpflanzungen, die er auch im pleasureground verwendet wissen wollte. „Ich wette", schreibt Pückler, „daß niemand bemerken wird, nur zwölf verschiedene Muster vor sich zu haben, sondern die Mannigfaltigkeit eines nach solchem Prinzip gepflanzten Gartens weit größer finden, als eines aufs Geratewohl durcheinander gemengten, enthielte der letztere auch eine weit bedeutendere Anzahl verschiedener Pflanzen . . . verfahre aber nur immer methodisch, denn ohne Sorgfalt gelingt nichts in der Kunst."[25]

Den Blumenbeeten gab Pückler „immer eine bestimmte, abgegrenzte Form". Ihr Standort war der Blumengarten, der als eine Art Erweiterung des Wohnzimmers anzusehen ist, und den er „ausschließlich mit den edelsten Blumen und feinsten Gehölzen" versah.[26]

Das Bild Pücklerscher Gestaltungsprinzipien ließe sich vervollständigen, wenn man auch die anderen Gestaltungselemente, wie Wege, Wasser, Inseln, Felsen und die Bodenmodellierung analysierte, worauf hier allerdings nur hingewiesen werden kann. Ebenso wichtig aber wie die Gestaltungsprinzipien sind für die denkmalpflegerische Praxis Pücklers Anweisungen zur Erhaltung seiner Parks und Gärten.[27]

„Es ist durchaus ein Ding der Unmöglichkeit, einen großen, ausgedehnten Park so zu pflanzen, daß er ausgewachsen ganz dasselbe Bild wie früher, nur im veränderten Maßstabe biete, und das Ganze dann als für immer im rechten Verhältnis zueinander stehend betrachtet werden könne – denn die Natur läßt sich so genau nicht berechnen, auch würde viele Zeit verloren gehen."[28] Damit verdeutlicht Pückler den natürlich bedingten Veränderungsprozeß in den Werken der Gartenkunst, insbesondere in den landschaftlich gestalteten Anlagen. Er fordert deshalb, um dem Verfall entgegenzuwirken, „eine leitende, geschickte Hand," denn sonst „werden sie – die Werke der Gartenkunst – etwas ganz anderes". Er schließt bei dieser Tätigkeit auch nicht aus, daß „im Detail noch neue Schönheiten hinzugefügt" werden, „ohne die bestehenden zu verlieren oder aufzuopfern".[29]

Die zur Erhaltung des Geschaffenen notwendigen Pflegemaßnahmen ordnen sich bei Pückler ganz der „Grund-Idee" unter. So erkennt er in der Axt das Hauptwerkzeug, „um den Pflanzungen die an jedem Ort verlangte Höhe zu erhalten, als auch die zu ihrer Schönheit nötige Dichtigkeit zu erlangen . . .". Und bei „größere(n) Massen gemischter Pflanzungen" verlangt er das jährliche Absetzen der größten Gehölze, aber nicht das Köpfen des gesamten Bestandes, so daß „die Pflanzung ewig in demselben Alter und naturgemäßen Form"[30] erscheint.

Um die „schmalen Aussichten", die Sichtachsen, zu erhalten, empfiehlt Pückler das Köpfen der Bäume. Diese Maßnahme sollte frühzeitig und ständig durchgeführt werden, um den Pflanzen trotz des rigorosen Eingriffs ihr natürliches Aussehen zu belassen. Bei den waldartigen Beständen erfolgt zu den erforderlichen Zeiten der regelmäßige Abtrieb, der sich aber auch nach der jeweiligen Holzart zu richten hat. Dabei sollen die größere Bäume in Gruppen stehen bleiben, ganz im Sinne der landschaftlichen Gestaltungsprinzipien.

Pücklers Grundsatz für die Erhaltung der von ihm geschaffenen Anlagen, „daß man nichts versäumen und im voraus wohl berechnen muß, welche Höhe den Pflanzungen zu gestatten ist, denn nach langer Vernachlässigung kann man nur schwer ohne Nachteil regieren"[31], muß aber für unsere denkmalpflegerischen Bemühungen um die von ihm geschaffenen Gärten und Parks zur Maxime erhoben werden. Daß er sich, trotz eindringlicher Empfehlung, nicht „zum Hauen in seinen Anlagen und Pflanzungen" entschlossen hat, liegt nicht etwa an einer fachlichen Fehleinschätzung. Vielmehr sind die Gründe in der Pietät vor dem von ihm selbst Geschaffenen und in der Entwicklung des Gehölzbestandes zu sehen, die diese Maßnahme wohl noch nicht erforderte.[32]

Petzold hat dann diesen durchaus notwendigen Arbeitsgang, wenn auch nicht mit letzter Konsequenz im Sinne der Pücklerischen Gestaltungsprinzipien, im Park von Muskau nachgeholt.[33]

Pücklers Arbeitsweise zum Erhalt seiner Anlagen gilt es folgerichtig auch in der denkmalpflegerischen Praxis anzuwenden. Sie ist eine wesentliche Voraussetzung, um das Werk dieses bedeutenden Vertreters des Landschaftsgartens darzustellen und es als einen Entwicklungsabschnitt in der Gartenkunst des 19. Jahrhunderts durch das Erlebnis der unmittelbaren Anschauung deutlich werden zu lassen.

In den erforderlichen wissenschaftlichen Analysen der Pückler-Parks muß sein eigener Anteil von dem der nachfolgenden Autoren unterschieden werden. Ebenso muß eine Untersuchung seiner Gestaltung im Kontext mit der generellen Entwicklung in der Gartenkunst erfolgen. Dies gilt im besonderen Maße für den Park in Bad Muskau, wo sein Schüler Eduard Petzold nach 1852 die kaum bis zur Hälfte fertiggestellte Anlage vollendete und sie auch mehrmals überarbeitete.[34].

Obwohl Petzold in seinen Veröffentlichungen immer betonte, der „Grund-Idee" Pücklers gefolgt zu sein, ist sein Anteil doch von eigenständigen, schöpferischen Lösungen bestimmt.[35]

Der oben erwähnten Analyse obliegt es aber auch, die Überformungen und Erweiterungen bis in die jüngste Vergangenheit darzustellen. Ein derartiges Verfahren gehört zur generellen Arbeitsmethode in der Denkmalpflege. Es schließt somit auch die unterschiedliche Arbeitsweise der einzelnen Autoren bei der Gestaltung und der sich anschließenden Pflege der Gärten und Parks ein.

Was bei Pückler durch die unmittelbare praktische Arbeit im Gelände entstand, hatte Lenné schon in seinen Entwurfplänen teilweise vorgenommen. Pückler betrieb die Gestaltung seiner Anlagen aus rein privater Leidenschaft, bei der finanzielle Erwägungen kaum eine Rolle spielten. Lenné, als Angestellter des preußischen Hofes, hatte eine Vielzahl von Aufträgen zu bewältigen. So war er wiederholt dazu gezwungen, Unterlagen zu erarbeiten, die es dem Ausführenden ermöglichten, ohne Lennés unmittelbare Hilfe die von ihm konzipierte

Idee zu verwirklichen. Dennoch sind auch diese Unterlagen nicht überzubewerten, da auch Lenné, wo sich ihm die Gelegenheit bot, sowohl bei der Ausführung als auch noch Jahre danach in das schon Geschaffene korrigierend eingriff. Gerade an der Pflege der Baumgruppen läßt sich auch Lennés Behandlung der Gehölzbestände im Unterschied zu Pückler verdeutlichen. 1855 schreibt Lenné dazu: „Es ist das Schicksal aller Baumgruppen in den Gärten und Parkanlagen, daß einzelne Bäume, je nach Art, oder indem die Bodenverhältnisse ihnen vorzugsweise zusagen, eine vorherrschende kräftige Ausbildung erreichen und im Verlaufe ihres Wachstums die nebenstehenden Gehölze und alles Unterholz in ihrer Nähe unterdrücken. Umsonst bemüht man sich, neues Unterholz durch Anpflanzung zu erzielen, die Wurzeln der älteren Bäume benehmen den auch mit größter Sorgfalt eingepflanzten Sträuchern alle Nahrung, und die Baumkronen rauben ihnen jede atmosphärische Nahrung, man erzeugt nur Krüppel. Solche Baumpartien habe ich mit dem größten Erfolge in den gedachten königlichen Gärten hainartig auslichten lassen, indem ich sie an solchen Stellen, wo Sträucher nicht mehr gedeihen können, von allem Unterholz und den verkrüppelten und unterdrückten Bäumen völlig befreit, und, nachdem der Boden hierzu vorbereitet worden, durch passende Grasarten begrünt habe.“[36]

In der Arbeitsweise dieser beiden bedeutenden Gartenkünstler, in der von ihnen propagierten und praktizierten Pflege zeigt sich, daß das Erscheinungsbild der Anlagen durch das stetige Eingreifen Veränderungen unterlag. Diese Veränderungen berührten kaum die schon bei der Ausführung der Anlage geschaffene Raumkomposition. Sie resultieren vielmehr aus den natürlichen Entwicklungsphasen der Pflanzen, die zum Wesen landschaftlich gestalteter Gärten und Parks gehören, also dem Gestaltungsprozeß immanent sind.

Das denkmalpflegerische Bemühen zur Erhaltung der nach landschaftlichen Kompositionsprinzipien angelegten Gärten und Parks muß deshalb die verschiedenen Entwicklungsphasen der Pflanzen einbeziehen und wird daher immer auch nur einen begrenzten Entwicklungsabschnitt umfassen.

Bei den notwendigen denkmalpflegerischen Pflegemaßnahmen, die auch eine rechtzeitige Verjüngung des Gehölzbestandes beinhalten, sind die vom Autor der Anlage empfohlenen und in vielen Fällen auch die durch ihn betreuten Maßnahmen zur Wahrung der Gestalt von prinzipiellem Belang. Aus einem Vergleich späterer Bestandsaufnahmen mit dem ursprünglich Geplanten lassen sich wichtige Erkenntnisse über das tatsächlich Ausgeführte bzw. über nachfolgende Veränderungen gewinnen. Dabei erweist sich eine maßstabsgetreue Überlagerung von historischen Plänen bzw. Karten mit solchen des gegenwärtigen Zustandes als günstig. Doch sind derartige Vergleiche in den seltensten Fällen möglich, da das erforderliche Quellenmaterial in Form von Plänen, Karten, Abbildungen, Beschreibungen, Inventaren oder Baubelegen nicht vorliegt. Gerade dann hat sich die Bestandsanalyse als unabdingbar erwiesen, zu der neben einer textlichen und bildlichen Erfassung des Vorhandenen auch die Bestandskartierung gehört. Als ausreichend bewährte sich dabei eine Vermessung im Maßstab 1:500. Auf solch einer Unterlage wird der gesamte Gehölzbestand dargestellt; das bedeutet z. B. für die Bäume eine Erfassung nach der Art, Stammumfang bzw. -durchmesser, der Höhe und dem Kronendurchmesser. Weiterhin ist das Alter der Gehölze zu bestimmen. Ebenso sollte eine Einschätzung des Zustandes erfolgen, wie auch die Erfassung von etwaigen alten Schnittstellen, Beschädigungen etc. Aus einer derartigen Kartierung lassen sich Schlußfolgerungen über die Gehölzverteilung und -verwendung in den einzelnen Entwicklungsphasen ziehen. Einen besonderen Schwerpunkt innerhalb der Bestandsanalyse bilden die Darstellungen des ehemaligen Wegesystems und die Veränderungen der Bodenmodellierung. Neben Grabungen, die durch das freigelegte Bodenprofil Auskünfte über Bodenaufträge, Wegverläufe und über Materialverwendung geben, bieten sich als Untersuchungsmethoden geophysikalische Erkundungen an[37].

Aus den so gewonnenen Ergebnissen in Verbindung mit den vorhandenen oder verlorengegangenen Bauwerken, Gartenarchitekturen und bildkünstlerischen Ausstattungen werden relativ gesicherte Aussagen über die ehemalige Raumstruktur und ihre Veränderung durch Überformungen, Erweiterungen und Verkleinerungen aus späterer Zeit möglich. Auch ist insbesondere der Unterschied zwischen der Reihung verschiedenartiger Szenerien am Anfang der Entwicklung landschaftlich gestalteter Gärten und Parks und den späteren einer Idee verpflichteten Anlagen zu beachten. Bei den Ersteren wird die einzelne Szenerie im Vordergrund stehen können, bei den Letzteren wird aber immer von den „Hauptzügen des Ganzen“ auszugehen sein.

Eine weitere Hilfe zum Erkennen der ehemaligen Raumstruktur sind fotografische Aufnahmen, die in den verschiedenen Jahreszeiten zu wiederholen sind. Dabei werden die Standorte durch die gegenwärtig erkennbaren bzw. historisch belegten Gestaltungsprinzipien bestimmt. Dieser Arbeitsgang sollte möglichst gleichzeitig mit der Entnahme des Wildwuchses aus eindeutig originalen Raumbeziehungen einhergehen.

Das so gewonnene Analysenmaterial stellt in jedem Fall eine wesentliche Erkenntnis für die Geschichte der Anlage dar. Bei fehlenden Archivmaterialien, das trifft für viele Anlagen der Gartenkunst zu, ist dieses Material oft die einzige Unterlage. Daher kann ihre Bearbeitung nicht sorgfältig genug erfolgen.

Die in der denkmalpflegerischen Zielstellung formulierte Wertung und Bedeutung eines Denkmals[38] bestimmt auch die Maßnahmen zur Erhaltung, Wiederherstellung und Pflege. Aus dem Dargelegten ergibt sich, daß es für die landschaftlich verschiedenartig gestalteten Anlagen unterschiedliche Arbeitsweisen geben muß. Allgemein verbindlich bleibt aber die Arbeitsmethode für alle Denkmale der Landschafts- und Gartengestaltung mit folgenden Arbeitsschritten:

1. Die Darstellung der Entwicklungsgeschichte der Anlage
2. Die Erfassung der gegenwärtigen Anlage in Form einer Bestandsanalyse
3. Die denkmalpflegerische Zielstellung
4. Die Erarbeitung eines Restaurierungsplanes als generellen Entwicklungsplan im Rahmen der denkmalpflegerischen Zielstellung
5. Die Maßnahmen zur Erhaltung und Pflege
6. Die Dokumentation[39]

Ein weiterer allgemein verbindlicher denkmalpflegerischer Grundsatz besteht in der Wahrung des Erlebniswertes. Das bedeutet, daß bei notwendigen Maßnahmen zur Verjüngung der Gehölze die raumwirksamen Eindrücke erhalten bleiben müssen. Die Entscheidung über den Zeitpunkt, wann Gehölze verjüngt oder nachgepflanzt werden sollten, wird immer von der zu erhaltenden gegenwärtigen oder der zukünftig wiederzugewinnenden Raumstruktur abzuleiten sein. Wenn gepflanzt wird, und das gilt besonders für Solitärgehölze, dann nur am ursprünglichen Standort. Wird diesem Grundsatz entsprochen, dann läßt sich auch das ursprüngliche Raumgefüge erhalten. Die Ergebnisse bei der Pflege und Erhaltung einiger sehr bedeutender Anlagen unterstreichen diese Forderung[40]. Problemreich ist die Verjüngung von Baumgruppen am gleichen Standort. Diese kann mit dem sog. Entkernen beginnen, d. h. die in der Mitte der Gruppe stehenden Gehölze werden entnommen, so daß nur der äußere Gehölzraum verbleibt. Auf der so geschaffenen Lichtung erfolgt die Nachpflanzung, die sich nun nicht unter den Kronen der verbliebenen Bäume entwickeln muß, was ja auch kaum gelingt. Wenn die nachgepflanzten Gehölze die notwendige Größe erreicht haben, wird der Gehölzsaum eingeschlagen und die Baumgruppe auf ihre ursprüngliche Ausdehnung gebracht. Diese Maßnahme ist aufwendig und dauert über Jahre; durch das Festhalten am originalen Standort vermittelt sie dem Besucher die beabsichtigten raumwirksamen und der ursprünglichen Gestaltung entsprechenden Erlebnisse[41].

Werden Gehölze entfernt oder neugepflanzt, so kann das nur auf Grundlage der durch gewissenhaftes Quellenstudium erarbeiteten Pläne zur Wiederherstellung bzw. Erhaltung der Anlagen geschehen. Dabei muß die ständige Kontrolle durch den Vergleich zwischen dem Beabsichtigten und dem Vorhandenen zur unumstößlichen Regel werden. Das trifft auch für hain- und waldartige Gehölzpartien zu, wo die Bestandspflege im allgemeinen in Form des Plenterns durchzuführen ist. Das bedeutet, daß überalterte Einzelbäume entnommen werden und eine zielgerichtete Förderung von Jungbäumen erfolgt, um einen ungleichaltrigen Gehölzbestand zu erhalten. Aber auch hier wird vor jedem Eingriff zu überprüfen sein, welche Hinweise und Empfehlungen durch den Autor zur Erhaltung seiner Anlage gegeben wurden und welche Maßnahmen er tatsächlich unternommen hat. Ein derartiges Vorgehen ist auch bei einem völligen Neuaufbau von Gehölzpartien vorzunehmen, der erfolgreich im Neuen Garten in Potsdam praktiziert wurde.

Gerade die Behandlung der Gehölze muß in langfristigen Konzeptionen festgelegt werden, um so die notwendige Kontinuität bei der Pflege nach denkmalpflegerischen Kriterien zu sichern. Besondere Aufmerksamkeit muß in diesem Zusammenhang der Gehölzartenwahl geschenkt werden. Pückler bewies dabei einmal mehr seine Feinfühligkeit, so daß selbst heute noch seine Gestaltungsart von derjenigen der anderen Gartenkünstler zu unterscheiden und sogar in den von ihm geschaffenen Anlagen zwischen Park, pleasureground und Blumengarten zu erkennen ist. Insbesondere die differenzierte Gehölzartenwahl in den Landschaftsgärten und -parks bestimmt in einem ungleich stärkeren Maße als in den Barockgärten den Charakter der einzelnen Anlagen. Sie führte sogar, wie bei C. C. L. Hirschfeld[43], zu unterschiedlichen Gartentypen, wo der Stimmungswert der verschiedenen Gehölzarten zum kennzeichnenden Merkmal wurde. Und wie bedeutsam die Auswahl und Verwendung der Gehölze nach ihrem Habitus und ihrer Farbwirkung für das Malerische in den landschaftlich gestalteten Anlagen war, unterstreichen die Hinweise und Empfehlungen von Petzold in seinem Werk über die Landschaftsgärtnerei[44]. Pflanzensoziologische Aspekte rückten in den Hintergrund, so daß die Wuchsleistung und Lebensdauer der einzelnen Gehölzarten nicht immer den Erwartungen entsprach. Dennoch wird, wie bei allen eindeutig gestalterisch-künstlerischen Konzeptionen, auf die ursprüngliche Artenwahl zurückzugreifen sein. Nur wenn pflanzenbiologische oder bodenkundliche Bedingungen einer Verwendung der gleichen Gehölzarten entgegenstehen, ist eine andere Art zu verwenden. Sie muß jedoch der ursprünglich vorhandenen entsprechen.

Das Diffizile bei der denkmalpflegerischen Betreuung landschaftlich gestalteter Gärten und Parks bewirkt, daß die festzulegenden Arbeitsschritte einhergehen mit konkretisierenden Untersuchungen, die auch die begrenzten Bereiche innerhalb der Anlage, wie die Sondergärten, die Wasseranlagen, die Rasen- und Wiesenflächen, die Schmuckanlagen und ebenso die Gartenarchitekturen und Bildwerke umfassen. Oft lassen sich diese Untersuchungen aber erst während der praktischen Arbeiten im Objekt ermöglichen. Deshalb können auch die einzelnen Arbeitsschritte zur Erhaltung bzw. Wiederherstellung der Gärten und Parks nicht ausschließlich in einer Abfolge von Forschung, Planung, Ausführung und sich anschließender Pflege organisiert werden. So gesehen kann auch der Restaurierungsplan als Bestandteil der denkmalpflegerischen Zielstellung nur das generelle Anliegen, die Grundzüge des Beabsichtigten erfassen. Hier besteht eine Analogie zum Entwurfplan und seiner Verwirklichung.

Durch Pückler und Lenné sind eindrucksvoll, fast lehrbuchhaft, was in diesem Beitrag nur im Überblick wiedergegeben werden konnte, zwei unterschiedliche Verfahrensweisen dokumentiert worden, die das Umsetzen einer Gestaltungsidee beinhalten. Das praktische und literarische Werk Petzolds knüpft an das Pücklersche an und führt es zu einer kaum noch zu steigernden Reife. Lenné, Gründungsmitglied der Gärtnerlehranstalt in Potsdam-Wildpark, wo ein Großteil der zweiten Generation der Gartenkünstler des 19. Jahrhunderts herangebildet wurde, verwirklichte sich auch in seinen Schülern, die seine Ideen und Gedanken weitertrugen und weiterentwickelten. Unter ihnen ragte Gustav Meyer durch das von ihm, vermutlich mit Billigung Lennés, verfaßte und herausgegebene „Lehrbuch der Schönen Gartenkunst" heraus. Es hat wesentlich an der Ausbildung einer eigenständigen, oft als „Potsdamer Schule" bezeichneten Gestaltungsweise beigetragen. Auch die folgenden Gartenkünstler, wie H. Jäger (1815–1890), R. Siebeck (1812–1878), E. Neide (1818–1883), H. Mächtig (1837–1909) haben neben den ausgeführten Anlagen durch ihre publizistische Tätigkeit hervorragende Grundlagen für die Erforschung und Interpretation der landschaftlich gestalteten Gärten und Parks des vorigen Jahrhunderts hinterlassen. Im Hinblick auf die in diesem Beitrag erörterten Probleme sind diese natürlich durch topische, das jeweilige Objekt, und durch biotopische, den Autor betreffende Forschungen zu präzisieren.

Die Frage nach der Erhaltung des Originals als allgemein gültiges denkmalpflegerisches Grundproblem stellt sich auch für die Gartendenkmalpflege. Die Pflanze ist Träger der Wirkung, sie bestimmt wesentlich das Erscheinungsbild der Anlage. Sie unterliegt aber dem biologisch bedingten Altern, das, wird die rechtzeitige Verjüngung oder die Ersatzpflanzung vernachlässigt, den Verlust des Ganzen zur Folge haben kann. Die Verjüngung oder Neu- bzw. Ersatzpflanzung in einem Denkmal der Landschafts- und Gartengestaltung muß aber so erfolgen, daß seine wissenschaftliche Aussage und künstlerische Wirkung nicht verlorengeht, sondern erhalten bleibt.

Denkmalpflegerische Arbeiten an Landschaftsgärten in Thüringen

Jürgen Jäger

Thüringen ist reich an historischen Parkanlagen. Der größte Teil dieser Schöpfungen der Gartenkunst sind Landschaftsgärten, sie stammen also etwa aus der Zeit zwischen 1770 bis 1870. Einige der Anlagen gingen aus Barockgärten hervor und weisen noch Elemente dieser Stilepoche auf, wie die Alleen, Terrassen und insbesondere Gebäude in den Schloßgärten in Gotha, dem Schloßpark Belvedere bei Weimar oder dem Leninpark in Greiz. Zu den Thüringer Landschaftsgärten gehören weiterhin solche Anlagen wie der Park an der Ilm in Weimar, die Schloßparks in Tiefurt, Ettersburg, Meiningen, Altenstein, Reinhardsbrunn, Sondershausen, die Parks Pflugensberg und Karthausgarten in Eisenach, ferner die Gutsparks in Oßmannstedt, Bendeleben, Kochberg, Drackendorf bei Jena-Lobeda oder Dürrerhof bei Eisenach. Auch die Kurparkanlagen in Bad Berka, Bad Liebenstein und Bad Sulza sind zu den historischen Parks zu rechnen, und ebenso sind die Beispiele landesverschönender Tätigkeit in der Umgebung Weimars und Eisenachs schützenswert.

Achtung und Anerkennung der Parkanlagen als Kunst- und Kulturdenkmale und Stätten der Bildung und Erholung haben gerade in den letzten Jahren merklich zugenommen. Dennoch schreitet in einer Reihe von Anlagen der Verfall, insbesondere durch das ungezügelte Wachstum und die Überalterung des Baumbestandes, fort. Dieser Prozeß ist nicht allein die Folge fehlender Arbeitskräfte, sondern auch einer falschen Einstellung zur Aufgabe und mangelnder Fachkenntnisse und Fachberatung. So ist selbst in Weimar, wo seit etwa 15 Jahren an der Parkrekonstruktion gearbeitet wird, unter der Bevölkerung noch die Auffassung verbreitet, der Landschaftspark sei ein Naturgebilde, welches sich zur Vollkommenheit entwickelt und in das der Mensch kaum einzugreifen braucht. Aus dieser Einstellung ergibt sich vielerorts eine Unterschätzung der für die Erhaltung eines Parkes erforderlichen Arbeiten. Der Einblick, der mit diesem Beitrag in die Arbeit des Parkpflegers und Gartenrestaurators gegeben wird, soll die dabei anzuwendenden Methoden vorstellen und verdeutlichen, daß die Arbeiten zur Erhaltung des Kunstwerkes Park, insbesondere des Landschaftsparkes, wie die restauratorischen und denkmalpflegerischen Arbeiten an den Werken anderer Kunstgattungen ein Beitrag zur Bewahrung unserer Kulturlandschaften sind.

Erhaltung und Regenerierung eines Landschaftsparks sind ein Prozeß, an dem Generationen arbeiten und dabei Erkenntnisse sammeln müssen. Besonders in unsere Jahrzehnte fällt die verantwortungsvolle Aufgabe, die durch Kriegs- und Nachkriegszeiten stark vernachlässigten Landschaftsparks vor dem gänzlichen Verfall zu retten. Es gibt bisher, im Verhältnis zur Zahl der vorhandenen Anlagen, nur wenige Beispiele gründlicher denkmalpflegerischer Behandlung derselben. Die pflegerische Behandlung eines Landschaftsparks ist heute meist mit einer Regenerierung verbunden, da der Baumbestand vielfach seine Altersgrenze erreicht hat, die für viele Bäume bei 200 Jahren liegt. Bei den Arbeiten muß für jeden einzelnen Baum, bei jeder Pflanzung unter Nutzung der bereits gewonnenen Erkenntnisse entschieden werden, wie vorgegangen wird.

Das sich heute dem Auge bietende Bild ist in vielen Parks ähnlich: Fehlender Gebrauch der Axt ließ den Wildwuchs unkontrolliert wachsen. Nadelgehölze wurden von Laubgehölzen verdrängt, Einzelbäume und Baumgruppen sind oft wegen Lichtmangel verkahlt und am Zusammenbrechen, Blütengehölze durch starken Schatten verdrängt und Wiesenflächen verbuscht, Wege,

Parkarchitekturen oder Wasseranlagen vielfach verwachsen oder zerstört.

Die Parkanlagen Thüringens erfuhren zwar in den 30er und 40er Jahren dieses Jahrhunderts als Denkmäler der Gartenkunst eine wachsende Beachtung, verwiesen sei auf die Arbeiten von Gresky, Huschke, Facius und Vulpius, jedoch beschränkte sich diese Aufwertung auf Erforschung und Bewertung der Geschichte dieser Parkanlagen. Maßnahmen zur Erhaltung im Sinne der Denkmalpflege, wirklich praktische parkgärtnerische Schritte unterblieben. Der zweite Weltkrieg machte außerdem alle Ansätze einer Parkrekonstruktion zunichte und führte zu weiteren Verlusten an der Substanz. Deshalb war es besonders verdienstvoll, daß nach 1950 durch den Gartenarchitekten Hermann Schüttauf (1890–1967) besonders auch im Thüringer Raum durch Beratungen, Gutachten und Parkseminare die praktische Parkdenkmalpflege in Gang gesetzt wurde. In der Folgezeit entwickelte sich, aufbauend auf vorhandenen und teilweise neu erarbeiteten theoretischen Grundlagen, die Beschäftigung mit der gärtnerisch-praktischen Seite der Parkgestaltung und Parkerhaltung. Konnte sich Schüttauf nur mit Teilbereichen der Parks befassen, mußte er oft gefühlsmäßig handeln, so rundet sich durch die in der Zwischenzeit vorgenommenen Studien und gesammelten Erfahrungen das Wissen über Ziel und Methoden der Behandlung von Parkanlagen immer mehr ab. Hier sind insbesondere die Tätigkeit der Mitarbeiter des Instituts

167
Park an der Ilm in Weimar mit Borkenhäuschen (1778, jetzige Form etwa seit 1960) und künstlicher Ruine. Baumbestand zwischen 1970 und 1980 stark gelichtet, weitere Verjüngungen sind erforderlich

168
Schloßpark Ettersburg. Partie im westlichen Park mit bewegtem Geländeprofil
und abwechslungsreicher Wipfellinie der Solitärbäume

169
Park an der Ilm in Weimar. Blick vom Standort der Knüppelbank (heute auch Schillerbank) über die Ilm zu Goethes Gartenhaus. Dieser Blick wurde durch Hermann Schüttauf etwa 1960 freigelegt

für Denkmalpflege, die Arbeiten der von Prof. Helmut Holtzhauer 1969 ins Leben gerufenen Gartendirektion der „Nationalen Forschungs- und Gedenkstätten der klassischen deutschen Literatur" und das Wirken der in den Interessengemeinschaften des Kulturbundes der DDR zusammengefaßten Interessenten und Fachleute für Parkpflege zu nennen. Die direkte Zusammenarbeit zwischen den Gartendirektionen in Potsdam-Sanssouci und Weimar wirkte sich fördernd auf die Arbeit aus.

Während für die Erarbeitung der denkmalpflegerischen Zielstellung hauptsächlich die vorhandenen Planunterlagen, Bilder, Beschreibungen und Archivquellen herangezogen werden, ist für die darauf aufbauende praktische Ausführung von Pflege- und Rekonstruktionsarbeiten eine intensive Beschäftigung mit der vorhandenen Substanz erforderlich. Es ist dabei erstaunlich, was ein fachkundiges, geschultes Auge alles aus einem Bestand oder Resten desselben herauslesen kann. Alter und Wuchsformen der Bäume, Art ihrer Gruppierung, ihre Artenzusammensetzung, Verlauf der Wege, Anordnung der Sitzplätze, Standorte der Parkarchitekturen oder ihrer Reste geben Aufschluß über viele Details der ursprünglichen Parkgestaltung und bieten Orientierungspunkte für die auszuführenden Arbeiten. Begünstigend für die Behandlung einiger Parks ist, daß es viele auf eine bestimmte Situation bezogene Äußerungen ihrer Schöpfer, wie zum Beispiel Pückler, Petzold, Hartwig und Jäger, gibt, die direkte Anknüpfungspunkte für die heutigen Rekonstruktionsarbeiten bieten. Auch die in deren Veröffentlichungen enthaltenen allgemeinen gestalterischen und praktischen Regeln für die Anlage und Behandlung eines Parks stellen eine Fundgrube für den Parkrestaurator dar. Aus dieser Literatur geht einmal mehr hervor, daß von allen Gestaltungsmitteln eines Landschaftsparks dem Gehölzbestand, dessen Pflanzung, Pflege und Ausformung die größte Bedeutung zukommt.

Es hat sich bei den Rekonstruktionsarbeiten als vorteilhaft erwiesen, auch wegen der Wirkung auf die Öffentlichkeit, daß, nachdem die große Linie für die Behandlung festlag, Teilbereiche der Parkanlagen einer genaueren Bearbeitung unterzogen wurden. Im Verlauf der Arbeiten ergeben sich zudem Erkenntnisse, die in anderen Abschnitten Berücksichtigung finden können.

Bei der Durchführung von Wiederherstellungen großen Umfangs hat sich in landschaftlichen Parkanlagen folgende Reihenfolge als zweckmäßig erwiesen: Nach der Erarbeitung konzeptioneller Unterlagen und Pläne ist ein erster praktischer Schritt die Beseitigung von Unrat, Dürrholz und die Freilegung der Wege. Eine abschnittweise Behandlung des Gehölzbestandes einzelner Parkräume geht der Rekultivierung der Wiesenflächen und dann der Wiederherstellung der Haupt- und der Nebenwege voraus. Die Feinbehandlung verschiedener Gehölzpartien sowie Nachpflanzungen sind weitere restauratorische Schritte. Schließlich schafft die Anlage der Blumenbeete die gestalterische Abrundung.

Von dieser Reihenfolge muß natürlich abgewichen werden, wo besondere Gründe dafür vorliegen. Auch kann es erforderlich werden, die Arbeit nur auf Teile des Parks zu beschränken. Der Grad der angestrebten Rekonstruktion muß auch im Einklang mit den Möglichkeiten der sich anschließenden laufenden Pflege stehen. Ohne auf die als selbstverständlich vorauszusetzende theoretische Vorleistung einzugehen, wird nachfolgend die Durchführung der verschiedenen Rekonstruktionsarbeiten in Anlehnung an Beispiele aus der Praxis, insbesondere in den Weimarer Parkanlagen, beschrieben. Obwohl die Situation in jedem Park anders ist, ergeben sich daraus doch verallgemeinerungsfähige Erkenntnisse.

Erfassung und Beurteilung des vorhandenen Bestandes

Die Kenntnis aller Pläne, Bilder und Textquellen zum betreffenden Park macht eine genaue Erfassung des vorhandenen Bestandes nicht überflüssig. Der zweidimensionale Plan kann die drei Dimensionen des Parks nicht wiedergeben. Auch sind in Plänen oft keine Angaben zu Details enthalten. So werden zwar Laub- und Nadelgehölze manchmal unterschiedlich dargestellt, aber die einzelnen Arten oder späteren Nachpflanzungen sind nicht gekennzeichnet. Hauptsichten gibt der Plan zwar zu erkennen, meist jedoch nicht die untergeordneten Blickbeziehungen. Bei der Betrachtung des Parks läßt sich verhältnismäßig schnell die Gesamtsituation anhand der Gebäudestellung, der Parkarchitekturen und der Einordnung in die Landschaft erfassen. Bei der Beurteilung des Gehölzbestandes, besonders gut im Winter, wird man bald herausfinden, welche Bäume ursprünglich sind und welche später hinzukamen. Stellung,

170
Schloßpark Ettersburg. Parkpartie am Schloß. Die Artenzusammensetzung und Gruppierung der Gehölzpflanzung läßt deutlich den Schöpfer dieses Parkteiles, Eduard Petzold, erkennen. Buchenformen, Ahornarten und -formen, Magnolien, Rotzeder und andere Parkbäume und Sträucher ergänzen den Bestand an alten, aus dem Waldbestand übernommenen Eichen, Hain- und Rotbuchen

Alter und Baumart lassen entsprechende Rückschlüsse zu. Leichter ist diese Sonderung in den jüngeren Parks, wie den zwischen 1840 und 1875 von Eduard Petzold geschaffenen Anlagen in Dürrerhof bei Eisenach, Ettersburg, Tiefurt, in Bereichen des Parks an der Ilm und im Greizer Park. Hier lassen sich die Altbestände auch inmitten fast gleichhohen Wildwuchses noch erkennen. Eine wichtige Orientierungshilfe bei der Erfassung des ursprünglichen Baumbestandes ist auch das Zählen der Jahresringe an etwa vorhandenen Stubben. Vom Bestand an Nadelgehölzen sind wegen dessen relativer Kurzlebigkeit hingegen meist nur noch Reste erhalten. Typisch ist auch die Verwendung bestimmter Pflanzenarten und Pflanzenkombinationen bei einzelnen Gartenkünstlern. So sind Pyramideneichen, Silberahorn, rotblühende Kastanien oder der weißbunte Bergahorn in den Petzoldschen Pflanzungen in Ettersburg, Tiefurt und Weimar an auffälligen Standorten vertreten, während sie dagegen in dem zur gleichen Zeit von Mitgliedern der Gärtnerfamilie Sckell geschaffenen Belvederer Park fehlen. Typisch für Petzold ist auch die häufige Anwendung des starken Kontrastes zwischen hell- und dunkellaubigen Baumarten: Blutbuche und Silberpappel oder Gleditschie, Linde und Silberahorn, Kastanie und Silberpappel, Ulme und weißbunter Bergahorn, Silberahorn oder Geweihbaum. Das Erkennen der Handschrift des Künstlers schärft den Blick für die Zusammenhänge. Dies wird außerdem gefördert, wenn man bei der Bestandserfassung an Ort und Stelle immer wieder die vorhandenen Pläne und Bilder nach Detailaussagen befragt.

Wichtig ist, daß neben den Gehölzen alle Parkarchitekturen, auch deren oft vorhandene Reste, sowie Wege, Plätze und Wasseranlagen in die Erfassung und Bewertung des Bestandes einbezogen werden. Zwischen Architekturen und Pflanzungen bestehen oft Bezüge, so kommen in den Parks in Tiefurt und Kochberg rahmende Pflanzungen von Nadelgehölzen zur Erzeugung einer ernsten und Pflanzungen von Linden zur Vermittlung einer heiteren Stimmung an Denkmälern vor. Parkarchitekturen wurden mit besonders auffälligen Gehölzen „ausgeziert“.

Schwieriger ist es, den Bestand der Anlagen aus der Entstehungszeit des Landschaftsparkes zu bestimmen. Die Pflanzungen waren damals aus biologischer Sicht noch sehr dilettantisch angelegt, also sehr gemischt und dadurch nicht von Dauer. Man wählte und beherrschte noch nicht den Umgang mit dem freiwachsenden Baum und der Baumgruppe. Für diese Zeit müssen Beschreibungen, Abbildungen und die teilweise sehr wenige Details enthaltenden Pläne herangezogen werden; dies trifft für große Bereiche des Parks an der Ilm in Weimar zu.

Die Erkenntnisse der Bestandserfassung ergänzen die theoretischen Unterlagen und bilden mit diesen zusammen die Grundlage der Maßnahmepläne für die praktische Arbeit.

Die Behandlung des Gehölzbestandes

Für die erste Phase der Behandlung sind noch relativ wenige theoretische Vorarbeiten erforderlich. Um den Altbaumbestand wieder sichtbar zu machen, muß der offensichtliche Wildwuchs dicht über dem Boden entfernt oder so weit erforderlich gerodet werden. In der praktischen Arbeit hat es sich gezeigt, daß Wildwuchs nur in wenigen Fällen, ausgenommen in geschlossenen Pflanzungen, zur Nachzucht von Parkbäumen benutzt werden kann. Gleichzeitig sollten überalterte Sträucher zurückgesetzt, Wege und Gebäude von dem sie bedrängenden Gehölzwuchs befreit und Dürrholz entfernt werden. Diese Arbeit läßt sich mit der Unterstützung von Helfern aus der Bevölkerung, Feierabendbrigaden und Schülern besonders erfolgreich durchführen. Die Einbeziehung möglichst vieler Partner hilft auch, das Verhältnis der Einwohnerschaft zum Park zu entwickeln und diese mit der Notwendigkeit der pflegenden Eingriffe in die Parksubstanz vertraut zu machen.

Aus eigener Erfahrung kann bekräftigt werden, daß spätestens mit dem Beginn der ersten Maßnahmen am Gehölzbestand eine Information der Öffentlichkeit über Umfang und Ziel der Arbeiten erfolgen muß. Wird dies versäumt, so kann sich die gute Absicht ins Gegenteil verkehren und der weitere Fortgang der Arbeiten behindert werden. Bekannt sind die Schwierigkeiten, die sich in Weimar schon seit Jahrzehnten der Parkrekonstruktion entgegenstellten. Erst als der Verfall bedrohliche Ausmaße annahm und – beginnend mit der Arbeit Schüttaufs – eine großangelegte Aufklärung unter der Bevölkerung einsetzte, wurden diese durchaus verständlichen Bedenken abgebaut. Ähnliche Bedenken gegen die parkpflegerische Arbeit traten als Folge fehlender Vorinformation in Eisenach auf, obwohl im Park Pflu-

171
Park an der Ilm in Weimar. Schlangenstein (1787). Nach Beseitigung des Wildwuchses 1973 Pflanzung einer für dort nachgewiesenen Fichtengruppe

gensberg, im Karthausgarten und in der gestalteten Landschaft um die Wartburg pflegerische Eingriffe dringend erforderlich waren.

Der Beseitigung des Wildwuchses, der überständigen und abgestorbenen Bäume muß im zeitlichen Abstand von etwa zwei bis vier Jahren eine weitere Ausformung des Baumbestandes folgen. Wie die Schöpfer der Landschaftsgärten selbst forderten, ist alle vier bis acht Jahre eine Durchforstung erforderlich. Dicht gepflanzte Baumgruppen müssen gelichtet werden, damit sich die Einzelbäume gut entwickeln können, an Gehölzrändern sind die ursprünglichen Konturen wieder herauszuarbeiten, als Büsche gedachte Baumarten, die sich inzwischen zu Bäumen entwickelt haben, müssen auf Stock gesetzt und ein geschlossener Bestand muß aufgelichtet werden, damit sich Unterstand, Strauch- und Krautschicht entwikkeln können. Im Park an der Ilm in Weimar war im Talbereich der Charakter einer lichten Auenlandschaft wegen sich ausdehnender Gehölzgruppen und dichtem Bewuchs der Ilmufer verlorengegangen. Nur durch starken Einschlag konnte der ursprüngliche Eindruck wiederhergestellt werden. Anders war die Aufgabenstellung am Hang unterhalb des Schlosses Ettersburg. Dieser war zu Pücklers und Petzolds Zeiten mit Blütengehölz und großen Büschen bestanden, der Blick zur Försterei war frei. In der Zwischenzeit war eine geschlossene Baumwand herangewachsen, die nun bei der Rekonstruktion stark gelichtet werden mußte.

172
Park an der Ilm in Weimar. Dessauer Stein (1787),
zur Erinnerung an die Freundschaft zwischen den Herzögen
von Dessau und Weimar errichtet

173
Park an der Ilm in Weimar. „Ansicht der Bogenbrücke auf den Wiesen"
von Georg Melchior Kraus, Darstellung von 1793.
Als Ergänzung zu den Plänen sind derartige Darstellungen
eine wertvolle Hilfe für Rekonstruktionsarbeiten

174
Park an der Ilm in Weimar. Blick vom Borkenhäuschen über die Bogenbrücke zum Kirchturm in Oberweimar. Von Georg Melchior Kraus.
Seit 1978 wird an der Wiederherstellung dieser für den Park wichtigen 1,5 km langen Sichtverbindung gearbeitet

175
Schloßpark Ettersburg. Blick vom Pücklerschlag auf das Schloß.
Die Konturen der Gehölzränder müssen laufend geformt werden

Sichtbeziehungen

Gestalterisches Gerüst – und damit besonders wichtig für die Rekonstruktionsarbeiten – ist das System der Sichtachsen in einem Landschaftspark und zwischen dem Park und der umgebenden Landschaft. Der Wiederherstellung und Behandlung der Sichten kommt auch deshalb eine besondere Bedeutung zu, weil sie dem Besucher recht augenfällig sind und die Absicht der Rekonstruktionsmaßnahmen deutlich merken lassen. Schüttauf legte deshalb bei seinen Vorschlägen zur Parkrekonstruktion besonderen Wert auf die Wiederherstellung von Sichtbeziehungen, und heute bereits gehören die von ihm veranlaßten Aushiebe im Park Tiefurt (Blick zum Musentempel) und im Park an der Ilm in Weimar (Blick von der sogenannten Schillerbank zum Gartenhaus und zwischen Römischem Haus und Gartenhaus) zu bekannten Parkbildern. In neuerer Zeit wurde an der Ausformung weiterer Blickbeziehungen gearbeitet, so im Park an der Ilm an einem Blickfächer in die Ilmaue von der Hangterrasse am Dessauer Stein und am Blick vom Borkenhäuschen zum 1,5 km weit entfernten Kirchturm von Oberweimar. Von letztgenanntem Blick gibt es Darstellungen von 1788 und 1798 von Georg Melchior Kraus und Friedrich Gilly. Seit mindestens Anfang dieses Jahrhunderts ist dieser Blick zugewachsen. Einem genauen Profilaufmaß und einer Absteckung durch den Vermessungsdienst folgte schrittweise der Aushau zunächst einer Schneise, nach und nach müssen die Ränder der Sicht weiter geformt werden.

Eine besondere Stellung unter den Sichten in den Weimarer Gärten hat der sogenannte Pücklerschlag in Ettersburg. Hier wurde nach Angaben von Pückler durch Eduard Petzold 1846 ein ca. 0,8 km langer Aushau zu dem gegenüber dem Schloß gelegenen 45 m höheren Gipfel ausgeführt. Durch die Ausformung seiner Begrenzung, die Bodenmodellierung und die Stellung einiger Einzelbäume bietet der Schlag ein großartiges Landschaftsbild. In umfangreichen Teilen ist der Altbestand des den Schlag umgebenden Waldsaumes vor ca. 35 Jahren gefällt worden. Im Bereich der ehemaligen Kronentraufen und von da aus auf die Wiese vordringend, wachsen inzwischen Eschen, Linden, Hainbuchen, Eichen und Rotbuchen heran. Erst in den letzten Jahren wurde hier pflegend eingegriffen. Unter Orientierung auf die vom Altbestand noch erhaltenen Stubben mußte der Aufwuchs auf die ursprüngliche Begrenzung des Schlages fast durchweg um ca. 10 bis 15 m zurückgedrängt werden. Nach Kräftigung des verbliebenen Bestandes ist eine weitere Formierung und Vereinzelung erforderlich. Ziel der Bearbeitung ist es, durch die entsprechenden Vorsprünge und Einschnitte des Waldsaumes den beabsichtigten Eindruck von Weite und Bewegtheit zu erhalten und wieder zu erreichen. Noch nicht wiederhergestellt ist der Blick zwischen dem Park Ettersburg und der Oberförsterei. Neben vielem Wildwuchs beeinträchtigt in diesem Bereich guter Eichenbestand die Sicht. Durch Einzelentnahmen und Aufastungen soll auch hier der Blick wieder freigelegt werden. In Ettersburg gehen diese Sichten über die katastermäßige Grenze des Parks hinaus, doch durch Verständnis der Anlieger – des Forstwirtschaftsbetriebes und einer landwirtschaftlichen Produktionsgenossenschaft – ist eine Weiterführung der Achsen über die Grenzen möglich.

In vielen anderen Parkanlagen gäbe es ebenfalls wirkungsvolle Blickverbindungen wiederherzustellen; so besitzt der auf einer Kuppe liegende Park Dürrerhof bei Eisenach, um 1840 von Petzold angelegt und 1870 von ihm nochmals überarbeitet, Aussichtsmöglichkeiten nach allen Himmelsrichtungen. Darunter waren Blicke zur Wartburg und zu Bergen des Thüringer Waldes, die von einem Rundweg aus erlebbar waren, jetzt aber durch Wildwuchs verdeckt sind.

Bei der Behandlung eines Landschaftsparkes sollten nach der Beseitigung des gröbsten Wildwuchses und bereits gekoppelt mit dieser die Sichtbeziehungen freigelegt werden. Durch diese Arbeit gewinnt man oft Erkenntnisse für die weiteren erforderlichen Schritte für die feinere Ausformung der Parkräume sowie für die Beantwortung der Frage, ob und an welcher Stelle Neupflanzungen erfolgen können.

Neupflanzungen

Die gestalterisch und biologisch richtige Einordnung, Ausführung und Pflege von Gehölzpflanzungen zur Regeneration eines Landschaftsparkes erfordert gründliche Vorüberlegungen und entsprechende Fachkenntnisse. Nicht nur die Konturen der Sichtachsen und anderer Parkräume müssen beachtet werden, sondern auch die zu wählende Baumart, die speziellen Standortbedingungen, der Nachbarbestand, die zu erwartende Entwicklung und der mögliche Aufwand für laufende Pflege. Als wichtige Erfahrung aus durchgeführten Neupflanzungen hat sich ergeben, daß sie dann erfolgversprechend sind, wenn der Altbestand in einem größeren Bereich flächig stark aufgelichtet ist. Erst dann haben Neupflanzungen die Möglichkeit, sich vollwertig zu entwickeln. Auch ergeben sich in der Regel ausgewogenere Proportionen zwischen Neupflanzung und Altbestand. Oft mußte bei Baumpflanzungen in der Nähe eines Altbestandes – unter Nähe ist dabei noch eine Entfernung von 15 bis 20 m außerhalb der Kronentraufe zu verstehen – festgestellt werden, daß sich dieselben schlecht und einseitig entwickeln und in ihrer ästhetischen Wirkung nicht befriedigen. Etwas anders liegen die Bedingungen bei Unterpflanzung mit schattenverträglichen Gehölzen innerhalb größerer geschlossener Pflanzungen. Hier muß bei einer Erneuerung der Altbestand nach 10 bis 15 Jahren unter Schonung der Unterpflanzung gelichtet oder entfernt werden.

176
Schloßpark Tiefurt. Blick vom Ilmhang auf die Parkpartie am Musentempel (1803).
Die Blumenanlage wurde vermutlich um 1850 im Zuge der Umgestaltung durch
Eduard Petzold geschaffen. Rekonstruktion 1983

In den Parks von Tiefurt und Weimar war es durch das Ulmensterben in den Jahren 1968 bis 1972 erforderlich geworden, den Bestand fast flächenhaft abzuholzen. Hier ergab sich die Notwendigkeit und auch die Möglichkeit umfangreicher Neupflanzungen. Sie wurden planmäßig vorbereitet und durch eine gleichzeitige Korrektur der Bestandsverteilung ergänzt, vor allem zugunsten der Sichtbeziehungen und der Artenzusammensetzung. Wie in den meisten alten Landschaftsparks waren hier die Nadelgehölze von den wüchsigeren und langlebigeren Laubgehölzen verdrängt worden, und kurzlebigere Laubbäume, wie Birken oder Pyramidenpappeln, fehlten. Für die Durchführung der Neupflanzung wurden die Angaben in den alten Lehrbüchern der Landschaftsgärtnerei genutzt, sie erfolgten als Dichtpflanzung in Form sogenannter Klumps. Auf ca. 2 m^2 wurden jeweils ein Baum und in den Randbereichen der Pflanzung zusätzlich Sträucher gepflanzt. Bei den Gehölzen kamen neben den zum Verbleiben vorgesehenen Standbäumen noch die deren Entwicklung fördernden Ammengehölze hinzu. Die Pflanzungen haben sich in den letzten zwölf bis fünfzehn Jahren zu 8 bis 12 m hohen Beständen entwickelt. Zweimal erfolgte bereits eine sondernde Auslichtung, einige Bäume wurden dabei nicht abgesägt, sondern mit Wurzelballen zur Verwendung an anderer Stelle entnommen. An den heranwachsenden Beständen bestätigt sich auch deutlich, daß als Starkbaum gepflanzte Gehölze sich langsamer entwickeln und zeitiger Alterserscheinungen zeigen als normale Baumschul- oder sogar Forstqualität. Nach 8 bis 10 Jahren sind, insbesondere in der Höhe, die Unterschiede verwischt zwischen den verschiedenen Qualitäten der verwendeten Pflanzware. Entscheidend ist jetzt die weitere Behandlung der Pflanzungen, zur rechten Zeit muß eine Vereinzelung und eine Förderung der Standbäume erfolgen. Erfahrungen, wie dieser sich über ca. 30 Jahre hinziehende Prozeß zu Ende zu führen ist, gibt es noch nicht. Um die Kontinuität bei der Behandlung von Pflanzungen zu sichern, ist es erforderlich, die verfolgte Absicht schriftlich niederzulegen. Hier sei noch darauf hingewiesen, daß dem Einschlag von Bäumen dann keine Neupflanzung zu folgen braucht, wenn aus den Stubben durch starken Stockaustrieb ein großer Busch oder ein kleiner Baum erzogen werden soll.

Wenn in der Öffentlichkeit über notwendige Arbeiten in Parks, besonders über Fällarbeiten, berichtet wird, sollte nicht versäumt werden, auch die geplanten Neupflanzungen zu erwähnen. Es lassen sich meist bereits im Anfangsstadium einer Rekonstruktion Pflanzstandorte finden, etwa im Randbereich oder zu Abschirmung störender Bebauung. In den Parks selbst ist in der Regel in den ersten Jahren viel mehr Arbeit mit der Axt als mit dem Spaten notwendig.

Wege

Wichtig für das Erlebnis und die Nutzung eines Parks sind die Wege. Sie gehören zwar zu den Gestaltungsmitteln des Parks, die unveränderlich sind und damit wichtige Anhaltspunkte für die ursprünglichen gestalterischen Absichten geben, unterliegen aber einem mehr oder weniger starken Verschleiß. Das Aufspüren und Freilegen verwachsener Wege, Plätze und Sitznischen erfordert meist wenig Mühe und führt oft zu überraschenden Ergebnissen. Bei den Rekonstruktionen in den Weimarer Parks hat sich erwiesen, daß der Verlauf des ursprünglichen Wegenetzes auch für heutige Anforderungen ausreicht. Auch für die Zukunft sind nur einige Abrundungen des Wegesystems im Randbereich der Parks vorgesehen. Dagegen machten sich vielfach Verbreiterungen der Wege wegen der starken Besucherfrequenz und des Befahrens mit Pflegefahrzeugen erforderlich. Für die Wegebefestigung muß neben dem äußeren Bild auch deren Belastbarkeit beachtet werden. Bei der starken Belastung des Parks an der Ilm zu allen Jahreszeiten erschien deshalb für die Hauptverbindungswege eine bituminöse Oberflächenbehandlung zweckmäßig, sie hat sich bis heute bewährt. In Parkanlagen in hängigem Gelände findet man oft ein ausgeklügeltes System von Quer- und Abflußrinnen vor, so in den Parks in Ettersburg und Pflugensberg, teilweise auch in Belvedere. Es sollte in die Rekonstruktion einbezogen werden. Als Ergebnis der langjährigen umfangreichen Wegebauarbeiten muß festgestellt werden, daß ein Weg mit wassergebundener Deckschicht, in jeder Bauweise, beim Auftauen im Frühjahr oder bei Wechsel zwischen Frost- und Wärmegraden in seiner Benutzbarkeit beeinträchtigt ist. Eine Belastung führt dann zu Schäden. Die laufende Unterhaltung, insbesondere der Deckschicht, ist deshalb bei Wegen mit wassergebundener Decke wichtig.

177 und 178
Blick aus dem Schloß Ettersburg vor dem nach Pücklers Angaben
1845/46 von Eduard Petzold vorgenommenen Aushau

und nach dem Aushau (vgl. auch mit Abbildung 179)

179 ►
Schloßpark Ettersburg. Pücklerschlag, vom Dachgeschoß des Schlosses
aus gesehen. In der linken Bildhälfte sind die erfolgten Ausformungsarbeiten
am Gehölzrand im Bereich einer Solitärbuche zu erkennen

Wiesen und Rasenflächen

Sind alle gröberen Rekonstruktionsarbeiten abgeschlossen, störende Stubben gerodet und die Anschlußhöhen an den Wegen bekannt, kann die Instandsetzung der Wiesen und Rasenflächen erfolgen. Sind ihr Profil und ihre Narbe noch in gutem Zustand, so reicht erfahrungsgemäß die Einführung einer entsprechenden Schnittfolge zur Erzielung des gewünschten Zustandes aus. Bei anspruchsvollen Rasenflächen muß im Bedarfsfall zusätzlich eine chemische Behandlung gegen Zweikeimblättler erfolgen.

Größere und stark verwilderte Flächen wurden in den Weimarer Parks umgebrochen, mit einem Futtergemenge bestellt und nach dessen Aberntung im Spätsommer mit Rasen angesät. Erstrebenswert ist, daß die Wiesenflächen in den Parks mindestens einmal jährlich gemäht werden, um damit auch den Wildaufwuchs von Gehölzen zu verhindern. Oft läßt sich diese Pflegemaßnahme mit der Heugewinnung verbinden. Seit siebzehn Jahren weiden auf großen Flächen in den Weimarer Parks ganzjährig Schafherden. Diese Nutzungsform ist zwar nicht ideal, die Wiesenblüte geht verloren, und Gehölze erleiden Verbißschäden, aber der Aufwand für die Pflege der Flächen verringert sich beträchtlich, und die Schafherden beleben die Parkszene.

Blumenanlagen

In Gebäudenähe oder Sondergärten befinden sich auch im Landschaftspark oft Blumenanlagen. Manchmal erfolgt heute die Erhaltung dieser Anlagen auf Kosten der Pflege des übrigen Parks, oft sind aber auch frühere Blumenanlagen gänzlich verschwunden. Wenn es möglich ist, sollte man auf Blumenpflanzungen nicht ganz verzichten. Bescheidene, gut gepflegte Blumenanlagen stellen oft den gestalterischen Höhepunkt eines Parks dar, allerdings nur, wenn auch die Umge-

◀ 180
Schloßpark Tiefurt. Partie mit neugepflanzten zehnjährigen Baumgruppen. Im Verlauf von etwa 20 bis 30 Jahren werden aus diesen Pflanzungen die späteren Standbäume ausgewählt

181
Schloßpark Kochberg. Blumengarten. Rekonstruktion 1973 nach Andeutungen auf einem Katasterplan von 1869

182
Park an der Ilm in Weimar. Römisches Haus (1791–97).
Freilegung des Gebäudes und Neupflanzung des Hanges 1970–75,
Felspartien müssen erneut freigelegt werden

183 ►
Schloßpark Kochberg. Badehäuschen mit Badeteich. Auf der Grundlage von Fotos
und den noch vorhanden gewesenen Grundmauern erfolgte 1973 die Rekonstruktion

184 ►
Schloßpark Belvedere bei Weimar. Partie an der Großen Fontäne,
rekonstruiert 1974, dabei auch Freilegung der Sichtverbindung
zur Großen Grotte (rechts vom Springstrahl schwach erkennbar)

rechend gepflegt ist. Den Blumen gilt stets
esondere Interesse der Parkbesucher, sie er-
wenn sie sich im guten Zustand befinden,
ätzung der gesamten Anlage. Die Wirkung
ıpflanzungen sollte nicht durch Quantität,
ch Qualität und dem historischen Vorbild
e Gestaltung erreicht werden. In den Parks
hen Gärten möchten die Besucher unge-
lumenarten, Zuchtformen und Beetgestal-
len. In die Landschaftsgärten gehören so
e Rosenbeet, das ornamental gepflanzte
elbetonung oder die Aufstellung von Kü-
len dafür geeigneten, vor allem ursprüng-
In den Schloßparks Kochberg und Bel-
in den letzten Jahren solche für die
chaftsgartens typischen Pflanzen, Pflan-
Pflanzungen gezeigt. Hier sei auch noch
en Parks gehörenden Gärtnereien und
iesen. Wo diese zusammen mit den
lten und bewirtschaftet werden, wirkt
Weise günstig aus. Ein Beispiel dafür
im Karthausgarten in Eisenach. Ent-
nem Fall, die Kulturen auf die histo-
gen zur Pflanzenaufzucht und auf
Parks abzustimmen.

karchitekturen

gsmitteln, die keinem biologischen
gehören die Parkarchitekturen ein-
er Ausstattungsgegenstände. Viel-
natürlichen Verfall oder durch mut-
r noch in Resten vorhanden. Um
Bild von der ursprünglichen archi-
tung des Parks zu erhalten, sollte
gehen; denn Art und Stellung der
wichtige Anhaltspunkte für die
e pflanzliche und räumliche Ge-
das Ziel einer Blickbeziehung
tscheidend den Charakter eines
Schloßpark Kochberg die nach
tische Gestaltung ohne die aus
dungen rekonstruierten vielen
n lebendig? Rindengedecktes
Ruine, Leinwandhäuschen,
d Grabstelle sowie steinerne

Wasserrinne, Plattenpfad, Treppenläufe, Brücken und Teiche gehören zum historischen Parkbild. Teiche und überhaupt Wasseranlagen kann man wegen ihrer relativen Unveränderlichkeit zu den architektonischen Elementen eines Parks rechnen. Sowohl im Park Kochberg als auch im Park Belvedere hat es sich gelohnt, dem teilweise nur noch in Andeutungen vorhanden gewesenen Wassersystem nachzuspüren und es wieder gangbar zu machen. Dabei stellte sich heraus, daß diese Anlagen sehr durchdacht waren, denn ein Wasserspiel wurde durch das andere gespeist, und alles funktionierte ohne Pumpenkraft. Aber auch historische Bankformen, Gitter und Zäune, Geländer, Brücken, Beeteinfassungen, Keramikgefäße, Besonderheiten wie spiegelnde farbige Glaskugeln oder Windharfen gehören zum architektonischen Beiwerk eines Landschaftsparks. Durch all das erst wird oft der Gesamtcharakter des Parks deutlich und verständlich. Was an derartigen Details noch vorhanden ist oder aus Abbildungen ersichtlich wird, sollte deshalb bei Parkrekonstruktionen verwendet, zumindest sollten die Reste bewahrt und dokumentiert werden. Die Erfahrung zeigt, daß die Bevölkerung zu den baulichen Bestandteilen eines Parks eine besonders starke Beziehung hat. Hier bietet sich deshalb ein Ansatzpunkt für die aktive Mithilfe bei der Erhaltung und Wiederherstellung. Im Schloßpark Belvedere wurde so durch interessierte Helfer die seit etwa 1910 verschwundene Mooshütte wieder errichtet. Bei Parkarchitekturen sind die mutwillig herbeigeführten Schäden besonders auffällig und schmerzlich. Als bester Schutz gegen Zerstörungen und Verschmutzungen, dies trifft auch für einen Park insgesamt zu, haben sich ein guter Pflegezustand, die ständige und sofortige Beseitigung von Schäden und eben die Einbeziehung der Bevölkerung in die Erhaltung bewährt.

Aus diesem Bericht über die vielfältigen Fragen, die bei der Erhaltung und Wiederherstellung eines alten Parks zu beachten und zu lösen sind, mag der Eindruck entstehen, daß diese Arbeit mit einem hohen Kostenaufwand verbunden ist. Dies ist jedoch nicht immer der Fall. So sind die Arbeiten am Gehölzbestand, an den Wiesenflächen, auch an den Wegen und Wasserflächen nur mit einem geringen Materialaufwand verbunden. Für Steinarbeiten oder Wegebefestigung sollte aus denkmalpflegerischen Gründen ortsübliches, auch aus Abbruch gewonnenes Material verwendet werden. Viele der erfor-

187
Hermann Ludwig Heinrich Fürst von Pückler-Muskau, um 1835

Chronik

188
Muskau. Baumgruppierung um den Eichsee, Blick nach Nordwesten.
Nur im Winter ist diese überzeugende Gestaltung erlebbar. 1986

1824

Bauten im Hermannsbad unter Verwendung bestehender Bauten.
Verkaufsabsichten.
Fortsetzung des Schlagens und Rodens in der Lindenallee, Fundamente für neue Schloßrampe.
Im Pleasureground des Schlosses gearbeitet. Neue Baumschule am Oberberg eingerichtet.
Bau von Entwässerungsgräben auf der Schilfwiese mit Hohl- und Rinnenziegeln.
Gepflanzt wurde am Eichbusch, an der Wachsbleiche, auf der Schilfwiese, an den Braundorfer und Köbelner Parkgrenzen und an anderen Stellen.
Ankauf von Bäumen aller Art.

1825

Ausdehnung des Pleasuregrounds bis zur Wachsbleiche (Gloriette) und einen eisernen Zaun zur Abgrenzung dort gesetzt. Fertigstellung des neuen Weges und Eingangs von Muskau über den Eichberg.
Pflanzung großer Bäume in den Anlagen des Badeparkes. Große Linden auf dem Oberberg gesetzt.
Chaussierung der Schloßrampe.
Am Jagdhaus gearbeitet.
Stallbau und Moorbadbau.

März 1826

Pflanzung einer 40jährigen Blutbuche aus Tschacksdorf bei Priebus am südlichen Ende der Schloßrampe.
„Große Pflanzung, welche von den Bergen auf die Schilfwiese vortritt" (Petzold).
Bilder vom Hermannsbad an Goethe geschickt.

Herbst 1826/Jan. 1829

2. Englandreise Pücklers; Rehder im Winter 1826/27 daselbst.

1827

Treppe der Schloßrampe fertiggestellt, die Wangen der Schloßrampe mit Granitplatten belegt; Chaussee am Englischen Haus fertigegestellt, dort die große Berglehne angesät und große Bäume aus eigener Baumschule verpflanzt.

1828

Bau des großen Weges über die Braunsdorfer Berge und in der Fortsetzung Weg über die erste Berglehne (Terrassenabsatz) zum Pücklerstein und zur Doppelbrücke gebaut.
Rigolarbeiten jenseits der Postbrücke und am Weinberg. Abriß des Orangeriegebäudes auf der Schloßwiese, Planaden und Neupflanzung dort.

1829

Pflanzungen auf dem Kapellenberg. Große Pflanzungen im Bergpark. Befestigung der sandigen Berglehne am Bad mit Faschinen. Wegebau von der Postbrücke zur Fasanerie östlich der Neiße sowie die Fasaneriewiese angesät. Entwässerung der Tränenwiese mittels Drainage. Rothwiese und Quellwiese angelegt. Erste Durchforstung der größeren Pflanzungen.

17. 4. 1830

3 große Pappeln vor der Schloßrampe gepflanzt, die mit eigens dafür gebauten Karren und einer provisorischen Brücke von einer Neißeinsel transportiert wurden.
Erneuerung einiger Holzbrücken.
Terrainveränderungen am Standort der ehem. Orangerie, Arbeiten neben der großen Lindenallee. Pflanzung großer Bäume auf der Gornika und Granitza und im Bergpark. Rigolarbeiten am Herren- und Kapellenberg.

1831

Vorwiegend Arbeiten jenseits der Neiße, an der Schilfwiese, Kesselwiese und unterhalb des Grabmals des Unbekannten.

Okt. 1831

1 Blutbuche vom Dichter Ernst Houwald aus Neuhaus/NL gekauft; Herrengarten umgestaltet.

1832

Die Partie von der Wachsbleiche flußabwärts bearbeitet und einen Promenadenweg zur Neiße am Wilden Ufer angelegt.
Bau der Erdterrasse für das Mausoleum. Umgestaltung des Herrengartens; im Winter der Eichsee ausgegraben.
Schinkel und A. W. Schirmer in Muskau: Anfertigung der Zeichnungen für das Gartenwerk Pücklers „Andeutungen über Landschaftsgärtnerei".

1832/33

Arbeiten um die Familienhäuser im Bergpark, auf den Badebergen und im Weinbergbezirk.

1833/34

Bau von Grenzgräben und Grenzzäunen im Weinbergbezirk. Formierung der Uferböschungen des Eichsees. Offene Gräben anstelle der Drainagen auf der Schilfwiese.

1834/40

Afrika/Orient-Reise Pücklers

1834

„Andeutungen über Landschaftsgärtnerei" erschienen.

1835

Vertiefung der Hermannsneiße und des Eichsees vom Steinwehr im Herrengarten bis zur Mündung. Eichseewasserfall gebaut.

1835/39

Bau des neuen Fahrweges von der Stadt zum Dorf.
Berg und Badepark.
Sehr viel im Bergpark gearbeitet, Waldwiesen nach Rigolen angelegt (Rehder).

1838

Aufrecht stehender Stein im Eichseewasserfall eingebaut.

1839

Fahrweg vom Bad zum Kapellenberg fertigestellt.

1840

Anpflanzungen auf den Lucknitzer und Krauschwitzer Bergen. Erneute Verkaufsabsichten. Pückler wieder in Muskau.

1841

Wesentliche Parkerweiterung nach Norden und Osten. Einbeziehung der Köbelner und Braunsdorfer Feldfluren in den Park, Ausdehnung bis Lucknitz. Das Dorf Köbeln wird stark reduziert (nur Parkarbeiterhäuser bleiben) und westlich der Neiße neu aufgebaut.

1841

Parkgrenze ca. 200 m nördlich Altköbeln bis zum „Tor terrible" verlegt. Bau von 15 km Grenzgräben um die Parkerweiterung von ca. 500 ha auf 770 ha. Vergrößerung der Baumschule.

1842/45

Bepflanzung der Wege über die Braunsdorfer Felder, Umpflanzung der Teiche. Nach Entwässerung Anlage von Wiesen um Gobelin. Vorbereitung von Pflanzungen oberhalb der Thoreiche am Vogelherd, am „Tor terrible", an der Freischützwiese und im Heidental.

1844

Pflanzungen am Keulaer Hammerwerk.

Mitte 1845

Verkauf der Standesherrschaft Muskau mit dem Park an die Grafen Nostitz und Hatzfeld für 1,7 Mio Taler.

1846

Weiterverkauf mit Gewinn an Prinz Friedrich der Niederlande.

1847

Bau der Orangerie nach Plänen G. Sempers an dem jetzigen Standort.
Karte vom Park angefertigt (kolorierter Vermessungsplan).

9. 2. 1852

Tod J. H. Rehders.

30. 7. 1852

Amtsantritt E. Petzolds als Park- und Garteninspektor.

1852/60

Verjüngung der zu Stangenholz herangewachsenen 20–30jährigen Pflanzungen, Auswahl der am besten entwickelten Solitärbäume.

1853

Beseitigung der Überfüllung in den Blumengärten, auf der Schloß- und Tränenwiese.
Schaffung des Verbindungsstückes von der Gloriette zum Bergschen Hang (Oberweg).
Anlage von Promenadenwegen zwischen [illegible]ruine und dem Badepark.
[illegible] in Stein; Umgestaltung des dortigen Terrains.

1855

Bau des Fußweges an der Neiße von Doppelbrücke bis zum Herrengarten.

1856

Pflanzungen und Anlagen im Heidental, unterhalb des Englischen Hauses und oberhalb desselben bis zur Hermannseiche.

1857

Erweiterung der 1856er Arbeiten bis zum „Tor terrible".
Arbeiten unterhalb des Herren- und Galgenberges sowie am Jagdschloß; insgesamt 2,5 km Wegebau in Muskau, 1,5 km am Jagdschloß sowie 5,15 ha Pflanzungen.
Bau des Fahrweges vom Herrenberg nach Lucknitz (Belvedere) innerhalb des 60–100 m breiten Verbindungsstreifens.
Aufstellung der beiden vergoldeten Löwen auf den Podesten der Schloßrampentreppe.

1858

Neubau der vom Hochwasser zerstörten Gitterbrücke, dort danach umfangreiche Veränderungen an Wegen und Pflanzungen.

1858/66

Anlage des Arboretums zwischen Herrenberg und Observatorium von ca. 50 ha Größe.

1862

Wieder große Hauungen im Park.

1863

Bau des Viadukts am Burgberg.

1864/66

Umbau des Schlosses, Rentamtes und Kavalierhauses im Neorenaissance-Stil.

1864

Unterhalb des Weinberges der Luciola-Weg bis Krauschwitz gebaut.

1865

Schluchtbrücke im Krautgarten kassiert, dafür neuer Weg gebaut.
Stillegung des Alaunbergwerkes.

um 1865/70

Stereo-Foto-Serie vom Park entstanden.

1866

Auffahrt zum Bergpark, durch Ankauf des Leopold Schefer gehörenden Grundstückes, verlegt.

1867

Die Doppelbrücke wird massiv gebaut.

1868

Nach E. Petzold ist das von Pückler zum Park bestimmte Areal von Braunsdorf bis Lucknitz mit dem Arboretum und den Grenzpflanzungen fertiggestellt. Danach Ausbau des Areals des ehem. Alaunbergwerkes einschl. Kippenurbarmachung bis Krauschwitz.
Große Stürme verwüsten Pflanzungen an der Berglehne von der Gitterbrücke bis zum Englischen Haus.

1878

Petzold sucht um seine Entlassung nach; bis 1881 nur noch mit der Oberleitung betraut.

1881

Tod des Prinzen Friedrich der Niederlande.

1883

Traugott Graf v. Arnim erwirbt für 20 Mio Reichsmark die Standesherrschaft Muskau.

1888

Bau des Mausoleums.

1889

Große Stürme mit Schäden, vor allem an der Berglehne zum Englischen Haus.

1891

Rudolf Lauche als Gartendirektor eingestellt.

1897

Verheerendes Hochwasser der Neiße, das bis zum Markt reichte.

um 1900

Neubau eines Wirtschaftsgebäudes in Neobarock sowie zweier weiterer Gebäude des Ökonomiehofes.

1910

Neubau der Postbrücke.
Bau eines neuen Wehres mit Umfluter um die neue Wehrkaupe.

1918

Badehäuser werden Wohnhäuser.

1920/28
Säuberung des Vogelherds (Pflanzung von Rhododendren an der Hermannsneiße (Tannenreich gerodet). Öffnung eines Blickes vom Burgberg zum Arboretum.
1921
Erneute Schloßveränderungen.
Platane am Schloß beseitigt (Westfront)
1931
240 ha Park unter Naturschutz gestellt.
1931/44
Große Holzungen im gesamten Park unter Leitung Georg Potentes.
1933
Im Arboretum Golfplatz angelegt, auch Neupflanzungen vorgenommen (Potente).
1943
Dissertation über den Muskauer Park von L. Stoitscheff.
1945
Zerstörung aller Bauten des Muskauer Parkes (außer Badepark).
1948
Ratsbeschluß zur Pflege des Muskauer Parkes und zum Ausbau von Muskau zu einem Kurort.
1950
Eröffnung des Moorbades im ehem. Theater (Kavalierhaus).
1953
Einrichtung einer Parkverwaltung des Rates der Stadt Bad Muskau, Fachbetreuung durch Hermann Schüttauf von 1948 bis 1967.
1. 2. 1955/30. 4. 1957
K. Kurland Leiter der Muskauer Parkverwaltung.
1955
Muskauer Park (westl. der Neiße) unter Denkmalschutz gestellt.
1954/56
Bau einer Freilichtbühne in einer Schlucht unmittelbar nördlich des Badeparkes nach Entwürfen von H. Schüttauf im „Nationalen Aufbauwerk".
1956
Wildwuchsbeseitigungen am Eichberg. Verlängerung des Uferweges am Eichsee.
Erste Durchforstungsarbeiten nach dem zweiten Weltkrieg im Bergpark. Pfeiler und Gitter des Kirchtores erneuert.
Neugestaltung der Flächen beiderseits der Zufahrt zum Moorbad.
30./31. 10. 1956
Neißehochwasser überflutet Park.
1957/60
Gestaltung des rückwärtigen Teiles des Badeparks vom Badehaus bis zur Eisenvitriol-Quelle.
1958
Großes Hochwasser.
1958/71
Leiter der Parkverwaltung Tycho Stracke, Fachbetreuer: Hermann Schüttauf.
ab 1960
Beseitigung von Wildwuchs, Plenterarbeiten im Schloßpark.
1962
Entschlammung des Oberlaufs der Hermannsneiße und Neugestaltung des Teils zwischen Eisenvitriol-Quelle und Badehaus.
1964/65
Neubau der Roten Brücke am Bergschen Hang.
2. Aufastung der Solitär-Schleppeneiche am Beginn des Eichberges.
1964/77
Wiederaufbau des Rentamtes.
1965/66
Durchblick durch den Eichbusch vom Eichsee zum „Bösen Ufer" und der Gitterbrücke geschlagen.
1965
150jähriges Parkjubiläum feierlich begangen.
Große Roßkastanien auf dem Ökonomiehof wegen Überalterung gefällt.
1965
Enthüllung einer Gedenktafel am Rentamt mit den Namen von J. Heinrich Rehder und Eduard Petzold; später ergänzt mit Hermann v. Pückler.
1965
Nach H. Schüttaufs Entwurf wird vor der Schloßtreppe eine freikompositionelle Sommerblumenbepflanzung angelegt, die eine Vorläuferpflanzung mit störenden hohen Dahlien u. a. ablöste.
1966
Villa Bellevue renoviert.
Kuppelbau des Badehauses mit einem Dach versehen. Wegebau im Erweiterungsteil westlich des Badegartens.
14 Stück 15jährige Linden an verschiedenen Stellen im Park gepflanzt (kaum erhalten geblieben).
Vier 300jährige Eichen am „Bösen Ufer" beseitigt, um Reparatur der Ausuferungsschäden vorzunehmen.
Säuberung des Eichseeufers von der Schäferbrücke bis zum Eichberg.
Deckpflanzung südlich der Moorbadstraße zum Markt hin etwas geöffnet.
Große Windbruchschäden.
1967
Am 21. Februar katastrophale Windbruchschäden im Schloßpark, u. a. brach eine auf die Solitär-Platane am Ökonomiehof stürzende Ulme 1 Drittel von deren Krone weg; insgesamt 40 große Bäume entwurzelt.
Zur Vorbeugung weiterer Schäden an dieser Platane wurde eine 85jährige, insgesamt 42 m hohe Pappel in deren Nähe gefällt. Die Pappel war bis zur Basis kerngesund; ihre Wegnahme klärte das Baumgefügebild (1971).
1967
Einweihung der „Schüttaufhöhe" in den Badebergen, der höchsten vorspringenden Geländenase oberhalb der Badeparkbauten, mit einem Gedenkstein für den 1967 verunglückten denkmalpflegerischen Betreuer von 1948 bis 1967.
Am Petzold-Damm Wildwuchs beseitigt und Böschung neu geformt.
Der 1930 beseitigte Verbindungsweg von der Rehderbrücke zum Rhododendrontal neu gebaut.
1968
Durchforstungsarbeiten unterhalb und östlich des Weinberges.
seit 1971
Leiter der Parkverwaltung Ekkehard

Brucksch, Fachbetreuung: Helmut Rippl und seit 1985 Institut für Denkmalpflege.

1971

Beginn planerisch dokumentierter Parkpflege, 1. Baumbestandsplan. Regeneration und Teil-Rekonstruktion der Schloß- und Tränenwiese vorbereitet.

1972

Pflanzungen auf der Schloß- und Schafwiese in Form von kleinen clumps.

1973

Pflanzungen auf der Tränenwiese.

1974/76

Ausformung der Altgruppen der Schloß- und Tränenwiese.

1976/78

Dürrejahre, keine Einbußen an Buchen und anderen Bäumen.

1977/78

Erneuerung der Fenster der Orangerie, Einzug der Parkverwaltung dort.

1980

Erste Plenterung in den neu gepflanzten Gruppen; Pappeln auf den ehemaligen Blumenflächen vor dem Schloß bildeten schlechte Verankerung und wurden öfters schiefgedrückt, dann beseitigt.

22. 7. 1981

Großes, aber nur eintägiges Juli-Hochwasser, das den Park überschwemmte, bis zur Ausfahrt der Kaufhalle am Markt reichte und die Wohnungen in den Ökonomiegebäuden überflutete (10–15 cm). Zerstörung der Schäferbrücke, große Ausspülungen an vielen Wegen und der Eichseebrücke; der Eichsee wurde dadurch entschlammt.

1981

Holzungen im Bergpark südlich des Buchenweges vom Streuweg über den Bergwerksweg nach Westen.

1981/82

Holzungen um den Eichsee und oberhalb des Eichberges bis zum „Weltende".

Kunstgärtner in Muskau

Werner Manno

Quellen und Literatur S. 310

Im folgenden wird ein Verzeichnis der Kunstgärtner zusammengestellt, die am Park von Muskau und später an anderen Garten- und Parkanlagen mitwirkten.

Genannt werden die Familiennamen mit der Berufsbezeichnung Kunstgärtner, Obergärtner, Hofgärtner, wie auch Park- bzw. Garteninspektor oder Direktor. Auf der Suche nach weiteren Namen konnten als beste Quelle die Kirchenbücher des evangelischen Pfarramtes Bad Muskau benutzt werden, die uneingeschränkt zur Verfügung standen; die meisten Namen fanden sich in den Taufregistern; die Berufsbezeichnungen der Väter, aber auch Namen von Paten, Ehefrauen und Kindern stellen wichtige Ergänzungen zu den Personen dar. Nicht immer sind die Vornamen identisch, auch die Schreibweisen variieren. Die Patenangaben beziehen sich auf alle Familienangehörigen, bei beruflichen Beziehungen in den Familien konnte die Aussage erweitert werden. Einige Namen wurden dem Muskauer Anzeiger entnommen, in dem auch Kurgästelisten veröffentlicht sind.

Bei der Bezeichnung Kunstgärtner, auch Hofgärtner, gibt es hinsichtlich einer Beschäftigung im Muskauer Park keine Zweifel; kritischer muß hingegen die Bezeichnung Gärtner angesehen werden. Zu damaliger Zeit war Muskau eine Ackerbürgerstadt, es läßt sich also nicht ohne weiteres folgern, daß der jeweils Genannte ausschließlich im Park arbeitete. Denn bei den Eintragungen im Register Muskau-Land, wozu die Vor- bzw. Neustadt Muskaus und die Dörfer der Standesherrschaft gehörten, kommen auch Bezeichnungen wie Halb- und Viertelgärtner vor. Diese Namen wurden nicht berücksichtigt. In den Orten Berg und Köbeln, die unmittelbar an die Stadt grenzen, wurde bisweilen aus einem Gärtner ein Parkarbeiter, oder ein Aufseher. Deren Einordnung in die Reihe der Kunstgärtner erscheint nur dann berechtigt, wenn sich das Anstellungsverhältnis sowie die Namen der Angehörigen erfassen lassen.

In einigen Familien waren zwei oder drei Generationen im gleichen Beruf tätig, eingeschlossen die Schwiegerkinder. Hierfür gibt die Familie Rehder ein gutes Beispiel, deren Name neben dem der Familie Petzold in der Geschichte des Muskauer Parks mehrfach auftaucht.

Arlt, Benno; Kunstgärtner aus Görlitz, 1900 als Pate.

Baumann; Garteninspektor in Jena, 1860 bei Generaldirektor Rieloff als Pate.

Berndt, Johann Hermann, Louis; Kunst- und Handelsgärtner, 1870 mit 34 Jahren unverheiratet gestorben.

Bertram, Gustav; Kunstgärtner in Schadendorf, 1861 und 1872 als Pate.

Beutner; Kunstgärtner in Görlitz, 1887 als Pate.

Brode, Johannes; Obergärtner, 1905 als Pate.

Brückner, Georg August, Fedor; Kunstgärtner, 1845 als Pate.

Bruhm, Walter; Oberforstmeister, Leiter der Parkverwaltung von 1929–1939, 1906 als Pate.

Dammann, H.; Kunst- und Handelsgärtner in Görlitz, 1867 als Pate bei Schrefeld.

Doell, Johann Wilhelm Carl; Hofgärtner zu Eisenberg/Altenburg, 1853 als Pate bei Petzold.

Döring, Wilhelm Adolf Theophilus; Sohn des Gärtners D. in Kreba, 1834 Gärtnerlehrling als Pate. 1835 schreibt Rehder auf Anfrage der Herrschaft Püchau bei Wurzen, daß er Döring als geeignet empfehle und sein frühester Antritt im Februar 1836 möglich sei. 1841 Heirat.

Engberg, Richard; Kunstgärtner in Weißenfels, 1880 als Pate bei seinem Bruder, Lehrer.

Fritsch, Carl Christian; Parkinspektor, 1818 als Pate.

Gellert, Johann Friedrich Wilhelm; Sohn des Kirchvaters G. 1821 der Gartenkunst-Beflissener als Pate, 1829 als Pate.

Gireaut; herzogl. Gartendirektor in Sagan, feiert am 1. 10. 1886 sein 50. Gärtnerjubiläum (MA).

Groß, Johann Christian August; Kunstgärtner, 1847 Heirat.

Hannemann; Hofgärtner, erwähnt in

MA „Pückler in seiner Parkschöpfung“: alter Hofgärtner Pücklers, hat noch unter Friedrich dem Großen in Sanssouci gearbeitet.

Hannemann, Christian Tugendreich; Kunstgärtner, 1802 als Pate, 1807 als Pate bei Kunstgärtner Schöllermann.

Hanneman, Carl August; ältester Sohn des invaliden Gärtners, 1805 als Pate, 1815 als Pate, 1817 Hofgärtner, als Pate zusammen mit Gärtner Rehder, 1821 Gärtner in Friedersdorf bei Liegnitz, als Pate, 1825 Hofgärtner in Neu-Hardenberg bei Berlin, als Pate.

Hannemann, Christoph; Kunst- und Ziergärtner, 1801 und 1813 als Pate, 1819 heiratet er die Tochter des Schloßverwalters Neumann, 1827 pensionierter Hofgärtner, 1831 gestorben im Alter von 75 Jahren.

Heine, Johann Traugott; Sohn des pensionierten Mundkochs, 1835 Kunstgärtner in herrschaftlichen Diensten, heiratet mit 27 Jahren, 1836 ist E. Petzold, Kunstgärtner in Malzdorf bei Löwenberg, Pate bei der Tochter, 1838 fürstlicher Hofgärtner, 1839 gestorben mit 31 Jahren, 1860 ist seine Tochter bei Schrefeld.

Hirsch, Johann Gottfried: Kunstgärtner, 1813 Geburt einer Tochter, 1832 ehemaliger Gärtnergehilfe als Pate, 1844 bereits verstorben.

Hoffmann, Carl Friedrich; Kunstgärtner zu Schönberg, Heirat 1846.

Kahl, Gotthelf; Kunstgärtner auf der hiesigen Tuchfabrik, 1874 als Pate.

Kahrens; Kunstgärtner in Sorau, 1855 als Kurgast.

Kern, Gottfried Johann; Kunstgärtner, geboren 1793 in Wadlitz bei Löwenberg, 1886 mit 93 Jahren gestorben, erlernt nach Militärentlassung 1815 den Gärtnerberuf, lebt die letzten Jahre bei der Tochter (MA).

Kindermann, Christoph Ferdinand; Hofgärtner, in Babelsberg gestorben 1865.

Kindermann, Otto Ferdinand; Sohn des C. F. Kindermann, Nachfolger seines Vaters, geboren 1843, bis etwa 1898 dort tätig, seine Tochter heiratet Dr. Eugen Schwetschke.

Kirchner, Georg Wilhelm; prinzl. Arboret- und Kunstgärtner, geboren 1837 in Halle, ab 1852 in Muskau, 1860 als Pate bei Liebusch (Fam. Petzold), 1862 als Pate bei Obergärtner Schrefeld, auch als Landschaftsgärtner genannt, 1864 erscheint mit Petzold das „Arboretum Muscaviense“, heiratet 1864 die Tochter des Fasanenjägers Blüthgen, ab 1872 als Stadtgärtner in Erfurt, 1875 und 1879 als Pate, 1885 dort gestorben.

Kirchner, Richard Heinrich Theodor; Sohn des G. W. Kirchner, geboren 1866, Gärtner in Plessa O.S., jung verstorben.

Krieck, Johann Friedrich August; Kunstgärtner in der hiesigen Tuchfabrik, heiratet 1864 mit 28 Jahren eine Frau aus Sagan, 1868 als Pate, 1879 in Tschernitz.

Kruschwitz, Carl Ludwig; Kunst- und Handelsgärtner, 1829 als Pate, 1839 gestorben mit 50 Jahren.

Kubisch, Ernst; Kunstgärtner in Tschernitz, 1868 als Pate.

Kyburg, Friedrich Wilhelm; aus Klein Glienicke, fürstl.-pücklerscher Untergärtner, heiratet 1823.

Lauche, Rudolf; Sohn des Garteninspektors W. Lauche, in Wildpark geboren 1859, 1891 in Muskau Baumschuleninspektor; als Pate genannt: Rudolf (?) Lauche, Gartendirektor in Leipzig-Altmannsdorf, bis 1929 Parkdirektor, seit 1923 Vizepräsident der Dendrologischen Gesellschaft.

Licht, Hermann; Kunstgärtnerlehrling, 1863 als Pate.

Liebisch, Emil; Kunstgärtner, 1886.

Maiwald, Robert; Kunstgärtner in Teiche (Krs. Rothenburg) 1861 als Pate.

Marko, Gotthelf; Sohn des herrschaftl. Verwalters in Zilmsdorf, heiratet 1800 die Tochter des gräfl. Revierjägers Schmidt in Mulkwitz, 1804 Kunstgärtner in Branitz, 1814 Gärtner in Branitz, als Pate, 1846 Kunstgärtner, mit 69 Jahren gestorben.

Netag; fürstl. Blumengärtner, 1844 als Pate.

Neßler, Moritz; Sohn des Maurermeisters Neßler in Görlitz, Gartengehilfe, 1830 als Pate bei Vater Schrefeld.

Nitschke, August Julius Hermann; Kunstgärtner und Parkaufseher, im Ruhestand, stirbt mit 84 Jahren 1933.

Noack, Christian; Kunstgärtner im Dienst des Kammerherrn von Stammer in Görlsdorf bei Luckau, heiratet 1843 mit 26 Jahren die Köchin vom Schloß.

Noack, Johann Christoph; ehemaliger Kunstgärtner in Weißkeißel, 1835 und 1848.

Petzold, Carl Eduard Adolf; Sohn des späteren Superintendenten in Muskau, geboren 1815 in Königswalde (Neumarkt), seine Mutter ist die Schwester der Großmutter väterlicherseits von Georg Kirchner, 1831 Lehrbeginn bei Rehder, 1831 Gärtnerlehrling, als Pate bei Rehder, 1836 Kunstgärtner in Malzdorf bei Löwenberg, Herbst 1852 in Muskau, 1857 Park- und Garteninspektor, 1860 als Pate bei Liebusch (Fam. Petzold), bei Strasser (Schwiegersohn von Rehder), 1884 wohnhaft in Dresden-Blasewitz neben Kunstmaler Preller, 1885 bei der Feier zum 100. Geburtstag von Pückler in Branitz, 1891 gestorben.

Petzold, Max; Sohn des E. Petzold, Baumschulengärtner, geht später nach Südamerika.

Pichert, Julius Johann; Gartengehilfe, 1838 als Pate, 1840 Kunstgärtner als Pate.

Rehder, Jacob Heinrich; geboren 1790 in Eutin, 1806 Lehrbeginn in Ludwigslust (dort keine Unterlagen mehr vorhanden), Gehilfenjahre in Pförten (Fürst Brühl), ab 1817 in Muskau, 1818 hochgräfl. Pücklerscher Gärtner, als Pate, 1820 Hofgärtner als Pate, heiratet 1820 die Tochter des Hofgärtners Schmidt in Pförten; 1822 ist Pückler beim 1. Kind

Pate, wobei der Name noch Röhder geschrieben ist.

Rehder, Paul Julius; Sohn des J. H. Rehder, geboren 1833, 1849 Beginn der der Lehrzeit, bis 1859 in Muskau, er übernimmt die Leitung der Parkanlagen in Waldenburg bei Glauchau bis 1894, gestorben 1917 in Glauchau, Waldenburg. In Dresden keine Unterlagen.

Rehder, Alfred; Sohn des P. J. Rehder, geboren 1863, 1887 arbeitet er ein Jahr an der Baumschule unter Schrefeld; 1903 heiratet er eine Tochter von Schrefeld, Prof. für Dendrologie und Leiter des Arnold Arboretum in Boston (USA), gestorben 1949.

Richter, Johann Gottlieb; Kunstgärtner in Brunschwig bei Cottbus, Sohn des J. M. Richter in der Neustadt, heiratet 1823 die Tochter eines Nitschke in Vetschau.

Roese; Obergärtner-Gehilfe, 1854 als Pate.

Roth, Carl Wilhelm; Garten- und Parkinspektor, geboren 1843 in Niedergräditz bei Breslau, 1859 Lehrbeginn in Kanth, Gehilfenjahre in Sagan unter Gartendirektor Gireaud und in Berlin an den Borsigschen Gärten, seit 1871 in Muskau, leitet Gärtnerei, Bergpark und Teile des Talparkes, während Schrefeld die Baumschule und andere Teile übernimmt, 1878 Garten- und Parkinspektor, 1886 Pate bei Kammerrat Rücker, 1893 als Pate bei Parkdirektor Lauche, gest. 1916 in Muskau. Bei seinem 70. Geburtstag sind als Gratulanten genannt: Köhler, Städt. Gartendirektor, Beuthen O. S.; Skell, Oberhofgärtner, Weimar; von Busdorf, früherer Gärtnereibesitzer, Köstritz/Thür.; Büttber, Garteninspektor, Tharandt; Bergfeld, Garteninspektor, Erfurt; Eichler, Baumschulenbesitzer, Grünberg; Rettig, Großherzogl. Garteninspektor, Jena; Wocke, Hofgärtner, Heiligenberg (Wiesbaden); Schulze, Oekonomierat, Neubrandenburg; Berthold, Stadtgartendirektor, Wiesbaden; Gené, Kgl. Tiergartenobergärtner, Berlin.

Schmidt, Friedrich August; Hof- und Kunstgärtner in Pförten (Schwiegervater von J. H. Rehder).

Schmidt, August Daniel Moritz; Hofgärtner in Pförten, 1822 als Pate bei Rehder.

Schöllermann, Johann Gottlieb; Kunstgärtner, 1802 als Pate bei Hannemann, 1804 als Kunst- und Ziergärtner mit 57 Jahren gestorben.

Schrefeld, Gustav Heinrich; Sohn des Stellmachermeisters, geboren 1831 in Muskau, Beginn der Lehrzeit 1846 unter Rehder, 1850 für $1^1/_2$ Jahr in Weimar unter Petzold, 1854 Ausführung von Plänen nach Petzold bei Striegau, 1858 nach Muskau zurück, eingesetzt in Baumschule und Arboretum, 1872 Leiter, 1891 gestorben, seine Tochter heiratet 1903 Alfred Rehder.

Schrefeld, Ulrich; Sohn des G. H. Schrefeld, Kunstgärtner, mit 26 Jahren in Muskau gestorben.

Schubert, Franz Theodor; Kunst- und Handelsgärtner in Weimar, heiratet mit 24 Jahren eine Tochter des prinzl. Hofsattlers Vogel 1859.

Schulz, Adolf; Kunstgärtner in Görlitz, 1879 als Pate.

Schulz, Friedrich Wilhelm; fürstl. Gärtner, 1834 ist Rehder Pate.

Sergen, Wilhelm; Stadtgärtner in Görlitz, 1886 als Pate.

Siebe, Karl; Garteningenieur Berlin, 1908 als Pate.

Teichert, Friedrich Gottlieb Ernst; herzogl. Garteninspektor zu Sagan.

Teichert, Friedrich Wilhelm Paul Oscar; Sohn des F. G. E. Teichert, Obergärtner in Walkowitz (Krs. Marienwerder), heiratet 1862 mit 26 Jahren eine Tochter des prinzlichen Sattlermeisters Vogel, gestorben 1870, das 1. Kind in Walkowitz geboren, das 3. Kind in Potsdam.

Teuber; Kunst- und Handelsgärtner, 1899 stirbt die Frau.

Todenhagen, Christian Friedrich Eduard; Obergartengehilfe aus Putbus, 1857 als Pate.

Waler; fürstl. Blumengärtner, 1844 als Pate.

Walleck, Wenzel; herrschaftl. Kunstgärtner, 1845 als Pate.

Walther, Carl; Kunstgärtner, 1861 als Pate.

Wauer, Carl; Kunstgärtner in Burghammer bei Niesky, heiratet mit 21 Jahren die Tochter des Revierförsters Leinert in Weißkeißel 1865.

Weiß, Adolf; gräfl. Solmscher Hofgärtner in Klitschdorf, 1870 und 1878 als Pate.

Weydig, Albert Gottlieb; Kunstgärtner in der prinzl. Park- und Gartenanlage, aus Cölln gebürtig, stirbt mit 35 Jahren 1868.

Wilde, Wilhelm Arthur; Kunstgärtner, 1905.

Wulle, Johann Heinrich; Kunstgärtner des Barons von Ziegler zu Dambrau bei Oppeln, heiratet mit 27 Jahren 1858.

Daten zum Park und zu den Bauten in Babelsberg

Heinrich Hamann

Zum Park

Zur Zeit des Kurfürsten Friedrich Wilhelm (1620–1688) befindet sich auf dem Gelände des Babelsberges der „Klein Thiergarten auf dem Baberow" – Entstehung in Verbindung mit der Errichtung des Lustschlosses Glienicke.

Unter König Friedrich I. (1657–1713) Auflösung des Tiergartens und Umwandlung des Geländes in einen reinen Forstbestand.

Unter König Friedrich II. (1712–1786) befinden sich die Randgebiete in Privatbesitz. Der Babelsberg ist in Besitz des Staates. Die Gemeinde Neuendorf hat Hutungsrechte auf dem Gelände. Eine Trift führt über den Babelsberg zur Viehtränke an der Havel.

1753

Der Hofrat Rehnitz erhält die Erlaubnis zur Errichtung einer holländischen Wind- und Schneidemühle an der Stelle des heutigen Flatowturmes mit Anschluß einer Bäckerei und Brennerei.

um 1756

Anflanzung von 800 Maulbeerbäumen.

1806

Nach der Besetzung Potsdams durch französische Truppen Fällung zahlreicher Eichen auf dem Babelsberg, spätere Aufforstung mit Kiefern.

1811

Erstes Kennenlernen des Geländes durch den Prinzen Wilhelm (1797–1888) während eines Manövers der Potsdamer Garnison beim Bau einer Schanze.

1821

Anläßlich einer Truppenübung am Ufer der Havel unterhalb des Babelsberges äußert sich Prinz Wilhelm über die vorzügliche Aussicht von der Höhe.

1826

Erster Antrag des Prinzen Wilhelm auf ein Besitztum auf dem Babelsberg, der jedoch wegen zu hoher Kosten vom König abgelehnt wird. Verschiedene Entwürfe für ein Schloß auf dem Babelsberg von dem künstlerisch sehr begabten Kronprinzen, dem späteren König Friedrich Wilhelm IV. (1795–1861) in Zusammenarbeit mit Karl Friedrich Schinkel (1781–1841).

1828

Prinz Wilhelm inspiziert gemeinsam mit Peter Joseph Lenné (1789–1866) das Gelände des Babelsberges (Ausspruch des Prinzen: „Hier oder nirgends".)

1829

Heirat des Prinzen Wilhelm mit Augusta von Sachsen-Weimar (1811–1890). Seit dieser Zeit ständige Beschäftigung des Ehepaares mit dem Projekt auf dem Babelsberg.

1833

Erster Entwurf Lennés für die Gestaltung des Babelsberges mit einem Schloß als Mittelpunkt, von dem aus Wege radial auf einem im äußeren Randbereich verlaufenden, ringförmigen Weg gehen. Noch nicht vorhandene Grundstücke sind bereits mit einbezogen. Kennzeichnend sind stark abschließende Baumpflanzungen, wenig freie Flächen, auf den Freiflächen eine Fülle von Einzelbäumen (Plan nicht ausgeausgeführt).

Frühjahr 1833

Lenné erhält die Erlaubnis durch den Oberpräsidenten von Bassewitz, auf dem Babelsberg Wege anzulegen. Aus der Privatschatulle des Prinzen werden erste Pflanzarbeiten finanziert, die am 10. Mai 1833 abgeschlossen werden.

30. 7. 1833

Antrag des Prinzen Wilhelm auf ein eigenes Besitztum auf dem Babelsberg an den König Friedrich Wilhelm III. (1770–1840).

16. 8. 1833

Erster offizieller Kostenanschlag für gärtnerische Arbeiten im Herbst 1833 und Frühjahr 1834 (Bewilligung von 2000 Talern aus der Privatschatulle).

16. 9. 1833

Kabinetts-Ordre zur Übergabe des Babelsberges an den Prinzen Wilhelm in Erbpacht.

Herbst 1833

Schinkel erhält den Auftrag für den Entwurf eines Schloßbaues im Stil der englischen Neogotik.

1834

Anlage eines Verbindungsweges von

Babelsberg nach Glienicke unter Benutzung der vorhandenen alten Lindenallee.

Einzäunung des Geländes

Oktober 1834

Lenné korrespondiert mit dem Prinzen Wilhelm über die Anlage einer Landestelle und die Ausgrabung eines Bootshafens an der Havel.

1835

Plan Lennés vom Blumengarten, dem sog. Pleasureground, westlich vom Schloß.

um 1835

Plan Lennés vom Babelsberg entsprechend der Ausführung.

1836

Anstellung des zuvor im Königlichen Botanischen Garten in Berlin tätig gewesenen Christoph Ferdinand Kindermann (1805–1865) als Hofgärtner.

Kostenanschlag für 1836 von fast 2000 Talern zur Pflege und für Neuanlagen. Bewilligt werden nur 1500 Taler.

1837

Der bewilligte Etat für Gartenarbeit von 1000 Taler wird fast ausschließlich für die Pflege ausgegeben, daher kaum Neuanlagen. Ergänzung der in den vergangenen vier Jahren gepflanzten, aber eingegangenen Gehölze durch Neupflanzung von Spitzahorn, Birken, Rotbuchen, verschiedenen Pappel- und Robinienarten sowie vielen einheimischen Zierstraucharten.

1839

Zurücknahme der für dieses Jahr bereits bewilligten Summe von 788,22 Talern für Wegebau und Neupflanzungen.

1840/41

Erwerb der sog. Reichertschen Grundstücke mit der holländischen Windmühle und des Eichbaumschen Grundstücks an der Havel. – Übernahme einer 37 Morgen großen Forstparzelle an der Allee nach Glienicke durch Schenkung des Königs.

Winter 1841/42

Pflanzung von 120 großen Bäumen. – Letzte Tätigkeit Lennés auf dem Babelsberg.

6. 3. 1842

Nach einer gründlichen Besichtigung, gemeinsam mit seinem Garteninspektor Rehder aus Muskau, verfaßt Fürst Hermann von Pückler-Muskau (1785–1871) ein Promemoria, worin er sich sehr kritisch mit den Arbeiten Peter Joseph Lennés auseinandersetzt, seine Richtlinien für die Behandlung des Babelsberges festlegt und die Voraussetzungen für die Aufnahme seiner Tätigkeit formuliert. (Das Promemoria vollständig wiedergegeben im Beitrag von Helmut Rippl, S. 123).

1843

Vor Aufnahme seiner Tätigkeit fordert Pückler in einem Brief an den Hofmarschall: „. . . Für den Prinzen und seinen Babelsberg halte ich es aber wahrhaft wesentlich, daß er Muskaus Park und Gärten gründlich sieht . . .“

Juli 1843

Hofgärtner Ch. F. Kindermann in Muskau. Pückler selbst will ihm alles zeigen, was ihm nützlich ist.

Errichtung eines neuen Umfassungstraktes mit drei Eingangstoren.

Herbst 1843

Pückler hält sich mehrere Tage in Babelsberg auf „. . . sowohl für meine eigene als anderer Leute Instruktion“. Er verpflichtet sich, daß der Babelsberg „. . . etwas Gediegenes und in künstlerischer Hinsicht alle anderen Anlagen seiner Art in der Potsdamer Gegend übertreffendes werden wird.“ Für sein Arbeiten fordert er „völlig freie Hand“

1843/44

Der von Pückler geforderte Geländezukauf von sechs Privatgrundstücken an der Glienicker Lake zur weiteren Abrundung des Terrains wird getätigt.

Frühjahr 1844

Anlage des Sees mit vier Inseln, dem sog. „Schwarzen Meer“ auf der Höhe des Babelsberges nach Pücklers Vorstellungen.

Festlegung der im Frühjahr durchzuführenden Pflanzarbeiten an Ort und Stelle durch Pückler.

1845

Durch den Hofmarschall läßt die Prinzessin Augusta Pückler danken für all die Herrlichkeiten, die er auf Schloß Babelsberg geschaffen hat und die die Erwartungen weit übertroffen hätten. Pückler äußert sich, daß er dem Babelsberg mehr Sorgfalt widmen wolle, als wenn es sein Eigentum wäre.

Pückler versucht Eduard Petzold (1815–1891) als Garteninspektor für den Prinzen von Preußen zu gewinnen, da er mit dem Hofgärtner Ch. F. Kindermann „nicht fertig werden konnte“.

Frühjahr 1846

Längere intensive Schaffensperiode Pücklers auf dem Babelsberg während der Pflanzzeit.

1847

Auf Bestellung Pücklers wurden durch die Firma Booth & Co. in Hamburg „recht schöne Exemplare pleasureground Sträucher und Bäume“ nach Babelsberg geschickt.

Von dem Friedhof vor dem Nauener Tor in Potsdam werden Bäume erworben, um im Park sofort große Exemplare zu haben.

April 1847

Nach eingehender Inspektion des Geländes gemeinsam mit dem Baumeister Martin Gottgetreu (1813–1885) fordert Pückler eine zweckmäßige Einrichtung der Bewässerung, „. . . so ist es unmöglich aus einem Sandberg frische Wiesen und üppigen Wald hervor zu zaubern“. – Desgleichen fordert er die Vergrößerung des Wasserbassins bzw. den Bau eines zweiten Beckens.

Da Pückler im Herbst nicht mehr anwesend ist, werden alle neuen Arbeiten eingestellt und nur die alten Pflanzungen „rekrutiert“.

1848

Pückler bittet Rehder in Muskau um die Lieferung von größeren Pleasureground-Bäumen und Sträuchern zum Frühjahr.

Im Juni hält sich Pückler auf Schloß Babelsberg auf.

1849

Pückler wird gebeten, die Anlage unterhalb der Voltaireterrasse zu vollenden und „wenn Du etwas gotisches findest was in den Garten paßt an Babelsberg zu denken".

1850

Auf Grund hoher Bauschulden sind für 1850 keine neuen Gartenarbeiten vorgesehen. Pückler ist ab jetzt nur noch unregelmäßig in Potsdam.

um 1850

Parkplan von G. Meyer vom oberen Parkteil, Zustand um 1850, später Veränderungen und Erweiterungen eingezeichnet.

1853

Beginn der Gestaltung der südlichen Randpartien des Babelsberges.

1861

Zur endlichen Vollendung des Babelsberges empfiehlt Pückler dem König Wilhelm I. den Hofgärtner Gustav Meyer von Sanssouci.

1862

Durch Vertrag vom 4./28. 11. 1862 werden die vorher in Erbpacht befindlichen Forstparzellen durch den König für 959 Taler und 6 Pfennige käuflich erworben. Ernennung des Babelsberges zum Schatullgut.

1865

Umfangreicher Geländeerwerb südlich des Babelsberges zur Vergrößerung des Parkes.

Tod des Hofgärtners Christoph F. Kindermann. Die Nachfolge wird durch seinen Sohn Otto Ferdinand Kindermann (1843-unbekannt) angetreten. O. F. Kindermann erhält 1868 den Titel des königlichen Hofgärtners.

1865–1868

Ausführung der Neuanlagen unterhalb des Babelsberges durch Otto F. Kindermann nach einem von ihm gefertigten Plan. Dazu wird eine stattliche Anzahl großer Bäume und Sträucher im Havelland aufgekauft und teilweise von weither nach Babelsberg transportiert. Meisterhafte Anlage eines $5^1/_2$ Morgen großen künstlichen Sees mit buchtenreichem Ufer und drei künstlichen Inseln. Die malerische Szenerie wird durch von weit her, z. T. aus Schlesien, nach Babelsberg geholte große Findlinge unterstützt.

1866

Errichtung einer Parkeinfriedung in den neuen Grenzen.

um 1868

Bei einem Besuch des Babelsberges findet Pückler seine Gedanken bei der Weiterführung der Gestaltung des Parkes durch Otto F. Kindermann bestätigt. Er bittet den König, ihm den Babelsberg „auf eine Woche" zu überlassen, um mit Axt und Beil Durchblicke von malerischem Wert zu erhalten. Antwort des Königs: „Der gute Fürst hat wohl recht von seinem Standpunkte aus, ich aber möchte meine Bäume, die mir eine ganze Geschichte sind, um keinen Preis missen".

1870

Neue Anlagen an der Siegessäule.

1872

Der Kaiser erteilt den Auftrag, die in unmittelbarer Umgebung des Parkes befindlichen Grundstücke aufzukaufen, um störende Anlagen in der Nähe des Babelsberges zu verhindern.

1875

Arondierung von 12,2 ha Forstgelände aus dem Staatsbesitz jenseits der Allee nach Glienicke. Die Fläche wird 1911 zum Bau einer Sternwarte wieder abgetreten.

1876/77

Ausgabe von jährlich 2 000 Talern für Nachpflanzungen in den neuen Anlagen des alten Parkes.

Januar bis März 1879

Otto F. Kindermann befindet sich auf einer Reise nach Italien.

1880

Plan des Babelsberges in den bestehenden Grenzen, gezeichnet von dem Königlichen Gartengehilfen F. Hoppe.

1883

Nach der Herauslösung der Ländereien, die zu den Gemeindebezirken Neuendorf und Klein-Glienicke gehören, wird am 9. Mai 1883 aus Schloß und Park Babelsberg ein selbständiger Gutsbezirk gebildet.

1884

Erklärungen des Gutsbezirkes zu einem selbständigen Amtsbezirk.

1888

Tod des Kaisers Wilhelm I.

1895

Überführung des größten Teils der Orangerie nach Sanssouci. Starke Verminderung der Arbeitskräfte. Nur die notwendigsten Arbeiten zur Instandhaltung der Wege und Promenaden werden noch unterhalten.

1898

Hofgärtner Otto F. Kindermann ersucht vorzeitig um seinen Abschied, der ihm auch gewährt wird. Das Amt des Hofgärtners wird von Kurt Nietner (1859–1929) übernommen.

1926

Im Rahmen der Vermögensauseinandersetzung zwischen dem Preußischen Staat und dem vormals regierenden Preußischen Königshaus wird Schloß und Park Babelsberg Staatseigentum.

1925–1931

Verstärkte Durchführung von Ausholzungen.

1931–1938

Gehölz- und Strauchpflanzungen im ganzen Parkbereich, besonders in der Umgebung des Flatowturmes.

1937/38

Auf Grund einer „Verfügung zur Anpflanzung von Frühjahrsblühern" des Direktors der Staatlichen Schlösser und Gärten werden 1937 und 1938 tausende Zwiebelgewächse (Schneeglöckchen, Winterlinge, Märzbecher, Scilla, Krokus, Narzissen und Traubenhyazinthen) gepflanzt. Dazu Pflanzung verschiedener frühjahrsblühender Stauden (Corydalis, Hepatica, Primula officinalis, Helleborus).

1938
Endgültige Auflösung der Orangerie durch Umsetzung der noch vorhandenen Lorbeeren nach Schloß Monbijou in Berlin und Verkauf der restlichen Palmen.
1939
Letztmalige Nennung von Beeteinfassungen: 400 Stck. rote Porzellansteine, 700 Stck. weiße Porzellansteine, 250 Stck. fächerförmige Beeteinfassungen aus gebranntem Ton.
1950
Errichtung von zunächst vier Internatsgebäuden im nordöstlichen Parkbereich in Verbindung mit der Nutzung des Schlosses durch die Zentrale Richterschule. In den folgenden Jahren entstehen auf einem vom Park abgegrenzten Gelände weitere Bauten dieser Einrichtung.
1952
Plan, den Park Babelsberg als Jugend-, Sport- und Erholungspark einzurichten. Dieser Gedanke wird in den folgenden Jahren ständig wieder aufgegriffen.
Errichtung von sechs Dozentenhäusern im südlichen Parkgelände für Mitarbeiter der späteren Akademie für Staats- und Rechtswissenschaft der DDR.
1953/54
Bau eines Seestützpunktes für die Gesellschaft für Sport und Technik an der Havel im Südwesten des Parkes.
1960
Beginn der Rekonstruktionsarbeiten, die ab 1970 in verstärktem Maße durchgeführt werden.
1961
Durch die Sicherung der Staatsgrenze sind die nördlichen Parkpartien nicht mehr zugänglich.
1971
Beginn der Rekonstruktion des Pleasureground am Schloß.
1977
Aufstellung eines Gedenksteines für Fürst Hermann von Pückler-Muskau in der Nähe des Schlosses.

Zu den Bauten

Schloß

1826
Erste Entwürfe für einen Landsitz auf dem Babelsberg von Kronprinz Friedrich Wilhelm in Zusammenarbeit mit C. F. Schinkel.
1831
Entwurf eines Schlößchens auf dem Babelsberg in der Form eines normannischen Kastells von dem Architekten Friedrich Ludwig Persius (1803–1845).
1833
Entwurf für ein kleines Besitztum auf dem Babelsberg in der Form eines gotischen Cottage durch F. L. Persius in Anlehnung an einen Entwurf aus R. Luger, Architecturae Sketches for Cottages. . ., London 1815. Projekt C. F. Schinkels für ein Schloß auf dem Babelsberg im Stile englischer Neugotik.
1. 6. 1834
Grundsteinlegung für das Schloß
18. 10 1835
Einweihung des ersten Bauteiles.
1844–1849
Erweiterung des Schloßbaues durch die Architekten F. L. Persius, Johann Heinrich Strack (1806–1880) und Martin Gottgetreu (1813–1885).
1908
Nicht ausgeführtes Vergrößerungsprojekt von dem Architekten Albert Geyer (1846–1938) für die Erweiterung des Schlosses zu einem Sommersitz für den Kronprinzen Friedrich Wilhelm.
nach 1945–1954
Einrichtung der Zentralen Richterschule im Schloß und in der Schloßküche, aus der die spätere Akademie für Staats- und Rechtswissenschaft der DDR hervorging.
1954–1963
Überlassung des Schlosses an die Filmhochschule zur Einrichtung eines Internates.
ab 1963
Nutzung durch das Museum für Ur- und Frühgeschichte Potsdam.

Schloßküche

1859–1860
Nach Entwürfen von M. Gottgetreu an der früher durch Pückler bezeichneten Stelle errichtet.

Kleines Schloß

1833/34
Ehemaliges Gartenhaus auf dem Blumeschen Grundstück. – Umbau durch den Architekten Eduard Gebhardt, vermutlich nach Skizzen von F. L. Persius.
1841/42
Erneuter Umbau zur Wohnung für den Prinzen Friedrich Wilhelm, den späteren Kaiser Friedrich III.
1892
Nach Abriß des Kavalierhauses Herrichtung als Gästehaus.
1926–1958
Wohn- und Erholungsheim.
1959–1970
Nutzung als Gaststätte.
1980–1981
Umfassende Instandsetzung.
1981
Erneute Eröffnung einer Gaststätte.

Marstall

1834–1839
von E. Gebhardt erbaut.
um 1861
Umbau und Vergrößerung des Gebäudes in der heute noch bestehenden Form.

Matrosenhaus

1842
Nach Entwürfen von H. Strack als Wohnung für den Matrosen errichtet, der die zum Schloß gehörenden Boote bediente.

189 ►
Babelsberg. Die Siegessäule, 1866 auf einem Aussichtspunkt am Rande des Babelsberges errichtet

Maschinenhaus

1843–1845

durch M. Gottgetreu errichtet nach Entwürfen von F. L. Persius. Unterbringung der 40 PS starken Dampfmaschine zum Antrieb der Wasserpumpe. Von einem runden Wasserbecken auf der höchsten Erhebung des Babelsberges erfolgte die Versorgung der Flächen, Fontänen und künstlich angelegten Seen.

Am 25. Mai 1845 erstmaliges Anstellen der Fontänen mit der besonderen Sehenswürdigkeit eines sich bis 40 m aus der Havel erhebenden Springstrahls.

um 1865

Erweiterung des Maschinenhauses durch den Bau einer zusätzlichen Maschinenhalle und Anlage eines zweiten gleich großen Wasserbassins – Entstehung des Achterbeckens; durchschnittlicher Wasserbedarf pro Jahr 450 000 m^3.

Kutscherhaus

Ältestes Gebäude im Park, 1771 bereits vorhanden.

um 1850

bauliche Veränderung des Hauses mit Schrägstellung des Westgiebels und Verzierung mit hölzernem Schmuckwerk.

Pförtnerhaus

1843

Errichtung des Pförtnerhauses am Haupteingang zum Schloß nach Plänen von F. L. Persius in der Form eines normannischen Kastells.

1866

Bau der Pförtnerhäuser an den Eingängen Alt Nowawes und Mühlentor. Das Haus am Mühlentor durch Kriegsbeschädigung nach 1945 abgetragen.

1880

Aufbau des Hauses jenseits der Allee nach Glienicke am Eingang „Sternwarte".

Hofgärtnerei

1861

Grundsteinlegung für ein stattliches Hofgärtnerhaus.

1865

Abschluß der Baumaßnahmen an der Hofgärtnerei. Danach umschloß eine Mauer ein Gelände von 2,2 ha, auf dem sich das Hofgärtnerhaus, der Wirtschaftshof mit Ställen und Scheune, das Gärtnerhaus, acht Treibhäuser und die Lepèreschen Obsttreibmauern befanden.

1879–1881

Bau der beiden Lorbeerhäuser.

Kavalierhaus

Ehemaliges Wohnhaus in der Nähe der Havel auf dem 1840 erworbenen Reichertschen Grundstück. Diente zunächst als Wohnhaus für den Hofgärtner. Um 1860 Umbau als Kavalierhaus. 1892 abgerissen.

Havelhaus

Ursprünglich Wohnhaus für den Fährmann, der die Fähre zwischen Potsdam und Nowawes bediente.

1893

Zerstörung durch einen Brand und im gleichen Jahr Neuaufbau in der heutigen Form nach einem Entwurf des Architekten Reinhold Persius (1835–1912).

Flatowturm

1853–1856

Anstelle einer 1848 abgebrannten Holländischen Windmühle nach Entwürfen von H. Strack errichtet. Als Vorbild diente das Eschenheimer Tor in Frankfurt/Main. Die Zimmer der sechs Stockwerke waren mit Kunstgegenständen verschiedener Epochen ausgestattet.

Gerichtslaube

Offene gotische Halle aus Backstein. Nach Entwürfen von H. Strack 1871/72 auf der Lenné-Höhe errichtet unter Verwendung von Teilen der ehemaligen Gerichtslaube aus dem 13. und 15. Jahrhundert am alten Berliner Rathaus.

Borkenhäuschen

um 1856

aus Holz, Borke und Birkenzweigen als Teehäuschen auf einer kleinen Anhöhe am Rande des Babelsberges errichtet. Bis 1945 noch vorhanden.

Denkmalbauten

Erinnerungsdenkmal an den Badischen Feldzug 1849

Das Denkmal, errichtet auf einer Anhöhe hinter dem Schloß, erinnert an die Hilfe preußischer Truppen unter dem Befehl des Prinzen Wilhelm bei der Niederschlagung der Freiheitsbewegung 1849 in Baden. Die neogotische Architektur aus rotem Sandstein enthält eine Plastik des Bildhauers August Kiß (1802–1865), den drachentötenden Erzengel Michael darstellend.

Bildstöckel

Bildstock aus Sandstein, oben mit Laterne. Ursprünglicher Standort bei Bischweiler. Nach Beendigung des badischen Feldzuges unterhalb des Schlosses an der Havel errichtet, heute nicht mehr vorhanden.

Siegessäule

Auf einem Aussichtspunkt am Rande des Babelsberges 1866 errichtet. Granitsäule, Kapitell und Siegesgöttin von Christian Daniel Rauch (1777–1857). Am Granitsockel ursprünglich Nachbildungen der Kriegsgedenkmünzen aus den „Einigungskriegen" 1864, 1866 und 1870/71.

Gefertigt aus einem Teilstück, das bei der Sprengung des großen Markgrafensteines in den Rauener Bergen bei Fürstenwalde zur Anfertigung der großen Granitschale im Lustgarten in Berlin entstand.

Feldherrenbank

1882 aufgestellte halbrunde Steinbank unterhalb der Siegessäule. Auf dem Postament der Rückwand befanden sich die Bronzebüsten der Heerführer aus dem Kriege 1870/71.

Hofgärtner im Park Babelsberg

Heinrich Hamann

Anmerkungen S. 307 f.

Als Peter Joseph Lenné (1789–1866) im Frühjahr 1833 damit begann, den Babelsberg nach seinen Plänen zu gestalten, standen ihm noch keine Gärtner zur Seite, die sich das ganze Jahr über mit den Arbeiten in dieser neuen Parkanlage beschäftigen konnten. Die Verwirklichung seiner Absicht, für den Prinzen Wilhelm (1797–1888) einen Park anzulegen, in dem die Möglichkeiten der Gartenkunst voll ausgeschöpft werden sollten und den Park als eines der wichtigsten Glieder in die Verschönerung der Insel Potsdam einzubeziehen, mußte er zunächst ohne einen Hofgärtner durchführen.

Erst 1836 erfolgte die Anstellung von *Christoph Ferdinand Kindermann* als erster Hofgärtner für den Park Babelsberg. Als Sohn eines Kaufmanns wurde er am 6. 9. 1805 in Berlin geboren.[1] Über seine berufliche Entwicklung ist wenig bekannt geworden. Wir wissen nur, daß er vor seiner Berufung nach Babelsberg mehrere Jahre als Gehilfe am Königlichen Botanischen Garten in Berlin tätig gewesen ist.[2] Eine spezielle Ausbildung als Landschaftsgärtner war scheinbar nicht erfolgt.

Zur Zeit seiner Einstellung waren die Mittel aus der Privatschatulle des Prinzen für den Park Babelsberg schon recht rar geworden. Der von Lenné geplante Pleasureground in einem Tal seitlich des Schlosses konnte deshalb nicht mehr angelegt werden. Außer ein paar Neupflanzungen von Gehölzen bzw. der Ergänzung eingegangener Bäume und Sträucher wurden in den folgenden Jahren Neuanlagen kaum durchgeführt. Bei diesen Arbeiten war der Hofgärtner nicht besonders gefordert. Erst als Fürst Hermann von Pückler-Muskau (1785–1871) ab 1843 die Gestaltung des Babelsberges übernommen hatte und die Mittel nach der Thronbesteigung Friedrich Wilhelms IV. (1795–1861) durch die Ernennung des Prinzen Wilhelm zum Prinzen von Preußen reichlicher flossen, vervielfältigten sich seine bisher nur sparsamen Aufgaben.

Wie wichtig für Fürst Pückler die Zusammenarbeit mit einem Hofgärtner war, der seine Gestaltungsabsichten kannte, zeigt die Entsendung Kindermanns nach Muskau noch im Jahre 1843, um die Garten- und Landschaftsgestaltung in dem damals weit über die Grenzen Deutschlands berühmt gewordenen Park zu studieren. Pückler hatte es dabei selbst übernommen, dem Gast aus Babelsberg alles zu zeigen, was für seine Arbeit von Nutzen sein konnte.[3]

Der Aufenthalt reichte jedoch nicht aus, Kindermann in die Lage zu versetzen, Pücklers Ideen bei dessen Abwesenheit selbständig in die Wirklichkeit umzuwandeln. Dies kommt auch in einem Brief des Hofmarschalls, einem Vetter von Pückler, aus dem Jahre 1845 zum Ausdruck, worin es heißt: „Deine Bestimmungen sind übrigens außerordentlich nötig, wenn aus der Anlage etwas schönes werden soll, denn schon in diesem Augenblick wissen wir nicht aus noch ein.“[4]

Auch Pückler, der sich das hohe Ziel gesetzt hatte, eine Anlage zu schaffen, die alle anderen in Potsdam übertreffen sollte[5], befürchtete, diese große Verpflichtung mit dem Hofgärtner Kindermann nicht einhalten zu können und versuchte 1845, den am Hofe in Weimar beschäftigten Eduard Petzold (1815–1891) für den Babelsberg zu gewinnen. Dieser schreibt in seinen „Erinnerungen aus meinem Leben“: „Fürst Pückler hatte damals die Anlagen des Prinzen von Preußen bei Schloß Babelsberg angefangen. Er trug mir an, als Garten-Inspector in die Dienste des Prinzen zu treten, da er glaubte, daß ich auf seine Intentionen geschickter eingehen würde als der Hofgärtner des Prinzen, Kindermann, mit dem er nicht fertig werden konnte; der Letztere sollte unter mir stehen, ich sollte meine Bedingungen stellen, der Fürst wollte alles vermitteln. Hätte ich mich für diesen Wechsel entschließen können, so stand mir eine so glänzende Zukunft bevor, wie ich sie in Weimar niemals erlangen konnte …“[6] – Petzold blieb aber in Weimar und wurde ab 1852 in Muskau tätig.

In seiner intensivsten Schaffensperiode auf dem Babelsberg von 1844 bis 1849, in der die Anlage der Terrassen am

Schloß und des Pleasureground sowie die Gestaltung der Flächen in der näheren Schloßumgebung die Schwerpunkte bildeten, war Pückler weiter auf die Mitarbeit Kindermanns angewiesen. Dieser gab sich alle Mühe, um die an ihn gestellten Forderungen zu erfüllen, so daß Pückler an den Hofmarschall berichten konnte: „Mit Kindermann kann ich nur sehr zufrieden sein. Er ist voll Eifer und Geschick und nimmt Lehre an, wo er einsieht, daß sie frommt, was bei Groß und Klein eine höchst schätzenswerte Eigenschaft ist ... Kindermann hat während der paar Jahre der Anlage sich sehr vervollkommnet und seine Lokalitätskenntnis hinzugerechnet, möchte es jetzt sehr schwer werden, einen Besseren zu finden. Ich rate Dir daher, da er nur 350 Thaler hat, wovon er mit seiner starken Familie unmöglich leben kann, ihm 150 Thaler jährlich zuzulegen, damit er guten Muts bleibt".[7]

Diese Zulage war auch bitter notwendig, denn nach seiner Hochzeit im Jahre 1837 mit der Potsdamer Kaufmannstochter Juliane Luise Adolfine Zill[8] waren in der Hofgärtnerfamilie sechs Kinder geboren worden, drei Jungen und drei Mädchen.[9]

Trotz dieses Lobes aus solch berufenem Munde kam es bei längerer Abwesenheit Pücklers immer wieder zu Schwierigkeiten, da Kindermann die genauen Anleitungen für eine kontinuierliche Weiterarbeit fehlten.[10]

Seit etwa 1855 war Pückler auf dem Babelsberg kaum noch anwesend. Dennoch lag ihm die Vollendung der Anlage, die ihm mit Kindermann bisher nicht gelungen war, sehr am Herzen. Aus diesem Grunde erlaubte er sich 1861, dem im gleichen Jahr zum König gekrönten Prinzen Wilhelm den Hofgärtner Gustav Meyer (1816–1877) für seine Lieblingsschöpfung zu empfehlen.[11] Dieser hatte im Park von Sanssouci bereits Bedeutendes geleistet und war mit allen Fähigkeiten, die einen tüchtigen Hofgärtner auszeichnen, ausgerüstet.

Anscheinend wurde die Ausführung der Arbeiten durch Kindermann vom König anders eingeschätzt als durch Pückler, denn die Empfehlung blieb unbeachtet, und schon im folgenden Jahr erhielt der Hofgärtner für seine Verdienste während seiner fünfundzwanzigjährigen Tätigkeit den Roten Adlerorden vierter Klasse vom König verliehen.[12]

Viele Jahre waren Christoph Ferdinand Kindermann auf dem Babelsberg nicht mehr beschieden. Als er am 15. 9. 1865 starb[13], war in seiner Familie schon der Grundstein für die Fortsetzung der Arbeit gelegt. Das viertjüngste Kind, der Sohn *Otto Ferdinand Kindermann*, geboren am 31. Januar 1843 auf Schloß Babelsberg, hatte sich, als der Vater starb, beruflich soweit gebildet, daß er in der Lage war, die Arbeiten auf dem Babelsberg nahtlos weiterzuführen. Aufgewachsen in der ehemals nur bescheidenen Gärtnerei im Park unterhalb des Flatowturmes, die großzügig angelegte und leistungsfähige Hofgärtnerei war erst ab 1861 errichtet worden, absolvierte er seine Lehrzeit von 1859 bis 1860 bei der Firma Friedrich Adolph Haage jun. in Erfurt. Im Anschluß daran erfolgte der Besuch der Gärtnerlehranstalt am Wildpark bei Potsdam, wo er sich umfangreiche Kenntnisse über Gartenbau und Landschaftsgärtnerei aneignen konnte. Eine sich daran anschließende Reise, die ihn ein halbes Jahr durch Frankreich und Belgien führte, diente der Vertiefung seines gärtnerischen Wissens.[14] Nach der Rückkehr bereitete ein Aufenthalt in Branitz von April 1864 bis Januar 1865 Otto Ferdinand Kindermann darauf vor, die Gestaltung des Parkes Babelsberg im Sinne Pücklers fortsetzen zu können.

Gleich zu Beginn seiner Tätigkeit – von 1865 bis 1867 zunächst als königlicher Obergärtner und ab 1868 als Hofgärtner – mußte er sein ganzes Können unter Beweis stellen. Dabei ist zu berücksichtigen, daß der Babelsberg als Schatullgut nicht zur königlichen Gartenintendantur gehörte und von hier kaum eine Anleitung zu erwarten war. Da aber auch Pückler nicht mehr half, mußte Kindermann, teilweise in Abstimmung mit Wilhelm I., selbständig über die auszuführenden Arbeiten entscheiden.

Durch Zukauf verschiedener Flächen im Süden war das Gelände 1865 erheblich erweitert worden. Unter Kindermanns Leitung wurde die Ausführung der hier entstehenden neuen Anlagen nach eigenen Plänen gelöst. Auch Pückler konnte bei einem gelegentlichen Besuch seine volle Zustimmung zu diesen Arbeiten geben.[15] Durch das richtige Pflanzen und die sorgfältige Behandlung der vielen weithergebrachten großen Bäume und Sträucher entstand in kürzester Zeit ein Park, der nicht vermuten ließ, daß die Gehölze erst vor wenigen Jahren gepflanzt worden waren. Mit der Ausführung eines großen künstlichen Sees in diesem Parkteil war Kindermann ein Meisterwerk der Landschaftsgärtnerei gelungen.

1875 und 1881 waren erneut im Osten hinzugekaufte und gepachtete Flächen zu gestalten und an den Park anzugliedern. Außer mit der Neuanlage beschäftigte sich der Hofgärtner mit der Überarbeitung der alten Parkteile. Jedoch waren seine Befugnisse bezüglich der Wegnahme von Bäumen eingeschränkt. Anstatt durch Fällungen die malerischen Sichten auf Potsdam und in die Umgebung zu erhalten oder eine vielfältige Gruppierung der Baumgruppen zu erreichen, wurden aufwendige Schnittarbeiten an den Bäumen durchgeführt. Diese waren nur möglich, da Kindermann etwa fünfzig Gärtner, Gartenarbeiter, Handwerker und Tagelöhner zur Seite standen.

Außer den Arbeiten im Park mußte Kindermann auch andere Aufgaben erfüllen. So hatte er den noch immer nicht abgeschlossenen Zukauf von

Grundstücken in der Umgebung zu tätigen, um störende Anlagen in der Nähe des Parkes zu vermeiden.

Schon 1868 begannen die Bemühungen, Schloß und Park Babelsberg in einen selbständigen Gutsbezirk umzuwandeln. Aber erst 1883, nach langwierigen Auseinandersetzungen mit den Gemeinden Neuendorf und Klein Glienicke, erfolgte die Bestätigung durch den Kaiser. Im darauf folgenden Jahr wurde das Gut zum Amtsbezirk erhoben. Kindermann mußte neben seiner Anstellung als Hofgärtner nun auch die Funktion des Guts- und Amtsvorstehers wahrnehmen. Damit galt er gleichzeitig für die im Schloß und Park Wohnenden als oberster Standesbeamter, hatte die Polizeigewalt auszuüben, die Steuern einzuziehen, die lokale Statistik aufzustellen und sich bei der Aushebung von Soldaten zu beteiligen.[16]

Als Unverheirateter konnte sich Kindermann mit ganzer Kraft seinem Beruf widmen. Verschiedene Auszeichnungen, so unter anderem die Verleihung des Kronenordens dritter Klasse, des Ritterkreuzes erster Klasse vom Badischen Orden des Zähringer Löwen, des Ritterkreuzes des Österreichischen Franz-Joseph-Ordens und des Roten Adlerordens anläßlich seines fünfundzwanzigjährigen Hofgärtnerjubiläums 1893 waren Zeichen der Anerkennung seiner Leistung.[17]

Die Würdigung seiner Arbeit spiegelte sich auch in mehrfachen Gehaltszulagen wider. 1872 erfolgte die Festsetzung der Hofgärtnerbesoldung auf jährlich maximal 1000 Taler, wobei für Kindermann zunächst 900 Taler bewilligt wurden, die sich aber bald auf 1000 Taler erhöhten. Eine weitere Geldaufbesserung von 200 Talern im Jahre 1880, mit der die unterschiedliche Bezahlung gegenüber den anderen Hofgärtnern in Potsdam ausgeglichen werden sollte, begründete der Hofmarschall mit folgenden Worten: „Seinem Eifer, Fleiß und Geschick in seinem Amte kann ich nur ein unbedingtes Lob erteilen und sein großes Revier fordert eine ausdauernd angestrengte Tätigkeit." Mit der Bildung des Gutsbezirkes 1883 war nochmals eine Zulage von 500 Mark für die Vergütung des Mehraufwandes verbunden. Im Rahmen der Anerkennung seines Schaffens und gleichzeitig zur Vervollständigung seiner Bildung ist eine Reise zu werten, die ihn von Januar bis März 1879 nach Italien führte.[18]

Nach dem Tode des Kaisers 1888 hielt es Kindermann nur noch zehn Jahre auf dem Babelsberg. Sehr schmerzlich mußte es für ihn gewesen sein zu erfahren, wie schnell die Lieblingsschöpfung in Vergessenheit geriet. Um den Etat für den Gutsbezirk trotz erheblich gestiegener Preise zu halten, war die Baumpflege und Parkunterhaltung ganz besonders von den Einschränkungen betroffen. Als 1895 sogar der größte Teil der Orangerie nach Sanssouci kam und das Personal für die Pflege des Parkes um mehr als zwanzig Personen vermindert werden mußte[19], konnte er den langsamen Untergang seines Lebenswerkes nicht mehr länger ertragen. 1898 wurde seinem Gesuch auf vorzeitige Pensionierung stattgegeben. Er verließ Potsdam und zog nach Cottbus, wo sich seine weiteren Spuren verlieren.

Schon vor dem Weggang Kindermanns hatte Kaiser Wilhelm II. in Erwägung gezogen, dem Gärtner Max Hoppe (1853–1906) den Park Babelsberg zu übertragen. Auf Empfehlung der Kaiserin Victoria, für die Hoppe und H. Walter (1837–1898) in Kronberg den Park angelegt hatten, war er 1894 nach Potsdam berufen worden. Da er jedoch stark an Bronchialasthma litt, erhielt er nach einer Audienz bei der Kaiserin Auguste-Victoria die Stellung des Hofgärtners im Neuen Garten, wo er bis zu seinem Tode 1906 wirkte.[20]

Als neuer Hofgärtner und Amtsvorsteher für Babelsberg zog am 1. 10. 1898 *Kurt Nietner* in das große, geräumige Hofgärtnerhaus im Park. Geboren am 26. 5. 1859 zu Wildpark bei Potsdam als Sohn des berühmten Hofgärtners vom Neuen Garten Theodor Nietner (1823–1854) setzte er die Tradition der bereits seit 1740 als Gärtner im Dienst des preußischen Königs stehenden Familie fort, indem jeweils ein Sohn verpflichtet war, den Gärtnerberuf zu erlernen. So war auch Theodor Nietner bestrebt, seinem Sohn Kurt eine gediegene Gärtnerausbildung zu ermöglichen.

Seine Lehrzeit von 1878 bis 1879 absolvierte er im Parkrevier Charlottenhof von Sanssouci und war anschließend von 1879 bis 1881 Schüler der Gärtnerlehranstalt am Wildpark bei Potsdam. Mit dem Wissen dieser bedeutenden Schule ausgerüstet, ging Kurt Nietner für ein Jahr in Stellung an den Burggarten in Hannover. Von hier aus fand er für ein weiteres Jahr Anstellung in Gent als Gehilfe bei August van Geert. Ein Aufenthalt im Königlichen Botanischen Garten von Kew und anschließende Reisen durch England, Schottland und Süddeutschland beendeten seine Ausbildung.

Als Obergehilfe im Schloßpark Bellevue in Berlin übernahm Kurt Nietner 1884 seine erste offizielle Anstellung. Sicher auf Betreiben des Vaters kam er 1886 als königlicher Obergärtner in den Neuen Garten. Nach dem Ableben Theodor Nietners 1894 erhielt jedoch nicht der Sohn, sondern Max Hoppe die frei gewordene Hofgärtnerstelle. Erst durch den Weggang Otto Ferdinand Kindermanns erfolgte für Kurt Nietner 1898 die Ernennung zum Hofgärtner für den Babelsberg.

Er übernahm die Anlage zu einer Zeit, als jegliches Interesse für diesen großartigen Landschaftspark verloren gegangen war. Mit den noch verbliebenen Arbeitskräften und den beschränkten Mitteln versuchte er, durch Fällungsarbeiten im Winter das Bild des

Parkes zu erhalten. Vor allem ließ Nietner die sogenannten Perückenbäume entfernen, die im Laufe der Zeit durch den mehrfachen Rückschnitt entstanden waren, um ein Zuwachsen der Sichten zu verhindern.[21]

Die große Hofgärtnerei – und hier besonders die Rosen- und Pfirsichkultur – wurde sorgfältig betrieben, so daß regelmäßig Obst, Gemüse und Blumen in das Quartier des Kaisers geliefert werden konnten.

1908 waren für einen Erweiterungsbau am Schloß für den Kronprinzen bereits umfangreiche Planierungsarbeiten durchgeführt worden. Die Hoffnung, daß der Babelsberg dadurch wieder zu neuem Leben erweckt werden würde, erfüllte sich jedoch nicht, da der Bau nicht zur Ausführung gelangte.

Als sich 1918 die Situation durch die Abdankung des Kaisers geändert hatte – aus dem Hofgärtner war ein Garteninspektor geworden – und der Park als Volkspark jährlich mit Maifeiern, Jahrmärkten und anderen Veranstaltungen auf der großen Wiese in der Nähe des Eingangs von Nowawes genutzt wurde, konnte der sehr konservativ eingestellte Hofgärtner für diese neue Nutzung kein Verständnis aufbringen. Mit dem Eintritt in den Ruhestand am 1. 5. 1924 ist die Tätigkeit Kurt Nietners auf dem Babelsberg zu Ende. Nur noch wenige Jahre verblieben ihm, bis zu seinem Tode 1929.

War schon durch die Heirat des Vaters mit Berta Sello eine enge, familiäre Verbindung zur berühmten Hofgärtnerfamilie Sello geknüpft worden, so bestand durch die Hochzeit Kurt Nietners mit Katharina Fintelmann (1879–1973), einer Tochter des Hofgartendirektors Gustav Fintelmann (1846–1918), auch eine enge Beziehung zur Hofgärtnerfamilie Fintelmann. Aus der Ehe gingen ein Sohn und zwei Töchter hervor, von denen der Sohn Theodor die alte Tradition in der Familie Nietner fortsetzte und Gärtner wurde.

Nur eine kurze Zeit – von 1924 bis 1925 – verwaltete *Rudolph Timm* (1881–1957) – ebenfalls ein Schüler der Gärtnerlehranstalt am Wildpark und verdienstvoller Mitarbeiter bei Georg Potente in Sanssouci – das Amt des Garteninspektors in Babelsberg, bevor 1925 seine Berufung zum Direktor des Berliner Tiergartens erfolgte.

Nach Rudolph Timm übernahm *Carl Friedrich Gerischer* 1925 als Gartenoberinspektor die Leitung des Parkes. Von dem Gute Augustwalde in der Neumark stammend, wo er am 22. 10. 1873 geboren wurde, absolvierte er 1892 bis 1894 seine Lehre als Gärtner im Schloßpark zu Charlottenburg. Nach seinem Dienst als Einjähriger Freiwilliger folgte von 1896 bis 1898 der Besuch der Gärtnerlehranstalt am Wildpark. Erste Anstellungen als Gartentechniker bei der städtischen Gartenverwaltung Berlin und im Königlichen Botanischen Garten in Berlin-Dahlem dienten der Festigung seiner Ausbildung. Hieran schloß sich 1903 eine dreimonatige Studienreise nach England an. Nach seiner Rückkehr entstanden in einer kurzen Zeit, in der er als selbständiger Landschaftsarchitekt tätig war, der Entwurf und die Anlage eines Stadtgartens in Luckenwalde. Danach betraute ihn die königliche Gartenintendantur mit der Anlage des Schloßhofes in Schwedt und mit Veränderungen im dortigen Schloßpark.

Gerischers eigentliche Laufbahn begann jedoch erst 1904 mit der Einstellung als Obergärtner im Neuen Garten. Mit der sich bald daran anschließenden Beförderung zum königlichen Obergärtner folgte seine Versetzung nach Sanssouci, wo er Leiter des Parkreviers außerhalb von Sanssouci und des Chausseebaureviers wurde. Nebenamtlich hatte er noch die gartentechnische Oberaufsicht über die zum königlichen Wasserbauamt Potsdam gehörenden Gartenanlagen und Baumpflanzungen. Weiterhin gehörten auch die Umgestaltung und Erweiterung des Gartens der Villa Ingenheim in Potsdam für den Prinzen Eitel Friedrich zu seiner Aufgabe.

Noch während des ersten Weltkrieges erhielt Gerischer 1916 seine Beförderung zum Hofgärtner. Nach dem Krieg wurde ihm 1919 der Park Bellevue in Berlin übertragen, den er noch zwei Jahre nach seiner Versetzung nach Babelsberg 1925 weiter betreute.

Geschult durch den um die Rekonstruktion im Park Sanssouci so verdienten Georg Potente und ausgerüstet mit einer umfangreichen Berufserfahrung brachte Gerischer die besten Voraussetzungen mit, um durch die Auflockerung der Gehölzmassen, Freistellung von Einzelbäumen und die Öffnung von zugewachsenen Sichtbeziehungen den bereits in vielen Teilen verlorengegangenen Parkcharakter des Babelsberges wieder herzustellen.

Die unter seiner Leitung vorgenommene, abschnittsweise Durcharbeitung des Parkes bezog sich vor allem auf solche Schwerpunkte wie die Gegend um den Flatowturm mit den davor liegenden Flächen und die Ufer- und Hangpartien entlang der Havel mit Matrosenhaus, Gerichtslaube und Kleinem Schloß bis hin zum Schloß selbst. Gerischer kommt auch das Verdienst zu, die berühmte Rasenfläche vor dem Schloß, auf der die von Pückler gepflanzten Solitärbäume die Hauptakzente bildeten, wieder zur vollen Wirkung gebracht zu haben.[22]

Anläßlich seines hundertjährigen Bestehens 1933 hatte der Park Babelsberg eine gewisse Aufwertung erfahren. Die Zahl der Beschäftigten war 1927 auf 28 Personen angestiegen.[23] In der Gärtnerei erfolgte die Anzucht der Blumen für eine teilweise dreimalige Bepflanzung der zahlreichen Beete, im Frühjahr mit Stiefmütterchen, im Sommer mit zahlreichen Sommerblumen und im Herbst mit Chrysanthemen.

Nach dreizehn Jahren rastlosen Schaffens trat Gerischer am 1. November

1938 in den Ruhestand. Am 27. 7. 1943 fand sein Leben in Potsdam ein Ende. Erst mit zweiundfünfzig Jahren den Babelsberg übernehmend, hatte seine Zeit nicht ausgereicht, das ganze Parkgelände durchzuarbeiten, so daß verschiedene Teile sich weiter selbst überlassen blieben.

Zur Fortsetzung der Arbeit von Carl Friedrich Gerischer wurde 1938 unter Beförderung zum Gartenoberinspektor der mit vielseitigen beruflichen Fähigkeiten und praktischen Kenntnissen ausgerüstete *Josef Seidelmann* berufen.

Als Sohn eines Landwirts wurde er am 28. 4. 1890 in Rengersdorf/Schlesien geboren. Nach der Gärtnerlehre kam er von 1907 bis 1908 als Volontär in die Gartenintendantur von Potsdam-Sanssouci. Von hier aus erfolgte der Besuch der Gärtnerlehranstalt in Proskau. Während des sich anschließenden Militärdienstes war Seidelmann als Gartentechniker bei der deutschen Gesandtschaft in Konstantinopel eingesetzt.

Seine erste offizielle Anstellung danach erfolgte in der Hofgärtnerei von Wilhelmshöhe als erster Gehilfe. Nach der Teilnahme am ersten Weltkrieg nahm er seine Tätigkeit in Wilhelmshöhe wieder auf, zunächst als Obergärtner und ab 1922 als Obergartenmeister und technischer Leiter der gesamten Parkanlagen.

Eine große Umstellung für Seidelmann muß 1938 die Versetzung nach Potsdam bedeutet haben, wo er neben dem Babelsberg auch die Leitung der Pfaueninsel und die Anlagen am Jagdschloß Stern übertragen bekam. Ihm war die kaum lösbare Aufgabe zugefallen, in den Jahren des zweiten Weltkrieges diese Kleinode der Gartenkunst zu bewahren.

1945 war der Leiter des Terrassenreviers von Sanssouci Paul Kache (1882–1945) freiwillig aus dem Leben geschieden. Damit waren die umfangreichen [illegible]stände in der zu diesem Revier gehörenden großen Parkgärtnerei unterhalb der Jubiläumsterrasse herrenlos geworden. Da Josef Seidelmann die beste fachliche Voraussetzung für die Leitung dieses Reviers besaß, erfolgte im Frühjahr 1945 seine Umsetzung von Babelsberg nach Sanssouci.

Nach Beendigung des Krieges erhielt Seidelmann den Auftrag, für die Akademie der Wissenschaften der UdSSR eine Botanische Abteilung einzurichten, der er bis zu ihrer Auflösung 1950 als Betriebsleiter angehörte.

Nach dieser Zeit begann für Seidelmann eine neue erfolgreiche Tätigkeit als technischer Leiter beim Aufbau des Botanischen Gartens der Pädagogischen Hochschule „Karl Liebknecht“ in der ehemaligen Parkgärtnerei. Durch seinen Tod am 25. 9. 1956 konnte er jedoch die Vollendung seines letzten Werkes nicht mehr erleben.[24]

Nach 1945 hatte der Park Babelsberg einen Zustand erreicht, der fast zur Aufgabe dieses Kunstwerkes geführt hätte. Die Nutzung verschiedener Parkflächen durch fremde Einrichtungen, die Durchführung von Massenveranstaltungen und die Lage des Parkes direkt an der Staatsgrenze verschlechterten zusätzlich die Situation. Auch der Entwurf zu einem Kulturpark Babelsberg aus dem Jahre 1957, der Einbauten verschiedener Art, unter anderem eine Feststraße mit Großplastiken und eine Freilichtbühne vorsah, hätte in der Ausführung eine Zerstörung des Parkes bedeutet.

Hochqualifizierte Leiter für den Park wie bis 1945 standen nicht mehr zur Verfügung. So lagen die Aufgaben von 1946 bis 1947 in den Händen des von der Pfaueninsel gekommenen Gärtners *Walter Rohde* (1893–1947). In der Fortsetzung übernahm der Gärtner *Hermann Schwanitz* (1892–1958), der bereits seit 1913 in Sanssouci tätig war, von 1947 bis 1958 die Leitung des Bereiches.[25]

Um die staatlichen Auflagen zur Bereitstellung von Obst- und Gemüse für die Bevölkerung erfüllen zu können, war der größte Teil der Arbeitskräfte in der Gärtnerei eingesetzt. Am Baumbestand im Park wurden durch eine fehlende fachliche Anleitung kaum Pflegemaßnahmen durchgeführt. Baumfällungen erfolgten nur zur Deckung des eigenen Bedarfes an Brennholz.

Auch nachdem 1958 der Gartenmeister *Herbert Illmer* (1906–1980) den Babelsberg übernommen hatte, war der Schwerpunkt der Arbeiten zunächst noch auf die Betreibung der Gärtnerei gerichtet. Erst durch die Ernennung von Dr. Harri Günther zum Gartendirektor der Staatlichen Schlösser und Gärten Potsdam-Sanssouci 1959 (von 1945 bis 1959 war diese Stelle unbesetzt) wurde die Bedeutung des Babelsberger Parkes wieder erkannt und erste Schritte zur Erhaltung der Anlage unter seiner Anleitung durch den Gartenmeister Illmer eingeleitet.

Begonnen wurden diese Arbeiten 1960 mit der Wiederherstellung des berühmten Bowlinggreens vor dem Schloß und der Pflanzung einer Plantane aus dem Parterre des Neuen Palais anstelle der bereits um 1955 gefällten, einst von Pückler gepflanzten, riesigen Pappel in der Nähe des Schlosses.

Beispielgebende Rekonstruktionsarbeiten in größerem Umfang begannen 1966 mit der Aufnahme der Arbeit des Gartenbauingenieurs *Jürgen Tolks* und in der Weiterführung dieser Tätigkeit durch den Gartenbauingenieur *Karl Eisbein* ab 1970. Er übernahm auch nach dem Wechsel von Herbert Illmer in den Ruhestand ab 1972 die Leitung des Bereiches Babelsberg.

Ohne daß aussagekräftige Parkpläne für die Wiederherstellung vorhanden waren, erfolgte ein vorsichtiges Herantasten bei der Beseitigung des nicht in jedem Fall leicht zu erkennenden Wildwuchses im Rahmen mehrfacher, umfangreicher Plenterungsarbeiten in den einzelnen Parkteilen. Damit war es auch möglich, den Baumbestand, der den einstigen Park bildete, teilweise wieder zur Wirkung zu bringen und vollständig zugewachsene Sichten, wie zum Beispiel zwischen dem Schloß und dem Flatowturm sowie von der Siegessäule zum Belvedere auf dem Pfingstberg zu öffnen. Ein reicher Schatz an Erkenntnissen über die Art der Gestaltung durch Pückler konnte im Verlauf der Zeit gesammelt werden. Der Blumengarten am Schloß erfuhr seine Wiederherstellung. Der erneute Einzug der Blumen in den Park 1972, angezogen in der Gärtnerei von Sanssouci, steigert seit dieser Zeit wieder den Reiz mancher Parkpartie.

Trotz der umfangreichen Arbeiten in den vergangenen Jahren sind auch in Zukunft alle Anstrengungen der verantwortlichen Gärtner erforderlich, um den eingeschlagenen Weg mit dem Ziel der Wiederherstellung des Parkes Babelsberg bis zu Ende gehen zu können.

Chronologische Fakten zum Branitzer Park

Helmut Rippl

Anmerkungen S. 308

1696

Reichsgraf August Sylvius v. Pückler erwirbt den Besitz Branitz auf einer Versteigerung.[1]

1772

Bau des Schlosses; unbekannter Architekt. Es befand sich eine ganz kleine Parkanlage in unmittelbarer Umgebung des Schlosses. Schloß und Gutshof eine Einheit als Geviert. Etwa 200 Linden nach Angabe Pücklers im Park!

1819/20

Betreiben des Verkaufs des Majorats Branitz; scheiterte an den Verpflichtungen Pücklers gegenüber der Verwandschaft. Das Mobiliar wurde verkauft.

1824

Plan vom gesamten Terrain (des Gutsbesitzes).

23. 5. 1830

Aufführung Carl M. v. Webers „Preciosa" in der Naturbühne des Parkes.

1843

Plan von der Situation vor Beginn der Parkarbeiten sog. Urpark, mit No I von Sr. Durchlaucht bezeichnet.[2]

1845

Lucie v. Pückler nach Branitz übersiedelt.

6. 5. 1846

Pückler erstmals in Branitz nach dem Verkauf Muskaus; findet auch wieder einiges Selbstinteresse an den dortigen Anlagen. Alte Linden vor dem Schloß geschlagen, bis auf einzelne (H. Jäger).

28. 3. 1846

Bestellung eines Postens Pleasureground-Gehölze bei J. H. Rehder in Muskau.[3]

1846

Gehölzangebot von der Gräflich Lynarischen Baumschule in Lübbenau.

Nov. 1846–1847

Im Garten von Branitz tätig.
Muskauer Parkarbeiter anfangs in Branitz beschäftigt.

1. 4. 1847

Gottfried Semper in Branitz.

Herbst 1847 bis Frühjahr 1848

Mit großer Energie für die Anlagen in Branitz gearbeitet.

1847/49

Vom Marstall und Kavalierhaus je 1 Drittel abgebrochen und gotische Giebel angebaut, beide Gebäude mit einer Mauer verbunden (italienische Mauer), mit gotischen Verzierungen, davor eine zum Stil passende Veranda, welche Mauern verdeckt (Pergola).
Das Schloß wurde durch Schütten einer Terrasse auf eine größere Basis gehoben und dadurch lagerhafter.

1847

Bau des neuen Ökonomiehofes. Angestellte Gartenmeister: Walek, Petschk, Leidow. Es wurden Honorare gezahlt an die Architekten: Semper, Baurath Knoblauch, Bau-Inspektor Fritsch, Hohlfeld.

1848

Plan No. II so von sr. Durchlaucht bezeichnet, angefertigt (Plan im Archiv des Museums Schloß Branitz).
Pergola eingetragen. Teiche in ihrer heutigen Form.

5. 11. 1849

Es wird zur Geburtstagsnachfeier (31. Okt.) ein Fest für die Parkarbeiter gegeben und Bauernmädchen werden eingeladen.

1849

Bei Freiherr Carl v. Hügel in Wien umfangreiches Pflanzensortiment bestellt! Pückler in Salzburg. Dort Auftragserteilung zu einer Kopie der gotischen „Großen Goldenen Stube" auf der Feste Hohensalzburg. Pergola hergestellt, Torhausgitter aufgestellt, Parkgrenzgräben ausgeworfen, Terrassenmauer gebaut.
Große Bäume außerhalb des Parkes gewässert! Steine und Schutt weggefahren (vermutlich Abriß der Häuser südlich des Schlosses). Gärtnerei und Gewächshaus an neuer Stelle angelegt, Baumschule und Kompostlager geschaffen.
2 Löwen vor der Gärtnerei aufgestellt.[4]
Ausschachtungen: Berg-, Weiden-, Schloß-, Park-, Oberer Schloßsee.

1850

„Den zu kleinen Park seitdem noch einmal so groß gemacht", vermutlich zwischen 1848 und 1849 die Idee gefaßt. Bis 1850 wurden 400 große Bäume gepflanzt, 20% davon eingegangen, mußten ersetzt werden.

Wegebau an der Schmiede, Gebäude mit Turmspitzen versehen.
Fortsetzung der Ausschachtungen: See am Küchengarten (Blumensee), Mondsee (oberer Schloßsee auch Schwarzer See genannt), Schloßsee, Schilfsee.
Architekt Tilz aus Berlin und Bildhauer Kunat für Branitz tätig.
Birken am Cottbuser Weg gepflanzt, Parkwiese umgegraben.
Karte von Branitz angefertigt, Nivellement des Parkes.
Sehr viele Zaunfelder umgesetzt (Parkerweiterung).
Alleebäume gekauft.
Hochwasserflut durch die Grenzgräben vom Park abgehalten.

1851

3. Englandreise Pücklers nach London zur ersten Weltausstellung.

1852

Schloßumbau abgeschlossen, Pückler und seine Frau nehmen ihren ständigen Wohnsitz in Branitz.

1853

Plan vom allem Anschein nach fertiggestellten Park mit einer Größe von 38 ha, das Schloß mittig gelegen, lith. von W. Reich.

1854

Plan vom Erweiterungsteil (ohne Verfasser, in minutiöser Darstellung; Erweiterung des Parkes um 50 ha; Pücklers Frau gestorben, beigesetzt auf dem Branitzer Dorffriedhof.

1854/55

2 Jahre auf Reisen, u. a. in Koblenz und Paris.

1855/56

Bau des Tumulus inmitten eines Sees. Dieser war damals über die Kronen der Bäume hinweg vom Schloß aus zu sehen. Nach H. Jäger nur 12 Wochen Bauzeit, mit Gefangenen der Cottbuser Haftanstalt errichtet.

1855

Schankbetrieb der alten Schenke eingestellt, 1857 abgerissen.

1856

Arbeiten am Fahnensee (sicherlich Pyramidensee), dort Rasen gestochen. Größere Arbeiten am Kavalierhaus.

1857

Große Dürre.

1857/58

Weiden- und Entensee sowie der Kanal vom Schwarzen See vertieft. Bauer Reinschke verkauft sein Grundstück am südlichen Parkeingang.

1858

Plan von 1858, gez. von Kuhlmann.

1859

H. Jäger: Park noch recht klein, unfertiger Anblick, aber sehr gutes Baumwachstum, Bäume wirken älter als 50 Jahre.
Nach L. Löffler:[5] Arbeiten am Pyramidensee.

1860

Bibliothek im Schloß fertig ausgestattet, Von einem Berliner Glasmaler Müller farbige Fenster nach alten Mustern anfertigen lassen, Hofbaurat v. Arnim beauftragt mit dem Umbau eines Wohnzimmers in einen Frühstückssalon, dekoriert als Pendant des Speisesaals; Farbangaben gemacht. Große Baupläne: 2 neue Flügel, Gewächshaus, Turm und Verbindung über eine offene Galerie am Schloß; Kleiner ägyptischer Tempel am Pyramidensee; Veränderung des Gärtnerhauses; Umwandlung des Jägerhofes; Abriß der alten Gebäude (an der ital. Mauer ehem. Scheunen).

1861

Insel im Schilfsee mit Pappel erhielt eine Rundbank (Bideault, ein Sekretär Pücklers).

Ab August wieder im Park tätig.
Obergärtner H. W. Freschke, Untergärtner Teltzrow.

1862

Baubeginn an der Landpyramide, nach Pückler 1862 fertiggestellt. (Quellen: Trinius 1887, Potente 1906).

1863

Bau der Landpyramide (Stufenpyramide).
Der mühsam herangebildete Obergärtner verläßt Branitz.
Anlagen im Park mit Vehemenz betrieben, um sie noch zu beenden.

1864

Eisenbahnbauprojekt gefährdet den Park. Ein Machtspruch König Wilhelms I. v. Preußen führt zu veränderter Trassierung.
Königin Augusta v. Preußen besucht Branitz. Nach ihr wird ein Pavillon am Schwarzen See „Augusta-Laube“ genannt und die Schmiedewiesen „Augusta-Wiesen“.
Mit 70 Gefangenen im August, mit 130 im November im Park gearbeitet (Erdarbeiten).

1866

Unwetterjahr, 500 Bäume entwurzelt oder gebrochen, die Hälfte der fertigen Anlagen vernichtet.

1867

Mit 60 Arbeitern im Park tätig. Erneuerung mehrerer Wiesen.

1868/69

Viele Vermessungsarbeiten von Bruno Teichler (Gartenkünstler Schloß Zbiron) ausgeführt, darunter Vermessung des Gutes Branitz und Anfertigung dreier Pläne in verschiedenen Maßstäben.

1868

Die große Seepartie und den Hermannsberg begonnen, Georg Bleyer als Obergärtner eingestellt.

1869/70

Nur wenige Angaben im Park durch Pückler wegen Krankheit möglich.

1871

4. Februar Tod Pücklers, beerdigt im Tumulus, Graf Heinrich v. Pückler wird Erbe des Dominiums Branitz.

1871/76

Ausholzungsarbeiten in allen Pflanzungen und Öffnung geschaffen zwischen Hainteil und Mittelwiese (zur Vereinigung des Erweiterungsteiles mit dem Hauptpark).

1872

Dürrejahr, Spree stellenweise beinahe ausgetrocknet, Kanäle und Seen leer.

„Am Cottbuser Auffahrtsweg gearbeitet mit parallel geführtem Fußweg, wie vom Grafen befohlen."
Fußwegeführung durch Bleyer abgesteckt, „so wie er am besten aussieht".

1873

Dürrejahr, Erdarbeiten im Park.

1874

Wieder Trockenjahr, 6. Sept. schon braunes Laub, Pflanzarbeiten am Gewächshaus.

1875

Pflanzungen an dem Fasaneriegebäude, hinter dem Cottbuser Torhaus und auf dem Hainteil. Morsche Holzbrücke über den Schwarzen See abgerissen (nicht wieder aufgebaut).

1876

Durchhaue am Kugelberg und Poetenhügel.
„Hier muß noch mehr geschlagen werden, um Durchblick auf das Feld beim Tumulus zu bekommen." (Bleyer)
Die Ökonomie verpachtet.
„Partie am Mittelweg zum Hainteil gut gelungen".
Pflanzungen am Töpferberg (außerhalb des Parkes), Verleumdung des Branitzer Parkes in mehreren deutschen Zeitungen. Es wurde Wald an der Chaussee geschlagen, große Pflanzungen am Tumulussee fertiggestellt, Pflanzungen südlich des Hermannsberges vollendet.

Aug. 1876

Wieder verbrannte Wiesenflächen auf den höher gelegenen Teilen und dürre Ahorn, Birken, Linden, Ebereschen, Pappeln (Neupflzg. Bleyer's). Tannen am Hermannsberg gepflanzt.
Die abgetriebenen Flächen, vor allem an der Vorparkseite haben gut durchgetrieben!

190
Branitz. Partie südwestlich des Schilfsees
mit einer den Raum beherrschenden Graupappel

Lupinen-Ansaat auf dem Hermannsberg.
Rodearbeiten an der Durchschlagfläche beendet, dort 2 neue Bäume gepflanzt.
Auf Mond- und Mittelwiese Eichen gerodet, um die Durchsicht zu gewähren.

1877

Große Linde vom Uhrenplatz an die Aushauung am Hainteil gepflanzt (150 Zentner). Es wurde eine große Brücke geplant, ohne Angabe des Standortes.
„Die Kugelbrücke mit Eisengeländer fertiggestellt.“ (heute Grüne Brükke?)
„Der Durchhau hinter dem heiligen Berg ist voll gelungen und Große Linde, amerikanische Eiche (Quereus rubra) und sich anlehnende kleine Pflanzung am Hügel sind richtig am Platze.“ (Bleyer)
Der Hainteil wurde 15 cm mit Lehm und Kompost zur Bodenverbesserung überzogen, um den Rasen gut werden zu lassen.

1879

Kiefern auf der Kuppe des Hermannsberges gepflanzt. An verschiedenen Stellen des Parkes Weymouthskiefern und Fichten gepflanzt, z. B. auf Mittelwiese 4 Weymouthskiefern vor die Pflanzung beim Tumulussee, Fichtenpflanzung am Steinbankhügel.

1880

In den neuen Anlagen (Westpark) sowie im Blumengarten viel gepflanzt.

3. 8. 1880

Großer Festaufzug im Park mit 3000 Menschen.
Büste Hardenbergs per Fracht abgesandt (vermutlich zur Restaurierung).
Abriß der morschen Mauer (italienische Mauer).
Wegebauarbeiten mit Gefangenen.
Chaussierung des Weges vom Schießstand bis zum Hermannsberg.
Pergola-Verlängerung am 11. 10. 1880 fertig, eisernes Gitter als Abschluß zur Schmiedewiese aufgestellt.

8. 8. 1881

Großer Hagelschaden.

1884

In der neuen Anlage am Berge (?) gepflanzt und diese mit Eichen, Buchen besetzt, ferner Schwarzdorn und Rosen gepflanzt.
Amerikanische Eichen auf dem Buchenhügel aus der Baumuniversität gepflanzt (große Bäume).
Gebeine von Pücklers Frau vom Dorffriedhof in den Tumulus umgebettet.

1885

Dürrejahr.

1887

Die Linden vor der Pergola abgestorben.
An allen Parkgebäuden Reparaturen durchgeführt, u. a. Renovierung des Giebels am Kavalierhaus (Uhrengiebel?).

1888

Torhaus am Dorf Branitz gebaut.
Vermessung des Parkes durch den Geometer Büttner.
„Parkplan 1888“ (dies ist vermutlich der Plan Nr. 6 der Parkplanaufstellung M. Hofmann's aus Berlin; betr. Druck eines Kartenwerkes über die Entstehungsgeschichte des Parkes, 1892). Mit diesem Plan wird allem Anschein nach der Abschluß der Ausbauarbeiten im Park fixiert.
Der Auffahrtsweg in der neuen Anlage (Bleyerparkteil) wird gebaut.
Fußweg im ehem. Hardenberggarten zur Brücke gebaut.
Fahrweg über die Schloßwiese gebaut.
Hoffotograf Metzner im Park.
Hofgärtner Hoffmann besucht Branitz.

1888/89

Arbeiten am See (?), Abgrabungen und Weg am Wasser (vermutlich gegenüber den Inseln am Pyramidensee).
Strenger Winter.
Markgrafen-Insel von Graf H. v. Pückler erworben.

1890

Sturmschäden; alte kanadische Pappel am Uhrenplatz (Kavalierhaus-Westgiebel) war völlig morsch. Dadurch wurde Blick frei zu dem Erlenwald am Dorf Branitz.
Akazie am Ökonomietor umgebrochen.
Erneuerung der Terrassenmauern.

1892

Geplanter Druck eines Planwerkes über die Entstehungsgeschichte des Parkes.

1893

Preußischer Staat schaltet sich in denkmalpflegerischer Hinsicht ein.

13. 7. 1896

Besuch deutscher Gartenkünstler im Park (Deutsche Dendrologische Gesellschaft).

1897

Gefangene für Uferschutzbauten (Spree) eingesetzt.

1915

Georg Bleyer scheidet als Gartendirektor in Branitz aus.

1915/etwa 1934

Gräflicher Förster Diedler für den Park zuständig.

1934

Einsetzung eines staatl. Verwalters für die Herrschaft Branitz. Der Park wird in ca. 60 ha Cottbuser und 30 ha Branitzer Territorium geteilt.
Für den Cottbuser Teil zahlt die Stadt 10 TM/Jahr Pflegekosten.

1945

Enteignung des Feudalbesitzes.

1948

Die 30 ha Pücklerschen Familienbesitzes werden als Bodenreformland parzelliert und dem Landkreis übergeben; Landrat Saischowa.

1946/52

Gustav Hermann Leiter von Schloßmuseum und Park.

26. 6. 1952

Park unter Denkmalschutz gestellt, Schloßteich entschlammt.

1946/54

Mehrere Bäume der Schmiedewiesen (Bodenreformland) und an der Parkschmiede zur Holzgewinnung gefällt.

1954
Fachbetreuer: Hermann Schüttauf.
1956
Gartenmeister Richard Schinn Leiter der neuen Parkverwaltung.
1956/70
Beseitigung jahrzehntelang aufgekommenen Wildwuchses und Erneuerung der Holzbrücken, der Pergola, Plenterungen zwischen Pyramidensee und Straße am Tierpark.
1964
Ansaat der Ackerflächen im Bleyerparkteil zur Wiesennutzung.
1966
Vermessung des Parkes.
1970
Siegfried Heymann Leiter der Parkverwaltung;
Fachbetreuer: Helmut Rippl.
1971
Festakt zum 125jährigen Bestehen des Branitzer Parkes im Schloßmuseum.
1971/73
Rodung des Wildwuchses östlich der Pergola und Neupflanzung von Blütengehölzen sowie Linden und Silberahorn.
1972/73
Plenterungen am Rosenhügel, Koniferenpflanzung am Mittelweg (Hainteil), an Schlangenseebrücke, am Gärtnerhaus.
1973/74
Plenterung im Hainteil als Vorbereitung für die Rekonstruktion im Sinne des letzten Pückler-Planes 1868.
Strauchpflanzungen westlich der Schloßbrücke und am Blumensee zur Gärtnerei zu.
1974
Herstellung des Baumartenplanes.
1974
Durch eine Stadtgrenzen-Veränderung wird der Schmiedewiesenteil einschl. Gärtnerei zur Stadt Cottbus geschlagen. Der notwendige Rechtsträgerwechsel unterbleibt.
1975
150 fm Holz in den Randbereichen des Parkes eingeschlagen durch Fremdbetrieb.
12 Parkleuchten vom Cottbuser Torhaus zum Schloß und zum Dorf Branitz gesetzt.
Durchführung einer forstlichen Standortkartierung.
1975/76
120 fm Holz eingeschlagen.
1978
Erneuerung der Fahrbrücke über den Schloßteich-Auslauf zum Dissenchener Landgraben im Rohzustand.
Einbau eines Staues.
1979
ca. 90 fm Holz durch Fremdbetrieb eingeschlagen.
1979/80
Entschlammung aller Teiche und Fließe außer dem bereits 1976 geräumten Schlangensee-Ostteil.
1978/82
Rekonstruktion des Schlosses, Neubau der Terrasse von Grund auf mit neuen Mauern und Verfüllung. Anlage eines Luftschlitzes am Kellermauerwerk.
Ab 1980
Anne Schäfer wird als Landschaftsarchitektin für den Park tätig. Beginn der Rekonstruktion des Pleasureground.
1980/81
Plenterungen nordwestlich des Schloßsees.
1981/82
Ausformung der Randpflanzungen um den Schilfsee.
Befliegung des Parkes zur Gewinnung von Infrarotfalschfarbenfotografien des Baumbestandes als Vorbereitung zur Einleitung von Schutz- und Pflegemaßnahmen mit Beginn der Grundwasserabsenkung durch den Braunkohlenbergbau, die 1987 die Schmiedewiesen erreichen soll.
1983/84
320 fm Holzeinschlag im westlichen Parkteil durch Fremdbetrieb.
1985
Fertigstellung der Rosenlaube mit der Büste Henriette Sontag im Pleasureground.
1984/85
Ausbau und Erweiterung des Grabensystems zur Einspeisung von Spreewasser in die Parkgewässer.

Branitzer Gärtner

Anne Schäfer

Wenzeslaus Walek war vom 1. 3. 1841 bis 1. 3. 1850 Gärtner bei Pückler-Muskau. Zunächst in Muskau tätig, wirkte er ab März 1846 bis zu seinem Weggang 1850 beim Aufbau des Branitzer Parkes mit. Er erhielt ein monatliches Gehalt von 20 Reichstalern. Geburts- und Sterbedaten konnten nicht ermittelt werden.

Otto Terscheck war von April 1850 bis November 1851 als Obergärtner mit einem Gehalt von 20 Reichstalern eingestellt. Er stammte wahrscheinlich aus der Dresdner Hofgärtnerfamilie Terscheck und war z.Zt. seiner Tätigkeit in Branitz etwa 45 Jahre alt. Genauere Angaben zur Person sind nicht bekannt.

Erdmann Heinrich Wilhelm Freschke wurde am 29. 11. 1826 in Lübbenau geboren. Sein Vater war der Hochgräflich zu Lynarsche Zier- und Kunstgärtner Johann Erdmann Freschke. Wilhelm Freschke besuchte von 1842 bis 1846 die Gärtnerlehranstalt Wildpark. Am 1. 4. 1847 trat er als einjähriger Freiwilliger beim Königlichen 2. Garderegiment ein. Von Juli 1852 bis Oktober 1863 war er Obergärtner in Branitz mit einem Monatsgehalt von 18 Reichstalern, 22 Silbergroschen und sechs Pfennigen. Außerdem erhielt er Kost in Höhe von 6,20 Reichstalern monatlich. Ab November 1863 nahm er die Stelle des Oberschloßgärtners beim Grafen Lynar in Lübbenau ein. Dort starb er am 25. 4. 1896.

Karl Teltzrow wurde etwa 1837 geboren. Er kam 1860 von Berlin nach Branitz auf die Stelle des Blumengärtners mit einem Gehalt von 15 Reichstalern im Monat. Im Oktober 1863 wurde er zum Obergärtner ernannt. Anfangs erhielt er monatlich 15 Reichstaler und Kostgeld, später 21,20 Reichstaler. Teltzrow verstarb im Alter von etwa 31 Jahren am 26. 5. 1868 und wurde in Sandow beerdigt.

Georg Christoph Bleyer wurde am 9. 6. 1837 als Sohn des Hof-Bohners Wilhelm Ludwig Bleyer in Hannover geboren. Von 29. 4. 1851 bis 1. 4. 1854 war er Gärtnerlehrling in den Königlich Hannoverschen Gärten zu Linden und Herrenhausen unter Wendlandsen. Ab 1. 4. 1854 bis 10. 2. 1855 arbeitete er in Herrenhausen bei Hannover als Gärtner. Vom 15. 2. 1855 bis 15. 10. 1856 war Bleyer beim Ökonomierat Reichenheim, Berlin, ab 15. 10. 1856 bis 1. 2. 1859 in Berlin-Moabit beim Kommerzienrat Borsig, vom 1. 3. bis Oktober 1859 bei Bouché im Botanischen Garten Berlin angestellt. Von 1860 bis 1863 leitete er die Neuanlagen des Großindustriellen Georg Egersdorf in Linden und Hannover. Von 1863 bis 1868 arbeitete Bleyer in Dolzig bei Sommerfels unter Friedrich Herzog von Schleswig-Holstein. In Branitz war er ab 1868. Hier erhielt er als Obergärtner anfangs 15 Reichstaler und Kostgeld monatlich in Höhe von 6,20 Reichtaler. Im März 1869 wurde das Kostgeld auf 10 Reichstaler erhöht. Ab 1870 betrug Bleyers Monatsgehalt 25 Reichstaler.

Nach Pücklers Tod wirkte Bleyer unter dem Reichsgrafen H. v. Pückler, der 1897 starb, sowie unter Landrat Reichsgrafen v. Pückler an der Vollendung der Branitzer Anlage mit. In Anerkennung seiner Verdienste wurde er von der Deutschen Gesellschaft für Gartenkunst und dem Verein Deutscher Gartenkünstler zu ihrem Ehrenmitglied ernannt. Er starb am 2. 2. 1915 in Cottbus.

Die vorstehenden Angaben sind zum überwiegenden Teil dem Potsdamer Staatsarchiv, Pr. Br. Rep. 37 Branitz, entnommen. Lediglich der Hinweis auf Johann Erdmann Freschke geht auf das Taufregister des Evangelischen Pfarramtes Lübbenau zurück und auf das dortige Sterberegister das Todesdatum von Freschkes Sohn Wilhelm.

191
Hermann Ludwig Heinrich Fürst von Pückler-Muskau, um 1837/38

Katalog

Katalog der Pläne und Risse zu den Parks in Muskau, Babelsberg und Branitz

Reinhard Grau

Plandarstellungen auf dem Gebiet der Gartendenkmalpflege sind für die analytischen Untersuchungen der Gartengrundrisse und der daraus resultierenden Raumstrukturen von besonderer Wichtigkeit. Sie ermöglichen den direkten Vergleich zwischen dem heute Bestehenden und dem ehemals Entworfenen oder Vorhandenen. Die den Denkmalen der Landschafts- und Gartengestaltung innewohnende natürliche Veränderlichkeit und leichte Veränderbarkeit gegenüber dem Zeitgeschmack erschwert meist ein sofortiges Erkennen früherer Gestaltungsideen am Objekt. Bei der denkmalpflegerischen Tätigkeit kommt es aber gerade darauf an, die für den jeweiligen Garten oder Park bedeutungsvolle gartenkünstlerische Entwicklung oder Entwicklungsetappe zu dokumentieren und durch Pflege und Restaurierung zu erhalten oder wiederherzustellen.

Die Gestaltwerdung der drei bedeutendsten Pücklerschen Parkschöpfungen galt es deshalb durch die Aufstellung eines Kataloges der vorhandenen Pläne und Risse zu belegen. Dies schien auch von besonderer Bedeutung, weil die bisherigen Pückler-Publikationen diesem Aspekt kaum Beachtung schenkten.

Die Zusammenstellung eines Kataloges zu den Anlagen von Muskau, Ba[illegible] und Branitz soll einen ersten [illegible]nterschied- [illegible]

erfassen und damit auch weiterführenden wissenschaftlichen Bearbeitungen zu erschließen.

Aufgenommen wurden in chronologischer Folge und nach den Objekten sowohl Entwurfszeichnungen, Bestands- und Arbeitspläne als auch Detailblätter, Risse und Grundstückssachen, die Informationen zur Entwicklung und Gestaltung von der Enstehung der Parks bis in unsere Zeit geben.

Während für den Park von Babelsberg die Kartei und Plansammlung der Plankammer der Staatlichen Schlösser und Gärten, Potsdam-Sanssouci, die Erfassung wesentlich erleichterte, konnten für Muskau und Branitz keine zusammenhängenden Archivmaterialien genutzt werden. Hier liegen die Pläne in unterschiedlichen Händen.

Der Umfang des aufgefundenen und erfaßten Materials der drei Gärten zeigt wesentliche Unterschiede, die wohl vor allem aus der uneinheitlichen Entwicklung der jeweiligen Besitzverhältnisse resultieren. Für Muskau und Branitz muß angenommen werden, daß der dokumentierte Bestand nur ein kleiner Teil eines ehemals vorhandenen gewesen sein kann.

Waren Pläne aus der Literatur ohne Kenntnis des Originalstandortes bekannt, so wurde auf die entsprechende Quelle verwiesen.

Die inhaltliche und zeichnerische [illegible] der Darstellungen ist sehr verschieden und abhängig vom Verwendungszweck. Während z. B. Muskauer Pläne für den Atlas zu Pücklers „Andeutungen . . .“ 1834 als Schaupläne gedruckt wurden, blieb die Mehrzahl aller weiteren Darstellungen der unmittelbaren Arbeit am Objekt vorbehalten. Die Zeichnungen wurden in den meisten Fällen mit der Feder in Tusche, in Bleistift oder auch kombiniert und farbig laviert ausgeführt. Obwohl oftmals zwischen Entwurfs- und Bestandsplänen nicht eindeutig unterschieden werden kann, sind die unter Pückler angefertigten in der Regel Bestandspläne, in die weiterführende oder verändernde Gestaltungen zum Teil nur skizzenhaft eingetragen wurden.

Eine teilweise Interpretation der Pläne und Risse war nur in bestimmten Fällen möglich, ist entweder im monographischen Teil dieser Veröffentlichung enthalten oder bedarf zukünftiger Bearbeitung. Die begonnene Erfassung bleibt durch Ergänzung noch unbekannt gebliebenen Materials zu vervollständigen.

Besonderer Dank für hilfreiche und freundliche Unterstützung gilt allen Damen und Herren der in Anspruch genommenen Plansammlungen und Archive.

Park Muskau

1

1766
„Plan der am 2-ten April 1766 abgebrañdten Graeflich Callenbergischen in der Ober Lausitz gelegenen Stadt Muskau/Explicatio: Die mit Nuñern beschriebenen grauen Plaetze sind die abgebrañdten Gebaeude oder Brandstellen . . ."
Bez.: „Samuel Locke Accis- Baudirektor"
beziffterter Maßstab in Dresdner Ellen
Fotoreproduktion
18 × 24 cm
Berlin, UB: Dissertation Stoischeff, L.I., Berlin, Landw. Hochschule 1943, Bd. I, Plan Nr. 1
Der Plan zeigt l.o. die Situation westlich des Schlosses mit dem alten regelmäßigen Garten und einem Teil der späteren Tränenwiese. Nach Stoitscheff befand sich das Original 1942 im Archiv des Forstamtes der Standesherrschaft Muskau.

2

1823
Meßtischblatt vom Königreich Preußen (Urmeßtischblatt), Blatt Muskau
Bez.: „Aufgenoñen und gezeichnet im Jahre 1823 vom Lieut. von Thielau im 7-ten Jnf.Regt."
bezifferter Maßstab in Ruten
M 1:25 000
Feder in Schwarz und Grau, laviert in Rot, Grün, Blau und Braun
47,4 × 48,9 cm
Berlin, Stabi, Kartensammlung
Sign. NS 729 Blatt 2549 Muskau
Das Blatt ist unvollständig geblieben. Im oberen Drittel fehlt die Zeichnung. Der Muskauer Park ist mit Gebäuden, Wasserläufen und erster Wegeführung besonders hervorgehoben, aber noch ohne bewußte Raumgliederung dargestellt. Die Hermannsneiße ist noch nicht zum Eichsee erweitert und die Lindenallee führt noch quer über die Schloßwiese. Die Doppelbrücke ist als „Neue Brücke" bezeichnet, das Bad ohne Badepark und das Englische Haus sind dargestellt. Auf dem Ober-Berg befindet sich ein „Zapfenhäuschen", auf das eine aus nordöstlicher Richtung kommende Waldschneise zuführt.

3

1825
„Schloß/ 1. Verbindung desselben mit Amthaus und Canzlei Haus. Innere Einrichtung des letzteren. Stall, Reitbahn, Wagenschuppen 2. eisernes Geländer u. Bögen am Wasser um den Turm 3. eiserne Gitter in den Fenstern 4. der Pilaster zum Schluß des Stakets Pleasure ground/ 1. kleine Hängebrücke nach der Insel 2. Postament für die Marmorbüsten 3. Würfel für die Candelabres und Geländer 4. eiserne Lanzen mit Verbindung um den Blumengarten 5. die kleine Laube am Schlosse von Holz"
bezifferter Maßstab in Fuß
Fotoreproduktion
veröffentlicht bei Grundmann, Günther: Schlesien (Schinkelwerk) Berlin, 1941 S. 26 Abb. 17
Nach Grundmann stammt diese Planskizze aus einem Brief Schinkels an Pückler und stellt einen 3. Umbauvorschlag für das Schloß dar.

4

1825
„Schloßhof Muskau"
Fotoreproduktion
veröffentlicht bei Grundmann, Günther: Schlesien (Schinkelwerk) Berlin, 1941, S. 32, Abb. 24
Nach Grundmann „Entwurf zur Schloßrampe des 3. Umbauvorschlages (Grundriß u. Aufriß) 1825."

5

1825
„Schloßhof in Muskau"/erläuternder Text
Bez.: „Schinkel" unter dem oberen Text
bezifferter Maßstab in Rheinl. Ruten u. Fuß
Fotoreproduktion
veröffentlicht bei Grundmann, Günther: Schlesien (Schinkel-Werk) Berlin, 1941, S. 33, Abb. 25
Nach Grundmann „Entwurf zur Schloßrampe des 3. Umbauvorschlages (Grundriß u. Aufriß) mit Verbesserungen Schinkels."

Abkürzungen

Berlin, Stabi	Berlin, Staatsbibliothek
Berlin, UB	Berlin, Universitätsbibliothek
Bautzen, StA	Staatsarchiv Dresden, Außenstelle Bautzen
Dresden, IfD, Plslg.	Institut für Denkmalpflege, Arbeitsstelle Dresden, Plansammlung
Cottbus, SA	Cottbus, Stadtarchiv
Cottbus, BM	Cottbus, Bezirksmuseum
Muskau, PV	Muskau, Parkverwaltung
Muskau, SM	Muskau, Stadtmuseum
Potsdam, Plslg.	Potsdam-Sanssouci, Staatliche Schlösser und Gärten, Plankammer

Der Katalog enthält zu den einzelnen Plänen, soweit das möglich war, folgende Angaben: Beschriftung/Autor, Jahr, Ort/Maßstab/Art der Darstellung, Material/Format/Standort/und evtl. ergänzende Bemerkungen.

6

1833
Zustand 1811 Gesamtplan
„Karte des Terrains, auf dem der Park zu Muskau angelegt worden ist, wie es vor dieser Anlage beschaffen war/Alles was blassroth colorirt ist, zeigt Grundstücke an, die fremdes Eigenthum waren"
Bez.: „Gestochen von Wilh. Voss/Baumparthien von E. Wibel/ Gezeichnet von Kalwitz in Berlin 1833, gedruckt von Hampe"
beziﬀerter Maßstab in Rheinl. Ruten
Stich auf Leinen aufgezogen, coloriert in Blau und Rot
75,0 × 94,4 cm
IfD Dresden, Bibliothek, Inv. Nr. E 4622/62
aus Pückler-Muskau, H. v.: Andeutungen über Landschaftsgärtnerei, Stuttgart 1834, Atlas Karte „A"

7

1830
Gesamtplan *Abb. 192*
„Karte vom Fürstlich Muskauischen Park 1830"
Bez. „gezeichnet von E. Kalbitz/Raspe, Regierungs Conducteur."
beziﬀerter Maßstab in Preußischen Ruten
Feder in Schwarz und Grau, Bleistift laviert in Grün, Blau, Braun, Rot, auf Leinen aufgezogen
IfD Dresden, Plslg., aus der ehem. Sammlung f. Baukunst a. d. Sächs. Techn. Hochschule zu Dresden, Abt. P, Nr. 7614/30a
Der Plan gibt den Bestand an Wegen, Wasserflächen, Gebäuden und Gehölzneupflanzungen wieder. Auf der Südseite der Schloßwiese befindet sich die Orangerie. Der Eichsee besitzt an seinem östlichen Ende noch einen zweiten Abfluß zur Neiße.

8

1830/31
Standesherrschaft
„Generalkarte der Standesherrschaft Muskau"
Legende: u. a. Bruch/Nadel- und Laubholz/Eichen/Wiese/Birken/Fenne/Dörfer/Feld/Huthung/Flüsse/Landscholle/Wege/Landstraße/Fremde Grenze/Rev. Grenze
r. u. in Blei: 8 Quadrat Meilen/in Tusche: „Urkundenliste Tit I A N: 9"
Rücks.: Muskau 15b „Generalkarte 205"
Stempel Sächs. Landesarchiv Bautzen 205
Bez.: „aufgenommen im Jahr 1822, 23, 24, 25, 26, 27, 28 und gezeichnet im Jahr 1830 und 31 unter der Direction des Fürstlichen Forstmeisters Dittig/Für die Richtigkeit der Karte W. Rasspe Regierungs Kondukteur"
beziﬀerter Maßstab: Maßstab von 2000 Rheinl. Ruten – 250 Ruten auf einem Decimal Zoll
(2000 Rheinl. R. = 29 cm)
Feder in Grau und Rot, laviert in Grau, Schwarz, Grün, Braun, Blau und Gelb, auf Leinen aufgezogen
116 × 159 cm
Bautzen StA Nr. 205
Stadt Muskau mit Park dargestellt. Auf der Schloßwiese befindet sich die Orangerie. Die Hermannsneiße ist bis zum Beginn des Eichsees bereits gegraben. Der Abfluß erfolgt östlich nach der Neiße. Der Eichsee wohl noch während der Ausschachtung. Die Karte umfaßt die Reviere Muskau (A), Keule (B), Luchnitz (C), Sckerbersdorff (D), Podresche (E), Weiskeissel (F), Moehholz (G), Eselsberg (H), Nochten (I), Boxberg (K), Tzschelln (L), Jagdhaus (M), Weiswasser (N), Trebendorff (O), Mulkwitz (P), Rosnitz (Q). Im Osten bildet etwa die Linie Koebeln Oberberg die Grenze des Parkes.
Siehe auch Akte „Standesherrschaft Muskau" Nr. 1185, Staatsarchiv Bautzen.

9

1834
„Karte von dem fürstlichen Park zu Muskau wie er jetzt theils ist, theils werden soll/Flächeninhalt 5508 Magd. Morgen/Erklärung a – x, aa – ww"
Bez.: „gez. Kalwitz, rad. E. Wibel, gest. v. Wilh. Voß"
beziﬀerter Maßstab in Rheinl. Ruten
Stich auf Leinen aufgezogen, coloriert in Blau, Rot und Gelb
74,7 × 94,3 cm
IfD Dresden, Bibliothek, Inv. Nr. E 4621/62
aus Pückler-Muskau, H. v.: Andeutungen über Landschaftsgärtnerei, Stuttgart 1834, Atlas Karte „B"

10

1834
Blumengärten
„Karte der drey Blumengärten in der Nähe des Schlosses/Erklärung a. –o."
Bez. „gez. Kalwitz/rad. E. I. Wibel/Schrift gest. W. Voß/gedr. v. Hampe"
beziﬀerter Maßstab in Ruten
Stich coloriert in Rot und Blau
50 × 36,8 cm
IfD Dresden, Bibliothek, Inv. Nr. E 4641/62
Die Karte stammt aus: Pückler-Muskau, H. v.: Andeutungen über Landschaftsgärtnerei, Stuttgart 1834, Atlas Tafel „C".

11

1834
Orangerie
„Karte der Orangerie Häuser und des ganzen Etablissements zum Betriebe der Gärtnerey"
Bez.: „gez. Kalwitz, rad. E. Wibel, Schrift gest. W. Voß, gedr. v. Hampe"
beziﬀerter Maßstab in Ruten
Stich coloriert in Rot und Blau
46,3 × 34,5 cm
IfD Dresden, Bibliothek, Inv. Nr.

E 4642/62
Die Karte stammt aus: Pückler-Muskau, H. v.: Andeutungen über Landschaftsgärtnerei, Stuttgart 1834, Atlas Tafel „D“.

12

vor 1847
Teil östl. d. Neiße *Abb. 193*
ohne Beschriftung, nachträglich auf der Rückseite „Park“
ohne Maßstab
Feder in Schwarz und Rot, Bleistift, laviert in Grün und Gelb, auf Leinen aufgezogen
101 × 178 cm
IfD Dresden, Plslg., aus der ehem. Sammlung f. Baukunst a. d. Sächs. Techn. Hochschule zu Dresden, Abt. P, Nr. 7614/c
Darstellung des größten Teiles des östlich der Neiße gelegenen Parkteiles mit exakter Bestandskartierung, geplante Veränderungen in Blei eingetragen. Dieses Aufmaß liegt wahrscheinlich dem Gesamtplan von 1847 zugrunde.

13

1845
Meßtischblatt vom Königreich Preußen (Urmeßtischblatt), Blatt Muskau
Bez.: „Aufgenom̄en und gezeichnet im Jahre 1845 von v. Hanenfeldt, Lieut. im 1-ten Inf.Regmt.“
bezifferter Maßstab in Ruten
M 1:25 000
Feder in Schwarz und Grau, Bleistift, laviert in Rot, Grün Blau und Braun, auf Leinen aufgezogen
48 × 50,3 cm
Berlin, Stabi, Kartensammlung Sign. NS 729 Blatt 2549 Muskau
Wie im Blatt von 1823 ist der Park besonders hervorgehoben. Innerhalb des Parkbereiches befindet sich folgende Beschriftung: Schloßpark/Badepark/Bad/Weinberg/Fasanerie/Grab des Unbekannten/Engl. Haus/Koebeler Häuser. Nachträgliche Bleistifteintragungen sind auf dem Rand u.l. erläutert: „Die Chausee von Muskau nach Bautzen nach den Original Bauplänen eingetragen. W./ Die Bleistiftlinie von Muskau über Braunsdorf, Tschöpeln, Gr. Särchen mit B beziffert ist eine 1852 neu project. Chausee nach Triebel“ . . .

14

1847
Gesamtplan *Abb. 55, 56*
„Karte vom Park zu Muskau“
Bez.: „gezeichnet im Jahre 1847 durch Brotke“
Maßstab 50° = 0,01
Feder in Grau, laviert in Rot, Hellgrün, Blaugrau und Blau, auf Leinwand aufgezogen
85 × 112 cm
IfD Dresden, Plslg., aus der ehem. Sammlung f. Baukunst a. d. Sächs. Techn. Hochschule zu Dresden, Abt. P, Nr. 7614/b
Gesamtplan mit sehr exakter Darstellung der Einzelbäume und Baumgruppen. Laub- und Nadelhölzer unterschieden. Der Plan scheint die Situation des Muskauer Parkes bei seiner Übergabe an Prinz Friedrich der Niederlande wiederzugeben.

15

1854
Baumschule
„Plan der Baumschule zu Muskau 1854“
bezifferter Maßstab in Ruten (60 R. = 426 mm)
Feder in Grau, laviert in Grün, Blau Rot und Braun, auf Leinen aufgezogen
82,5 × 97 cm
IfD Dresden, Plslg., aus d. ehem. Sammlung f. Baukunst a. d. Sächs. Techn. Hochschule zu Dresden, Abt. P Nr. 7614/d.

16

1855
„Muskau“
Bez.: „Nach der Original-Aufnahme des Königl. Generalstabes vom Jahre 1845 gez: von A. Burchard Königl: Feldmesser“ / Die Blätter 1, 3 u. 4 „Gez: v. A. Burchard Königl. Feldmesser 1855“
bezifferter Maßstab in Ruten M 1: 25 000 (500 R. = 76 mm)
Feder in Schwarz, laviert in Rot, Grün, Blau, Braun und Violett, auf Leinen aufgezogen.
75 × 76 cm
Berlin, Stabi, Kartensammlung Sign. N 4⁰ 18 300 Bl. 2
Die aus 4 je 12-teiligen Blättern bestehende Gesamtkarte der Standesherrschaft Muskau stellt die Stadt und den Park auf Blatt 2 dar. Gebäude, Wasserläufe, Wegeführung und grobe Raumgliederung sind enthalten.

17

1856
Gesamtplan *Abb. 29, 57, 58, 67*
„Plan vom Königlich Prinzlichen Park zu Muskau“
„Erklärung Nr. 1–51“
Bez.: „gezeichnet im Jahre 1856 von A. Redlich & B. Brotke / Lith. Anst. von W. Loeillot in Berlin“
bezifferter Maßstab in Ruten 1 : 1 000
farbige Lithographie
41 × 52 cm
Der Plan stammt aus Petzold, E.: Der Park von Muskau. Für Freunde der Landschaftsgärtnerei und den Fremden zum Wegweiser, Hoyerswerda 1856.

18

1863
Arboretum
„Das Arboretum zu Muskau 1863“ mit Erläuterungen
Bez.: „nach den Plänen des Park-In-

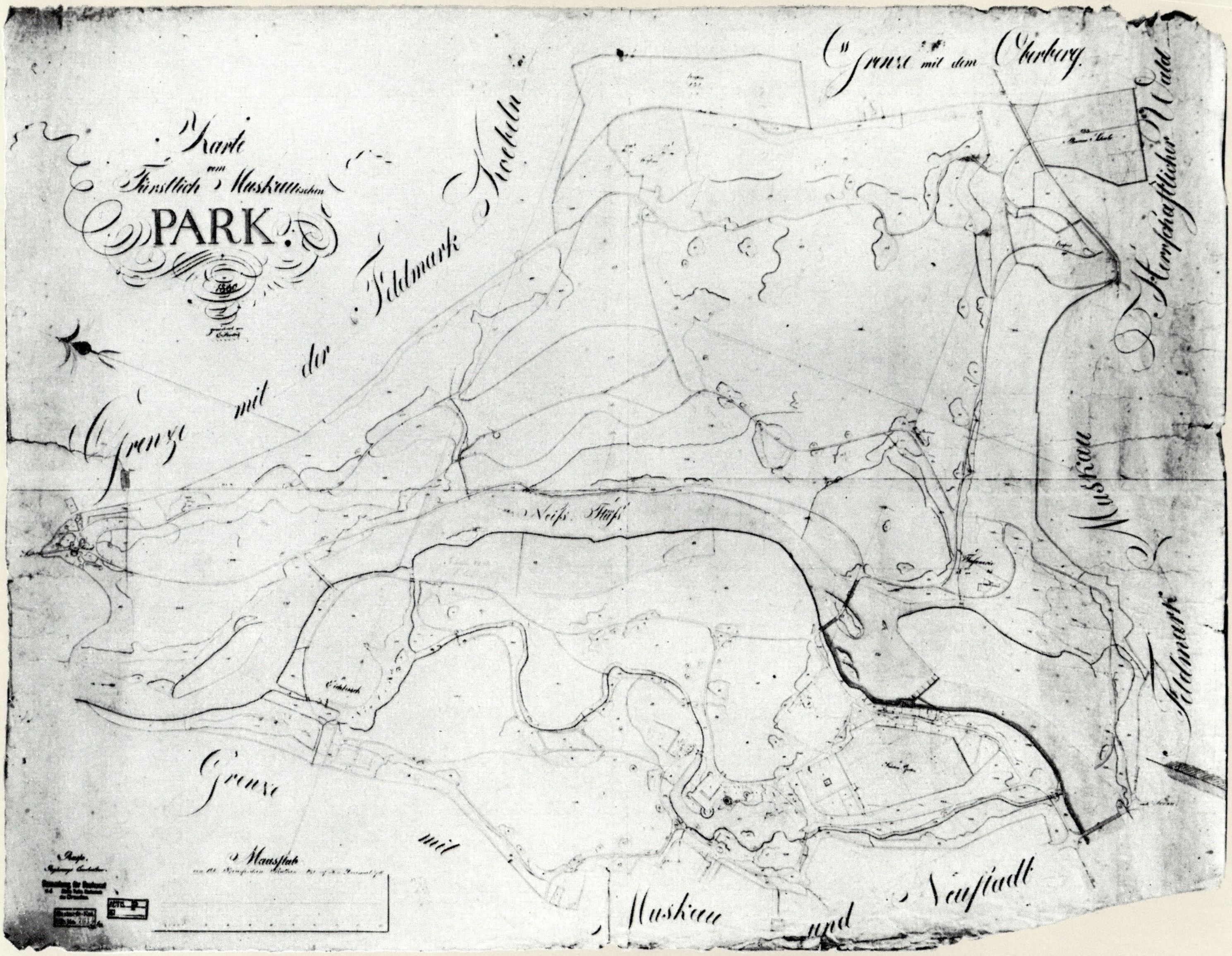

192
Muskau. „Karte vom Fürstlich Muskauischen Park“,
gezeichnet von E. Kalbitz. 1830

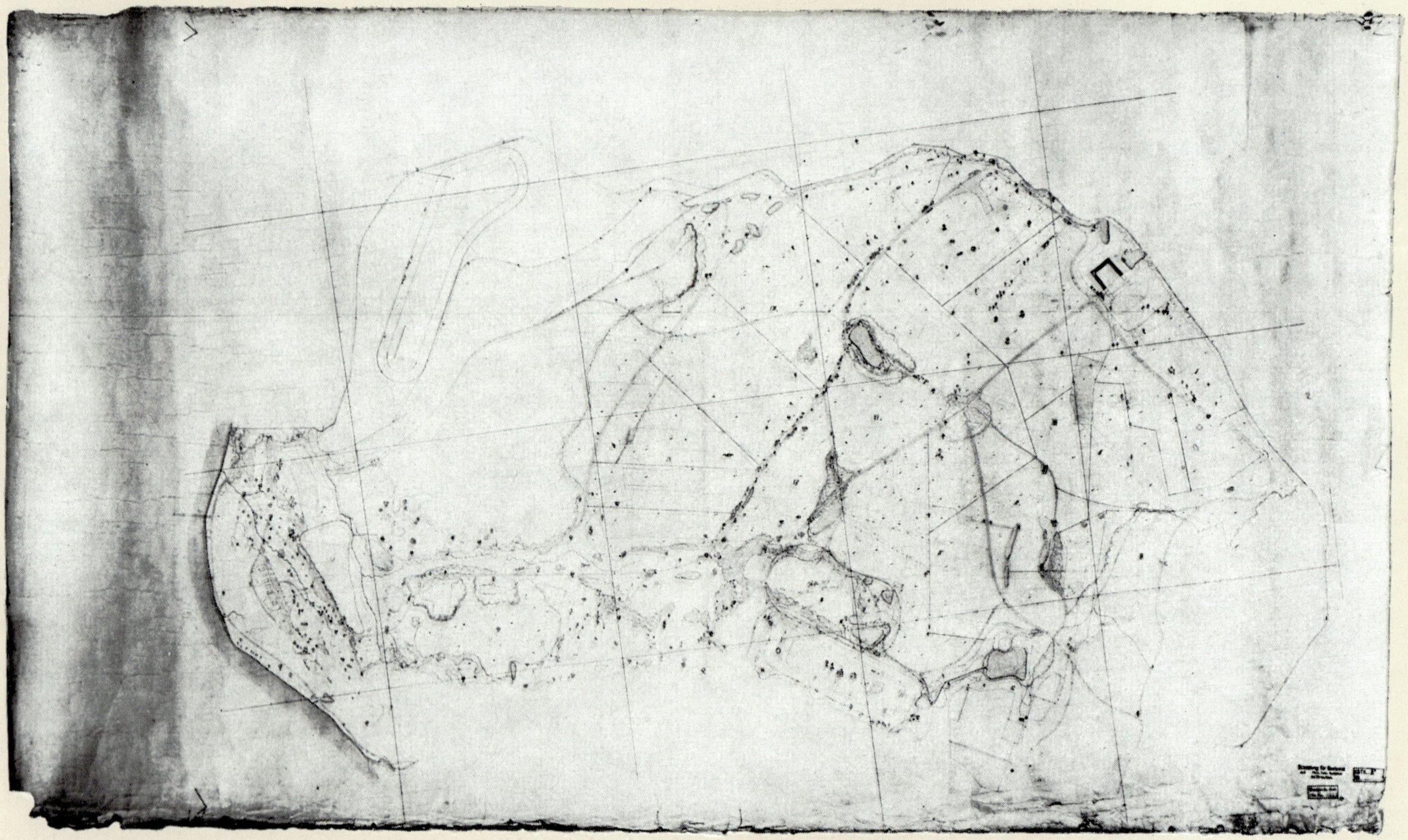

193
Muskau. Situationsplan eines Teiles des östlich der Neiße befindlichen Parkareals (vor 1847)

spector Petzold gezeichnet von G. Kirchner“
bezifferter Maßstab
Der Plan stammt aus Kirchner, Petzold, Arboretum Muskaviense, Gotha 1864; Lit.: Kurland, K. H. A.: Der Muskauer Park, seine Geschichte und künstlerische Bedeutung, Muskau 1975; Kurland, K. H. A: Der Muskauer Park – Erfahrungen mit Gehölzen. In: 100 Jahre Arboretum (1879–1979), Berlin 1980.

19

1865
Gesamtplan
„Plan vom Königlich Prinzlichen Park und Arboretum zu Muskau“ Erklärung Nr. 1–40
Bez. „gezeichnet im Jahre 1865 durch L. B. Brotke“
bezifferter Maßstab in Ruten / „Maaßstab, $120^0 = 0{,}01$“
Lithographie
Muskau, SM
Lit: Kurland, K. H. A: Der Muskauer Park, seine Geschichte und künstlerische Bedeutung, Muskau 1975, zwischen Abb. 32 und 33.

20

1865
Baumschule
„Plan der Standesherrl: Baumschulen zu Muskau 1865“
bezifferter Maßstab in Ruten (426 R. = 60 mm)
Feder in Grau, Rot und Grün, laviert in Blau, Rot und Braun, auf Leinen aufgezogen
116 × 100 cm
IfD Dresden, Plslg., aus d. ehem. Sammlung f. Baukunst a. d. Sächs. Techn. Hochschule zu Dresden, Abt. P Nr. 7614/e.

21

1867
Standesherrschaft
„General: Karte von der freien Standesherrschaft Muskau Behufs der landschaftlichen Taxe angefertigt.“ l. u.: „Tit. A. N 169 der Urkundenliste“
Rückseite: Muskau 15a Stempel Sächs. Landesarchiv Bautzen 169
Bez. „im Jahre 1867 durch den Feldmesser Gästel“
bezifferter Maßstab $250^0 = 1$ Dec. Zoll (1 600 Rheinl. R. = 25,5 cm)
Feder in Grau, Schwarz und Rot, laviert in Blau, Grün, Rot und Braun, auf Leinen aufgezogen
113 × 168 cm
Bautzen StA Nr. 169
Der Park „H“ ist in seinem gesamten Umfang mit Wegesystem und Gebäuden dargestellt und gehört ausdrücklich zu den „nicht zur Forst geschlagenen Grundstücken“. – Die Karte umfaßt die Reviere Muskau, Lucknitz, Neudorf, Podrosche, Keula, Weißkeisel, Mochholz, Trebendorf, Weißwasser, Eselsberg, Waldschloss, Tzschelln, Boxberg und Mulkwitz.

22

1869
Zustand 1860/61
„Central Karte von der freien Standesherrschaft Muskau“
Bez.: „Nach der Neumessung der Forsten in den Jahren 1860/61 reducirt und gezeichnet im Jahre 1869 durch L. B. Brotke“
bezifferter Maßstab in Ruten M 1: 25 000
Feder in Schwarz, Grau und Rot laviert in 12 Farbtönen, auf Leinen aufgezogen
118 × 177, 5 cm
Berlin, Stabi, Kartensammlung Sign. NS 18 303
Die Karte enthält die Reviere Muskau/ [illegible] f / Podrosche / Mochholz / Weißkeisel / Keula / Eselsberg / Weißwasser / Trebendorf / Mulkwitz / Tzschelln / Boxberg /. Der Park von Muskau ist mit Wegeführung und Raumbildung dargestellt.

23

1870
„Plan vom Königlich Prinzlichen Park und Arboretum zu Muskau / Erklärung Nr. 1–50“
Bez.: „gezeichnet im Jahre 1870 durch L. B. Brotke“
bezifferter Maßstab in Ruten
Fotoreproduktion
18 × 24 cm
Berlin UB: Dissertation Stoitscheff, L. I., Berlin, Landw. Hochschule 1943, Bd. I, Plan Nr. 12.

24

1887 (1883) oder später
Gesamtplan
ohne Beschriftung
Erklärungen Nr. 1–39 / Beschriftung in der Zeichnung u. a. „Gräflich Arnimsche Forsten“
bezifferter Maßstab in Meilen M 1: 1 000
Feder in Grau, farbig laviert in Grün, Rot, Blau, auf Leinen aufgezogen
52,5 × 55,5 cm
Muskau, Rat der Stadt, Parkverwaltung
Der Plan stellt die Situation des Muskauer Parkes nach der Übernahme durch Arnim dar. Auf der Rückseite in Blauschrift „Park 122“.

25

1888
Gesamtplan
„Plan vom Muskauer Park und der Stadt Muskau; nebst drei Seiten-Plänen: Jagdschloss mit Umgebung, – Wussina, – Braunsteich mit Keulaer Thiergarten“ / „Namen-Verzeichnis Park und Umgebung: 1. Gebäude Nr.

1–14 / 2. Gärten und Baumschulen Nr. 15–22 / 3. Brücken Nr. 23–38 / 4. Höhenzüge Nr. 39–48 / 5. Schluchten Nr. 49–53 / 6. Gewässer Nr. 54–63 / 7. Wege Nr. 64–75 / 8. Wiesen und Pflanzungen Nr. 76–115 / 9. Eichen etc. Nr. 116–127 / 10. Diverse Punkte Nr. 128–133 / Stadt Nr. 134–163 / Zeichenerklärung: Parkgrenze/Umzäunung/ Fahrweg/Fussweg, (Steig)/Brücken"
Bez.: „Muskau 1888 Verlag von Edwin Donath Lith. v. I. D. Ressert, Sorau N. L."
ohne Maßstab
Lithographie
39,6 × 70,3 cm
IfD Dresden, Bibliothek, Inv. Nr. 430/ 64
Der Plan enthält ein Grundraster A–U, Aussichtspunkte sind in der Legende durch „Sternchen" besonders markiert; als Faltplan Muskau, 1890 herausgegeben.

26

um 1902
„Der Park zu Muskau nach einem von B. Hoffmann 1890 gezeichneten Plane"
Bez.: E. Baensch jun., Magdeburg
bezifferter Maßstab 1: 2000
Lithographie, farbig
71,2 × 87,8 cm
Vereinsgabe der Vereinigung ehem. Schüler der Potsdamer Königl. Gärtnerlehranstalt 1902, Erläuterungen der Zahlen 1–27; veröffentlicht in: Gartenkunst, Berlin, H. 6, 49. Jg., 1936, S. 88.

27

um 1910
„Plan vom Muskauer Park und der Stadt Muskau; nebst drei Seitenplänen: Jagdschloß mit Umgebung, Wussina, Braunsteich mit Keulaer Thiergarten"
Bez.: „Verlag von Edwin Donath in Muskau"
ohne bezifferten Maßstab
gedruckter und gebundener Faltplan mit einem Blatt „Namens-Verzeichnis"
32,4 × 49,9 cm
Berlin, Stabi, Kartensammlung Sign. X 30 985
Der Plan stellt eine Aktualisierung des 1888 bei E. Donath gedruckten Planes dar. – Namens-Verzeichnis: 1. Gebäude Nr. 1–14 / 2. Gärten u. Baumschulen / Nr. 15–20 / 3. Brücken Nr. 21–35 / 4. Höhenzüge Nr. 37–47 / 5. Schluchten Nr. 49–53 / 6. Gewässer Nr. 54–61 / 7. Wege, soweit sie benannt sind Nr. 62–75/ 8. Wiesen u. Pflanzungen, soweit sie benannt sind Nr. 76–113 / 9. Eichen, soweit sie benannt sind Nr. 114–126/ Stadt Nr. 134–164 / Aussichtspunkte sind besonders gekennzeichnet.

28

1926
„Fremdenführer durch Stadt und Park Muskau O./L. Kreis Rothenburg / Zeichenerklärungen: Park / Wasser / Gebäude / Chaussee / Haupt- u. Nebenwege/ Eisenbahn u. Gräfl. Kleinbahn / Brükken / Kirchen / Parkgrenze / Grenze gegen Forstreviere / Felder resp. Gemeinde Fluren / Aussichtspunkte u. Lauben."
Bez.: „Herausgegeben 1926 im Selbstverlag von Carl Straßburg, Muskau O/ L. 1. Auflage / Lith. und Druck v. C. C. Meinhold & Söhne, G. m. b. H. Dresden"
„ungefährer Maßstab 1: 10 000"
farbiger Druck in Schwarz, Rot, Grün und Blau, auf Leinen aufgezogen
47 × 51,3 cm
Berlin, Stabi, Kartensammlung Sign. X 30 985 / 10.

29

um 1940
Dendrologische Erfassungsskizzen
unmaßstäblich
„Bl. 1 Karpfen bis Schloßbrücke / Bl. 3 Gloriettenweg / Bl. 5 Herrengarten / Bl. 7 Tannenreich / Bl. 9 Blauer Garten / Bl. 11 Marstall-Schloß / Bl. 13, 15, 17 Arboretum Muskaoiense / Bl. 19 An der Reichsbank, Verbindungsweg, Am Eichsee / Bl. 23 Badepark / Bl. 25 Badedamm / Bl. 26 Orangerie-Schloßrampe"
alle Blätter 21 × 30 cm außer Bl. 23 41 × 30 cm
Muskau, PV
In die von Dahlke, Muskau stammenden Handskizzen sind numerierte Baumstandorte eingetragen, die jeweils in dazugehörigen gesonderten Listen aufgeführt sind.

30

1942
„Park zu Muskau, Zustand 1942 Kreisel"
Bez.: „Angefertigt Dipl. Landschaftsgestalter Lüben Stoitscheff Muskau, den 20. November 1942"
bezifferter Maßstab in Metern
M 1: 5 000
Fotoreproduktion
18 ×24 cm
Berlin, UB, Dissertation Stoitscheff, L. I., Berlin, Landw. Hochschule 1943 Bd. I, Plan Nr. 17
Im Plan sind die Blickpunkte des von Stoitscheff 1942 gesammelten Fotomaterials enthalten.

31

1942
„Park zu Muskau Zustand 1942 Kreisel"
Bez.: „Angefertigt Dipl. Landschaftsgestalter Lüben Stoitscheff Muskau, den 20. November 1942"
bezifferter Maßstab in Metern
M 1: 5 000
Fotoreproduktion
18 × 24 cm
Berlin, UB: Dissertation Stoitscheff, L. I., Berlin, Landw. Hochschule 1943, Bd. I, Plan Nr. 15
Der Plan stellt den Zustand unter der Verwaltung durch Kreisel und Gartendirektor Potente dar.

32

1942
„Park zu Muskau Zustand 1942“ / Zeichenerklärung u. a.: „Grenze des Naturschutzgebietes / Bänke der Pückler-Zeit / geplante Freiflächenerweiterung / Falsche Freiflächenerweiterung im Jahre 1940“
Bez.: „Angefertigt Dipl. Landschaftsgestalter Lüben Stoitscheff Muskau, den 20. November 1942“
bezifferter Maßstab in Metern M 1: 5 000
Berlin, UB: Dissertation Stoitscheff, L. I., Berlin Landw. Hochschule 1943, Bd. I, Plan Nr. 16
„Der Plan zeigt die Blickverbindungen und Bänke aus Pücklers Zeit, die jetzt noch (1942) erhalten sind. Ausholzungen, Herstellung alter Blickverbindungen sowie Auslichtungen im Bergpark sind durch schwarz schraffierte Flächen gekennzeichnet.“

33

1942
Zustand 1840
„Park zu Muskau Zustand 1840 Pückler-Rehder nach der durch Kalbitz gefertigten Generalkarte / Zeichenerklärung: Laubholz-Bestand / Nadelholz-Bestand / Wiesen-Flächen / Seen / von Pückler geplante Parkgrenze“
Bez.: „gef. durch Straßburg“
Maßstab 1: 10 000
Fotoreproduktion
18 × 24 cm
Berlin, UB: Dissertation Stoitscheff, L. I., Berlin Landw. Hochschule 1943, Bd. I, Plan Nr. 6

34

1942
Veränderungen 1892–1928
„Park zu Muskau, Veränderungen von [illegible] Zeichenerklärung: [illegible]

stand 1942 / Laubholz-Bestand / Nadelholz-Bestand / In den Jahren 1925 bis 1928 auf Anregung von Graf Adolf von Arnim durch Parkdirektor Lauche freigestellte und ausgestaltete Flächen, durch Lauche geplante Fichtenhecke (Angaben Kreisel)/ Eisenbahnen/ Verkehrsstraßen/ Parkwege/ Gebäude im Park/ 1=Steinbrücke/ 2=Schafbrücke/ 3=Rote Brücke/ 4=Schloß Brücke/ 5 =Karpfen Brücke/ 6=Fuchsien Brükke“
Bez.: „Angefertigt Dipl. Landschaftsgestalter Lüben Stoitscheff Muskau, den 24. November 1942“
Maßstab 1: 5 000
Fotoreproduktion
18 × 24 cm
Berlin, UB: Dissertation Stoitscheff, L. I., Berlin Landw. Hochschule 1943, Bd. I Plan Nr. 13
Nach Stoitscheff stellt der Plan die Entwicklung des Parkes 1892–1928 durch Lauche dar. In dieser Zeit wurde das Arboretum ausgeholzt und der Vogelherd sowie der Herrengarten neu ausgestaltet.

35

1942
Veränderungen 1929–41
„Park zu Muskau, Veränderungen von 1929–1941 Bruhm-Kreisel“/ Zeichenerklärung u. a.: „Freiflächenerweiterung nach Angabe des Revierförsters Kreisel“
Bez.: „Angefertigt Dipl. Landschaftsgestalter Lüben Stoitscheff Muskau, den 22. November 1942“
bezifferter Maßstab in Metern
M 1: 5 000
Fotoreproduktion
18 × 24 cm
Berlin, UB: Dissertation Stoitscheff, L. I., Berlin Landw. Hochschule 1943, Bd. I Plan Nr. 14
Nach Stoitscheff sind in diesem Plan die Veränderungen von 1929–1941 wie[illegible] Die Ausholzungen des Parkes für die Herstellung der Vedouten durch Bruhm-Kreisel und Potente sind durch schwarz schraffierte Flächen gekennzeichnet.

Park Babelsberg

1

Frühes 19. Jahrhundert
Grundstückssachen
„Plan von der Gegend um den Babelsberg bey Potsdam/Berliner Vorstadt/ die Havel/Babelsberg/Mienenberg/Glienicke / die Driebnitz / Nova Wies / nach Berlin
Bez. „aufgenommen und gezeichnet von H. Bock“
bezifferter Maßstab in Schritt (1 000 Schritt = 51 mm)
Feder in Schwarz, laviert in Blau, Grün, Rot, Braun
22 ×23,1 cm
P. S. Plslg. Nr. 6978
Rückseite mit Papiermarke „Hohenzollern-Museum 4207“, Die Geländesituation wird durch eingezeichnete Schummerung und Wegeführung anschaulich dargestellt.

2

1833
ohne Beschriftung
bezifferter Maßstab
Lit.: Hinz, G.: Peter Josef Lenné und seine bedeutendsten Schöpfungen in Berlin und Potsdam, in „Kunstwissenschaftliche Studien“, Berlin 1937, Bd. XXII, S. 88 Abb. 26, – Das Original befand sich nach Hinz in der Plankammer des Berliner Schlosses.
„Der Plan zeigt die Aufschließung des verhältnismäßig großen Geländes durch ein einfaches zweckmäßiges Wegenetz, besonderen Wert hat Lenné auf diejenigen Punkte gelegt, die eine schöne Aussicht bilden und alle Ausblicke in

die Landschaft von einengender Bepflanzung freigehalten." (Hinz, Berlin 1937) Das Original des Planes ist nach Günther/Harksen Potsdam 1978, Katalog Nr. 121, verlorengegangen.

3

1835
„Durchschnitts-Profil von der Havel aus über den Baberts-Berg bei Potsdam"
Bez.: „aufgenommen im September 1835"
bezifferter Maßstab in Dezimalruten
Feder in Schwarz und Rot, laviert in Grün, Bräunlich und Rosa, auf Leinen aufgezogen
33,8 × 62,4 cm
P.S.Plslg. Nr. 3748
Nach Günther/Harksen, Potsdam 1978, Katalog Nr. 120, wird die Zeichnung Koeber zugeordnet.

4

1835
„Babelsberg"
Bez.: „Herbst 1835"
Maßstab ohne Angabe der Maßeinheit
Bleistift
44 × 53 cm
P.S.Plslg. Nr. 3747
Dargestellt ist die Umgebung des Schlosses mit dem Blumengarten. Von Günther/Harksen, Potsdam 1978, Katalog Nr. 119, wird der Plan P. J. Lenné zugeordnet und als Zeichner Koeber angegeben.

5

um 1835
Gesamtplan
ohne Beschriftung
bezifferter Maßstab ohne Angabe der Maßeinheit
Bleistift, Feder in Grau, Schwarz und Rot, auf Karton aufgezogen
66,6 × 92 cm
P.S.Plslg. Nr. 5297
Nach Günther/Harksen, Potsdam 1978, Katalog Nr. 121, weist dieser Plan im Gegensatz zu dem verlorengegangenen Plan von 1833 das in die Gestaltung einbezogene Gelände in völlig anderer, jedoch der Ausführung entsprechender Form aus. Als Zeichner wird Koeber angegeben. Die Blickbeziehungen der Sichten sind genau bezeichnet.

6

1840/50
Grundstückssachen
ohne Beschriftung
bezifferter Maßstab in Ruten
(100 R = 126 mm)
Feder in Grau und Schwarz, Bleistift, laviert in Blackocker, Rosa, Grün, Blau, auf Leinen aufgezogen
82,5 × 114,8 cm
P.S.Plslg. Nr. 3770
Dargestellt ist das Gelände von Novawes mit seinen Feldern und den Grundstücken des später in Richtung Nuthe zugefügten Parkteiles Babelsberg mit namentlicher Eintragung der Flurstückseigentümer und z. T. der Grundstücksgrößen.

7

1840/50
Grundstückssachen
ohne Beschriftung
Bezifferter Maßstab ohne Angabe der Maßeinheit (100 Teile = 125 mm)
Feder in Braun, Bleistift, laviert in Grün und Gelb, auf Karton aufgezogen
40,5 × 51 cm
P.S.Plslg. Nr. 6980
Der Plan umfaßt das Gelände zwischen Havel, Nuthe und Straße nach Novawes.

8

1841
„Situations Plan eines Teiles des Prinzlichen Parks auf dem Babelsberge (der ehemaligen Blumschen, Eichbaumschen und Reichertschen Grundstücke)"
Bez.: „E. Gebhardt 1841"
bezifferter Maßstab in Rhein. Fuß
(50 Rh. F. = 150 mm)
Feder in Grau, Bleistift, laviert in Grün, Gelb und Rosa
50,5 × 64,4 cm
P.S.Plslg. Nr. 3749
Nach Günther/Harksen, Potsdam 1978, Katalog Nr. 122 (mit Abb.) stammen die Bleistifteinbesserungen wohl von Lenné.

9

1843
Grundstückssachen
„Situations=Plan von dem Müllerschen u. d. Zieglerschen Weinberge auf den Babelsbergen sowie von einem Theile des zum Lehnschulzengute in Neuendorf gehörigen Grundstückes auf dem Roschow bei Potsdam"
Bez.: „gemessen und theilweise nach der Bollmannschen Karte de 1842 copirt im März 1843 durch Th. Kozlowski"
bezifferter Maßstab in Ruten
(50 R. = 125 mm)
Feder in Schwarz, laviert in Hellgrün, Hellbraun, Rosa, Blau
45,5 × 66 cm
P.S.Plslg. Nr. 6979
Der Plan umfaßt die Grundstücke südwestlich des prinzlichen Parkes. (Papiermarke „Plankammer d. k. Hofmarschall-Amtes Babelsberg Nr: 35" Stempel des Oberhofmarschallamtes).

10

1843
„Special-Karte von dem Plateau auf den Babelsbergen bei Potsdam Behufs

Anlage eines Blumengartens“, als Legende: „projecierte Grenze des neuen Blumengartens“
Bez.: „im März 1843 speciell vermessen durch Th. Kozlowski“
bezifferter Maßstab in Ruten
(20 R. = 150 mm)
P.S.Plslg. Nr. 7002.

11

um 1845
Nivellements
„Nivellements-Profil an den Babertsbergen“, „Fußweg / Weg / Teich / das Pflaster am Maschinenhaus / jetziger Wasserstand“
bezifferter Maßstab in Fuß
(100 F. = 152 mm)
Feder in Braun, laviert in Braun und Blau
34,9 × 43,5 cm
P.S.Plslg. Nr. 6986.

12

um 1845
Nivellements
„Nivellements an den Babertsbergen bey Potsdam“ / „Profil von der Wohnstube der Prinzessin bis zum kleinsten Wasserspiegel“
bezifferter Maßstab in Fuß
(300 F. = 225 mm)
Feder in Grau und Rot, Bleistift
62,9 × 81,4 cm
P.S.Plslg. Nr. 6987
Auf der Rückseite sind in Blei zwei Terrassenskizzen gezeichnet.

13

um 1845
Nivellements
„Nivellement an den Babertsbergen bey Potsdam“
bezifferter Maßstab in Fuß
Feder in Grau und Rot, Bleistift

Rohrleitungen. Auf bereits erfolgte Arbeiten von 1843 und 1844 wird hingewiesen.

14

um 1845
Nivellements
ohne Beschriftung
ohne bezifferten Maßstab
Feder in Grau und Rot, Bleistift laviert in Grau
64,7 × 100 cm
P.S.Plslg. Nr. 6989
Dargestellt sind drei Profile. Links unten eine Lageskizze der Leitungen und der von ihnen geschnittenen Wege. Im untersten Profil ist angemerkt: „Unteres Bassin“ und „Hauptfontaine vor dem Schlosse“.

15

um 1845
Nivellements
ohne Beschriftung
Bez. „d. 23. Juli veranschlagt u. Hofmarschall übersandt Gottgetreu“
bezifferter Maßstab in Fuß
(50 F. = 144 mm)
Feder in Grau, laviert in Grau, Grün und Blau
31,5 × 50,4 cm
P.S.Plslg. Nr. 6990.

16

um 1847
Schloßumgebung
ohne Beschriftung
bezifferter Maßstab in Ruten
(10 R. = 49 mm)
Feder in Grau, laviert in Blau, Dunkelblau, Bleistift
64 × 46,4 cm
P.S.Plslg. Nr. 7006
Schloßumgebung zur Havel, Blumengarten, Wegeführung und Wasserleitungen. Schloß mit Erweiterungsbau dargestellt.

17

um 1847
Schloßumgebung
ohne Beschriftung
ohne Maßstab
Bleistift
55 × 75,6 cm
P.S.Plslg. Nr. 7003
Wegeaufmaß am Schloß mit Blumengarten.

18

1847
Schloßumgebung
ohne Beschriftung
bezifferter Maßstab in Ruten
(50 R. = 124 mm)
Feder in Grau und Rot, Bleistift, laviert in Grau und Blau
49 × 37,2 cm
P.S.Plslg. Nr. 7004
Umgebung des Schlosses bis zum Wasserbassin, Wasserwerk-Hauptfontaine, mit Eintragung des neuen Abzugs-Kanals, Wegeführung, 2 Standorte für Maschinenhaus und von Schinkel geplanter neuer Schloßflügel eingetragen. Wohl Vorzeichnung für 19 (P.S.Plslg. Nr. 7005)

19

1847
Schloßumgebung
ohne Beschriftung
bezifferter Maßstab in Ruten
(50 R. = 123 mm)
Feder in Grau, Bleistift, laviert in Grau, Rosa, Grün
P.S.Plslg. Nr. 7005
Wie 7004, Baumbestand angedeutet, Durchzeichnung von Nr. 7004 mit Ergänzungen.

20

1849
Nivellements
„Nivellement zur Anlage des neuen Kanals vom Schlosse auf dem Babelsberg bis zur Havel" / „1. Linie des Kanals zwischen der Wasserbank und der „Hauptfontaine 1145 $^1/_2$ Fuss lang / 2. Linie des Kanals nach der Hauptfontaine 892 $^1/_2$ Fuss lang / 3. Linie des Kanals nach dem Wasserfall 836 $^1/_2$ Fuss lang"
Bez. „P.d. 1/12 49 FA . . ."
bezifferter Maßstab in Fuß
(200 F. = 175 mm)
P.S.Plslg. Nr. 6991.

21

1849
Nivellements
„Linie des Kanals nach dem Wasserfall"
bezifferter Maßstab in Fuß
(190 F. = 149 mm)
Feder in Grau und Rot
25,4 × 100,5 cm
P.S.Plslg. Nr. 6992

22

um 1850
ohne Beschriftung
bezifferter Maßstab in Ruten
(90 R. = 168 mm) 1:2000
Feder in Grau und Schwarz, Blau, Rosa, Bleistift laviert in Grün, Blau und Rosa, auf Leinen aufgezogen
66,5 × 99,5 cm
P.S.Plslg. Nr. 5298
Nach Günther/Harksen, Potsdam 1978, Katalog Nr. 123, zeigt der Plan ursprünglich einen Zustand um 1850, in den dann spätere Veränderungen und Erweiterungen hineingezeichnet wurden. Als Zeichner wird G. Meyer, angegeben. Das Wegesystem vom Plan 1835 ist beibehalten, und die Sichten in die Umgebung sind genau bezeichnet.

23

um 1857
Großer See
„Flaecheninhalts-Berechnung" (Tabelle)
bezifferter Maßstab in Rhl. Fuß
(200 F. = 221 mm)
Feder in Schwarz und Braun, Bleistift, laviert in Blau
67 × 85,3 cm
P.S.Plslg. Nr. 7041
Flächenberechnung für den Großen See oberhalb des Schlosses.

24

1859
Grundstückssachen
„Situations-Plan von dem Havel-Ufer und den angrenzenden Wiesen vom Bahnhofe in der Teltower Vorstadt Potsdam bis zum Parke Babelsberg"
Zusatz nachträglich: „Zu dem Kosten-Anschlage Behufs einer Chaussee-Anlage vom Eisenbahn-Hofe am Teltower Thore Potsdam bis zum Park Babelsberg dd. Potsdam d. 9.ten Maerz 1859 der Bau-Inspector Jacobi"
Bez.: „Vermessen und gezeichnet im Januar 1859 durch Weile Regierungs-Feldmesser und Hauptmann a. D."
bezifferter Maßstab in Ruten
(150 R. = 224,5 mm)
Feder in Schwarz und Rot, laviert in Rot, Braun und Blau; Grundstücksgrenzen umrandet in Grün, Gelb und Rot, auf Leinen aufgezogen
64,8 × 138,8 cm
P.S.Plslg. Nr. 6981

25

Zwischen 1859 und 1863
„Generalsituationsplan von dem Schatullgut Babelsberg bei Potsdam"
Bez.: „copiert, rectificiert die alten Grenzen eingetragen und gerechnet gez. Ossent vereidigter Feldmesser und Bauführer"
bezifferter Maßstab in Ruten
Feder in Grau, laviert in Grün, Rotbraun, Blau und Braun, auf Leinen aufgezogen. Vorgängerplan für 27 (P.S. Plslg. Nr. 7011)
67,2 × 99 cm
P.S.Plslg. Nr. 7010

26

zwischen 1862 und 1865
Gesamtplan
ohne Beschriftung
bezifferter Maßstab in Ruten
(80 R. = 154,5 mm)
Feder in Grau, nachträglich Bleistift, laviert in Grün und Rosa, Seidenpapier auf Papier und Leinwand aufgezogen
67,4 × 102 cm
P.S.Plslg. Nr. 7008
Der nach 1860 neu zum Park dazugekommene Teil zwischen Kavalierhaus, Flatowturm und Nuthe als Deckblatt aufgeklebt. Markant hippodromartiger Grundriß einer Gartenanlage südöstlich der Gärtnerei.

27

1863
„Generalsituationsplan von dem Schatullgut Babelsberg bei Potsdam"
Bez.: „copiert, rectificiert die alten Grenzen eingetragen und berechnet gez. Ossent vereidigter Feldmesser und Bauführer, copiert im September 1863 durch Bauer vereidigter Feldmesser und Bauführer"
bezifferter Maßstab in Ruten
(100 R. = 184 mm)
Feder in Grau, laviert in Grün, Rotbraun, Blau, Braun; auf Leinen aufgezogen
66,5 × 98,2 cm
P.S.Plslg. Nr. 7011

28

1863
Gesamtplan *Abb. 92*
„Plan vom Königlichen Parke Babelsberg“
als Legende: „Röhrenzüge/Bewässerungshähne/Röhrenanschlüsse“
Bez.: „Aufgenommen 1845, ergänzt 1854 und 1863 gezeichnet von Franz Haeberlin“
bezifferter Maßstab in Ruten
(100 R. = 85 mm)
Feder in Grau, Braun, laviert Rosa, Blau
67 × 100 cm
P.S.Plslg. Nr. 7012
Gesamtplan mit Bezeichnung aller Gebäude und Einrichtungen. Die Hauptwasserleitungen sind alle dargestellt. Zwei Stempel: K. Nietner, Babelsberg.

29

1865
„Allerhöchst genehmigte Skizze zu den neuen Park-(anlag)-en bei Babelsberg“
Bez.: „entw. v. Kindermann 1865“
bezifferter Maßstab in Ruten
(20 R. = 58 mm)
Feder in Grau, Bleistift, gelbes Seidenpapier auf weißem Karton aufgezogen
100 × 67,8 cm
P.S.Plslg. Nr. 7014
Das Blatt stellt eine Planskizze des südwestlichen Parkteiles, nördlich von Nowawes um die Gärtnerei dar. Wesentliche Sichtbeziehungen sind eingezeichnet und die Baumgruppen mit römischen Ziffern bezeichnet.

30

1869
Grundstückssachen
„Karte von den zum Schloß und Park Babelsberg gehörigen Grundstücken“
[illegible] Angefertigt nach den Grund-
[illegible] Babels-
[illegible]
1:4000 in October 1869 durch: gez. Böhme Zeichner, Revidirt Potsdam den 18.ten October 1869/Der Steuer-Rath gez. Gehrmann/Copiert Berlin, d. 20ten Novbr. 1869 W. Friedrich“. Zusatz unten links: „Zum Bericht d. K. Regierung in Potsdam vom 22. October 1869 – In 2319“
bezifferter Maßstab 1:4000 in Ruten
(190 R. = 177,5 mm)
Feder in Grau, laviert in Braun, Gelb, Blau, Grün und Grau, auf Karton aufgezogen
52 × 66,1 cm
P.S.Plslg. Nr. 6982.

31

1869
„Plan vom Königlichen Parke Babelsberg“
Bez „gezeichnet von Otto Kindermann 1864, copirt Berlin den 16ten Febr. 1869 W. Friedrich“
bezifferter Maßstab in Ruten
(70 R. = 129 mm)
Feder in Grau, Blau und Rot, Bleistift, laviert in Braun, Rosa und Blau
61,6 × 91,8 cm
P.S.Plslg. Nr. 7013
Gerichtslaube in Blei nachträglich eingetragen.

32

1869
Gesamtplan
„General-Situationsplan von dem Schatullgut Babelsberg bei Potsdam“ / als Legende: „Bewässerungs-Hahn / Schieber / kl. Bassin / Wind-Kessel / Einsteigöffnung u. Schieber / Abflußröhre“
Bez.: „durch Messung und Antragung vervollständigt im Nov. 1869 von gez. A. Fischer Regierungs-Geometer“
bezifferter Maßstab in Ruten
(100 R. = 185 mm)
Feder in Schwarz, Blau und Rot, französisches Transparentpapier
[illegible] 1 cm P.S.Plslg. Nr. 7015

33

1869
Nivellements
„Nivellements-Profil zur Anlage eines Abflußkanals vom Küchengebäude auf Babelsberg nach der Havel“
Bez.: „aufgenommen d. 21. Februar 1869“
bezifferter Maßstab in Ruten
(10 R. = 207 mm)
Feder in Schwarz und Rot, laviert in Braun und Rot
40,2 × 90,5 cm
P.S.Plslg. Nr. 6993
Dargestellt sind 3 Profile mit Angabe von Seitenkanälen, u. a. vom Bassin im Blumengarten.

34

1872
Villen-Anlage Neu-Babelsberg
„Villen-Anlage Neu-Babelsberg/Situation der Villen-Anlage/Ansicht des Terrains vom Babelsberge aus/Parzellierungs-Plan“
Bez.: „Entworfen von Ende & Boeckmann“, nachträglich mit Tinte „1872“
bezifferter Maßstab in Ruten und Metern (90 R. = 135,5 mm/ 300 m = 120 mm)
Lithographie des Lith. Inst. von Wilhelm Greve in Berlin, laviert in Rot, Braun und Violett, auf Leinen aufgezogen
66 × 102 cm
P.S.Plslg. Nr. 6984
P.S.Plslg. Nr. 6985
Nr. 6985 wie Nr. 6984, jedoch mit Einbesserungen in Blei, Rot- und Blaustift: „Alter u. Neuer Wendeplatz“/ „Schirmer“.

35

um 1875
Grundstückssachen
ohne Beschriftung
Legende: „gepachtetes Fiskal-Forstland/

kommunalfreies, vormals forstfiskal. Terrain/Eigentum des Kronfideikommiss/ zum Gemeindebezirk „Neuendorf" gehöriges Terrain / von Klein Glienicke abgezweigt / Eigenthum Sr. Majestät des Kaisers und Königs"
bezifferter Maßstab in Ruten und Meter (60 R. = 110 mm/
250 m = 120,5 mm)
Feder in Grau, Bleistift, laviert; auf Leinen aufgezogen
66,3 × 99,3 cm
P.S.Plslg. Nr. 6983
Darstellung der ehemaligen Grundstücksverhältnisse, Eigentümer (Nr. 1–38) mit Angabe der Flächengrößen. Gebäude des Parkes dargestellt, mit Bleistift bezeichnet.

36

1880
ohne Beschriftung
bezifferter Maßstab in Metern
(200 m = 96 mm)
Feder in Grau, laviert in Grün, Rot; gelbes Seidenpapier, das auf Papier und Leinen aufgezogen ist
73,6 × 100 cm
P.S.Plslg. Nr. 7017
nachträglich eingetragen „Mädlers Villa" am südwestlichen Parkeingang (Nowawes).

37

1880
Gesamtplan *Abb. 95*
„Babelsberg"
Bez.: „gez. von dem Königl. Gartengehülfen F. Hoppe 1880/copiert Gebbe"
bezifferter Maßstab in Metern
(200 m = 96 mm)
Feder in Grau, laviert in Rosa, Blau, Bleistift; gelbes Seidenpapier, auf weißem Papier und Leinwand aufgezogen
66,4 × 98 cm, P.S.Plslg. Nr. 7016
Gesamtpark mit Gebäuden, Wasserleitungen und Baumpflanzungen.

38

1880
Gesamtplan
„Babelsberg"
bezifferter Maßstab in Metern
P.S.Plslg. Nr. 7018
Konzept für 39 (P.S.Plslg. Nr. 7019)

39

1880
Gesamtplan
„Babelsberg"
bezifferter Maßstab in Metern
(200 m = 97 mm)
Feder in Schwarz, Rot und Blau, Bleistift auf französischem Transparentpapier
94,5 × 71 cm
P.S.Plslg. Nr. 7019
siehe P.S.Plslg. Nr. 7018 Konzept.

40

1880
Entwässerungsplan
„Entwässerungs-Plan vom Schloss Babelsberg"/„Schlosshöhe-Bassin"
bezifferter Maßstab in Metern und Fuß
Feder in Schwarz, Rot, Blau und Grau, Bleistift laviert
90,3 × 67,7 cm
P.S.Plslg. Nr. 7113
Schloß mit seinen Terrassen und den Leitungen bis zum Schloßhöhen-Bassin.

41

1900
Brücke über den Teltowkanal
„Fussgängersteg in Stat.: 0 + 75/Blatt 2 / Teltowkanal / Ansicht u. Aufsicht / Schnitt und Ansicht vom Schloßpark aus"
Bez.: Havestadt & Contag / Königl. Bauräthe Berlin-Wilmersdorf 21.VI.00
Feder in Schwarz und Rot, laviert in Grau, Blau, Braun, Grün (aquarelliert); Karton auf Leinen aufgezogen
49,6 × 65,6 cm
P.S.Plslg. Nr. 7044
Brücke über den Teltowkanal zwischen Klein-Glienicke und Schloßpark Babelsberg.

42

1901
Gesamtplan
„Lageplan des Königlichen Parkes zu Babelsberg" / nachträglich „Entwurf einer Trinkwasserleitung"
Bez.: „Copie nach der durch den Königlichen Gartengehülfen F. Hoppe im Jahre 1880 gefertigten Originalzeichnung"
bezifferter Maßstab in Metern 1:2000
(300 m = 149 mm)
Feder in Schwarz und Blau, Bleistift und Gelbstift, laviert in Blau, Lichtpause auf Leinwand aufgezogen
65,5 × 99 cm
P.S.Plslg. Nr. 6994.

43

1901
Nivellements Trinkwasserleitung
„Nivellements-Plan zum Entwurf einer Trinkwasserleitung im Königlichen Park zu Babelsberg"
Bez.: „Angefertigt auf Grund besonderer örtlicher Aufnahme: Potsdam im Herbst 1901 Sossna vereidigter Landmeßer"
bezifferter Maßstab ohne Maßeinheit, Längen 1:2000, Höhen 1:100
Feder in Schwarz und Blau, laviert in Braun, Rot und Blau; auf Leinen aufgezogen
65,7 × 99,7 cm
P.S.Plslg. Nr. 6995.

44

1901
Schloßumgebung
„Lageplan der Anschüttung im Schlosspark Babelsberg Blatt 1"
Bez.: „Berlin im Januar 1901 für Philipp Holzmann u. Cie, G.m.b.H. Baubureau Kl. Glienicke b. Potsdam Victor Prohl"
bezifferter Maßstab 1:1000 in Metern
Feder in Schwarz und Rot, laviert in Grün, Blau und Hellocker; auf Leinen aufgezogen, 63,7 × 66 cm
P.S.Plslg. Nr. 6997 dazu Querprofile
P.S.Plslg. Nr. 6998 (Profile I–VI)
P.S.Plslg. Nr. 6999 (Profile VII–IX)
P.S.Plslg. Nr. 7000 (Profile X–XII)
P.S.Plslg. Nr. 7001 (Profile XIII–XV).

45

1901
Wasserleitungen
„Babelsberg"
bezifferter Maßstab in Metern
(200 m = 95,5 mm)
Lichtpause mit Eintragungen in blauer Tinte und Rotstift und Bleistift
64,5 × 91,4 cm
P.S.Plslg. Nr. 6996
Grundplan wie 42 (P.S.Plslg. Nr. 6994) mit in die Lichtpause eingetragenen alten Wasserleitungen.

46

1905
Schloßerweiterung
„Schloß Babelsberg Entwurf zum Erweiterungsbau für S.K.H. den Kronprinzen / Lageplan Bl. 1"
Bez.: „Berlin im März 1905 Geyer"
bezifferter Maßstab in Metern
(300 m = 143 mm)
Feder in Schwarz, Bleistift, laviert in Grün, Rot und Blau; auf Karton aufgezogen, 46,5 × 55,4 cm
[illegible] Nr. 7032
[illegible] Wasserwerk

47

1907
Schloßerweiterung
„Babelsberg"
Legende: „vorhandene Leitungen / vorh. Leitg. zu beseitigen / Neue Leitungen" / „Blatt 2"
Bez.: nachträglich „zum Anschlag vom 21. 8. 07 / Zeichnung mit der Offerte zurück B. d. 6. Sept. 07"
bezifferter Maßstab in Metern
(200 m = 196 mm)
Feder in Blau und Rot, Bleistift, Rot- und Blaustift auf Lichtpause
47 × 51,6 cm
P.S.Plslg. Nr. 7035.

48

1907
Schloßerweiterung
„Schloss Babelsberg Entwurf zum Erweiterungsplan für S.K.K.H. d. Kronprinzen" / „Lageplan"
Bez.: „Berlin, den 3.ten Juni 1907 Geyer"
bezifferter Maßstab in Metern
(150 m = 144 mm)
Feder in Schwarz, Bleistift, Rotstift, laviert in Blau, Grau und Rot
53,5 × 65,7 cm
P.S.Plslg. Nr. 7033
Vorhandene Gebäude, beabsichtigter Anbau und später mögliche Erweiterungen eingetragen; Parkteil zwischen Wasserwerk und Schloß mit Wegeführung und schematisch angedeuteten Gehölzen.

49

1907/08
Schloßerweiterung
ohne Beschriftung
bezifferter Maßstab in Metern
(200 m = 190 mm)
Feder in Schwarz, Bleistift und Rotstift; auf Lichtpause eingetragen
[illegible] 51,3 cm
P.S.Plslg. Nr. 7034
Schloßerweiterungsbau mit Angleichung des südöstlich anschließenden Geländes.

50

1908
Schloßerweiterung
„Schloß / Küchengebäude / Maschinenhaus"
Bez.: „Geyer 1908"
Feder in Schwarz und Rot, Bleistift; gelbes Transparentpapier
38,7 × 52,2 cm
P.S.Plslg. Nr. 7037
Der Plan stammt aus der Bild- und Plansammlung der Deutschen Bauakademie, Institut f. Theorie u. Geschichte.

51

1908
Schloßerweiterung
„Schloss Babelsberg / Entwurf zum Erweiterungsbau für S.K.H. den Kronprinzen / Lageplan"
Bez.: „Berlin im Juli 1908 Geyer"
bezifferter Maßstab in Metern
(300 m = 147 mm) „M 1:2100"
Bleistift, laviert in Grau, Rot, Braun, Blau, Grün; Seidenpapier auf Karton aufgezogen
53,7 × 62,7 cm
P.S.Plslg. Nr. 7039.

52

1910
Schloßerweiterung
ohne Beschriftung
Bez.: auf nachträglich aufgeklebtem Zettel „zur Verfügung vom 16. Juni 1910 Bohne Königl. Hofbaurath"
ohne Maßstab
Feder in Rot und Grau auf Lichtpause
38,9 × 71,8 cm
P.S.Plslg. Nr. 7022.

53

1929
Gesamtplan
„Park Babelsberg"
Bez. „GB 1929"
bezifferter Maßstab in Metern
(200 m = 47 mm) auf Nr. 7031 mit Blei ergänzt „etwa 1:4000"
Lichtpause
61,6 × 45 cm
P.S.Plslg. Nr. 7030 und P.S.Plslg. Nr. 7031
Bepflanzung angedeutet; Aussichtspunkte, Wege und Gebäude beschriftet.

54

1936
Schloßumgebung
„Schloßpark Babelsberg / Treppe mit Laubengang / Grundriß / Schnitt"
Bez. „Potsdam, den Dezember 1936"
Maßstab 1:100
Bleistift auf Transparentpapier
21,2 × 30 cm
P.S.Plslg. Nr. 7046
ohne Darstellung des Laubenganges, Detailmaße enthaltend.

Park Branitz

1

1846
Gesamtplan
„Plan von der Garten Anlage beim Schlosse zu Branitz 1846 / Küchengarten / Erdmagazin / in Blei: Schloß / Stall / Hof / Veranda / Wohnung / Fohlen / Wagenschuppen / Baumschule und . . . / Kartoffelfeld / Restauration / Schenke". l. o.: „Vorlage zu K III"
bezifferter Maßstab in Ruten
(40 R. = 150 mm)
Feder in Grau, laviert in Grün, Blau und Rot, Ergänzungen in Blei- und Rötelstift; umrandeter Hauptplan mit zwei angeleimten Ergänzungsblättern nach oben und links
54,5 × 74 cm
Cottbus, SA, Inv. Branitz Nr. 1
Vorgängerplan der weiteren Pläne von 1846. Markant die parallele Uferführung des Oberen Schloßsees. Mit Blei bereits die Konturen der „italienischen Mauer" eingetragen. Terrasse mit abgerundeten Ecken und Betonung des Südgiebels durch Terrassenausrundung. Nur der Bereich um das Schloß z. T. bereits mit Feder dargestellt. Der Parkteil westlich des Schloßsees wird durch ein Gebäude (Stall mit Wohnung) abgeschlossen.

2

1846
Gesamtplan *Abb. 101*
„Plan von der Garten-Anlage beim Schlosse zu Branitz. 1846" / weiterhin oben: „Stall / Wagenschuppen / Wohnhaus / Veranda / Fohlenwiese, rechts Baumschule und Küchengarten / Moostempel / Kartoffelfeld"
bezifferter Maßstab in Ruten
(40 R. = 188 mm)
Feder in Grau, laviert in Grün
42 × 51,1 cm
Cottbus, BM, Schloß Branitz,
Inv. Nr. VIII 479/P
Etwa wie Plan Nr. 1, jedoch ohne italienische Mauer. Vor der Westseite der Schloßterrasse im Rasen Monogramm mit Krone dargestellt.
veröffentl. bei Rippl, H.: Der Branitzer Park, Cottbus 1977, Abb. 7.

3

1846
Gesamtplan
„Plan von der Garten Anlage beim Schlosse zu Branitz 1846" / „Schloß / Schenke / Restauration / Baumschule und Küchengarten / Fohlen / Moostempel"
bezifferter Maßstab in Ruten
(40 R. = 150 mm)
Feder in Sepia und Blei, laviert in Grün, Blau und Braun
45 × 54 cm
Cottbus, SA, Inv. Branitz Nr. 2
Parkerweiterungen südöstlich und südwestlich des Oberen Schloßsees sowie westlich der Baumschule. Der Schloßsee besitzt eine Einschnürung mit Brücke. Die Schloßwiese wird durch einen Diagonalweg gequert und an ihrer Nordseite durch einen Wasserlauf entwässert. Im Westen und Norden des Schlosses ist eine Abgrenzung des Pleasureground dargestellt. Die „italienische Mauer" bildet den östlichen Abschluß des Schloßplatzes.

4

1853 *Abb. 103*
„Plan des Fürstlich Pückler-Muskauschen Parks zu Branitz im Jahre 1853" zusätzlich Darstellung des Pücklerschen Wappens „Amor et virtus" / Die italienische Mauer / Schloß Branitz / Schwanenhäuschen
Bez.: „Lith. v. W. Reich / n. d. Natur gez. v. W. Reich"
bezifferter Maßstab in Ruten/
30 R. = 1 Dec. Zoll
(100 R. = 125 mm)
Lithographie
31 × 40 cm
Cottbus, BM, Schloß Branitz, Inv.-Nr. VIII 480/P
Darstellung des Hauptparkes mit Pleasureground und Theegarten.
Veröffentlicht bei Rippl, H.: Der Branitzer Park, Cottbus 1977 Abb. 8.

5

um 1866/67
Pyramidenflur *Abb. 194*
in Blei „Pyramidenflur mit nächster Umgebung vom Park"
bezifferter Maßstab in Ruten/
20 R. = 1 Dec. Zoll / 1:2000
(40 R. = 115 mm)

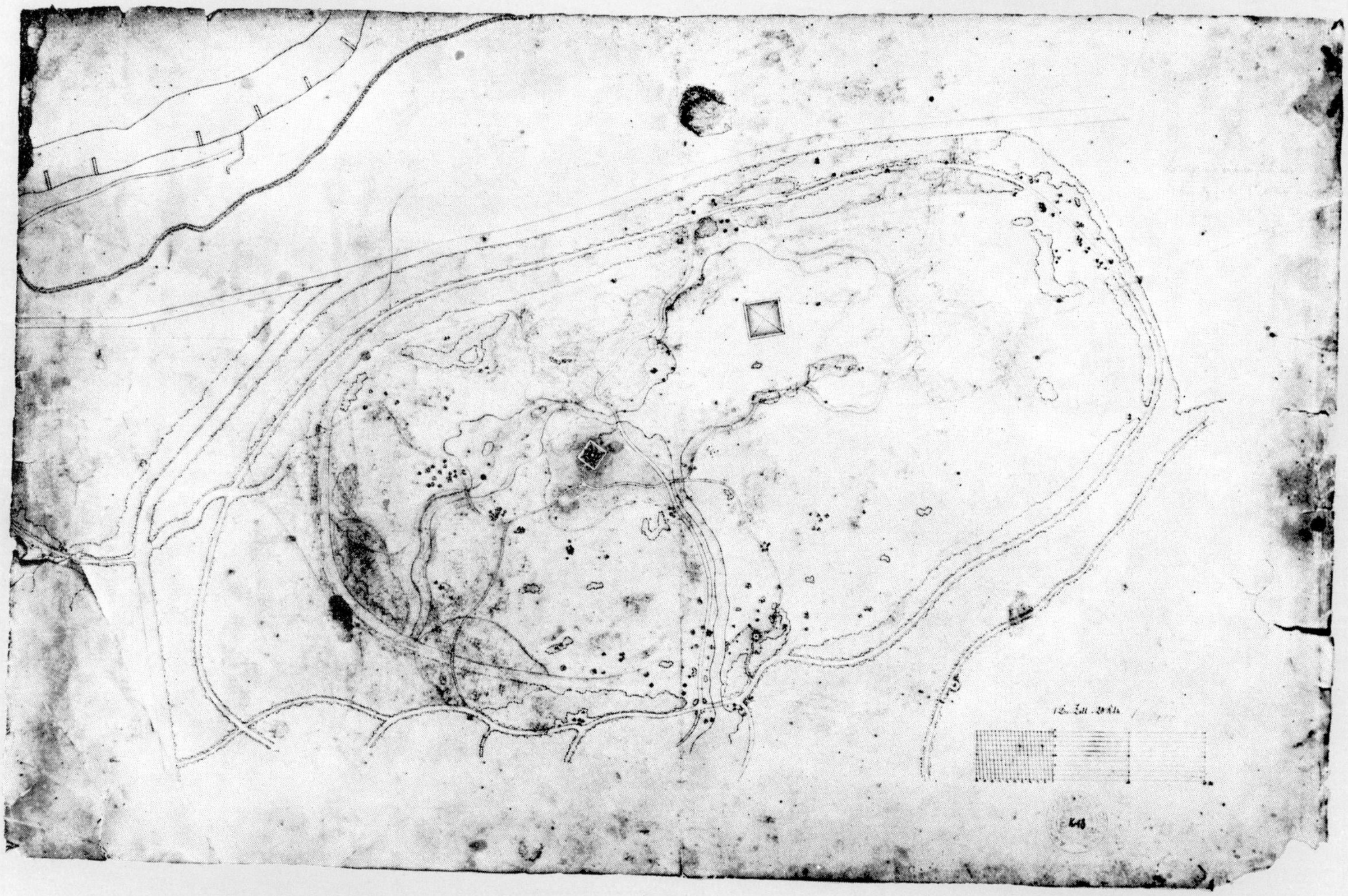

194
Branitz. „Pyramidenflur mit nächster Umgebung vom Park“,
um 1866

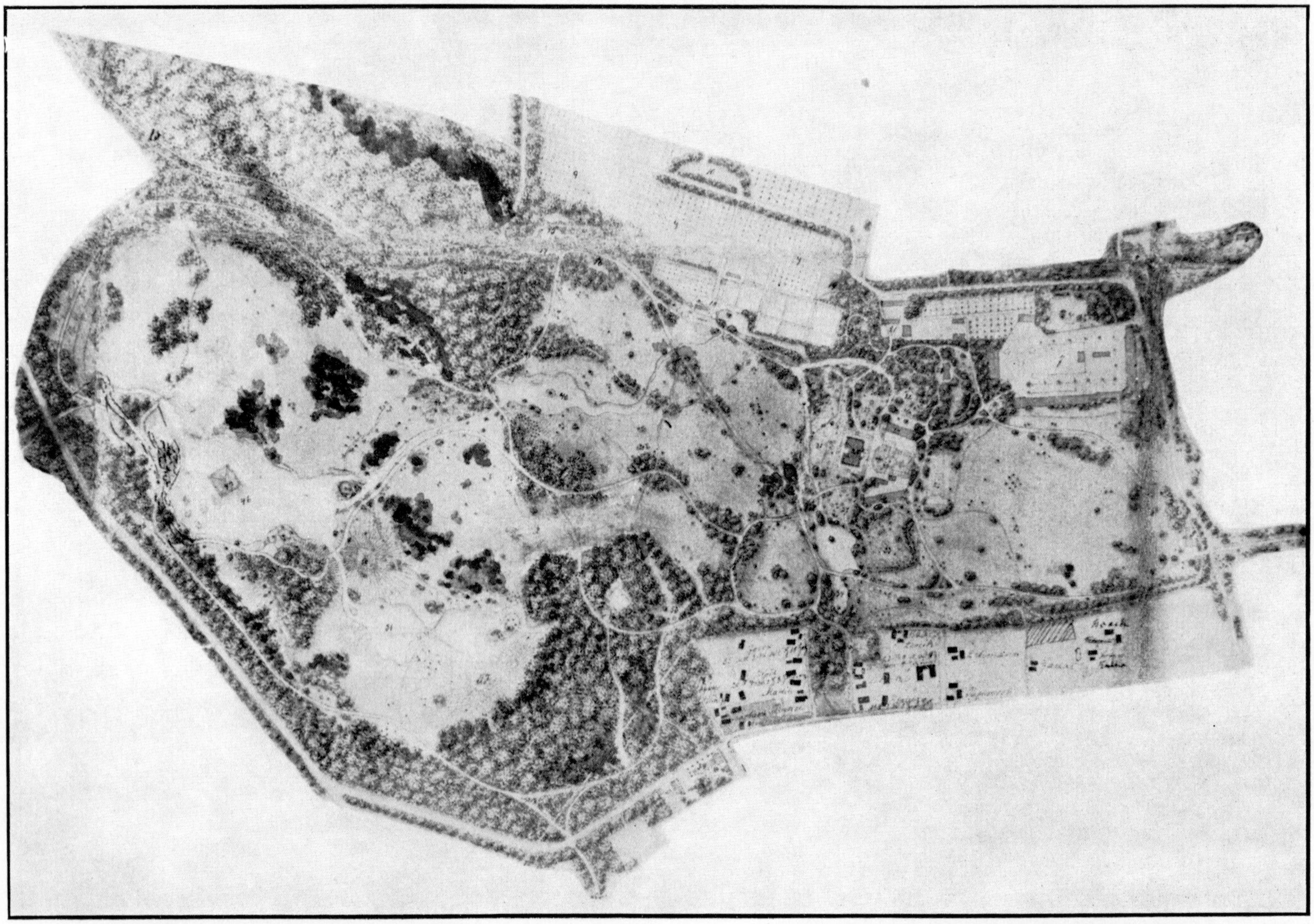

195
Branitz. „Der innere Park Branitz 1875“

Feder in Schwarz, Bleistift
42,5 × 67 cm
Cottbus, SA, Branitz Nr. 4
Die östliche Schlangensee-Erweiterung mit dem Hermannsberg ist noch nicht eingetragen. Eine markante Umgrenzung des Parkteiles bildet die ovale Reitbahn. Bestand und Planungsabsichten scheinen ineinander überzugehen.

6

um 1867
Gesamtpark
als Bildunterschrift: „Der Park zu Branitz – Gesamtplan um 1870“
Teilreproduktion
12 × 30 cm
veröffentlich bei Gresky, W.: Branitz, der Park des Fürsten Pückler, in: Brandenburgische Jahrbücher „Die alten Gärten und ländlichen Parke der Mark Brandenburg“ bearb. v. Rave, O., Potsdam und Berlin 1939 H. 14/15, S. 102/103 ohne Angabe des Originalstandortes.

7

1875 *Abb. 195*
Rückseite nachträglich in Blei: „Der innere Park Branitz 1875“ und in Tinte Unterschrift Bleyers „Branitz. Der innere Park Branitz im Jahre 1875“
Fotoreproduktion auf Karton aufgezogen
23,5 × 27 cm
Cottbus, SA, Inv. Branitz Nr. 3
Der Plan stellt ursprünglich eine frühere Situation dar, in die die aktuelle Gestaltung ergänzt wurde. Die Rennbahn ist nur noch nördlich des Tumulus angedeutet. Der Durchbruch zwischen den „neuen Anlagen“ und dem Hauptpark südlich des Mittelweges ist durchgeführt. Eingetragene Zahlen wie im Plan 1903 jedoch ohne Legende.

8

1889
Rittergutsflur
„Karte vom Rittergute Branitz Kreis Cottbus“, auf Einband „Specialkarte Branitz“
Bez.: „angefertigt im Frühjahr 1889 durch Büttner, Geometer“
bezifferter Maßstab in Metern
M 1:10 000
Feder in Grau, Schwarz und Rot, farbig laviert in Grün, Gelb, Rot, Blau und Grau, auf Leinwand aufgezogen
47 × 43,5 cm
Cottbus, SA, Inv.-Nr. Branitz Nr. 6
Die gebundene achtteilige Karte stellt die exakte Flureinteilung des Rittergutes dar. Die forstlich genutzten Flächen sind mit Zahlen 1–53 versehen. Eingetragen sind alle Gebäude: Schloß, Cavalierhaus, Marstall, Glashäuser, Parkhof, Wirtschaftshof, Oeconomie Park, 3 Torhäuser, Försterei (Parkschmiede), Chausseehaus.

9

1902
„Karte von der Dorflage zu Branitz, Cottbuser Kreises“
Bez.: „Nach der Separationskarte copiert unter Nachtragung der Veränderungen im August 1902 durch Büttner, Geometer“
Maßstab 1:4000
Feder in Grau und Schwarz, laviert
32,5 × 49 cm
Cottbus, SA, Inv. Branitz Nr. 7.

10

1903
Gesamtplan *Abb. 105*
„Fuerstlicher Park zu Branitz“ / „Flächeninhalt 2547 Morgen / Erläuterung Nr. 1–57 / Waldung / Ökonomie-Äcker“
Bez.: „Vereinsgabe der Vereinigung ehem. Schüler der Potsdamer Königl. Gärtnerlehranstalt 1903 / Kunst-Anst. [illegible] jun. Magdeburg“
bezifferter Maßstab in Metern
1 Dec. Zoll. = 50.0 R/
1 Dec. Zoll = 194,375 m
500 m = 77 mm
Farbiger Druck in Schwarz und Grün
58 × 87,5 cm
Cottbus, BM, Schloß Branitz, Inv.-Nr. VIII 481/P.

11

1964
„Branitzer Park 1964“
Bez. „Karte wurde nach einem bestehenden Aufmaß der Parkverwaltung Branitz 1956 neu bearbeitet u. korrigiert. Der Baumbestand wurde meistenteils eingeschritten. Rippl“
bezifferter Maßstab in Metern
Tusche auf Transparent
Veröffentlicht bei Rippl, H.: Der Branitzer Park – ein Meisterwerk der deutschen Gartenkunst, in: Niederlausitzer Studien – Sonderheft Cottbus 1971.

12

1970
Branitzer Park 1970
Eine Zustandskarte, die nach einer Vermessung aus dem Jahre 1966 von H. Rippl erarbeitet und gezeichnet wurde
bezifferter Maßstab in Metern
Tusche auf Kartostat-Dia-Filmmaterial
Veröffentlicht bei Rippl, H.: Der Branitzer Park – ein Meisterwerk der deutschen Gartenkunst, in: Niederlausitzer Studien – Sonderheft Cottbus 1977, 3. Aufl.

13

1978 *Abb. 137*
Farbiger Baumbestandsplan
Achtfarbendruck. Verfertigt durch H. Rippl
Veröffentlicht in: Natur und Landschaft im Bezirk Cottbus, Biologischer Führer durch den Branitzer Park, Sonderheft 1984, als Kartenbeilage

196
Hermann Ludwig Heinrich Fürst von Pückler-Muskau, um 1840

Anhang

Anmerkungen

Helmut Rippl
Pücklers Parkanlagen . . .

MUSKAU

1 Die beiden späteren Zeichnungen sind leider nur in einer Reproduktion vorhanden und für den erneuten Druck ungeeignet.

2 *Hermann Fürst v. Pückler-Muskau,* Andeutungen über Landschaftsgärtnerei, Leipzig o. J., Nachdruck von Th. Lange, S. 129.

3 Eduard Petzold schreibt, daß bereits 1811 das alte Orangerie-Gebäude, welches am Beginn der Hirschwiese stand, niedergerissen und an einem anderen Ort wieder aufgebaut wurde, um freundlichere Aussicht vom Schloß zu bekommen. (Der Park von Muskau, Hoyerswerda. 1856, S. 11)

4 Siehe Ausschnitt des Planes A aus dem Pücklerschen Gartenwerk „Andeutungen über Landschaftsgärtnerei“ Abb. 2 und vergleiche mit Abb. 1. Pückler genierte sich demnach, seinen Mißgriff zu dokumentieren.

5 *E. Petzold,* Der Park von Muskau, 1856, S. 22.

6 ebda.

7 Nicht 1816, wie E. Petzold meint.

8 Der Wortlaut des Briefes an die Muskauer Bürgerschaft in: *E. Petzold,* Fürst Hermann v. Pückler-Muskau in seinem Wirken in Muskau und Branitz, Leipzig 1874, S. 10–12.

9 *E. Petzold,* Der Park von Muskau, 1856, S. 12.

10 Morgen = Alte Maßeinheit, die zwischen genau 25 a (Hamburg) und [illegible] Bayern) schwankt; in [illegible] größe konnte nicht geklärt werden.

11 Arnim/Boelcke, Muskau, Standesherrschaft zwischen Spree und Neiße, Berlin 1979, S. 157.

12 *E. Petzold,* Fürst Hermann v. Pückler-Muskau, 1874, S. 12/13.

13 *L. Assing,* Briefwechsel des Fürsten H. v. P.-M., 1874, Bd. 4, S. 266.

14 ebda Bd. 4, S. 272.

15 ebda Bd. 5, S. 262.

16 ebda Bd. 5, S. 92.

17 Siehe Anm. 16.

18 *H. Repton* Observations on the Theorie and Practice of Landscape Gardening, 1803, und Fragments on the Theorie and Practice of Landscape Gardening, 1816.

19 *Assing,* Briefwechsel, Bd. 6, S. 457.

20 ebda Bd. 5, S. 309.

21 ebda Bd. 5, S. 313.

22 Die Länge der Querallee insgesamt betrug 550 m, das Teilstück der Schloßwiese 200 m. Da die Linden schon fast 200 Jahre alt waren und die Allee schön und weit war (*Pückler-Muskau,* Andeutungen, S. 131), wird man einen Baumabstand innerhalb der Reihe von 10 bis 12 m annehmen können. Somit standen auf der Schloßwiese 40 bzw. 33 Stück und insgesamt im Park 110 bzw. 92 Stück. Die 50 Linden, um 1822 gefällt, konnten also nicht nur aus dem Schloßwiesenabschnitt der Allee ausgesucht worden sein, sondern aus der gesamten Allee. Der einzig verläßliche Parkplan vom Jahre 1847 läßt nur noch 25 Stück sicher erkennen.

23 *Günther Grundmann*/Karl Friedrich Schinkel, Band Schlesien, Berlin 1941.

24 *Pückler-Muskau,* Andeutungen, S. 25.

25 Pückler sagt in seinen „Andeutungen ...“ im Kapitel „Gruppierung im [illegible] Gebäude“: „In hohem Grade wichtig ist es, daß Gebäude immer im Charakter der Landschaft erscheinen, mit der sie verwebt sind.“

26 *Pückler-Muskau,* Andeutungen, S. 145.

27 ebda S. 88.

28 Briefe eines Verstorbenen, 1831, Bd. 3, S. 53.

29 *E. Petzold,* Erinnerungen aus meinem Leben, 1890.

30 *Arnim/Boelcke,* Muskau, Standesherrschaft zwischen Spree und Neiße, S. 204.

31 *E. Petzold,* Erinnerungen, S. 142.

32 ebda S. 142 ff.

33 Die Angaben über das Arboretum sind dem von E. Petzold und G. Kirchner herausgegebenen Werk „Arboretum muskaviense“, 1864, zu entnehmen. Obwohl der Bericht der Deutschen Dendrologischen Gesellschaft 1909 über deren Besuch in Muskau ein überschwengliches Lob dem Park, dem Arboretum, der Baumschule und dem Besitzer mit dem Parkdirektor Lauche zollte, ist der Artenreichtum mit 120 Gehölzen, die notierenswert erschienen, gegenüber der Ausgangsanzahl von über 1000 schon sehr geschrumpft.

34 Pückler-Muskau, Andeutungen, S. 184–194.

35 *Hermann Graf v. Arnim,* Ein Fürst unter den Gärtnern, Berlin 1981, S. 173.
Siehe auch das Urteil von Camillo Schneider, in: Gartenschönheit, Heft 10/1922. – v. Arnim gibt ferner an, daß seit 1883 das Arboretum nicht mehr gepflegt wurde.

36 So fehlen Aufnahmen von der Schloßrampe nach Osten wie umgekehrt vom Mausoleum zum Schloß fast völlig.

37 *Lübben Stoitscheff,* Der Muskauer Park, Diss. 1942, in: Universitätsbi-

bliothek Berlin.

[38] *Hermann Graf v. Arnim,* Ein Fürst unter den Gärtnern, S. 169.

[39] Die Angabe über die Herkunft dieser Aufzeichnungen verdanke ich Herrn Pharmazieingenieur E. Dahlke, Bad Muskau.

[40] Zahlenangaben in: *Arnim,* Ein Fürst unter den Gärtnern, S. 173.

[41] Der Stoitscheffsche Grundplan wurde allem Anschein nach aus einem sehr detailliert aufgenommenen Meßtischblatt entlehnt, entsprechend ergänzt und auf den Zustand von etwa 1940 gebracht. Angaben über die Herkunft der Planunterlage sind nicht gemacht. Einige nachweisliche Gehölzbestandsreduzierungen, so die Bereinigung am Ostufer der Gitterbrücke, sind nicht enthalten. Die Darstellung der Arbeit Potentes ist somit z. Z. nicht detaillierter möglich.

[42] Nach Angaben von K. Kurland, Bad Muskau. Große Verdienste erwarb sich um die Parkerhaltung in den ersten Nachkriegsjahren der Muskauer Bürgermeister Max Ambrosius.

BABELSBERG

[43] *G. Poensgen,* Schloß Babelsberg, Berlin 1929.

[44] *G. Hinz,* Peter Josef Lenné und seine bedeutendsten Schöpfungen in Berlin und Potsdam, Berlin 1937.

[45] *H. Günther / S. Harksen,* Bestandskatalog der Lennépläne Teil I, Potsdam-Sansssouci 1978, Kat. Nr. 121.

[46] Nach persönlicher Mitteilung von H. Hamann. Lenné war demnach auch nach 1839 beratend für den Babelsberg tätig.

[47] Unterthänigstes Promemoria, in: Staatsarchiv Potsdam, Pr. Br. Rep. 37, Branitz 1070.

[48] Angaben aus: Cottbuser Anzeiger, Beilage „Aus der Heimat" o. J., sign. b. d., Archiv der Stadt Cottbus, Akte Pückler.

[49] Staatsarchiv Potsdam, Pr. Br. Rep. 37, Branitz Nr. 815.

[50] Siehe Ansicht des fertigen Ostteiles des Schlosses als Aquarell von Carl Graeb, um 1840, in: Ausstellungskatalog Schinkel in Potsdam, Potsdam-Sanssouci 1981, S. 118.

[51] in: *H.-J. Giersberg, A. Schendel,* Potsdamer Veduten, Potsdam-Sanssouci 1981, Abb. 185, Bild von Xaver Sandmann um 1855.

[52] *Assing;* Briefwechsel, a. a. O., Bd. 9, S. 189.

[53] Staatsarchiv Merseburg, H. A. Rep. 51 T, Lit. P Nr. 13, Brief v. 1. Okt. 1847 aus Belvedere (Weimar vermutlich).

[54] Assing, Briefwechsel, a. a. O., Bd. 9, S. 75.

[55] Staatsarchiv Potsdam, Pr. Br. Rep. 37, Branitz Nr. 815, Brief des Hofmarschalls vom 6. Jan. 1847.

[56] Diese Notiz ist recht aufschlußreich und rechtfertigt so auch aus Pücklers Sicht die Herausnahme überfüllt wirkender Pflanzungen durch Petzold ab 1852 in den Muskauer Blumengärten und dem Pleasureground.

[57] *Günther / Harksen,* Lennépläne I, 1978, Kat. Nr. 123. Die Wegeführung zeigt viele Anklänge an die im Plan von 1845, Teil Glienicker Park.

[58] Siehe Anm. 53.

[59] Siehe Anm. 53.

[60] Der immer auch städtebaulich denkende Lenné hatte die Flächen am Fuße des Babelsberges beiderseits des mit einer Allee bepflanzten Weges vom Mühlentor Richtung Kutscherhaus als Bauland vorgesehen.

[61] Nach *A. Bethge,* Die Hohenzollern-Anlagen Potsdams, Berlin 1888: ... durch „Aufstellung von Einzelstämmen von Roßkastanien, Ahorn, Linden, Rüstern u. a. m. auf den weiten Rasenflächen anziehende Durchsichten nach dem Griebnitzsee und nach Nowawes mit Umgebung geschaffen."

[62] Parkpläne in der Plankammer der Staatlichen Schlösser und Gärten Potsdam-Sanssouci.

[63] Nach H. Hamann, aus: Die Gartenkunst 2/1900.

[64] Siehe Postkarten-Serie historischer Aufnahmen in Leporelloform „Gruß aus Potsdam" der Staatl. Schlösser und Gärten Potsdam-Sanssouci.

[65] Angaben ab 1925 verdanke ich Herrn H. Hamann, Potsdam-Sanssouci.

BRANITZ

[66] *L. Assing,* Fürst Hermann v. Pückler-Muskau, Biografie Band 2. Diese sehr bemerkenswerte Briefstelle erhellt schlaglichtartig das eigentümliche Verhältnis der beiden Eheleute in künstlerischen Angelegenheiten. Einerseits freute sich Pückler über das Engagement seiner Frau in Muskau, wo er ihr freie Hand bei der Gestaltung bzw. Veränderung der Muskauer Schloßräume läßt, ist aber allergisch bei Eingriffen Lucies im Park. Dies bezeugt Petzold in seiner Pückler-Würdigung. – Beide Eheleute waren sehr engagiert am Parkgeschehen, und Lucie scheint wohl auch der treibende Teil gewesen zu sein, die Querallee in Muskau zu öffnen, denn wie sonst ist Pücklers Unruhe und verschämtes Eingeständnis in Briefen vom 11. und 12. Mai 1824 an seine Frau zu verstehen: „Du schreibst mir noch nicht einmal, ob der Frühling schön ist. Nimmt sich denn das Ganze nicht gut aus, sind vielleicht die letzten Veränderungen doch nicht gelungen, und der Park durch das viele Hinwegnehmen von Bäumen zu kahl geworden?".
(*Assing,* Briefwechsel, Bd. 6, S. 243). Und nach Erhalt der Antwort heißt es am 12. Mai: „Es freut mich herzlich, daß der Garten Dir gefällt und ich bin sehr begierig auf Deine Ideen, die, ich sage es mit einiger Beschämung, eigentlich grade in der großen landschaftlichen Ansicht die meinigen übertreffen, und vereinigt mit Repton mich erst auf den rechten Weg geleitet haben, und mich darin erhalten".

[67] Branitz, Pläne 1846:

Plan 1
Schloßpark in Minimal-Ausdehnung zwischen heutigem Mittelweg und Cottbuser Weg, Querweg und Ostrand alter Gutshof. 1 Wirtschaftsgebäude unmittelbar vor dem Südgiebel des Schlosses, Dorf Branitz nicht einbezogen. 3-Gliederung schon hergestellt: Pleasureground rings um das Schloß, Restauration mit Garten im Osten, Park nach Nordwesten. Einfacher Parkumfahrungsweg; An diesem ein Schweizerhaus und ein kombiniertes Stall-, Wohn-, Wagenschuppengebäude mit Veranda nach Osten zum Parkraum sowie ein Gärtnerhaus mit Funktion als Torhaus nach Cottbus. Im Pleasureground Standorte für Kiosk, Moostempel, Rosenhügel (letzterer zum Schloß abgepflanzt könnte darauf schließen, daß dieser schon im alten Schloßpark vorhanden war). Wenige Solitärgruppen auf der Schloßwiese, Schloß mit Terrasse versehen, Südgiebel mit halbkreisförmigem Anbau. Gutshof durch schmale Pflanzung verdeckt. Schloßteich hat ähnliche Form wie später ausgeführt.

Plan 1a
Nach Öffnen einer Deckklappe des Planes 1 ist eine Erweiterung des Parkes in der Achse des Schloßsüdgiebels dargestellt mit einem fast rechteckigen Teich, dessen Ufer nur an den Längsseiten dicht zugepflanzt sind. Beide Pläne weisen sauber ausgeführte Baumzeichnungen auf, in Tusche beim östlichen mit Bleistift im westlichen Teil sowie auch Gebäude und Wege in Bleistiftskizzen. Am südlichen Parkausgang zum Dorf eine Schenke außerhalb des Parkes.

Plan 2
Exakte Tuschzeichnung koloriert im Planumfang 1a und in fast gleichem Inhalt. Rosenhügel jetzt mit Pflanzung, die Beziehung zum Schloß aufnimmt. Planbeschriftung zeigt andere Rechtschreibung im Titel. Einige neu hineinskizzierte Wege und erste Andeutungen für die Hinzunahme der Mondwiesenpartie. Beide Pläne zeigen schon den Standort der Pokallinde in der Achse Schloß-West-Front zum Park.

Plan 3
Weiterentwicklung auf der Grundlage des Planes 2. Mischung aus Tusche- u. Bleistiftzeichnung. Hinzunahme der Mondwiese und eines Streifens östlich des Schwarzen Sees. Südlicher Teich (Schwarzer See) erfährt Form, die der heutigen entspricht, mit einer Brücke, die eine größere von einer kleinen Wasserfläche teilt. Stallgebäude detaillierter dargestellt, Pergola jetzt als Abschirmung des Gutshofes. Schloßsüdgiebel erfährt einen Anbau in $^1/_3$ der Schloßgrundfläche (vermutlich Wintergarten oder erhöhte Terrasse). Über die Schloßwiese führt diagonal ein Fahrweg zum Gärtner-Torhaus Richtung Cottbus.

68 Urmeßtischblatt von 1845 als Druck einer Kartensammlung des Cottbuser Landkreises von 1856, gewidmet dem Fürsten Pückler vom Prediger an der Oberkirche in Cottbus, Dr. Emanuel Berger. Weitere noch vorhandene Parkpläne sind neben den schon unter Anm. 67 beschriebenen 1, 1 a, 2 u. 3:
4. Plan von 1853, Druck als Beilage in der Sammlung des Jahres 1856
5. Plan o. J. vom Pyramiden-Erweite- [illegible] Parkes. Teilkonzeption [illegible]
6. Plan von 1868, geschaffen von Bruno Teichler, vergrößerte Reproduktion eines Druckes
7. Plan 1875, der Veränderungen des Wegenetzes und neue Pflanzungen, die nach 1871 eintraten, verzeichnet mit vielen Radierstellen, Stadtarchiv Cottbus
8. Plan von 1889, geschaffen wahrscheinlich von Büttner, Reproduktion
9. Plan von 1903, Vereinsgabe Vereinigung ehem. Schüler der Gärtnerlehranstalt Potsdam, farbiger Druck von Park und ornamental farm
10. Kartografische Zeichnung von 1970, Autor H. Rippl, mit Zustand des eingezäunten Parkteils, nach einer 1966 erfolgten Neuvermessung, 1974 ergänzt durch Baumartenkennzeichnung.
Im Staatsarchiv Potsdam, Pr. Br. Rep. 37 Branitz Akt. 196 Bl. 51/52 findet sich eine Aufstellung von Plänen in einem Brief eines M. Hoffmann, Berlin, an den Grafen Heinrich von Pückler betr. ein Kartenwerk über die Entstehungsgeschichte des Branitzer Parks:
1. Plan des gesamten Terrains
2. Zwei kleinere von 1843 und 1848, von Sr. Durchlaucht mit Nr. I und II bezeichnet
3. Plan von 1858, gez. von Kuhlmann
4. Plan der Pyramidenebene, ohne Jahresangabe
5. Terrainplan von 1868, gez. n. Teichler
6. Der Plan mit der jetzigen Einteilung
Die Pläne 1 und 3 sind bisher nicht auffindbar. Anstelle der unter 2 genannten beiden Blätter sind die Pläne unter 1., 2., 3., s. o., vorhanden. Der Plan unter 6. ist vermutlich identisch mit dem Büttner-Plan 1889.

69 Aus dem Privatarchiv Walter Drangosch, Cottbus.

70 *Johannes Graf v. Moy,* Fürst Pückler in Salzburg, in: Mitteilungen der Gesellschaft für Salzburger Landeskunde, Bd. 120/12, 1980 und 1981.

71 *W. Kühnau,* in: 49. Jahresbericht der Schlesischen Gesellschaft für vaterländische Kultur, 1871. W. Kühnau war von 1856–1858 in Branitz als Blumengärtner tätig.

72 Oskar Teichert, Reiseskizzen, in: Hamburger Gartenzeitung, 15. Jahrgang, Hamburg 1859. Teichert ist der damalige leitende Gärtner im Park zu Sagan (VR Polen).

[illegible] *Gräfin von Pückler,* Der Park von Branitz, in: Der Landkreis Cottbus mit dem Spreewald, Magdeburg 1933. Merkwürdigerweise fehlt diese aus Hainbuchen gebildete Laube in den Plänen von 1846. Heute stehen nur mehr die Steinbänke.

74 Dieser Bauer weigerte sich, sein Grundstück zu veräußern. 1857 kam es dann aber doch zum Verkauf.

75 *Hermann Jäger,* Der Park zu Branitz, in „Gartenflora" 1859, S. 154.

76 Mitteilung von H. Hamann, Potsdam-Sanssouci 1982; vgl. Staatsarchiv Potsdam, Pr. Br. Rep. 37, Branitz. Teichler führte gemäß seiner Generalquittung in der Zeit vom 12. 1. 1868 bis 4. 6. 1869 die folgenden Arbeiten aus:
- Vermessung des Gutes Branitz
- Anfertigung dreier Pläne in unterschiedlichen Maßstäben
- Vermessung auf dem Gut Groß-Döbbern
- Anfertigung einer neuen Flurkarte nach der bereits vorhandenen mit den stattgefundenen Veränderungen
- Aufnahme zweier Nivellements vom Schloßsee nach Kiekebusch mit Anfertigung der Pläne dazu
- Mehrere Nivellements für und von dem aufzuschüttenden ... (unleserlich)
- Anfertigung eines Planes in großem Maßstab von der alten Ziegelei
- Ein Plan in größerem Maßstab vom Schloß mit der Veranda und Reitbahn
- Abstecken des Weges vom Chausseehaus nach Dissenchen, Aufnahme und Nachtragen desselben auf der Flurkarte von Branitz
- Ausstecken der Fortsetzung des Parkumfahrweges, Aufnahme und Eintragung desselben in den Plan und die Gutskarten
- Die Hälfte der Flurkarte behelfs Amelioration der Wiese kopiert
- Rosarium und einzelne kleine Sachen gezeichnet
- Die Linie der Berlin-Görlitzer- und Cottbus-Sorauer-Eisenbahn in die Karten des Cottbuser Kreises und Generalstabskarte, Sektion Cottbus, eingetragen und die Grenze des Gutes Branitz eingezeichnet
- Mehrere Nivellements entlang der Spree mit den Plänen dafür behufs Anlegung eines Schüttdammes
- Verschiedene andere Nivellements außerhalb des Parkes.

77 Unter Baumuniversität verstand Pück-

ler eine Baumschule, in der besonders große Bäume angezogen und zum Verpflanzen präpariert wurden.

78 *E. Petzold,* Fürst H. v. P.-M. in seinem Wirken in Muskau und Branitz, Leipzig 1874, S. 59.

79 Nach Mitteilung von A. Schäfer, Cottbus.

80 Skizze und Text im Stadtarchiv Cottbus 1982 aufgefunden.

81 Der Brief vom 1. Januar 1860 lautet u. a.:
„Überhaupt aber sind nur noch zu völliger Vollendung des Ganzen nötig:
1. Die Ansätze am Schloß, nach der Ihnen von mir schon mitgeteilten Idee, salvo meliori, und der von Ihnen hiernach zu entwerfenden Zeichnung
a. zwei Flügel gleich denen an der anderen Seite mit Bögen unten zum Durchgehen auf der Terrasse
b. der große Thurm und mit offenen Bögen über den Fahrweg
c. die Gallerie ebenfalls unten offen mit Pylastern
d. das Gewächshaus dito mit Durchgang, so daß der Spaziergang und Aussicht auf der Terrasse ganz frei bleibt.
Außerdem wird ein Stock mehr dem Corps de logis aufgesetzt oder vorgeblendet.
2. Beendigung der Gewächshäuser im Park
3. das ägyptische kleine (unleserlich) am großen Pyramidensee
4. das Gärtnerhaus zu verändern
5. Umwandlung des Jägerhofes
6. Abreißung der Hälfte der alten Gebäude, noch ein kleines Torhaus.
Alles Übrige ist vollständig fertig. Ebenso Park und Gärten bis auf den großen See der Pyramide, wo noch 8000 Schachtruthen Erde auszugraben bleiben."

82 *A. Schäfer,* Der Branitzer Park, in: Beiträge zur Gartendenkmalpflege. Kulturbund der DDR, Berlin 1984.

83 *L. Assing,* Briefwechsel, Bd. 4, S. 134.

84 Hinweis in Anm. 73. – Laut den Ausführungen eines anonymen Berichterstatters wollte Pückler damit bestimmte landschaftliche Gegebenheiten der Umgebung erlebbar machen, wie die Stadt Cottbus im Norden, den Spreelauf in Höhe des Tierparkes und mit der 1867 entstandenen Eisenbahnbrücke sowie die alte Madlower Kirche.

85 Siehe Anm. 80 und 81. Pückler hatte schon 1860 noch weitere 36 000 Kubikmeter Erdreich für Seeflächen auszuschachten geplant – bei einer Schachttiefe von 120 bis 150 cm wären dort damit nahezu 3 ha weitere Wasserfläche entstanden. Im Plan von 1868 sind der Pyramidensee 3,2 ha und der westliche Teil des Schlangensees 0,5 ha groß, zusammen 3,7 ha. Heute umfassen der Pyramidensee 2,1 ha und beide Schlangenseen zusammen 1 ha, insgesamt in diesem Parkteil also nur 3,1 ha.

86 Die Steinbrücke zwischen Pyramiden- und Schlangensee, auch ägyptische Brükke genannt, entstand 1876 und war mit einem gußeisernen Geländer versehen; sie wurde später verändert. 1877 wurde der Plan zum Bau einer großen Brücke erwähnt, vermutlich sollte sie über die Doppelarme des östlichen Pyramidenseeausflusses führen, gleichzeitig wurde die Kugelbrücke, die heutige Grüne Brücke, mit eisernem Geländer fertiggestellt.

87 Die nicht verwirklichte Vergrößerung beider Seen schmälert die künstlerische Wirkung beider Pyramiden stark und am Schlangensee auch die der markanten Brückenkopfbetonungen durch Blutbuche und Sumpfeiche. Stufenpyramide und Blutbuche/Sumpfeiche können sich nicht im Schlangensee spiegeln, und der Tumulus erscheint vom großen Umfahrungsweg im Nordwesten nicht im Wasser stehend, sondern auf der Wiese.

88 Im zweiten Weltkrieg wurde auch der diesen Weg begleitende Baumbestand durch landwirtschaftliche Nutzung vernichtet.

89 *Hermann Jäger,* Gartenkunst und Gärten sonst und jetzt, Berlin 1888.

90 Die grafisch gut wirkende Karte ist wegen mehrerer fehlender oder falscher Angaben nur bedingt für Rekonstruktionsentscheidungen brauchbar.

91 Fritz Zahn und Robert Kalwa, Fürst Pückler als Gartenkünstler und Mensch, Cottbus 1928.

92 Siehe Anm. 73.

93 *L. Assing,* Pücklertagebücher u. -briefwechsel, Berlin 1874–76.

94 *L. Assing,* Bd. 7, S. 376.

95 *L. Assing,* Bd. 4, S. 13.

Anne Schäfer
Zur Ausstattung von Landschaftsgärten . . .

1 *F. E. Carl,* Kleinarchitekturen in der deutschen Gartenkunst, Berlin 1956, S. 7–8.

2 *H. Fürst von Pückler-Muskau,* Andeutungen über Landschaftsgärtnerei, Stuttgart 1977, S. 30–34.

3 *G. Poensgen,* Schloß Babelsberg, Berlin 1929, S. 62.

4 Die Kunstdenkmäler der Provinz Mark Brandenburg, Berlin 1941, Bd. IV/1, Kreis Teltow, S. 56.

5 *H. Kania* Voltaireterrasse und Erzengel Michael, in: Potsdamer Tageszeitung vom 23./24. 3. 1935.

6 Staatliche Schlösser und Gärten Potsdam-Sanssouci – Garteninventar von Babelsberg 1939: aufgeführt sind 10 Vasen aus Zement und 9 aus Zinkguß.

7 ebda.

8 *R. Bergau,* Inventar der Bau- und Kunstdenkmäler der Provinz Brandenburg, Berlin 1885, S. 144.

9 Siehe Anm. 5.

10 Der Babelsberg bei Potsdam. Berliner Kalender 1847, S. 11.

11 *A. Bethge,* Die Hohenzollern – Anlagen Potsdams, Berlin 1888, S. 188.

12 ebda.

13 Im Bestand des Bezirksmuseums Cottbus befinden sich ein achteckiger Gartensitz aus grünglasierter Keramik, Bruchstücke eines weiteren der gleichen Art sowie Porzellanscherben eines runden Gartensitzes mit weißen, reliefartigen Blumenornamenten auf seladonähnlicher Glasur. Weitere solcher Chinaimporte aus der 1. Hälfte des 19. Jahrhunderts sind aus dem Besitz der Staatlichen Schlösser und Gärten Potsdam-Sanssouci und dem Feudalmuseum Wernigerode bekannt.

14 *H. Kania,* Der Bullenbeißer von Babelsberg, in: Potsdamer Tageszeitung vom 3. oder 4. 3. 1938. – Auf der Terrasse standen ein Molosser und ein Pseudomolosser, zwei aus der Antike bekannte Hunderassen. „Die berühmteste Figur eines eigentlichen Molossers findet sich an einem altgriechischen Sitzbild der Olympias . . . Pseudomolosser besitzen der Vatikan und Ufficien von Florenz . . ."

15 Potsdam – Staatsarchiv, Pr. Br. Rep. 37 Branitz, Manual 1847, S. 254, Ma-

nual 1849, S. 174; Bezirksmuseum Cottbus, Manual 1848, S. 245.

16 Potsdam – Staatsarchiv, Pr. Br. Rep. 37 Branitz, Manual 1854, S. 86 Bronzieren von 6 Vasen bei Fa. Geiß.

17 Siehe Anm. 15, Manual 1849, S. 177.

18 Ausstellungskatalog anläßlich der Schinkelehrung in der DDR, Berlin 1980, S. 285–286.

19 Potsdam – Staatsarchiv, Pr. Br. Rep. 37 Branitz, Manual 1861, S. 171, Manual 1868, S. 219.

20 Cottbus – Bezirksmuseum, Manual 1850, S. 157.

21 Potsdam – Staatsarchiv, Pr. Br. Rep. 37 Branitz, Bel. 932, S. 20.

22 *W. Kühnau,* Fürst Pückler-Muskau auf dem Gebiet der Blumengärtnerei mit besonderer Berücksichtigung von Schloß Branitz, in: Jahresbericht der Schlesischen Gesellschaft für vaterländische Kultur 1872, S. 259 ff.

23 ebda S. 258.

24 *E. Petzold,* Der Park von Muskau, Hoyerswerda 1856, S. 29–30.

25 Siehe Anm. 2, S. 90. Dresden – Staatsarchiv, Außenstelle Bautzen: Standesherrschaft Muskau Nr. 634, XII Inventarium über sämtliches Gartenmobiliar, aufgeführt: ein hoher eiserner Korb mit vergoldeten Spitzen.

26 Siehe Anm. 2, S. 93–94. Siehe Anm. 25: Inventarium über sämtliches Gartenmobilar 6 Körbe von Gußeisen, 1 hoher ovaler Korb von Eisen, 6 Blumenkörbe von verschiedener Form, 310 Blumeneinfassungen von Gußeisen, 180 Blumeneinfassungen von Thon, 3 von Weiden geflochtene Blumenkörbe

27 *H. Kania,* Fürst Pückler-Muskau zum 150. Geburtstag, in: Potsdamer Tageszeitung vom 30. 10. 1935.

28 ebda.

29 *H. Repton,* Fragments on the theory and practice of landscape gardening, London 1816, S. 140.

30 Institut für Denkmalpflege Berlin, Meßbildarchiv 90 N 38/19096 Foto eines Aquarells von C. Graeb.

31 *H. Kania,* Die Kaiser-Wilhelms-Vase im Park Babelsberg, in: Potsdamer Tageszeitung vom 26. 8. 1936.

32 Siehe Anm. 11, S. 192.

33 Siehe Anm. 3, S. 26 u. Anm. 4, S. 52.

34 Siehe Anm. 22, S. 259.
Cottbus – Bezirksmuseum, Inv. Nr. VIII 214 P, Foto um 1890 von C. Metzner. Darauf ist ein Drahtzaun [illegible] ein zierliches Doppeltor, durch das man vom Schloßgarten in den Bürgergarten gelangte, erkennbar. – Siehe Abb. 7: Die westliche Begrenzung des pleasureground, die hinter dem Kiosk entlangführte, scheint ein aus dünnen Eisenstäben geschmiedeter Zaun gebildet zu haben. Reste eines solchen sind z. B. an der Brücke in der Nähe des Wirtschaftshofes noch vorhanden.

35 Siehe Anm. 22. Kühnau fertigte 1856/57 einen leicht ausführbaren Bepflanzungsplan für den ganzen pleasureground an, nach dem Pückler nach dem Weggang Kühnaus wahrscheinlich nicht arbeiten ließ.

36 Siehe Anm. 15, Manual 1848, S. 235, 237, 245, Manual 1847, S. 254, 287, 291.

37 Siehe Anm. 15, Manual 1848, S. 169. Potsdam – Staatsarchiv, Pr. Br. Rep. 37 Branitz Manual 1869, S. 128, 201.

38 Siehe Anm. 15, Manual 1847, S. 254, Manual 1849, S. 173.

39 Potsdam – Staatsarchiv, Pr. Br. Rep. 37 Branitz, Manual 1849, S. 173, Manual 1870, S. 131, 201.

40 *G. A. Fintelmann,* und *K. Koch,* Der Park von Branitz, in: Wochenschrift für Gärtnerei und Pflanzenkunde vom 13. 10. 1859. Potsdam – Staatsarchiv, Pr. Br. Rep. 37 Branitz, Beleg 331, S. 365.

41 Die Auskunft erteilte H. Günther, Potsdam-Sanssouci, Gartendirektion.

42 Siehe Anm. 40, Fintelmann, siehe Anm. 22. Cottbus – Bezirksmuseum, Manual 1860, S. 83.

43 Cottbus – Bezirksmuseum, Manual 1850, S. 197; Kopie der Venus Hope. Potsdam – Staatsarchiv, Pr. Br. Rep. 37, Bel. 1047 Die Zeichnungen zu den Zinkgußeinfassungen stammen von Strack. Siehe Anm. 16, S. 86.

44 Siehe Anm. 40, Fintelmann.

45 Potsdam – Staatsarchiv, Pr. Br. Rep. 37 Branitz, Manual 1861, S. 149, 159 u. Manual 1862, S. 79, Manual 1870, S. 111.

46 Siehe Anm. 22.

47 Siehe Anm. 21, S. 63 u. Anm. 22.
M. Seiler, Forschungsergebnisse zur Rekonstruktionsplanung des Landschaftsgartens Klein-Glienicke: „Zwischen den zur Großen Neugierde führenden Treppen ist ein gepflanztes und mit einer Krone versehenes ‚M' zu erkennen; die Gemahlin des Prinzen war die weimarische Prinzessin Marie. Die Beziehung zum gepflanzten ‚H' im Muskauer Park ist offensichtlich."

48 Siehe Anm. 22.
Cottbus – Bezirksmuseum, Inv. Nr. VIII 244 P, Foto um 1890 von Metzner. Siehe Anm. 15, Manual 1848, S. 245; Warwickvase: siehe Anm. 18, S. 250 „Verkleinerte Nachbildung der antiken Marmorvase, die 1771 in den Trümmern des Hadrian bei Tivoli gefunden wurde und später in den Besitz des Grafen von Warwick gelangte. Von Schinkel in die ‚Vorbilder' (II Abt. Bl. 11) aufgenommen, geht ihr Nachguß sicher auf seine Anregung nach der Englandreise von 1826 zurück." Die Herkunft der Branitzer Vase ist ungeklärt.

49 Siehe Anm. 48, Inv. Nr. VIII 244 P.

50 *M. Seiler,* Neue Untersuchungen zur ursprünglichen Gestaltung und zur Wiederherstellung des Pleasuregrounds von Klein-Glienicke. Festschrift für M. Sperlich; Tübingen 1979, S. 121 ff.
Katalog der Branitzer Beeteinfassungen:
Bei Angabe der Formsteingrößen werden der ins Erdreich eingelassene Teil als Spaten (Sp), der sichtbare als Ornament (O) bezeichnet. Die Ornamentbasis (Ob), in der Regel die breiteste Stelle des Ornaments, und die Abweichung bzw. Ausbiegung (A) werden ebenfalls aufgeführt. Die folgenden Angaben in cm und mit den hier in Klammern gesetzten Abkürzungen:
1. Gußeiserne Einfassungen
1. „Eichenblatt": O 24,5; Sp 7; Ob 18; A 8,8 nach außen. Anstriche: weiß, ocker, rot, blau. 59 vorhandene Exemplare.
2. „Lindenblatt": O 17; Sp 12; Ob 16,5; A 4 nach innen. Anstriche: gelb und ocker mit schwarzer oder blauer Ader. 43 vorhandene Exemplare.
3. „Korbkorallen": O 18,5; Sp 7; Ob 21,8; A 3. Anstriche: rot weiß. 9 Exemplare.
4. „Geflochtener Korbrand": O 12; Sp 15,2; Ob 13,9; A 1,8 nach außen. Anstriche: nicht mehr vorhanden. 1 gut erhaltenes, 1 beschädigtes Exemplar.
5. „Zwei Engel": H 12; Sp 15; Ob 26; A 2,5 nach außen. Anstriche: gelb, grün. 1 gut erhaltenes, 1 beschädigtes Exemplar.
Die gußeisernen Exemplare wurden vorrangig vom Standesherrschaftlichen

Hüttenamt zu Keula und bei A. W. Harnisch in Cottbus gekauft.
2. Beeteinfassungen aus Ton
6. „Kleines Akanthusblatt": O 18,9; Sp 8,6; Ob 14,5; A 7,4 nach außen. Material: heller, gelber Ton. Anstrich: Erstanstrich bei einigen Exemplaren grün, blau. 40 vorhandene Exemplare.
7. „Großes Akanthusblatt": O 22,5; Sp 8,5; Ob 15,5; A 5,5 nach außen. Material: heller, gelber Ton. Anstrich: blau, Erstanstrich bei einigen Exemplaren grün. 32 vorhandene Exemplare.
8. „Herzförmiges Blatt": O 14; Sp 9,7; Ob 20,2; A 6,7 nach innen. Material: feiner, roter Ton. Anstrich: ziegelfarbig. 30 vorhandene Exemplare.
9. „Muschel": O 14,5; Sp 9,2; Ob 17,8; A 8,5 nach innen. Material: feiner, roter Ton. Anstrich: blaugrüne Farbspuren, ziegelfarbig. 17 vorhandene Exemplare.
10. „Kleeblatt": O 17,8; Sp 11; Ob 27,2; A 7,7 nach außen. Material: gelber Ton. Anstrich: blauer Erstanstrich, später blaugrün. 8 vorhandene Exemplare.
11. „Weidenblattornament": O 14,3; Sp 8,2; Ob 14,5; A 5,2 nach außen. Material: gelber Ton. Anstrich: weiße Farbspuren, darüber blauer Anstrich mit roten Linien. 6 vorhandene Exemplare.
12. „Muschelform": O 18,3; Sp 7,5; Ob 19,1; A 11,5 nach außen. Material: Heller, gelber Ton. Anstrich: Erstanstrich blaugrün, später blau. 23 vorhandene Exemplare.
13. „Durchbrochene Palmette": O 21,5; Sp 8,5; Ob 27; A 5,7 nach außen. Material: heller, gelber Ton. Anstrich: blaugrün. 1 gut erhaltenes, 4 beschädigte Exemplare.
14. „Lilie": O 17,5; Sp 7,5; Ob 19,3; A 6 nach außen. Material: heller gelber Ton. Anstrich: Erstanstrich blaugrün, später blau. 8 Exemplare.
15. „Adler": O 27,5; Sp 13,4; Ob 25; A 6 nach außen. Material: heller, gelber Ton. Anstrich: drei übereinanderliegende Schichten – 1. rot, 2. grau, 3. weiß. 31 vorhandene Exemplare.
16. „Palmette mit Voluten": O 24,2; Sp 11,3; Ob 23,5; A 10,3 nach außen. Material: heller, gelber Ton. Anstrich: drei übereinanderliegende Anstriche – 1. blau, 2. grün, 3. silber mit blau abgesetzten Linien. 2 leicht beschädigte Exemplare.
17. „Glattrandige Muschel": O 20; Sp 8,5; Ob 20,7; A 7,2 mit der konvexen Seite nach außen. Material: heller, gelber Ton. Anstrich: Erstanstrich blau, später silber mit roten Linien abgesetzt. 18 vorhandene Exemplare.

51 Siehe Anm. 50 Seiler.

52 Siehe Anm. 20, Manual 1850, S. 37; Potsdam – Staatsarchiv, Pr. Br. Rep. 37 Branitz, Manual 1853, S. 115 und Manual 1854, S. 71 – Gußeiserne Einfassungen vom Hüttenwerk in Keula; Manual 1868, S. 125, Manual 1863, S. 107; Manual 1864, S. 105 : 100 Beeteinfassungen bronziert; Potsdam – Staatsarchiv, Pr. Br. Rep. 37 Branitz Bel. 334 S. 1216 von Töpfer C. G. Schoebel aus Muskau: 50 Stck. Adler, 50 Stck. antique Muscheln, 50 Stck. Scholengewächse, 50 Stck. kleine Muscheln, 50 Stck. Kleeblätter 50 Stck. Roiale, 50 Stck. französische Lilien, 50 Stck. Miandusblätter, 50 Stck. Weidenblätter.

53 Siehe Anm. 37, Manual 1869, S. 81; Potsdam – Staatsarchiv, Pr. Br. Rep. 37 Branitz, Bel. 331, S. 134. 1856 wurden 100 Strombus gigas gekauft.

54 Siehe Anm. 50 Seiler.

55 Potsdam – Staatsarchiv, Pr. Br. Rep. 37 Branitz, Manual 1846, S. 71 und Manual 1871, S. 141.

56 Potsdam – Staatsarchiv, Pr. Br. Rep. 37 Branitz, Manual 1865, S. 99, Manual 1849, S. 30 – 25 kleine, 4 größere Glaskugeln; Bezirksmuseum – Cottbus, Manual 1852, S. 37 u. a. 6 goldgelbe, 6 violette Glaskugeln.

57 Siehe Anm. 53, Bel. 331, S. 149.

58 Siehe Anm. 45, Manual 1870, S. 111.

59 Potsdam – Staatsarchiv, Pr. Br. Rep. 37 Branitz, Bel. 984, S. 53, Manual 1864, S. 191, Manual 1865, S. 69, 99, 100.

60 Potsdam – Staatsarchiv, Pr. Br. Rep. 37 Branitz, Bel. 931, S. 5.

61 Siehe Anm. 15, Manual 1848, S. 18.

62 Potsdam – Staatsarchiv, Pr. Br. Rep. 37 Branitz, Manual 1857/58, Manual 1863, S. 135.

63 Ebda, Manual 1857/58.

64 Siehe Anm. 15, Manual 1848, S. 193, Manual 1849, S. 185; Potsdam – Staatsarchiv, Pr. Br. Rep. 37 Branitz, Manual 1853, S. 205.

65 Siehe Anm. 19, Manual 1861, S. 77. Die Büste der Henriette Sontag (Gräfin Rossi), von L. W. Wichmann 1827 modelliert und in der Königlichen Eisengießerei Berlin 1833 gegossen, stand neben der Büste der Gräfin Alopäus im Muskauer Schloßgarten. *L. Assing* Fürst Hermann von Pückler-Muskau. Biografie. Berlin 1874, Bd. 2, S. 238.

66 Siehe Anm. 20, S. 63. Die Büste ist von K. F. Wichmann (1775–1836) modelliert und in der Königlichen Eisengießerei Berlin gegossen.

67 Siehe Anm. 45, Manual 1862, S. 79.

68 Siehe Anm. 45, Manual 1861, S. 77.

69 Siehe Anm. 40 Fintelmann.

70 Siehe Anm. 15, Manual 1848, S. 197, Manual 1849, S. 34, 119, 207 u. Anm. 59, Bel. 984, S. 107, 21.

71 Siehe Anm. 40, Bel. 331, S. 117 April 1856 von Julius Lange in Berlin, zwei Eichenstämme mit blauen Kissen u. Efeuranken à 10 Rt; siehe Anm. 39, Manual 1870, S. 111 4 Gartensitze mit Blauen Kissen; *F. Jühlke,* Gartenbuch für Damen, Berlin 1874, S. 436: „. . . Ein Gartensitz in Form eines Eichenstammes mit Epheu Ranken kostet 8 Thlr., ein ähnlicher mit grünen oder blauen Kissen und goldenen Troddeln 10 Thlr. und ein Gartensitz in Form zweier aufeinanderliegender Kissen mit Goldschnur 12 Thlr."

72 Siehe Anm. 15, Manual 1848, S. 71, 75; Siehe Anm. 52, Manual 1868, S. 145; Siehe Anm. 62, Manual 1863, S. 105. Im Bestand der Staatlichen Schlösser und Gärten Potsdam-Sanssouci – Park Babelsberg:
Eisengußmöbel – 3 neogotische Bänke mit giebelförmigen Aufsätzen auf der Rücklehne, 1 neogotische Bank, 1 Bank, 1 Tisch, 1 Stuhl aus imitierten Eichenholzästen, 2 Wangen eines Sitzmöbels mit Weinlaub und Hundeköpfen.

73 Cottbus – Stadtarchiv, Katalogblatt Eisengußmöbel vom Eisenwerk Lauchhammer, Nachtrag Taf. 44, Katalogblatt Eisengußmöbel vom Eisenhüttenwerk Bernsdorf, Taf. 7 Siehe Anm. 52, Manual 1863, S. 105; Siehe Anm. 25, Garteninventarium von Muskau – zwölf Stühle von Haselnußästen

74 Siehe Anm. 45, Manual 1862, S. 79, Anm. 52, Manual 1863, S. 105, Anm. 56, Manual 1865, S. 99, Anm. 15, Manual 1848, S. 197; Siehe Anm. 25, Garteninventarium – 7 halbrunde Bänke

75 Siehe Anm. 40.

76 Siehe Anm. 24, S. 30 u. Anm. 2, S. 98.

77 Siehe Anm. 24, S. 30.

78 Siehe Anm. 2, S. 98.
79 Siehe Anm. 2, S. 94; Siehe Anm. 37, Manual 1869, S. 107, 127, Anm. 52, Manual 1864, S. 105.
80 Cottbus – Bezirksmuseum, Schloßterrasse – Foto um 1930.
81 Siehe Anm. 2, S. 98.
82 Siehe Anm. 24, S. 33.
83 ebda. S. 29.
84 *G. Grundmann,* Karl Friedrich Schinkel, Berlin 1838, S. 44. Die Gloriette wurde im April 1945 zerstört. Die Pavillons im Badepark, die erst unter dem Prinzen der Niederlande nach Umbau des Kurhauses errichtet wurden, wiesen große Ähnlichkeit mit der Gloriette auf.
85 Siehe Anm. 8, S. 145–146; *H. Drescher, J. Fait, I. Kompa, H. Spielmann,* Die Bau- und Kunstdenkmale in der DDR – Bezirk Potsdam, Berlin 1978, S. 384.
86 Siehe Anm. 8, S. 145–146, Anm. 85, Anm. 11, S. 195.
87 Siehe Anm. 8, S. 192.
88 Siehe Anm. 3, S. 68.
89 Staatliche Plankammer Potsdam, Borkenhäuschen: Aufriß mit Pergola, Grundriß und Schnitt, Details Gesims und Spitze, Bleistift, grau, grün, braun laviert, Wasserz. um 1845, Inv. Nr. 6930, Borkenhäuschen: Grundriß und Aufriß mit Pergola, Bleistift Inv. Nr. 6931.
90 Siehe Anm. 15, Manual 1849, S. 122, 207, Anm. 62, Manual 1857/58, S. 67, Anm. 52, Manual 1863, S. 169, Manual 1864, S. 134, Potsdam – Staatsarchiv, Pr. Br. Rep. 37 Branitz, Manual 1867 S. 196.
91 Bezirksmuseum Cottbus, Manual 1858/59, S. 165, 214; Anm. 19, Manual 1861, S. 77.
92 Siehe auch Plan 1853.
93 Siehe Anm. 45, Manual 1862, S. 79, Anm. 52, Manual 1863, S. 107, 111, Manual 1853, S. 155.
94 Siehe Anm. 91, Manual 1858/58, S. 107, Anm. 2, S. 145.
95 Siehe Anm. 40, S. 75, Anm. 19, Manual 1868, S. 75.
96 Siehe Anm. 442, Manual 1860, S. 169; *J. G. Grohmann,* Ideenmagazin für Liebhaber von Gärten, Englischen Anlagen und Besitzer von Landgütern, Leipzig 1803, Heft 37 und 8 – Abbildungen von Parasolen.
97 Siehe Anm. 52, Manual 1864, S. 134, Anm. 90, Manual 1867, S. 172, Anm.
98 Siehe Anm. 52, Manual 1864, S. 85 Fahnenstange 24 Fuß lang; Potsdam – Staatsarchiv, Pr. Br. Rep. 37 Branitz, Manual 1856, S. 125.
99 Siehe Anm. 42, Manual 1860, S. 165, Anm. 52, Manual 1863, S. 107.
100 Siehe Anm. 2, Taf. XVII, Anm. 96 Grohmann, Heft VI Nr. 7.
101 Siehe Anm. 2, S. 109, Foto: Manno, Bad Muskau.
102 Siehe Anm. 2, S. 106, 132, 133 und Taf. XXIII, XXXVI.
103 Siehe Anm. 2, S. 109.
104 ebda. Taf. XXIV und XXV.
105 Siehe Anm. 24, S. 35.

Kurt Kurland

Die gartenkünstlerische Nachfolge . . .

1 *E. Petzold,* Die Landschaftsgärtnerei, 2. Auflage, 1888.
2 *E. Petzold,* Erinnerungen aus meinem Leben, 1890, S. 40/41.
3 ebd., S. 42.
4 ebd., S. 106/107.
5 ebd., S. 111–142.
6 *E. Petzold,* Fürst Hermann von Pückler-Muskau in seinem Wirken in Muskau und Branitz sowie in seiner Bedeutung für die bildende Gartenkunst Deutschlands, 1874.
7 Petzold: Erinnerungen, S. 142.
8 Petzolds handschriftliche Nachtragungen in seinem Werk „Der Park von Muskau", 1856, sein persönliches Arbeitsexemplar.
9 ebd.
10 *E. Petzold,* Arboretum Muscaviense, Gotha 1864.
11 *Stappenbeck,* Der Park zu Greiz, Diss. Jena 1938. Autorenkollektiv, Der Greizer Leninpark, 1971 u. 1977.
12 *E. Petzold:* Erinnerungen, S. 188.
13 ebd., S. 147–260.
14 *Schmidt,* Park Alt-Döbern, 1930; *Hentel,* Dokumentation zu Park und Schloß Altdöbern, 1978.
15 *E. Petzold,* Erinnerungen, S. 171.

Hugo Namslauer

Zur Bedeutung und gesellschaftlichen Nutzung . . .

1 „Gesetz zur Erhaltung der Denkmale in der Deutschen Demokratischen Republik – Denkmalpflegegesetz vom 19. Juni 1975, Veröff. in Gesetzblatt Teil I. Hier besonders I. § 1: Ziel, Inhalt und Grundsätze der Denkmalpflege.
2 *Christian Cay Laurenz Hirschfeld,* Theorie der Gartenkunst, 5 Bände seit 1779. Erster Band, Erster Abschnitt, Seite 6.
3 Die „Charta von Florenz" wurde am 21. 5. 1981 als Aufgabenstellung des Internationalen Komitees für historische Gärten (ICOMOS – IFLA) in Paris formuliert und am 15. 12. 1982 als Ergänzung der Charta von Venedig zum Schutz historischer Gärten aufgenommen.
4 Im Brief vom 14. 5. 1778 teilt Goethe sein Parkerlebnis Charlotte von Stein mit und geht darin auf die Seen und Kanäle ein. Auch sei in diesem Zusammenhang vom Vortag (13. 5.) verwiesen: „Das Boot gleitet vom Wörlitzer See zum Kanal und vom Kanal zum Walloch. Die Wiesen dampfen, Nebel wogt über dem Wasser, schemenhaft zeigen sich Umrisse von Tempeln, Brükken, Skulpturen, Bäumen und Sträuchern. Der Regen, in dem die Tour durch den Park begann, hat aufgehört. Der Abend bricht herein, und alles erscheint wie im Vorüberschweben eines leisen Traumbildes."

Detlef Karg

Zur Methodik denkmalpflegerischer Tätigkeit . . .

1 Der hier vorgenommene Unterschied zwischen Garten und Park wurde von der allgemeinen Bedeutung dieser Worte abgeleitet, die keine Aussage zum Gestaltungsstil beinhaltet. So sind für den Garten seine Umschlossenheit und enge Beziehung zum Bauwerk und für den Park eine mehr oder weniger stark ausgebildete Verbindung zur Umgebung kennzeichnend. Im Park können sich auch verschiedenartige Gärten befinden.
2 Die Denkmale der Landschafts- und Gartengestaltung sind entsprechend

ihrer Bedeutung auf der Zentralen Denkmalliste (s. GBl. d. DDR, 5. Okt. 1979, Sonderdruck Nr. 1017), den Bezirksdenkmallisten oder Kreisdenkmallisten erfaßt. Diese Listen werden bei den Abteilungen Kultur der Räte der Bezirke und Kreise geführt.

3 Gesetz zur Erhaltung der Denkmale in der Deutschen Demokratischen Republik – Denkmalpflegegesetz – vom 19. 6. 1975, in: GBl. I, Nr. 26, 1975.
1. Durchführungsbestimmung zum Denkmalpflegegesetz vom 24. 9. 1976, in: GBl. I, Nr. 41, 1976.
2. Durchführungsbestimmung zum Denkmalpflegegesetz vom 14. 7. 1978, in: GBl. I, Nr. 25, 1978.
3. Durchführungsbestimmung zum Denkmalpflegegesetz vom 20. 2. 1980, in: GBl. I, Nr. 10, 1980.
Interpretation dazu: *D. Karg* und *K. Gandert,* Denkmale der Landschafts- und Gartengestaltung, in: Materialien zur Denkmalpflege, Heft IV, 1979, S. 39–64, Herausgeber: Informationszentrum beim Ministerium für Kultur, S. 39–64.

4 Zur Erhaltung und Pflege landschaftlich gestalteter Anlagen u. a.:
Ch. Bauer, Das Parkpflegewerk als nachhaltige Betriebsführung und Betriebsplanung, in: Das Gartenamt, 10. Jg., 1961, H. 9, S. 232; *G. Däumel,* Erhaltung und Pflege englischer Parks, in: Garten und Landschaft, 70. Jg., 1960, H. 10, S. 268; *A. Hoffmann,* Notwendige Pflegemaßnahmen im Park Wilhelmshöhe, in: Garten und Landschaft, 70. Jg., 1960, H. 10, S. 276; *F. Oemichen,* Der Landschaftsgarten und seine Pflege (Vortrag von E. Jobst), in: Das Gartenamt, 9. Jg., 1960, H. 12, S. 284; *G. Olschowy,* Erhaltung historischer Gärten und Parkanlagen, in: Das Gartenamt, 13. Jg., 1964, H. 2, S. 33; *H. Schüttauf,* Pflege historischer Parkanlagen, Deutscher Kulturbund, Berlin 1963; The Conservation of the garden at Stourhead, Report and Recommendations of the Committee appointed by the National Trust, Bath 1978; Conferenc on the landscape garden, Stockholm, September 1981, Tagungsmaterialien u. a.: *J. Cripwell,* History and conservation, The case of Stourhead; *D. Karg,* The conservation and restoration of the landscape garden in the GDR; *J. Sales,* The conservation of english landscape garden owned by the National Trust; *M. Seiler,* Klein-Glienicke, a classical landscape gardenbasis and methods of the reneval of its pleasure ground, especially the significanse of maps and garden archaeology.

5 dazu: *S. Harksen,* Peter Joseph Lenné als Zeichner, in: *H. Günther/S. Harksen,* Bestandskatalog der Lennépläne in der Plankammer der Staatlichen Schlösser und Gärten Potsdam-Sanssouci, Teil I Potsdam und Umgebung, Staatliche Schlösser und Gärten Potsdam-Sanssouci 1978, S. X.

6 Diese hohe Kultur des Planzeichnens wird von Lennés Mitarbeitern und Schülern in der von ihm 1824 gegründeten Gärtnerlehranstalt in Potsdam-Wildpark gepflegt. Als herausragendster Vertreter dieser Zeichenschule gilt Gerhard Koeber (gest. 1852), der von 1826 bis 1830 in der Gärtnerlehranstalt tätig war. Lennés wohl bekanntester Schüler Gustav Meyer (1816–1877) – seit 1870 erster Gartendirektor der Stadt Berlin – vollzieht eine entscheidende Veränderung. Er vereinfacht die noch der Kavalierperspektive verpflichtete Plandarstellung zu einer sachlichen Grundrißdarstellung, die in der 2. Hälfte des 19. Jahrhunderts allgemein üblich wurde, wohl auch befördert durch die erschienenen Zeichenschulen. (u. a. F. Encke, Anleitung zum gärtnerischen Planzeichnen; Th. Nietzner, Gärtnerisches Skizzenbuch; G. Eichler, Handbuch des gärtnerischen Planzeichnens). Der von Meyer eingeführten Darstellungsweise, die der Aquarellmalerei entlehnte Tüpfelmanier, wird in der Bewertung des 19. Jahrhunderts der Vorrang gegeben (E. Riegel). – Grundlegendes zur Planinterpretation hat Michael Seiler in einer jüngst vorgelegten Veröffentlichung ausgeführt – *M. Seiler,* Auswertung historischer Pläne der Landschaftsgärten, in: *D. Hennebo,* Gartendenkmalpflege, Stuttgart 1985, S. 120–140. Diese Arbeit konnte auf Grund des Redaktionsschlusses für den o. b. Beitrag im Einzelnen nicht ausgewertet werden.

7 *P. J. Lenné,* Ueber die Anlage eines Volksgartens bei der Stadt Magdeburg, Berlin 1825.

8 dazu: *M. Seiler,* Zur Gehölzverwendung bei P. J. Lenné, in: Das Gartenamt, 31. Jg., 1982, H. 6, S. 366–377; Zentrales Staatsarchiv, Merseburg, HA Rep. 192 Lenné Nr. C 30.

9 *G. Meyer,* Lehrbuch der schönen Gartenkunst, 3. Aufl. Berlin 1885, S. 228 ff.; 1. Auflage 1859, 2. Auflage 1874.

10 *E. Petzold,* Fürst Hermann v. Pückler-Muskau in seinem Wirken in Muskau und Branitz, Leipzig 1874, S. 47; Petzold beschreibt in seiner Veröffentlichung die Arbeitsweise Pücklers, der hier im wesentlichen gefolgt wird.

11 *H. Fürst von Pückler-Muskau,* Andeutungen über Landschaftsgärtnerei, Neuausgabe unter Leitung von T. Lange, Leipzig 1933, S. 5/6; 1834 erschien in Stuttgart die 1. Auflage, eine weitere Neuauflage erschien 1977 bei der Deutschen Verlags-Anstalt GmbH, Stuttgart.

12 *Pückler-Muskau,* a. a. O., S. 5.

13 *Pückler-Muskau,* a. a. O., S. 6.

14 *Pückler-Muskau,* a. a. O., S. 86.

15 *Petzold,* a. a. O., S. 32 ff.

16 *Petzold,* a. a. O., S. 65 ff.

17 *Pückler-Muskau,* a. a. O., Siebenter Abschnitt, Versetzung grösserer Bäume und Gruppierung, Pflanzungen überhaupt, S. 51–83.

18 *Pückler-Muskau,* a. a. O., S. 59.

19 *Pückler-Muskau,* a. a. O., S. 66; ähnliche Hinweise, daß bei der Anpflanzung schnellwachsende Gehölze zur Raumbildung verwendet und dann später herausgeschlagen wurden, finden wir auch bei: *E. Petzold,* Die Landschafts-Gärtnerei, 2. vermehrte Auflage, Leipzig 1888, S. 157; *H. Jäger,* Ueber die Pflanzung grosser Bäume in Landschaftsgärten und deren augenblickliche und zukünftige Wirkung, in: Gartenflora 4, 1855, S. 253–268 und *G. Meyer,* a. a. O., S. 227 ff.

20 *Pückler-Muskau,* a. a. O., S. 67.

21 Mit „dunkle Massen" meint Pückler Schwarzholz, das sich gegen das frische Grün der Laubhölzer in der Ferne „doppelt heiter ausnimmt, und die bunten Himmelswolken glänzender constrastiren". Im allgemeinen dürfen wir darunter die Nadelgehölze verstehen. *Pückler-Muskau,* a. a. O., S. 127–130.

22 *Pückler-Muskau,* a. a. O., S. 68.

23 *Pückler-Muskau,* a. a. O., S. 75.

24 *Pückler-Muskau,* a. a. O., S. 80 ff.

25 *Pückler-Muskau,* a. a. O., S. 81.

26 *Pückler-Muskau,* a. a. O., S. 77.

27 *Pückler-Muskau,* a. a. O., Dreizehnter Abschnitt, Erhaltung S. 109–114.

28 *Pückler-Muskau,* a. a. O., S. 109 ff.

29 *Pückler-Muskau,* a. a. O., S. 110.

30 *Pückler-Muskau,* a. a. O., S. 111.

31 *Pückler-Muskau,* a. a. O., S. 111.

[32] Die Pflanzungen in Muskau und Branitz sind ca. 30 Jahre alt, als Pückler sie verläßt – 1845 verläßt er Muskau, sein fachlicher Nachfolger wird Petzold; 1871 stirbt Pückler und wird in der Seepyramide in Branitz beigesetzt.

[33] *E. Petzold,* Fürst Hermann v. Pückler-Muskau in seinem Wirken in Muskau und Branitz, Leipzig 1874, S. 46 ff., S. 51 ff.

[34] *Petzold,* a. a. O., S. 30.

[35] *Petzold,* a. a. O., S. 59 ff. Petzold hat zwar in seinem Wirken immer den Bezug zur Idee des Autors bzw. ursprünglichen Gestaltung betont, wie z. B. auch im Ilmpark in Weimar. Doch seine Arbeit ist gekennzeichnet durch Überformungen im Sinne einer Weiterentwicklung der Gestaltung als eigenständige schöpferische Leistung. Siehe dazu: *D. Hennebo,* Historische Freiräume und Denkmalpflege – Aus der Sicht des Garten- und Landschaftsarchitekten –, in: Fachtagung – Historische Freiräume und Denkmalpflege am 8. und 9. Oktober 1980 in Essen, S. 26.

[36] *G. Hinz,* Peter Joseph Lennés künstlerische Tätigkeit als Gegenstand der Denkmalpflege, in: Deutsche Kunst- und Denkmalpflege, 27. Jg., 1969, H. 1, S. 31–37.

[37] *R. Lauterbach/G. Olszak,* Archäologie und Geophysik, in: Ausgrabungen und Funde, Nachrichtenblatt für Vor- und Frühgeschichte, Band 9, 1964, H. 6, S. 280–287; Autorenkollektiv unter Leitung von Dr. Oelsner, Geophysikalische Untersuchungen als Beitrag zur baugeschichtlichen Analyse des Schlosses Güstrow, Forschungsbericht 1976/1978, Manuskript.

[38] Dazu: *H. Spielmann,* Erfassung, Klassifizierung und Denkmalerklärung, S. 62–73 und *G. Baier* und *J. Krause,* Dokumententation zum Denkmalbestand sowie zur Vorbereitung und Durchführung denkmalpflegerischer Maßnahmen, S. 74–81, in: Materialien zur Denkmalpflege, Heft III, 1981, Herausgeber: Informationszentrum beim Ministerium für Kultur.

[39] In: Materalien zur Denkmalpflege, Heft IV, 1979, a. a. O., S. 42 ff.; *D. Karg,* Zur Rekonstruktion und Regeneration der Denkmale der Garten- und Landschaftsgestaltung, in: Denkmalpflege in der Deutschen Demokra- [illegible] Republik, 4, 1977, S. 47.

[illegible]

[illegible] Schlössern und Gärten Potsdam-Sanssouci zu erwähnen.

[41] Sogenannte optische Ersatzpflanzungen, wie die Nach-Vorn-Projektion von Baumgruppen (*H. Rippl,* Erster Schritt zur Rekonstruktion des Muskauer Parkes – Abschnitt Schloßwiese, in: Landschaftsarchitektur, 4. Jg., 1974, H. 4, S. 113) entsprechen nicht dem denkmalpflegerischen Anliegen, da sie die Gesamtheit der räumlichen Beziehungen einer Anlage vernachlässigen.

[42] *H. Günther,* Zur Verjüngung überalterter Gehölzpflanzungen, in: Landschaftsarchitektur, 7. Jg., 1978, H. 4, S. 108/109 u. 118.

[43] *C. C. L. Hirschfeld,* Theorie der Gartenkunst, Bd. IV, Leipzig, 1782, S. 27.

[44] *E. Petzold,* Die Landschafts-Gärtnerei, 2. vermehrte und verbesserte Auflage, Leipzig 1888, insbes. S. 3 ff.; die 1. Auflage erschien 1849 in Weimar.

Heinrich Hamann
Hofgärtner im Park Babelsberg

[1] *Otto Hüttig,* Der Park Babelsberg und seine Geschichte, in: Der Bär 14 (1888), S. 586–588.

[2] Staatsarchiv Potsdam, Br. Pr. Rep. 37 – Branitz Nr. 938; Briefe an den Fürsten Pückler, Januar bis August 1850

[3] Staatsarchiv Potsdam, Br. Pr. Rep. 37 – Branitz, Nr. 815; S. 6. Korrespondenz des Fürsten Hermann von Pückler mit dem Hofmarschall Grafen von Pückler zu Berlin (1843–1860) (Darin Angelegenheiten der Gestaltung der königlichen Parke in Berlin und Babelsberg und Berichte über die Revolution von 1848 in Berlin). – Am 16. Juli 1843 schreibt Pückler an seinen Vetter, den Hofmarschall des Prinzen Wilhelm: „Ich war eben im Begriff Dich schriftlich zu bitten, Herrn Kindermann hierher zu senden, als er selbst mit Deinem Brief ankam. Wir werden schon gut für ihn sorgen und ich selbst ihm alles zeigen, was ihm nützlich sein kann. . .“

[4] Siehe Anm. Nr. 3, S. 11.

[5] siehe Anm. Nr. 3, S. 4.

[6] *C. Eduard Petzold,* Erinnerungen aus meinem Leben. Für die Familie als Handschrift gedruckt. 1890, S. 107–110.

[illegible] Nr. 3, S. 38/39.

[illegible]

[8] Eintragung im Heiratsregister der Gemeinde Neuendorf unter dem Jahr 1837. Aufgebot des Hofgärtners Christoph Ferdinand Kindermann 1837. Bräutigam: Hofgärtner bei Sr. Königl. Hoheit des Prinzen Wilhelm zum Babelsberge Herr Christoph Ferdinand Kindermann. Vater: Christoph Friedrich Kindermann, verstorbener Kaufmann in Berlin. Consens des prinzlichen Hofmarschallamtes. Braut: Jungfer Juliane Luise Adalfine Zill. Vater der Braut: Christian Heinrich Zill, Kaufmann hier.

[9] Eintragungen in das Geburtenregister der Gemeinde Neuendorf: – Julius Rudolph Ferdinand Kindermann, geb. 2. 10. 1838; – Sophie Friederike Kindermann, geb. 2. 7. 1840; – Johannes Otto Ferdinand August Kindermann, geb. 20. 12. 1841; – Otto Ferdinand Kindermann, geb. 31. 1. 1843; – Marie Amalie Caroline Emilie Kindermann, geb. 12. 2. 1845; – Auguste Henriette Julie Kindermann, geb. 31. 3. 1846 (gest. 8. 4. 1848).

[10] Siehe Anm. Nr. 3, S. 70. Brief des Hofmarschalls an den Fürsten Pückler vom 31. 3. 1854 „. . . Auf dem Babelsberg sind die von Dir angeordneten Anregungen zwar ausgeführt, allein Deine Bestimmungen fehlen überall, und ein Teil des inneren Gartens ruft Deine Hilfe an . . .“

[11] *Harri Günther,* Gustav Meyers Stellung in der Gartenkunst des 19. Jahrhunderts, in: Entwicklung der Volksparke. Referate der 7. Tagung des Zentralen Parkarchivs . . . des Kulturbundes der DDR am 27. 5. 1977 in Berlin aus Anlaß des 100. Todestages von Gustav Meyer. 1979, S. 15. In einem Brief an Wilhelm I. schrieb Pückler 1861: „. . . Schließlich wage ich nochmals nur im Interesse Eurer beiden Majestäten, für alle Verschönerungen in Coblenz, wie für die endliche Vollendung des Babelsberges – wenn dies nicht immer dem unvollendbaren Thurm zu Babel gleichen soll – Allerhöchst demselben den Hofgärtner Meier . . . auf das angelegentlichste zu empfehlen, weil er, meiner Überzeugung nach, der einzige unter den Dienern Eurer Majestät in seinem Fach ist, der vollkommen zu genügen vermag . . .“

[12] Hamburger Garten- und Blumenzeitung. Zeitschrift für Garten- und Blumenfreunde, Kunst- und Handelsgärt-

ner. 18. Jahrgang, Hamburg 1862, S. 287.

13 Eintragung im Sterberegister der Gemeinde Neuendorf. Christoph Ferdinand Kindermann – Königlicher Hofgärtner auf Babelsberg. Alter 60 Jahre 9 Tage, gestorben am 15. 9. 1865 morgens 4 3/4 Uhr, Tag des Begräbnisses 18. September Kirchhof Potsdam, gestorben an Gehirnerweichung.

14 Die Königliche Gärtnerlehranstalt Dahlem. Denkschrift zur Erinnerung an das zehnjährige Bestehen der Anstalt Dahlem 1903–1913. Hrsg. von Th. Echtermeyer, Berlin 1913.

15 Der Schloßpark des hochseligen Kaisers Wilhelm I. in Babelsberg bei Potsdam, in: Jahrbuch für Gartenkunde und Botanik, 6 (1888/89), S. 41–45.

16 Zentrales Staatsarchiv Merseburg, Geheimes Zivilkabinett, 2.2.1. Nr. 3447; Die Angelegenheiten des Schlosses und Parkes Babelsberg (1881–1919).

17 Siehe Anm. Nr. 14.

18 Zentrales Staatsarchiv Merseburg, Geheimes Zivilkabinett, 2.2.1. Nr. 3446; Die Angelegenheiten des Chatullgutes Babelsberg (1833–1880).

19 Zeitschrift für Gartenbau und Gartenkunst, 13 (1895) S. 136.

20 Nach Mitteilung von Herrn Dr. Harri Günther. Potsdam-Sanssouci.

21 Die Gartenkunst, Zeitschrift für Gartenkunst und verwandte Gebiete, 2 (1900), S. 170–172.

22 Potsdamer Tageszeitung Nr. 255, 1938. Anzeiger für Babelsberg und Drewitz. 13 Jahre Gartengestalter im Park Babelsberg – Gartenoberinspektor Gerischer ab 1. November im Ruhestand.

23 Unaufbereitete Akte der Gartendirektion Potsdam-Sanssouci. Aus der Liste der Beschäftigten für den Park Babelsberg aus dem Jahre 1927 geht hervor, daß 28 Personen, davon drei Gärtner, zwölf Arbeiter, acht Arbeiterinnen, zwei Kutscher, ein Zimmermann und zwei Lehrlinge beschäftigt waren. 1923 arbeiteten 17 Beschäftigte im Park.

24 Archiv der Pädagogischen Hochschule „Karl Liebknecht" Potsdam. Personalunterlagen S–Sch (1940–1954) Archiv-Nr. 2346, Aktenplannummer 13.

25 Persönliche Mitteilung von Herrn Schwanitz, Sohn des Gärtners Hermann Schwanitz, wohnhaft in Potsdam, Eisenhartstraße 9.

Helmut Rippl

Chronologische Fakten zum Branitzer Park

1 Nach G. Potente, in „Gartenflora" 1906, S. 427, das Jahr 1686 genannt.

2 Angabe in Akte 196, Blatt 51 u. 52 des Pr. Br. Rep. 37 Branitz im Staatsarchiv Potsdam. Datierung eines Parkplanes vor Einsetzen der Umgestaltung durch Pückler im Stadtarchiv Cottbus mit der Jahreszahl 1846.

3 Im Datum ein vermutlicher Schreibfehler des Monats.

4 Vom Berliner Metallgießer S. P. Devaranne.

5 Im Spreewald, Branitz und Muskau, in: „Gartenlaube", 1859 Nr. 41.

6 Die folgenden Angaben größtenteils den Briefen G. Bleyers an H. Graf v. Pückler entnommen. 1872–1915, in: Staatsarchiv Potsdam, Pr. Br. Rep. 37, Branitz, 881–888.

Quellen und Literatur

Harri Günther
Landschaftsgärten . . .

Boettiger, C. A.: Reise nach Wörlitz 1797, 3. Aufl. Wörlitz 1976

Buttlar, A. von: Der Landschaftsgarten, München 1980

Glasewald, E. W.: Beschreibung des Gartens zu Machern mit besonderer Rücksicht auf die in demselben befindlichen Holzarten, Berlin 1799, Reprint Machern 1975

Günther, H.: Gustav Meyers Stellung in der Gartenkunst des 19. Jahrhunderts, in: Entwicklung der Volksparke, herausgegeben vom Kulturbund der DDR, Berlin 1979

Günther, H. und *Harksen, S.:* Lennépläne, Teil I: Potsdam und Umgebung, Potsdam 1978

Hartke, W.: Garzau. Historisch-kritische Analysen und Darstellungen zur Berliner Aufklärung, Berlin 1982

Hennebo, D. und *Hoffmann, A:* Geschichte der deutschen Gartenkunst, 3 Bde, Hamburg 1963

Hinz, G.: Ein Beitrag zur Kenntnis der Mecklenburgischen Parkanlagen, in: Gartenkunst 53 (1940), S. 113–119, 165–170; 54 (1941), S. 71–76, 179–188; 55 (1942), S. 105–112

Hinz, G.: Peter Joseph Lenné, Göttingen-Zürich-Frankfurt/M. 1977

Hirsch, E.: Das Schöne mit dem Nützlichen. Die „weltweite Bedeutung" der Dessau-Wörlitzer Kulturlandschaft und ihre Rolle in unserer sozialistischen Gesellschaftsordnung, in: Zwischen Wörlitz und Mosigkau, Heft 11, Dessau 1974, S. 3–22

… Forster im Kreise der Martin-Luther-Universtät Halle-Wittenberg 1981/42 (T 42), Halle/Saale, S. 87–103

Hirsch, E.: Bildung und Erziehung zur bürgerlichen Kultur. Eine Deutung der Dessau-Wörlitzer Gärten als Kulturpropaganda der Aufklärung und des Klassizismus, in: Wiss. Z. Universität Halle XXVII (1978) G, H. 6, S. 51–73

Koch, H.: Sächsische Gartenkunst, Berlin 1910

Kölling, H. L. und *Gypser, Chr.:* Eduard Petzold und die deutschen Gartenkünstler des 19. Jahrhunderts, in: 60 Jahre Bücher- und Kupferstichsammlung Staatliche Museen Greiz, Greiz 1980, S. 20–37. Vgl.: Deutsche Literaturzeitung 97 (1976), Spalte 1146–1148

Ludwig, O.: Aus der Geschichte der Harbker Pflanzungen und des Parkes, in: Naturschutz- und Landschaftsgestaltung im Bezirk Magdeburg, 3. Folge, Magdeburg 1959, S. 38–47

Schmidt, O. E.: Fürst Otto Carl Friedrich von Schönburg und die Seinen, Leipzig o. J.

Schönemann, H.: Schloß Charlottenhof und die Römischen Bäder – ein utopisches Gesellschaftsmodell, in: Das Werk Schinkels und seine Bedeutung für die DDR. Bauforschung-Baupraxis, Berlin 1981, S. 122–127

Kurt Kurland
Die gartenkünstlerische Nachfolge Pücklers

Literatur aus der Feder Eduard Petzolds:

Tagebuch über Muskau, 1841

Beiträge zur Landschaftsgärtnerei, 1849

Zur Farbenlehre der Landschaft, 1853

… 1856

Die Landschaftsgärtnerei, 1. Auflage, Leipzig 1862

Arboretum Muscaviense, Gotha 1864

Fürst Hermann von Pückler – Muskau in seinem Wirken in Muskau und Branitz sowie in seiner Bedeutung für die bildende Gartenkunst Deutschlands, Leipzig 1874

Anpflanzung und Behandlung von Alleebäumen, Berlin 1878

Die Landschaftsgärtnerei, 2. Auflage, Leipzig 1888

Erinnerungen aus meinem Leben, 1890

Literatur über Petzolds Parkanlagen:

Craandijk, J.: Wandelingen Door Nederland, Haarlem 1885 (Der Verfasser gibt Auskunft über die Arbeit Petzolds in De Paauw, Backershagen und Raaphorst)

Galjaard, J. M.: Parken en Buitenplaatsen in en om den Haag, 's – Gravenhage 1967 (Dieses Buch gibt Auskunft über De Paauw, Raaphorst, Terhorst und Eickenhorst)

Gresky, W.: Sondershausens Park, Erinnerungen und Aufgaben, Sonderhausen 1936

Gresky, W.: Die Eisenacher Parkschöpfungen Eduard Petzolds, Eisenach 1938

Gresky, W.: Die Parkschöpfungen Eduard Petzolds, 1938

Gresky, W.: Holzschlag im Goethepark, 1939

Gresky, W.: Eduard Petzold, der Geisteserbe des Fürsten Pückler, als Hofgärtner in Ettersburg und Weimar, Erfurt 1940

Kurland, K. H. A.: Der Muskauer Park – seine Geschichte und künstlerische Bedeutung, Bad Muskau 1975

Schmidt, O. E.: Park Alt-Döbern, Dresden 1930

Stappenbeck, I.: Der Park zu Greiz, seine Geschichte seine künstlerische Entwicklung und ihre Vollendung durch Eduard Petzold, Zeulenroda 1939

Wijck, H. W. M. v. d.: De Nederlandse Buitenplaats – Aspecten van Ontwikkeling, Bescherming en Herstel, Diss. Delft. Holland 1974

Werner Manno
Kunstgärtner in Muskau

Kirchenbücher des Pfarramtes Bad Muskau, Tauf-, Trau- und Sterberegister der ehemaligen Kirchengemeinden Muskau-Stadt und Muskau-Land ab 1810

Muskauer Anzeiger (MA), verschiedene Jahrgänge, sowie eine Sammlung von Zeitungsausschnitten heimatkundlicher Art von Forstmeister Damerow (Da II)

Rehder Gerhard (Urenkel von J. H. Rehder): Schriftwechsel mit ihm; The Arnold Arboretum, Vol. 32 Nr. 4. Juli 1972, The Making of a Botanist; Clarence E. Kobuski: Alfred Rehder 1863–1949, Journal of the Arnold Arboretum Vol. XXXI/1950

Arnim, Hermann Graf v.: Ein Fürst unter den Gärtnern, Berlin (West) 1981

Gresky, Walter: Eduard Petzold als Hofgärtner in Ettersberg und Weimar, Erfurt 1940

Mitteilungen der Pückler Gesellschaft

Petzold, Eduard: Erinnerungen aus meinem Leben, Privatdruck

Dendrologisches Jahrbuch 1941 (Lauche)

Gartenwelt, Illustrierte Wochenschrift für den gesamten Gartenbau, XVII Jahrgang, Nr. 51, 20. Dezember 1913 Senkenberg Bibliothek Frankfurt/Main Sign. 4° T 117 1172/1 (Roth)

Familienunterlagen

Personenregister

Die Vornamen konnten teilweise nicht ermittelt werden.

Ortsregister

Mitarbeiter

Texte

Reinhard Grau, Institut für Denkmalpflege, Arbeitsstelle Dresden
Dr. Harri Günther, Staatliche Schlösser und Gärten Potsdam-Sanssouci, Gartendirektion
Heinrich Hamann, Staatliche Schlösser und Gärten Potsdam-Sanssouci, Gartendirektion
Jürgen Jäger, Nationale Forschungs- und Gedenkstätten der klassischen deutschen Literatur in Weimar, Gartendirektion
Dr. Detlef Karg, Institut für Denkmalpflege Berlin
Kurt Kurland, Bad Muskau
Ingrit Langkau, Institut für Denkmalpflege Berlin (Personen- und Ortsregister)
Werner Manno, Bad Muskau
Hugo Namslauer, Berlin
Helmut Rippl, Rat des Bezirkes Cottbus, Bezirksdenkmalaufsicht
Anne Schäfer, Bezirksmuseum Branitz

Abbildungen

Zeichnungen:
Rippl (Abb. 25, 29, 31, 58, 68, 76, 78, 97, 98, 108, 113, 115, 122, 125, 133, 137)

Fotos:
Institut für Denkmalpflege
Arbeitsstelle Dresden (Rabich) (Abb. 2, 3, 27, 32, 55, 56, 101, 103, 192–195)
Archiv (Abb. 23, 24, 33–36, 48, 57, 65, 66, 105, 124, 126, 131, 142, 144, 145, 149, 150, 155, 164–166)
Meßbildarchiv (Abb. 139)

Bezirksmuseum Cottbus (Schloß Branitz) (Vorsatz hinten, Abb. 1, 28, 41, 44, 47, 49, 52, 140, 141, 156, 187, 191, 196)
Deutsche Fotothek Dresden (Abb. 4, 5, 15, 51)
Museum für Stadtgeschichte, Bad Muskau (Abb. 59)
Nationale Forschungs- und Gedenkstätten, Weimar (Abb. 173, 174, 177, 178)
Parkverwaltung Muskau, Archiv (Abb. 30)
Staatliche Schlösser und Gärten Potsdam-Sanssouci (Abb. 81, 84, 85, 89, 92, 189)

Roland Dreßler, Weimar (Abb. 176)
De lef Fiedler, Weimar (Abb. 168)
Joachim Fritz, Basdorf (Abb. 43, 50)
Foto-Just, Cottbus (Abb. 188)
Sigrid Geske, Weimar (Abb. 8–10, 183, 185, 186)
Fotoatelier Goethe, Cottbus (Abb. 19, 46, 53, 54, 62–64, 67, 71, 72, 74, 75, 77, 79, 106, 107, 110, 112, 114, 118, 119, 121, 129, 136, 143, 147, 190)
Foto Handrick, Potsdam (Abb. 80, 82, 83, 86–88, 90, 91, 93, 95, 96, 99, 100)
Foto-Atelier Louis Held, Weimar (Abb. 22)
Jürgen Jäger, Weimar (Abb. 169, 170, 175, 179–181)
Leuschner, Cottbus (Vorsatz vorn, Abb. 151)
Foto-Quint, Bad Muskau (Abb. 6, 7, 11, 12, 26, 38–40, 45, 60, 61, 69, 70, 73, 157)
Eberhard Renno, Weimar (Abb. 167, 171, 172, 182, 184)
Helmut Rippl, Cottbus (Abb. 42, 94, 132)
Foto Schubert, Cottbus (Abb. 21, 102, 104, 116, 117, 120, 123, 127, 128, 134, 135, 146)
Erich Schutt, Cottbus-Madlow (Frontispiz, Abb. 13, 14, 16–18, 20, 37, 109, 111, 130, 138, 148, 152–154, 158–163)

Standortangaben erfolgten durch Helmut Rippl (Cottbus) bei folgenden Aufnahmen: Abb. 19, 21, 38, 39, 53, 54, 67, 71, 72, 74, 77, 79, 104, 110, 112, 114, 116, 117–120, 123, 128–130, 134, 135, 137